桑塔纳、帕萨特系列
轿车故障诊断与检修实例

（电系部分）

刘文举　主　编

刘克谦　张慧娟　副主编

金盾出版社

内 容 提 要

本书以问答形式系统地介绍了桑塔纳、帕萨特系列轿车电系部分故障诊断与检修实例。主要内容包括汽车电系修理基础知识，有触点点火系统、霍尔无触点电子点火系统、火花塞、起动机、交流发电机与调节器、蓄电池、灯光与仪表设备、空调装置等故障诊断与检修，电系综合类故障诊断与检修实例。

通过阅读本书，读者不仅可以正确掌握轿车的使用与日常保养技术，而且能够较快地掌握疑难杂症的故障诊断与检修，是汽车驾驶员和修理人员必备的工具书，也可作为汽车修理培训和大专院校的教学辅导教材。

图书在版编目(CIP)数据

桑塔纳、帕萨特系列轿车故障诊断与检修实例·电系部分/刘文举主编. -- 北京：金盾出版社，2012.8
ISBN 978-7-5082-7671-7

Ⅰ.①桑… Ⅱ.①刘… Ⅲ.①轿车—电子系统—控制系统—故障诊断—问题解答②轿车—电子系统—控制系统—车辆修理—问题解答 Ⅳ.①U469.110.7-44

中国版本图书馆 CIP 数据核字(2012)第 113575 号

金盾出版社出版、总发行
北京太平路 5 号(地铁万寿路站往南)
邮政编码：100036 电话：68214039 83219215
传真：68276683 网址：www.jdcbs.cn
封面印刷：北京蓝迪彩色印务有限公司
正文印刷：北京金盾印刷厂
装订：永胜装订厂
各地新华书店经销
开本：850×1168 1/32 印张：15.875 字数：410 千字
2012 年 8 月第 1 版第 1 次印刷
印数：1～6 000 册 定价：39.00 元

前　言

　　桑塔纳、帕萨特系列轿车是上海大众汽车有限公司引进德国大众汽车有限公司制造技术生产的。该系列轿车技术先进、性能优良、外形美观、乘坐舒适、行驶安全,具有功率大、耗油低、寿命长、故障少、操作简单等特点,深受广大用户的青睐。常言道"衣食住行","行"就是车,当今建设小康社会、建设社会主义现代化,就是要快节奏,使用汽车能提高工作效率,降低劳动强度,获得更大的效益。

　　为了让广大读者更深入了解轿车故障诊断与检修技术,作者将累积多年的修理经验编写了《桑塔纳、帕萨特系列故障诊断与检修实例》一套三册(发动机部分、底盘部分、电系部分),以问答的形式把桑塔纳、桑塔纳2000、帕萨特系列轿车的结构、工作原理、维修知识、疑难故障诊断与排除,由浅入深,举一反三地作了介绍。

　　《桑塔纳、帕萨特系列轿车故障诊断与检修实例(发动机部分)》,主要介绍了气缸与曲轴箱故障诊断与检修、活塞连杆曲轴故障诊断与检修、配气机构故障诊断与检修、电喷燃料供给系统故障诊断与检修、冷却系统故障诊断与检修、润滑系统故障诊断与检修、发动机综合类故障诊断与检修实例和汽车维修基础知识。

　　《桑塔纳、帕萨特系列轿车故障诊断与检修实例(底盘部分)》,主要介绍了汽车使用与安全基础知识、离合器故障诊断与检修、变速器及自动变速器故障诊断与检修、驱动桥故障诊断与检修、行驶系统故障诊断与检修、转向系统故障诊断与检修、制动系统(ABS)故障诊断与检修、底盘综合类故障诊断与检修实例、车身结构与附件检修。

　　《桑塔纳、帕萨特系列轿车故障诊断与检修实例(电系部分)》

主要介绍了电系修理基础知识、有触点点火系统故障诊断与检修、霍尔无触点电子点火系统故障诊断与检修、火花塞故障诊断与检修、起动机故障诊断与检修、交流发电机与调节器故障诊断与检修、蓄电池故障诊断与检修、灯光与仪表设备故障诊断与检修、空调装置故障诊断与检修、电系综合类故障诊断与检修实例。

本书由刘文举主编，刘克谦、张慧娟副主编，参加编写的有赵炳雨、刘世恩、徐文辉、王春融、张兆朵、杨瑞普、沈福永、王炳仁、刘文超、赵文志、刘昊、王嘉录、孙加成、谢边恒、赵辉、刘博文等同志，在编写过程中得到惠中汽车配件修理有限公司的热情帮助，在此表示衷心地感谢。

由于本书编写时间仓促，虽经推敲，疏漏之处在所难免，敬请各位专家学者批评指正。

作　者

目　　录

第一章 汽车电系修理基础知识

1. 怎样正确诊断汽车电系故障？

诊断汽车故障应先搞清楚基本现象或特征，再根据汽车的构造和原理深入思考，具体分析和推理可能产生故障的部位，然后遵循先易后难，先简后繁，由表及里的原则按系统分段进行检查。首先判断故障属于机械故障，还是油路故障或电路故障，然后再对故障系统进行认真检查，如汽车在行驶途中发动机突然熄火说明电路有故障；发动机缓慢熄火说明油路有故障；变速箱有碰击声，说明变速箱内有机械故障。又如发动机起动困难，可根据火花塞的跳火情况及裙部的燃烧情况，确定对电路或油路或机械部分进行检查。

当电路正常时，必须具备下列条件：

①电路完全整齐，无破线漏电处，连接固定可靠。

②点火系统电路能产生足够能量的正时火花。

③发电机发电正常稳定，能满足用电设备在各种状态下的需要。

④照明灯光及信号灯设备齐全，性能良好。

⑤有起动机的汽车应起动性能良好，起动后自动分离彻底。

电路发生故障的原因是多种多样的，电器烧毁、元件老化、自然磨损、调整不当、环境腐蚀等。随着行驶里程的增加，故障的出现是难免的，电路出现故障时，必须熟悉电路的结构及特点，才可动手检查，切忌不懂装懂，乱拆瞎碰，将小故障"修成"大故障，造成无法挽回的状况，带来不应有的损失。

通常电路故障的出现不是孤立的，它会影响一个系统或整个系统的正常工作，因此，检查故障时，应根据故障前的征兆及各种表面现象，善于周到细心地观察，并结合整车电路进行综合分析，把故障缩小到一个较小的范围。检查故障时，应本着"由表及里，由易到难"的原则尽量做不拆零件或少拆零件,同时还需采取问、看、听、嗅、摸、试的检查方法和测试手段,才能迅速诊断出故障的发生点。

2. 怎样检查汽车电系故障?

检查汽车故障,通常采用的方法有查看法、试火法、测试法和替换法。

(1)查看法。查看法就是通过对汽车仪表、指示灯及电路连接等表面现象的观察,结合电路的特点对故障前的异常状况进行分析,判断所在范围的一种方法。如打开点火开关,仪表指示针不动,仪表灯不亮,按喇叭按钮时喇叭不响,可能是蓄电池无电;蓄电池至点火开关线路或点火开关接触不良。如按喇叭按钮时喇叭响,而前后转向灯不亮,可能是闪烁继电器及其线路有故障或转向灯灯丝保险全烧坏。电路中出现明显的断线、脱线、错接线,通过细心查看便会找出。查看法是检查电路首先采用的一种方法。

(2)试火法。试火法是在行驶途中或无仪表的情况下,检查电路故障的一种最简易的方法,它是通过接线或接线柱对汽车体(或公共搭铁点)搭铁,或者是接线与接线柱的触试,观察有无火花产生,判断电流的供给及畅通情况。如打开点火开关,用旋具将蓄电池点火系统的触点臂(触点处于张开状态)与调整底盘触试,判断低压电路是否畅通;又如观看高压线对车体有无火花,判断高压电路有无高压电产生。打开灯光及用电设备的电源线逐级对汽车体搭铁,看有无火花,判断电路有无断路与短路,等等。

试火法使用不当,会损坏电气设备。试火法一般适用于蓄电池单独供电状态下(不起动发动机)的电路检查,使用时必须在短时间内进行,且不得长时间连续使用。在装有电子元件的某些部位,最好不要使用。发动机工作时必须慎用,在高转速状态时,不可使用。

(3)测试法。测试法通过仪表对电路或元件的测试来判断故障的一种方法。如在汽车上测量蓄电池的充电电流与端电压,判断发电机是否发电,测量绕组线圈的阻值,判断绕组有无断路或短路,测量导线端的电阻,判断电路的导通性,等等。测试法是检查电路较完全、较准确的一种方法,测试时用万能表,万能表是一种多用途的测量仪表,一般的万用表能够测量直流电流、直流电压、交流电压和电阻,而且每种测量项目,又有几个不同的量程,较高级的万能表还可以测量交流电流、电感、电容以及无线电的某些参数等。

使用万能表时可参阅万能表使用说明书。在无万能表时,可用一灯泡代替试验,或用一电池串联一灯泡进行粗略检查。

(4)替换法。替换法是对元件或导线进行替换来判断故障的一种方法。如对交流供电照明电路的检查,可断开磁电机夜间输出端,用蓄电池代替磁电机照明线圈来检查照明电路的工作情况。又如对起动机及线路的检查,可自蓄电池另引一根电源线在起动机接线柱上触接,判断是起动机有故障,还是线路有故障。再如火花塞火花弱,发动机不能起动,可用一个性能良好的火花塞将其替换,此时,发动机若能恢复工作,说明原先的火花塞有故障,应把它换掉或进行修理。电容器、断电器、白金、点火线圈、高压线同样可用替换法检查故障。

3. 怎样看懂汽车电路图?

要想修理某种汽车电路,必须能看懂某种汽车电路图,总电路图看起来虽然错综复杂,但任何一种汽车一般都是由蓄电池→熔丝总开关、起动机→点火系统、照明→仪表、信号等组成。汽车总电路就是将这些电器设备按照它们各自的工作特性及相互之间的内在联系,用导线连接起来,构成一个整体。

尽管各种汽车的电器设备数量不同、形式不一、安装位置不同,接线方法也各有所异,但其线路都遵循以下几个原则:

①单线制。

②各用电设备均并联。

③看总电路图时,应先找出电源部分,然后从电源的火线往下

找到熔丝、开关,再往下找到用电设备,然后绘出自己的简图,这样就可使整个电路一目了然,如点火系统、前照灯、小灯、转向灯等。

4. 汽车电系有哪些特点?

(1)低压。汽车电系的额定电压有 6V、12V、24V 三种。目前在汽油车上普遍采用 12V 电源,在柴油车上多采用 24V 电源。而 6V 电源仅在个别小排量的汽车或摩托车上使用。

(2)直流。因为汽车发动机是靠起动机起动的,而起动机是一个直流串励的电动机,它必须由蓄电池供电。而向蓄电池充电又必须用直流电,所以汽车电系为一直流系统。

(3)所有的用电设备均并联,且电系的电路连接多采用单线制。

5. 温度变化对电阻有什么影响?

试验证明,任何导体的电阻在温度改变时都要发生变化。如金属的电阻总是随温度的升高而增大,这是因为当温度升高时,金属中分子热运动加剧的结果。当导体电阻为 1Ω 时,温度变化 $1℃$,其电阻变化的数值称为电阻温度系数。康铜、锰铜的电阻温度系数很小,它的电阻几乎不受温度影响,所以常用来制造标准电阻或变阻器。

有的物质(如电解液)当温度升高时,由于正、负离子运动加快,电阻反而减小,其电阻温度系数则为负值。

6. 什么是直流电? 什么是交流电?

直流电是指电流大小和方向不随时间而变的电流,如干电池、蓄电池和直流发电机所产生的电流是直流电。

交流电是指电流大小和方向都随着时间变化的电流,交流发电机发出的是交流电流。

7. 什么是短路? 什么是断路?

(1)短路。电源两极不经过用电设备而直接相通,叫短路。短路时,由于电流不通过灯泡而全部通过导线,加之导线的电阻很小,电路中的电流比正常时增大数倍至几十倍,因而会使导线绝缘烧坏,严重时会有引起火灾。

(2)断路。电路中任何一点发生中断,使电流停止流动,打开开关电路中没有电流叫断路。

8. 怎样选择使用二极管?

二极管的主要参数有两个:最大整流电流和最高反向工作电压。

最大整流电流(或称为额定整流电流)是指二极管长期工作时,允许通过的最大正向电流值。因为电流通过二极管时要发热,电流大时,二极管的发热量大,当发热超过允许限度时,就会烧坏二极管的 PN 结。因此在选择管子时,应当使它的最大整流电流稍大于电路中的实际工作电流。例如 2CA13F,允许通过的最大整流电流是 5A,因此在使用时,电路中的电流就只能小于 5A,而不能大于 5A。

对于大功率的二极管,为了降低它的温度,以提高其最大整流电流,要在它的电极上装设散热片,散热片的尺寸有一定的规定。若使用时未装散热片,就会使二极管因过热而损坏。

最大反向电压是指长期工作时允许加到二极管上的反向电压。若加上二极管的反向电压超过此值,二极管就有反向击穿的危险。因此在选择二极管时,应当保证二极管在实际电路中实际承受的最大反向电压不超过此值。例如 2CZ13F 所允许的最大反向电压是 500V,使用时,加在 2CZ13F 上的反向电压就不准超过 500V。

9. 怎样检查二极管的好坏?

二极管质量的好坏,主要是看它的正向电阻和反向电阻的大小如何。二极管的正向电阻越小,其导电性能越好。而反向电阻越大时,则其反向关断性能越好,因此,二极正反向电阻值差越大,则该二极管的性能就越好。

二极管的正、反向电阻可用万用表的电阻挡进行测量。其方法是:将万用表拨到 R×100 或 R×1k(R×1000),用两个测试棒分别触及二极管的两端，记下电阻值；然后再将测试棒交换进行测量，即可读到两个电阻值，一个大，另一个小，小的是二极管的正向电阻，大的是二极管的反向电阻。一般小功率二极管的正向电阻约为几百欧姆，反向电阻约为几百千欧，而大功率二极管的正、反向电阻值相应地要小得多。

若正、反向电阻差不多，且电阻值都很小，则该二极管性能不好。若正、反测试时，电阻值均为零，则说明二极管短路；若电阻值均为无限大，则说明二极管断路。短路或断路的二极管必须更换。

10. 怎样识别二极管的极性？

二极管的正、负极性一般都标在外壳上，用符号或用色点标有，一般有色点的一端是正极。例如 2AP1～2AP7，2AP11～2AP17。但也有例外，如 2AP9～2AP10 有色点的一端却是负极。

如果管壳上没有符号或色点时，则可用万用表的电阻挡进行判别。

在使用万用表的电阻挡时，应特别注意两个测试棒间的电压极性正好和万用表的两个接线柱的标号"＋"、"－"相反，即负测试棒（黑色）带正电，正测试棒（红色）带负电。

判别方法如下：把万用表拨到 R×100 或 R×1k 挡，用两个测试棒分别交换测量二极管的两个管极，如图 1-1 所示。当万用表测出二极管电阻值小时（正向电阻），则负测试棒所接的是二极

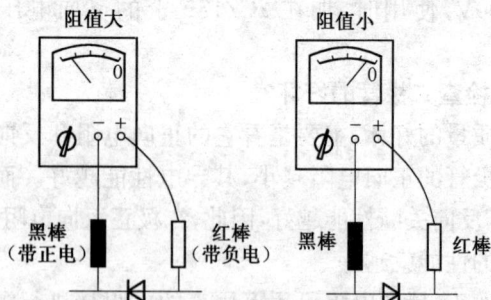

图 1-1　用万用表判断二极管的极性

管的正极,而正测试棒所接的是二极管的负极。

11. 什么是三极管? 它有什么作用?

三极管通常称晶体管,由两个 PN 结组成,根据组合形式可分为 PNP 型和 NPN 型两种,其内部结构和表示符号如图 1-2 所示。我国目前生产的锗管中多为 PNP 型,而硅管多为 NPN 型。

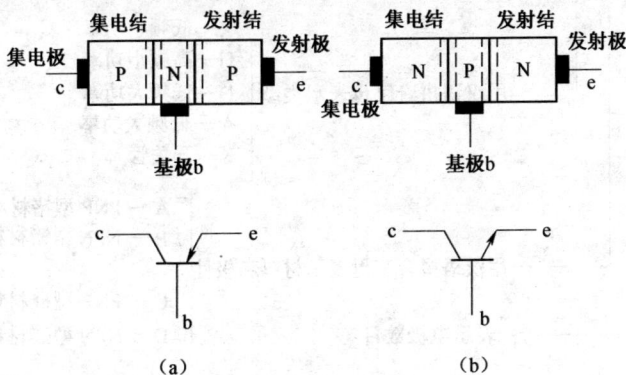

图 1-2　晶体三极管

(a)PNP 型　(b)NPN 型

三极管有三个导电区域,中间是基区,所接电极叫基极 b;两边分别是发射区和集电区,所接电极分别叫发射极 e 和集电极 c。发射区与基区交界面形成的 PN 对叫做发射结,集电区与基区的交界面处形成的 PN 结叫做集电结。

三极管具有电流放大,即基极电流微小的变化就会引起集电极电流很大的变化。因此,利用这一特性可制成各种放大器。

三极管又具有开关特性,因此又可作为一个无触点电子开关。

12. 三极管的型号表示什么?

半导体三极管型号根据国家标准 GB249-64《半导体器件型号命名方法》统一命名,其名称和代表符号的含义如下:

如 3AD30C 表示:三极管为 PNP 型锗材料图 1-2,低频大功率管,序号是 30。

3DD6C 表示:三极管为 NPN 型硅材料,低频大功率管,序号是 6。

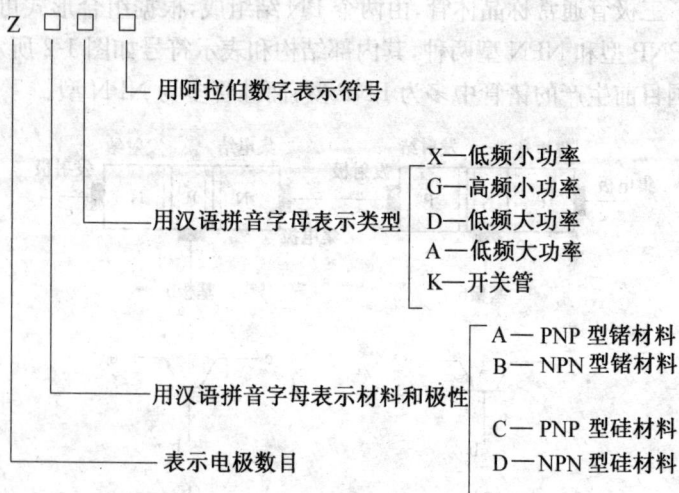

```
Z □ □ □
│ │ │ └─── 用阿拉伯数字表示符号
│ │ │
│ │ │                          ┌ X—低频小功率
│ │ │                          │ G—高频小功率
│ │ └─── 用汉语拼音字母表示类型 │ D—低频大功率
│ │                            │ A—低频大功率
│ │                            └ K—开关管
│ │
│ │                                ┌ A — PNP 型锗材料
│ │                                │ B — NPN 型锗材料
│ └─── 用汉语拼音字母表示材料和极性│
│                                  │ C — PNP 型硅材料
│                                  └ D — NPN 型硅材料
└─── 表示电极数目
```

13. 怎样识别三极管的管脚极性?

在使用一只三极管以前,先应辨明它的三个管脚,一般可根据三极管的型号查晶体管手册。为了使用方便,现列举几种三极管的管脚标志,如图 1-3 所示。如果型号不清或没有手册时,也可用万用表来辨别。用万用表的电阻挡辨别三极管的管脚的方法如下:

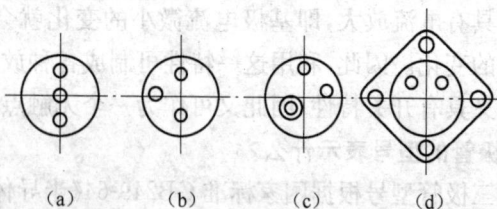

(a)　　　(b)　　　(c)　　　(d)

图1-3　三极管管脚位置示意图

(1)先找基极 b。任选三个管脚中的一个,先假定它为基极,把万用表拨在欧姆挡 R×100 或 R×1k 的位置上,然后将万用表的"＋"测试棒(红色)同假定的基极接触,而"－"测试棒(黑色)分别接触三极管的另两个管脚。

若测得的电阻均很小,则"＋"测试棒所接触的管脚即为基极,而且三极管是 PNP 型。再把"＋"、"－"测试棒对调一下,若读数均为高电阻值,则上述判别的基极是正确的。

若"＋"测试棒接触假定的基极,"－"测试棒分别接触另外两个管脚,所测得的结果均为高电阻值时,则改换"－"测试棒分别接触基极,而"＋"棒分别接触另外两个管脚,如测得的结果基电阻值均很小时,则"－"测试棒接触的管脚即为基极,而且三极管是 NPN 型。若测得的结果一次是高电阻值,另一次是低电阻值,则说明原来假定的基极并非是基极,需要另换一只管脚作基极再试。

(2)再找出发射极 e 和集电极 c。以 PNP 三极管为例,在基极找到后,可先假定剩下的两只管脚一个是集电极 c,另一个是发射极 e,并将"＋"测试棒接触假定的集电极 c,"－"测试棒接触假定的发射极 e 上,并用手指把假定的集电极 c 和基极 b 捏起来,但不要相碰,并记下所测的电阻值。然后把假定反过来,照上述方法再测一次,记下第二次测得的电阻值。最后比较两次测得的结果,电阻值小的那次假定是对的。

测量 NPN 型三极管时,测量方法与上述相同。量接线时,应将"－"测试棒接触假定的集电极 c,而"＋"测试棒接触假定的发射极 e。在上述两次测定中,阻值小的一次其假定与实际相符,分别为集电极和发射极。

14. 怎样用万用表识别三极管的好坏?

三极管性能的好坏,可以用万用表进行粗略的判断。在用万用表的电阻挡检查三极管时,只能和 R×10 或 R×100 两挡。因为若用 R×1 挡时,由于流过被测三极管的电流过大而可能使三极管烧坏;若用 R×10k 挡时,则表内有 22.5V 的高电压,被测管子的 PN 结有可能被击穿而损坏。

现以 PNP 型小功率管为例,说明利用万用表估测三极管好坏的方法如下：

(1)将万用表拨在 R×100 挡上,首先测量发射极和集电极之间的电阻。万用表"＋"测试棒接集电极 c,"－"测试棒接发射极 e,测得电阻大于几十千欧,则为正常。若测得电阻值很小,则表明穿透电流很大,三极管质量不好;若测得电阻值接近零,则表明三极管已被击穿;若测得电阻值为无穷大,则表示三极管间断裂。

(2)检查集电极、基极时,万用表"＋"接 c,"－"接 b,测得电阻值在几百千欧以上是正常的,否则不正常。

(3)在三极管的 c 与 e 之间并联一个 100kΩ 的电阻,然后将"＋"测试棒接 c,"－"测试棒接 e,读数为 3～8kΩ。读数越小,则表明三极管的放大系数越大。

15. 三极管起电流放大作用的条件是什么？它是怎样起到电流放大作用的？

要使三极管起放大作用,必须在各电极上加正确的电压。否则,三极管不但不能正常工作,甚至还会损坏。

以 PNP 型三极管为例,在发射结上必须加上一个较小的正向电压(发射极 e 为正,基极 b 为负),称之为基极电压或偏压,一般为很小。而在发射极 e 与集电极 c 之间加上较大的反向电压(发射极 e 为正,集电极 c 为负),称之为集电极电压,一般为几伏到十几伏,如图 1-4 所示。从电位上看,发射极的电位高于基极电位,而基极电位又高于集电极电位(对于 NPN 型三极管接法则相反,发射极电位低于基极,而基极电位又低于集电极的电位),这时加在发射极上的是正向电压,而在集电极上的是反向电压。

16. 为什么三极管能作为开关使用？

晶体三极管能作为一个开关来使用,这是因为晶体三极管本身具有开关特性。

为了便于了解三极管的开关特性,可作如下实验,按图 1-5 所示的方法接一个电路。调节偏置电阻 R_b,从最大值开始,逐渐减小,每调一次的同时,记下三个电表的读数。

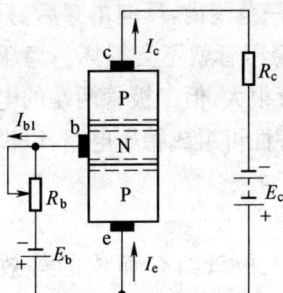

图1-4 PNP型三极管放大电
路外加直流电压的接法
R_b. 偏置电阻;R_c. 集电极电阻

图1-5 三极管的试验

根据记录结果可知:

①在基极电流 I_b 从 0 变化到 $80\mu A$ 的范围内,I_b 的较小变化将引起 I_c 的较大变化,I_c 和 I_b 之间近似成线性比例关系,即 $I_c \approx \beta I_b$,由上述结果可以说明三极管电流起放大作用。

②当 I_b 达到 $90\mu A$ 时,尽管调小 I_b 使 R_b 继续增大,但输出电流 I_c 却基本上保持在 $6mA$ 不变,这一现象称为"饱和"。三极管在饱和状态下,集电极与发射极间的电压降很小,仅 $0.1V$,若忽略不计,相当于开关处于接通状态。

③当把偏置电阻调至很大时,基极可认为开路,这时 $I_b = 0$,集电极电流 I_c 减小到 $0.1mA$,若忽略不计,相当于开关处于断开状态,这一状态称为三极管的截止状态。

由上可知,三极管有 3 种工作状态:放大、饱和与截止。三极管处于截止状态时,相当于开关断开着;三极管处于饱和状态时,相当于开关闭合。因此,只要控制三极管的基极电流,使三极管处于饱和状态和截止状态,三极管就可以起到开关作用。

17. 什么是稳压管?它有什么特性?

稳压管也是一种二极管,但它和一般的整流二极管不同。整

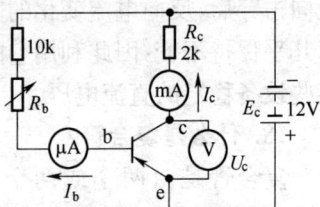

流二极管在反向击穿后就失去了单方向导电的特性而损坏,但稳压管却偏偏能工作在反向击穿后的某一范围内,反向击穿后,只要流过的电流小于它的最大允许电流,稳压管就不会损坏。稳压管反向击穿后,反向电流变化的范围尽管很大,但二极管两端的电压却几乎保持不变,因此利用它的这一特性可组成稳压电路,以供给某些设备稳定的直流电压。

18. 什么是复合管?

复合管是由两个或两个以上的三极管组合而成的等效新管子。

图 1-6 是由两个 NPN 型三极管组成的复合管,两个三极管复合连接后,电路也有三个电极,分别是 b、c、e。V1 基极就是复合管的基极,V2 的发射极就是复合管的发射极,V1、V2 的集电极则是复合管的集电极,因此,复合管的导电形式仍是 NPN 型,其电流放大系数是两管电流放大系数的乘积。

图 1-7 是由一个 PNP 型和一个 NPN 型三极管组成的复合管。V1 的基极是复合管的基极,V2 的发射极是复合管的集电极,而复合管的发射极是由 V1 的发射极和 V2 的集电极组成。根据电流的方向,该复合管 PNP 型三极管,其电流放大系数也是两个三极管电流放大系数的乘积。

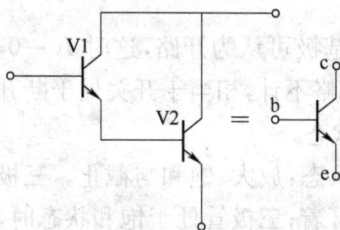

图 1-6   两个 NPN 型三极管
组成的复合管

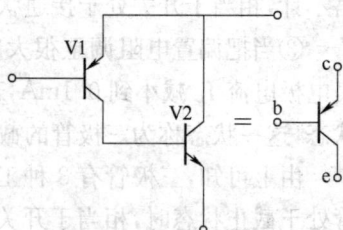

图 1-7   由 PNP 型和 NPN 型
三极管组成的复合管

19. 汽车单线制接法有什么优缺点?

汽车上有很多用电设备,为了把电能输送到这些电器上,在电器和电源之间连有导线,线路的接法有双线制和单线制两种方法。

若从电源到用电设备连有两根线构成回路的,则称为双线制。若从电源到用电设备只有一根接线,而用汽车底盘、发动机等金属机体作为另一公共回路,则称为单线制。

由于单线制用线较少,安装方便且线路清晰,所以现代汽车上差不多全部采用单线制。只有在个别情况下,如公共汽车为木质车厢或铝质车厢时,沿车厢的线路才采用双线制。

在采用单线制时,若导线的绝缘擦破而与车架接触时,就会造成短路,因此,应特别注意导线的绝缘情况。

20. 怎样正确使用万用表?

万用表可用来测量交、直流电流,交、直流电压,电阻和音频电平等。它的型式很多,但其原理和使用方法则大同小异。现以MF30 型袖珍式万用表为例,说明它的使用要点。转换开关、电位器调钮、零位调整器、刻度盘和插孔等如图 1-8 所示。刻度盘上有

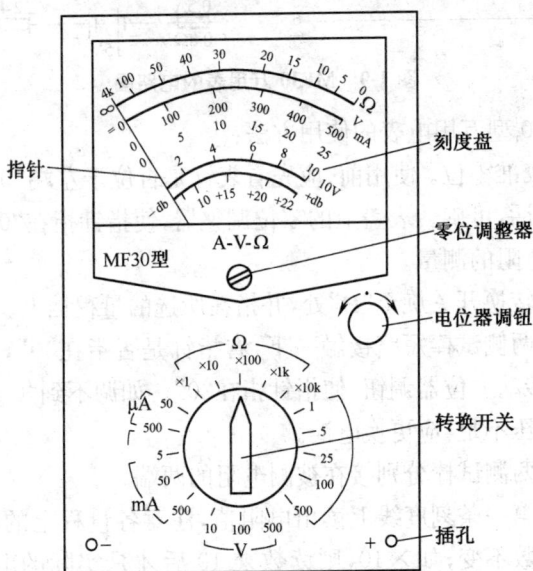

图 1-8　万用表

四条刻度:第一条是供测量电阻用的;第二条是供测量交、直流电压和直流电流用的;第三条是供测量交流 10V 电压用的;第四条是用来测量电瓶用的。

MF30 型万用表的电气原理图如图 1-9 所示。

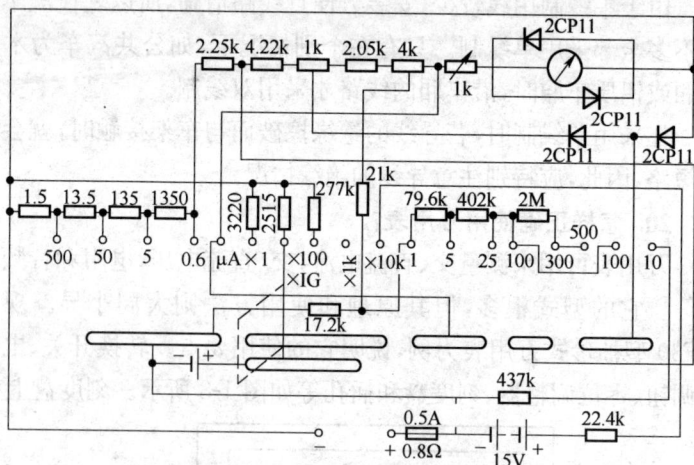

图 1-9   MF30 万用表的电路图

MF30 型万用电表的使用方法:

(1)校准零位。使用前,应先看表针是否位于左端"0"位处,如果不是的话,可旋转表盖上的零位调整器,使指针指在"0"位。

(2)电阻的测量。

①将转换开关旋至"Ω"处,并指在所选的量程挡上。

②将两侧试棒短路接触一下,看指针是否指在"0",如果不是的话,应转动电位器调钮,使指针指在"0"。如调不到"0"说明表内电池的电压不足,应更换电池。

③将两测试棒分别接在被测电阻的两端。

④从第一条刻度线上读出电阻值,注意各量程上的读数。如×1,则读数不变;如×10,则读数乘 10 后才是实际的电阻值;如×100,则读数乘 100 后才是实际的电阻值。

注意：当测量电路中的电阻值时，必须切断电源，切勿带电测量电阻，否则，会烧坏电表。

（3）交流电压的测量。

①将转换开关旋至 V 处，并指在所选的量程挡上。

②将红、黑两测试棒分别跨接于所测电路的两端。读数在 10V 以下的，从第三条刻度线读取电压数值；读数在 10V 以上的，则应看第二条刻度线。

（4）直流电压的测量。

①将转换开关旋至 V 处，并指在所选的量程挡上。

②将红、黑两测试棒跨接于所测电路的正、负两端。

③从第二条刻度线上，按开关选择的挡位，读取电压数值。

注意：在测量直流电压前，应弄清正、负极，以免指针倒转而损伤试表。如预先不知正、负极，可选择高几挡的量程挡，用测试棒快接快离，根据指针的动向，找出正、负极性。

（5）直流电流的测量。

①将转换开关旋至 μA 或 mA 的，并指在所选量程挡上。

②将红、黑两测试棒串联在被测的电路中（红接正），不能直接跨接在电源上，否则，表头将会烧坏。

使用万用表应注意：在选择量程时，应使最大测量范围大于被测之值。如不知被测值的大小，应先把转换开关放在最高挡。试测后，再逐渐减小至适当的挡位，以免表头损坏。

21. 怎样识别线束各抽头？

（1）按颜色、号码、线径分辨。为了接线方便，制造厂将线束内各连接导线配成不同颜色，并在各抽头的线尾处注有号码。颜色、号码、线径相同的两个线头为一根导线，应分别接在相应的接线柱上。为了避免接错，出厂时已将各抽头留出不同长度，以保证恰好接到相应的接线柱上。

（2）按仪表指示或火花识别。当需要确定线束两端的数个抽头，哪两个是一根导线时，可将一端的任一个抽头与电源线相接，将另一端的抽头分别与万用表(直流电压挡)"+"表笔接触,"一"
表笔搭铁,有电压读数的抽头即与电源相接的抽头为一根导线;也
可将另一端抽头分别与机壳划擦,有火花的抽头与电源线相接的
抽头为一根导线。

如线束一端抽头已与开头接好,可在接通开关后,将线束另一
端抽头按上述方法接电压表或划火,有电压读数或有火花的线头
即与开关相接的线头为另一根导线,如图 1-10 所示。

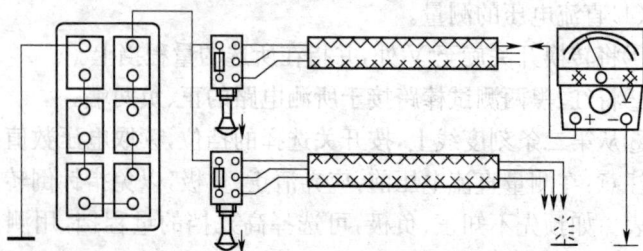

图 1-10   按仪表指示或火花识别与开关相接的线头

如线束一端抽头已有一定阻值的电器(如灯泡或线圈)接好,
可将线束另一端抽头与万用表(R×1 挡)的一只表笔相触,另一只
表笔搭铁,根据阻值大小即可判定与表笔要触的线头与什么电器
相接,如图 1-11a 所示;也可将另一端抽头分别与电源线划擦,通
过观察火花强弱来分辨、识别如图 1-11b 所示。

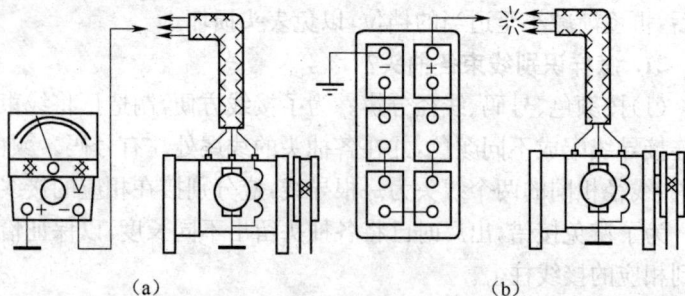

(a)   (b)

图 1-11   按仪表指示或火花识别与电器相接的线头

（3）按用电器的作用分辨。线束一端的抽头,若已与各用电器接好,可将线束另一端抽头分别与电源线相触,观察哪个用电器起作用。若某个用电器起了作用(灯亮),即说明与电源线相触的这个线头与起作用的用电器相通如图 1-12 所示。

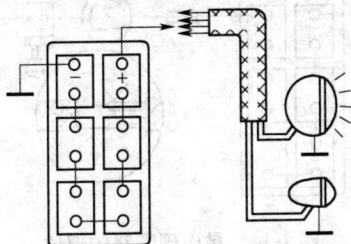

图 1-12　按用电器的作用分辨线头

22. 什么叫电路中的断路? 容易发生在哪些部位?

蓄电池电量充足时,接通开关,如电流表指针不动、用电器不起作用,即说明断路如图 1-13 所示。断路故障一般先表现为接触不良,即工作电流明显减小或时有时无,当电流完全不能流通时,即断路了。

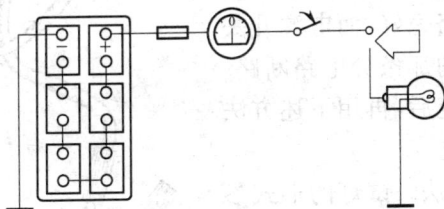

图 1-13　断路

断路多发生在各导线相互连接的地方,如常易出现在如图 1-14 所示部位:搭铁线或电器的搭铁部位与机壳接触不良,如图 1-14a 所示;抽头的接线端与线柱接触面间锈蚀氧化,如图 1-14b 所示;线头松脱、保险插片松旷,如图 1-14c 所示;线尾与接线片间假焊,如图 1-14d 所示,以及损伤、折断部位等。

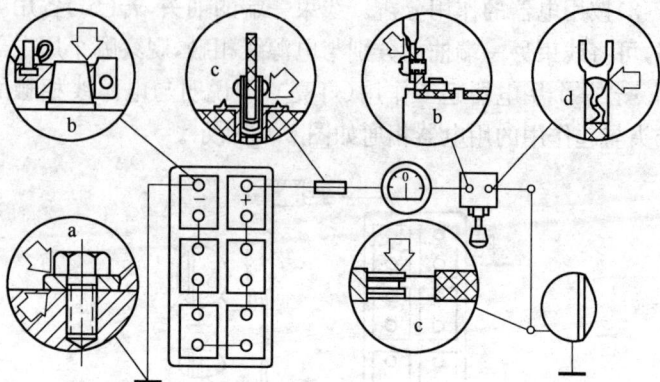

图 1-14　易出现断路的部位

23. 在汽车上怎样检查断路部位?

检查前,应先确定断路范围。接通电源开关,如各分电路的用电器均不起作用,说明蓄电池至电源开关的电路断路;如有的用电器起作用(喇叭响),有的不起作用(灯不亮),说明蓄电池至电源开关的电路完好,而电源开关至不起作用的那条分电路断路。断路范围确定后,再用下述方法检查断路部位。

(1)试灯法。试灯的形式参见图 1-15 所示。检查时,试灯的连线与机壳搭铁,试笔从电源端按接线的顺序分别与被查线路的接线点相接,如图 1-16 所示。灯

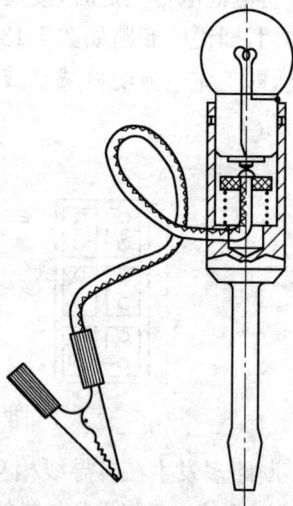

图 1-15　试灯

亮,说明通路,如图 1-16①、②不亮,说明断路,如图 1-16③所示。断路部位即在灯亮与不亮之间的这段线上。

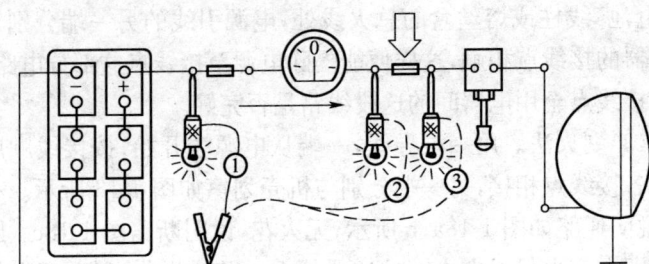

图 1-16　用试灯检查断路部位

（2）短接隔除法。用一根导线，一端与电源相接，另一端由用电器开始向电源方向分别与各接线点相触如图 1-17 所示。用电器起作用（如接①时灯亮），说明通路如图 1-17a 所示；不起作用（如接②时灯不亮），说明断路 1-17b 所示。断路部位即在用电器起作用与不起作用之间的这段线上。

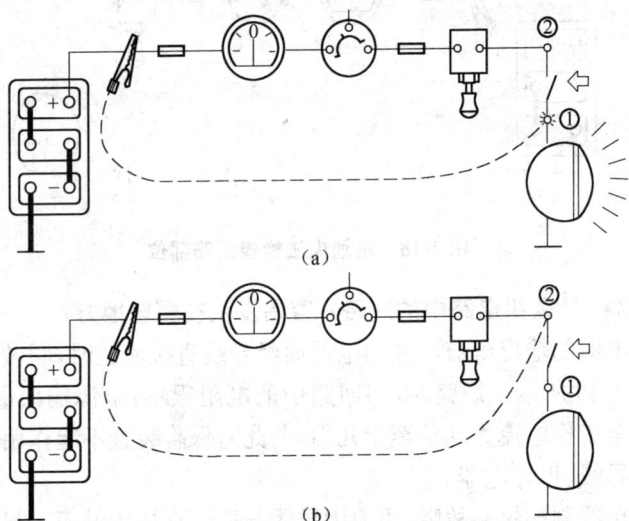

（a）

（b）

图 1-17　用短接隔除法确定断路部位

（a）通路　（b）断路

检查故障时,电源引线的一端常接在起动机"电池"线柱、调节器"电池"线柱或熔丝盒的总火线处,电源引线的另一端分别与各用电器的接线点相触,这样便能隔除电源至接线点这部分电路,而检查接线点至用电器间的这段线路是否完好。

(3)划火法。用一根导线,一端从电源端开始,按接线顺序依次与各接线点相接,另一端分别与机壳划擦如图 1-18 所示。有火花,说明通路如图 1-18a、b 所示;无火花,说明断路图 1-18c。断路部位即在有火与无火之间的这段线上。此法操作简便,不必用专用工具和仪表。但操作时应注意:用半导体电子元件制作的电器及其连接线,禁止划火;导线的划火端应远离油路,以免失火;若用多股丝的导线划火,其划火端头应留 1-2 根铜丝,以免划火电流过大。

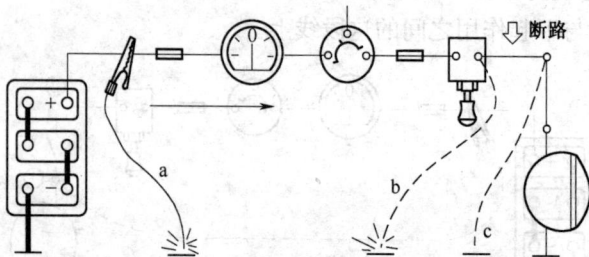

图 1-18   用划火法检查断路部位

24. 什么叫电路中的短路?容易发生在哪些地方?

电源的输出电流不经用电器而经导线直接流通时,叫做短路。如图 1-19 所示。短路时,因回路中的电阻很小,电源输出电流将比正常工作电流大几倍至十几倍,若此时保险装置不起作用,便会烧毁导线、损坏电器。

单线制的短路故障,主要因导线与机壳直接相触而引起,所以短路又叫做"碰铁"。碰铁部位常易发生下述各处如图 1-20 所示;导线或用电设备绝缘损坏与机壳相碰如图 1-20a 所示;接线片紧

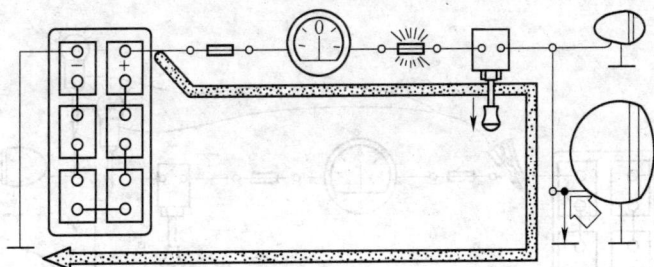

图 1-19　短路

固螺钉过长与机壳相触如图 1-20b 所示；机壳紧固螺钉与导线相
碰如图 1-20c 所示，抽头线尾安装不当与机壳相碰及接线错误等
如图 1-20d 所示。

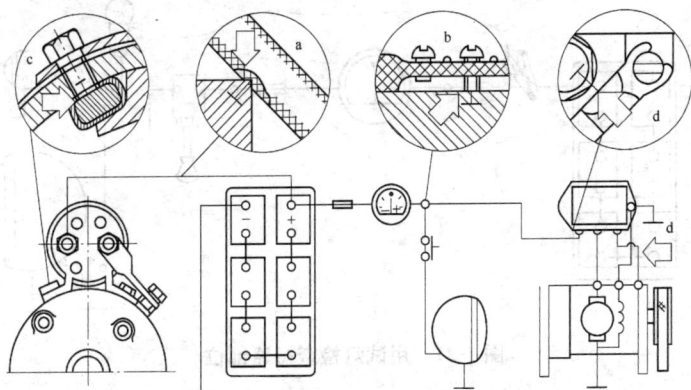

图 1-20　易出现短路的部位

　　短路时，碰铁处常会出现强烈的火花，易将周围的汽油引起失
火事故。因此，平时应加强对导线的维护。

　　检查故障时，为了判断某部分工作是否正常，常常人为地将这
部分隔除，或用导线与机壳短接划火，这些检查方法也称为"短
路"。

25. 在汽车上怎样检查短路部位？

接通点火开关后，如熔丝立即熔断或保险器立即起作用，即说

(a)

(b)

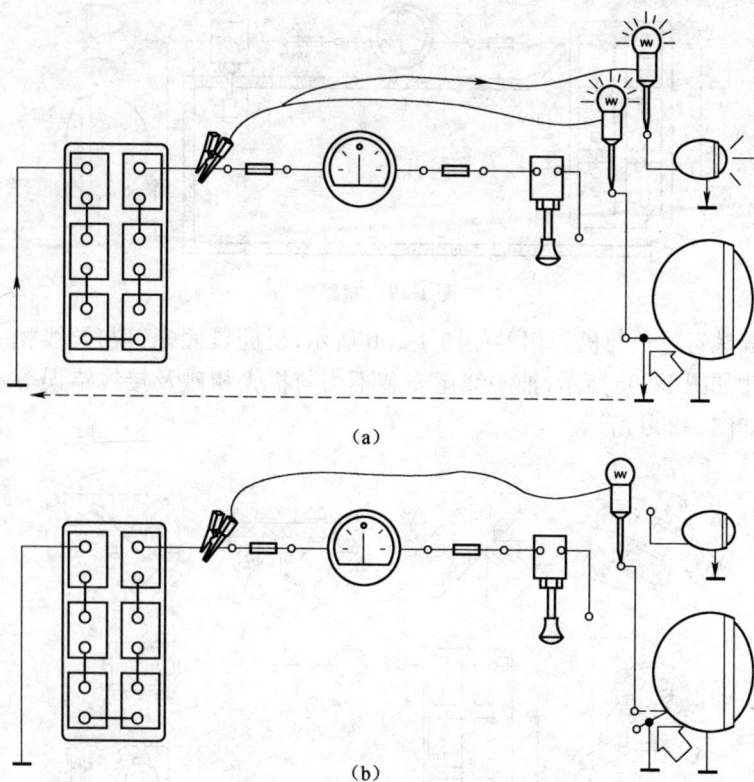

图1-21　用试灯检查短路部位

明该开关至用电器的连线短路如图1-21所示。若开关在该挡位上接通数个用电器，应用下述方法进一步检查碰铁发生在哪个用电器的连线上。

（1）试灯法。将开关位于烧熔丝挡位所接的数个线头拆下。将试灯的连接线与电源相接，试笔分别与拆下的线头相触如图1-21a所示。若线路连接良好，试灯便与用电器串联，因线路电阻增大，通过灯丝的电流便减小，此时试灯发出暗红色（与小灯线相接的试灯）；若线路碰铁，试灯亮度将和试笔直接搭铁时相同（与前照灯线相接的试灯）。

碰铁线确定后，应从用电器向开关方向逐段拆线，每拆下一个线头，试笔与开关处的短路线头接触一次，直至试灯不亮为止，碰铁处即在拆下最后一个线头之前的那段线上如图1-21b所示。若拆下最后一个接线头，而开关处的线头与试笔相触时灯仍亮，便说明碰铁处在最后这段线上。

（2）仪表法。将万用表（R×1挡）一支表笔与机壳相触，另一表笔分别与从开关拆下的线头相触，测量各线的电阻值如图1-22a所示。若线路良好，用电器的阻值（图中的小灯灯丝）便会立即反映到表盘上；若线路碰铁（图中的前照灯线），则阻值为"0"。

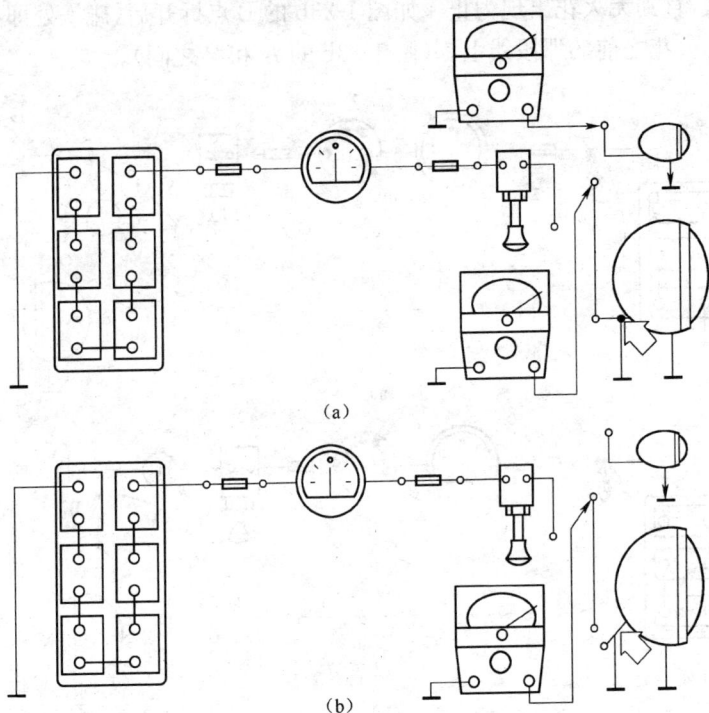

（a）

（b）

图1-22　用仪表检查短路部位

碰铁线确定后,应从用电器向开关方向拆线,每拆下一个线头,将开关处的短路线头与表笔接触一次,直至表针指"∞"为止,碰铁处即在阻值为"∞"之前的那段线上如图1-22b所示。

(3)划火法。拆下开关位于烧保险挡位的数个线头的,分别与电源相接的导线划擦(也可将各线头与表头火线柱划擦)。若出现小火花并同时将用电器接上如图1-23a1所示,说明该线完好;若出现很强的白色火花并发出"啪"的一声响、用电器又不起作用时,如图1-23a2所示,说明该线碰铁。

碰铁确定后,应从用电器向开关方向逐段拆线,每拆下一个线头如图1-23b的A所示,将开关处的短路线头与电源线划擦一次,直到无火花出现为止。如图1-23b的B点拆开后,碰铁处即在无火花之前的那段线上。(图1-23b的A和B之间)。

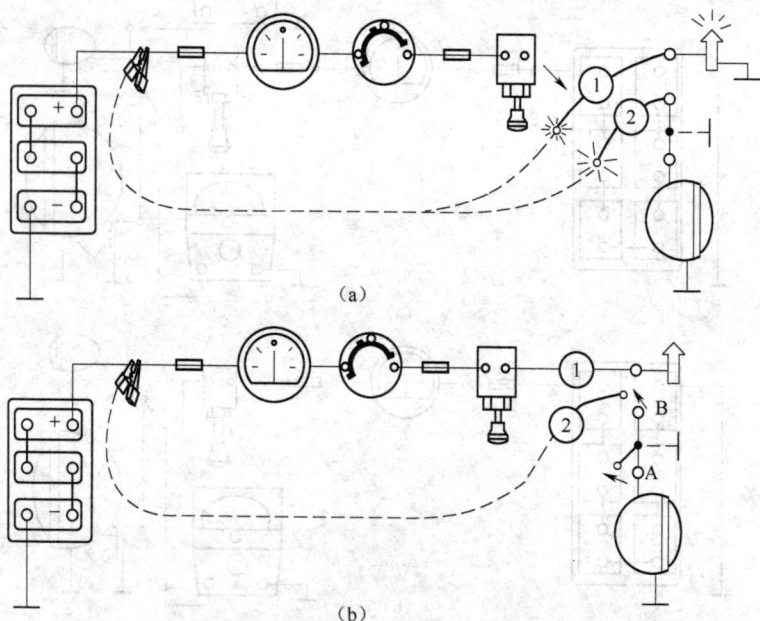

(a)

(b)

图1-23　用划火法检查短路部位

第二章　有触点点火系统故障诊断与检修

1. 有触点点火系统由哪些主要部件组成？是怎样工作的？

1985 年 12 月前装用 JV 型发动机和装用 YP 型发动机的上海桑塔纳轿车,都采用蓄电池有触点点火系统这一传统点火方式。传统的有触点蓄电池点火系统由蓄电池、分电器、点火开关、点火线圈、火花塞、电容器与连接导线组成(见图 2-1 所示)。图中分电器的断电器由中间轴驱动,发动机曲轴又通过齿形皮带驱动中间轴,可按照发动机的工作循环点火顺序,接通、切断低压电流,依靠点火线圈感应产生高压电,并及时将高压电分配到各气缸的火花塞,并在火花塞间隙中产生电火花,将气缸压缩冲程的可燃混合气点燃而作功。根据发动机工况变化,点火时间可以自动调节。

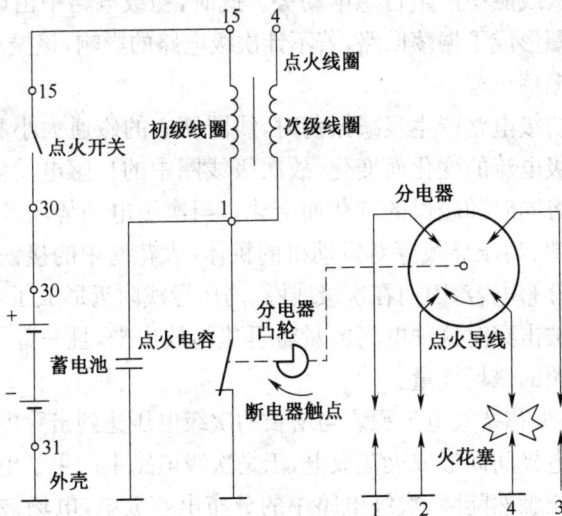

图 2-1　传统的有触点蓄电池点火系统

2. 点火系统是怎样产生高压电的？

蓄电池点火系统产生高压火花的工作过程大体上分三个阶段:

(1)断电器触点闭合,初级电流增长。当触点闭合时,初级电流自蓄电池经过初级线圈形成回路,并在初级线圈内产生磁场。当磁通量随初级电流增大而增加时,线圈中产生自感电动势。由于这个自感电动势将阻碍着初级电流的进一步增长,故在触点开始闭合的瞬时,初级电流增大较慢,且必须经过一定的时间才可以达到最大值。

在初级电流增长的过程中,不仅初级线圈中产生自感电动势,而且在次级线圈中也同样产生自感电动势。但因磁通增长速率慢,所以次级线圈中的自感电动势很小,远远不足以击穿火花塞间隙。

(2)断电器触点开起,次级线圈中产生高压电动势。当断电器触点经过一定时间闭合后,初级电流增长到某一数值时,触点打开使初级电流迅速下降到零,初级电流和磁通突然减小就在初级线圈和次级线圈中产生自感电动势。此时,初级电路中由电容器和初级线圈形成了振荡回路,若不计次级电路的影响,该振荡则是一次减幅振荡过程。

当初级电路产生衰减振荡时,线圈铁心的磁通大小和方向都在随初级电流的变化而变化,故次级线圈中的自感电动势也和初级电动势同时随磁通的变化而变化。当次级电动势增高时,由于次级线圈、高压导线等对发动机的机体(火花塞中的接铁极)之间存在着分布电容,因而在次级线圈、高压导线附近形成了电场。当火花塞被击穿时这种电场能量将迅速施放出来,且一部分转化成次级线圈的磁场能量。

(3)火花塞放电过程。当增长的次级电压达到击穿电压时,火花塞两电极间即形成火花放电,于是次级电路中产生了电流,随之次级电压骤然陡降,次级电路中的分布电容放电,电场被衰减,并形成次级线圈的磁场,称为电容放电。

电容放电的特点是放电时间短(通常不多于1微秒),放电电流极大(可达几十安培)。由于发动机气缸中混合气的扰流吹拂作用,电容放电所形成的火花可能被立即熄灭,故电容放电不充分。由于线圈中磁场能量还没有完全消耗,因而次级电压又重新升高,并再次形成与第一个火花相似的电容放电,直到电、磁能量耗损到不足以击穿火花塞为止。

在正常情况下,第一个火花就足以点燃气缸中的工作混合气,而其余的火花并无特殊作用。但在冷起动时,由于汽油蒸气有一部分凝结,需靠火花来加热。但第一个火花太短,来不及由热量的作用而点燃混合气。而其余的火花,即正常工作时不用的火花,在发动机冷起动时往往会起主要作用。

3. 点火系统应满足什么要求?

发动机气缸中的混合气是依靠点火装置产生的高压电火花去点燃的,因此点火装置必须满足以下三个要求:

(1)能产生足以击穿火花塞间隙的电压。一般发动机在满负荷、低速时需 8000～10000V 的高压才能跳火,起动时则需要 9000～17000V 的电压。另外还应有一定的电压储备,所以点火装置产生的电压均在 18000～20000V。但也并非点火电压越高越好,点火电压越高对绝缘材料的需求也高,一般不宜超过 30000V。

(2)火花应有足够的能量,能在各种不同的使用条件下点燃混合气。发动机正常工作时,混合气压缩终了温度高(接近自燃温度),这时火花能量也能点燃。但冷车起动时,由于混合气雾化不良,火花塞的温度低,火花能量就要大(又叫火花强)。

(3)点火时间要适应发动机的工作情况。混合气在气缸内燃烧要有一个过程,也就是需要一定的时间(千分之几秒)。要使发动机得到最大的功率,不能在压缩行程终了活塞行至上止点时才点火,而是需要适当的提前一些,即"点火提前"。这个问题后面有专题解答。

4. 点火系统主要技术参数有哪些?

点火系统主要技术参数如表 2-1 所列。

表 2-1　点火系统主要技术参数

发动机型号	配件号或单位	JV		YP
		有触点点火系统	无触点点火系统	
点火线圈	配件号	171 905 115E	211 905 115D	
分电器	配件号自1984年7月起	027 905 205	026 905 205P	055 905 205P
	配件号	027 905 205J		
点火正时	上止点前		6°±1°	0°±1°
急　　速	r/min		800±50	950±50
真空管		拔　　下		插　　入
开闭角、导通角	规定值	47°±3°(53%±3%)	19°±3°(22%±3%)800r/min	
	磨损极限	42°±3°(47%~64%)	62°±3°(69%±3%)3500r/min	
离心提前(分电器已装上)	r/min	850~1200	900~1100	1100~1300
	r/min	1600	2300	1800
开始	(°)	4~8	14~18	8~12
结束	r/min	4500	4800	3000
	(°)	27~31	22~26	18~22
真空提前(分电器已装上)	kPa	16~20	6~12	27~33
开始	kPa	31	20	46
结束	(°)	14~16	5~7	11~15
真空延迟	kPa			18~30
开始	kPa			32~41
结束	(°)			7.5~9.5
点火顺序		1—3—4—2		
电极间隙	mm	0.6~0.8		0.7~0.9
火花塞(拧紧力矩20N·m)	自1985年8月后,每3万公里更换火花塞	W7DC/14—7DUN7YC	W6DO/WT7DCM7DTC,14—6DU/14—7DU,14—7TUN79/N7YC,N7BYC	W7d/W7DC14—7D/14—7DURS35N8Y

5. 汽车点火方式有哪几种？电火花点火有什么优点？

(1)汽车发动机用点火装置来点燃气缸中被压缩的工作混合气，以使发动机运转作功。发动机的点火方式有炽热点火、压缩点火、电火花点火等三种。目前汽车发动机主要采用电火花点火，即蓄电池点火和磁电机点火。蓄电池点火系统，结构简单，起动点火特性良好，为一般发动机所采用。磁电机点火系统不需要另外设置电源，适用于赛车及其他特种汽车。

(2)电火花点火的优点。

①点燃工作混合气可靠。

②点火时间准确。

③形成火花迅速。

④调整点火时间准确。

⑤点火装置的重量和尺寸较小。

6. 分电器有什么特点？

应经常保持分电器清洁，要定期除尘并检查分电器盖是否有裂纹。如果触点磨损严重，应更换分电器盖。在拆下分电器盖时，可向分电器轴的润滑毛毡内注入几滴润滑油。维护有触点的分电器时，应对断电器的滑块和凸轮用润滑脂润滑。断电器的触点距离额定值为 0.4～0.5mm，可用塞尺进行检查。当触点需要清洁时可用白金砂条清洁接触面。为确保点火装置工作良好。所有高压线外表均要保持清洁、干燥，必要时，可将分电器上的高压线全部拉出，清洁所有接线端头，并进行检查。如导线末端有缺陷，不能剪短，只能整条更换。

无触点点火系统由于没有触点，此部分不需定期进行维护，其余部分如有损坏，不要随意拆装，需由专业人员进行检修。

7. 有触点分电器和点火提前装置是怎样的？

分电器包括分火头、分电器凸轮、白金触点断电器等。分电器凸轮可随发动机的工作循环，使断电器开合而产生高压电；分火头按点火顺序分别给各缸点火。有触点点火系统的分电器，如图2-2

所示。其中白金触点断电器的作用是接通和切断低压电压,发动机工作时分电器轴带动凸轮并使一对白金触点周期性地开合,其开合间隙一般为 0.4~0.5mm,其间隙可以调整。

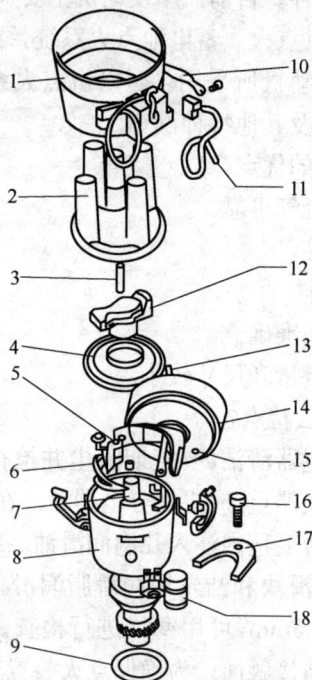

图 2-2   分电器结构

1. 屏蔽罩   2. 分电器盖   3. 套筒及弹簧   4. 防尘罩   5. 润滑衬垫   6. 断电器触点
7. 凸轮轴   8. 分电器壳体   9. 垫圈   10. 接地线   11. 导线   12. 分火头
13. 真空提前装置接头   14. 真空提前装置   15. 延滞装置接头
16. 固定螺栓   17. 支架   18. 电容

点火提前装置常采用真空式,它可随化油器节气门开度的变化(随负荷变化),自动调节点火提前角。真空式点火提前装置,由真空膜片室、拉杆和弹簧等组成。膜片室由膜片隔为两个空腔,一个通大气,一个与化油器节气门下方相通,膜片受化油器下方节气门的真空度控制(用弹簧使膜片复位)。装有膜片另一侧中心的拉杆,可拉动断电器底板反向转动,而使触点提前点火。

此外,分电器还设有离心调节器来实现点火提前。当发动机转速升高时,所产生的离心力可克服弹簧拉力而使离心块向外伸张,拨销推动凸轮托板连同凸轮一道转过一个角度(顺分电器轴旋转方向),从而使凸轮提前顶开触点而点火。

8. 怎样安装分电器?

在安装分电器时,为保证点火正时,应按下列步骤及条件进行。

(1)将发动机飞轮上的点火正时标记与飞轮壳上的标记对齐,使发动机第一缸活塞处于上止点。

(2)使凸轮轴带轮上的配气定时标记与气门罩盖平面对齐。

(3)使油泵驱动轴与分电器轴相接的偏端部与发动机曲轴方向平行。

(4)将分火头指向分电器壳上第一缸的标记,装入分电器。

在上述四个条件都满足的情况下,装入分电器才能保证有正确的点火正时。

9. 怎样调整有触点点火正时?

转动曲轴,使第一缸到达压缩冲程上止点位置。通过变速器壳体上的观察孔,将第一缸的正时标记对准,如图 2-3 所示;使凸轮轴正时齿轮上的标记,与气门室罩盖平齐,如图 2-4 所示;再使机油泵驱动轴柄上的肩端部,与曲轴方向平行,如图 2-5 所示;然

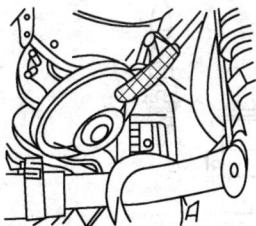

图 2-3 发动机一缸置于正时标记

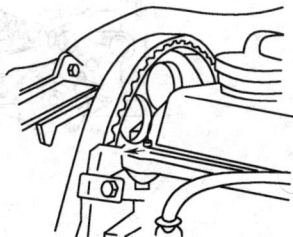

图 2-4 校正齿形轮标记

后将分电器上的分火头,指向分电器壳体上的第一缸标记,如图
2-6所示。

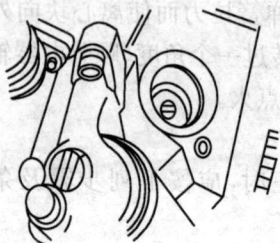

图 2-5   校正机油泵肩端部方向   图 2-6   校正分火头方向

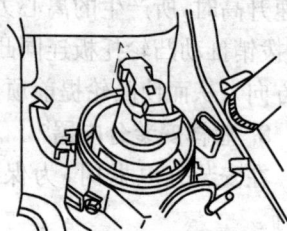

再接 1-3-4-2 气缸顺序,插好各缸的高压线,然后起动发动机
达到正常工作温度在温度,在怠速状态下突然加速,并与"上海大
众"专用点火测试仪(V. A. G1370)连接(见图 2-7),对点火时间进
行测定和调整。

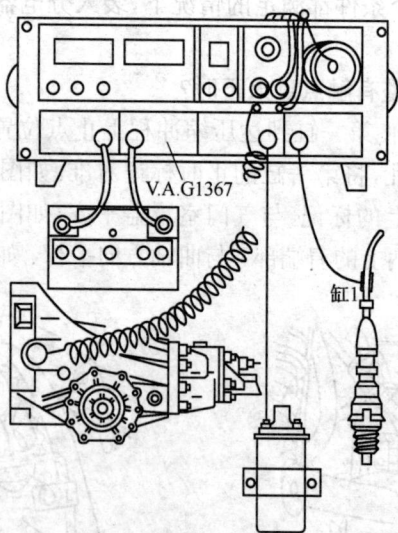

图 2-7   V. A. G1367 检查仪接线图

测定和调整点火时间时,应遵守以下条件:

①发动机机油温度在 60℃以上。

②将阻风门开足。

③检查并调整到合适的怠速。

在上述条件下,进行点火提前调整,调整到上止点前 6°±1°。

10. 怎样检查离心力调节值?

(1)用点火正时检测仪。拔掉真空调节器的真空软管,调节发动机转速,使其稳定在某一数值(1.6L 发动机约为 900r/min,1.8L 发动机约为 700r/min)。将此时仪表显示的数值定为基准值。然后将发动机的转速缓慢提高,若显示值也随着提高,说明调节器起作用。将发动机转速升高到另一个转速值,就又对应一个仪器显示的数据。前、后两个显示值的差值,即为离心力调节值。不同转速范围内的调节值,可用同样的方法测得。

(2)用点火正时灯(频闪灯)。用点火正时灯检查离心力调节装置的条件和方法与上述相同,不同之处只是用频闪灯观测在不同转速下分电器上正时标记的摆动角度,来测得离心力的调节值。

离心力的调节值应符合表 2-1 所列数值。

11. 怎样检查真空提前点火的调节值?

检查时保持发动机机油温度在 60℃以上。

(1)用点火正时检测仪。将真空检测仪装于化油器真空吸管与提前点火真空室之间,打开检测仪,拔掉真空延迟点火真空调节室软管,起动发动机并将转速调整到 900r/min 左右,此时仪器显示的值即为基准值。将发动机转速提高,使真空度达到较高数值(如额定值),此时仪器显示的数据与前一个数值的差值,即为真空提前调节值。

(2)用点火正时灯(频闪灯)。利用点火正时灯检测时,测试过程中分电器正时标记的摆动角所反映的数值,即为真空调节值。

当调节值不符合表 2-1 所列数值时,应进行调整。

12. 怎样检查真空调节装置的密封性?

用真空检测仪检查真空调节装置的密封性,将真空检测仪接于被检测的真空管或真空室上,打开检测仪,拔去不被检测的真空管;起动发动机并保持其某一转速,使检测仪上显示出一个较高的真空度。在检测仪保持打开的状态下,所显示真空度数值在1min之内下降不得超过10%,达不到要求应更换真空调节装置。

13. 发动机为什么需要提前点火? 提前点火过大或过小对发动机有什么影响?

发动机气缸中的可燃混合气完全燃烧,是需要一定的时间,为了充分地利用燃料的热能,大部分混合气应在活塞上止点附近燃烧完毕,这样可以在气缸内产生最高的气体爆发压力,推动活塞作功。因此,混合气的点燃时间应略为提早些,使活塞还没有运动到上止点之前的某一适当时刻就进行点燃,并称之为提前点火。通常用曲轴转过的角度来表示点火提前的程度,叫做点火提前角。

点火提前角过大,可燃混合气被过早的点燃,气体燃烧时所产生的膨胀压力将阻碍活塞向上运动,致使发动机的功率减小、燃料消耗增大、怠速不良,有时甚至会引起曲轴反转、扭断等情况。

点火提前角过小时,也同样使发动机功率下降、燃料消耗量增加。因为混合气的燃烧已延迟到气缸工作容积迅速增加的情况下进行,燃烧气体所产生的最大压力削弱,燃烧的热能将不能充分的利用,传给冷却水的热量较多,发动机将过热。从而常常出现排气管"放炮"、化油器进气口"回火"现象。

14. 点火提前角的大与小和哪些因素有关?

各种发动机最有利的点火提前角各不相同,并随发动机的不同工况而变化。其主要影响因素有:

(1)发动机转速。由于发动机转速增加时,每一冲程的时间将缩短,而且混合气体的燃烧速度并没有明显变化,故必须加大点火提前角,以保证及时点燃混合气。但是,由于混合气的压力、温度及扰流作用会随发动机的转速提高而增大,又有利于燃烧加快进行。总之,发动机转速升高时,最有利的点火提前角应随发动机转速的升高而增大。

(2)混合气的成分。由试验得知,当混合气的过量空气系数为0.8～0.9时燃烧速率最快,反之,过量空气系数超过此范围时,燃烧速率会随着混合器的逐渐加浓或减稀而降低。所以此时的点火提前角要相应加大。

(3)压缩比。由于压缩比增大时,将使压缩终了的压力和温度增高,混合气的燃烧速度加快,所以,最有利的点火提前角应该随着压缩比的增高而相应减小。

(4)负荷。发动机的节流阀开度增大,即发动机的负荷增加时,由于进入气缸的混合气量增多,压缩终了压力和温度增高,使混合气燃烧速率加快,因此,最有利的点火提前角应该是随着发动机负荷的增加而相应减小。

15. 点火线圈的构造是怎样的?

点火线圈主要由铁心、初、次级线圈、胶木盖、瓷杯等组成。铁心是由硅钢版叠制而成的,包在硬纸套中。纸套上绕有次级线圈,其导线为直径0.06～0.10mm的漆包线,绕11000～23000匝。为了增强绝缘,次级绕组的外面还包有数层电缆纸。初级绕组的外面,有利于散热,漆包线的直径一般为0.5～0.8mm,绕220～330匝,外面也包有数层绝缘电缆纸。初级线圈与外壳之间还有导磁用的钢套。外壳的底部有绝缘瓷杯,上部有胶木盖,盖上有连接断电器的低压接柱,高压线插孔,"开关"接柱和"电源开关"接柱。在胶木盖内部的四周有形状高缘,以保证高压接头的绝缘性能。壳内填满绝缘油或沥青,增强绝缘性能,防止潮气侵入。

点火线圈的选用应与电池的接铁极性一致,这样有利于降低火花塞的工作电压,改善点火性能。

16. 怎样用万用表测试点火线圈?

点火线圈是产生高压电的元件,在铁心上绕有两组线圈:一组初级绕组,一组次级绕组,前者与蓄电池低压电路接通,后者产生高压与火花塞电路接通。这种适合有触点点火的点火线圈,初级绕组的电阻值为 $1.7\sim2.1\Omega$,次级绕组的电阻值为 $7.0\sim12.0k\Omega$,可用万用表电阻挡测试,达不到额定值的点火线圈应予以更换。

17. 点火线圈的主要性能指标是什么?

点火线圈的主要性能和试验方法如下:

(1)常温点火性能。将点火线圈的次级线圈所产生的高压电经分电器接到标准的三针状放电器上,点火线圈应在分电器不同转速情况下,在标准三针状放电器上,发出连续不间断的火花间隙应不小于规定值。如 DQ148A 型点火线圈与专用的分电器联合进行试验时,其常温特性规定为:

①当分电器转速为 2500 r/min 时,连续不间断火花间隙应不小于 9mm。

②当分电器转速为 2500 r/min 时,并在标准三针状放电器电极间并联 $1M\Omega$ 分路电阻,其连续不间断火花间隙应不小于 6mm。

③当分电器转速为 1500 r/min 时,连续不间断火花间隙应不小于 12mm。

(2)点火线圈的热态点火性能。它包括下面两个内容:

①当点火线圈的周围介质温度在 70℃和规定的分电器工作转速下联合工作 3h,试验时应能在标准的三针状放电器上保持规定的连续不间断火花间隙。如 DQ148A 型点火线圈在周围介质温度 70℃和专用分电器在 2250r/min 情况下联合工作 3h,在试验过程中应在标准三针状放电器上保持 9mm 的连续不间断火花。

②在点火线圈以不同工作状态置于 120℃±50℃的恒温箱中保持 1h 后,按上述方法进行 30s 的试验应能可靠地工作,试验后不得有绝缘物溢出。

(3)点火线圈的冷态点火性能。当点火线圈以不工作状态置于-40℃的低温箱中保持 3h 后取出,在 5min 之内作常温点火性能试验,当分电器在转速为 2500 r/min 时,连续不间断的火花应不小于 9mm。

18. 断电器的作用是什么？

断电器（白金）的作用，是在规定的时间内利用凸轮的控制，定时、定点使其触点断开或闭合，接通和切断点火线圈中的低压电流，使次级线圈感应出高压电，并将高压电通过高压线到火花塞中心极上产生高压电火花，点燃发动机内的可燃混合气。

19. 断电器由哪些零件组成？各起什么作用？

断电器主要是由固定触点、活动触点、胶木顶块、弹簧片和断电器调整螺钉等组成。

（1）断电器触点分固定触点和活动触点。活动触点与固定触点闭合时，活动触点经固定触点架搭铁，使点火线圈初级线圈产生初级电流。在活动触点与固定触点断开时，活动触点的搭铁解除。

（2）断电器轴用以支撑摇臂，使摇臂环绕它摆动。

（3）断电器弹簧片的作用是使断电器触点产生闭合接触压力，并连通活动触点与断电器接线片。

（4）胶木顶块随着凸轮的转动，带动活动触点周期性地摆动。

（5）调整螺钉作用：松开断电器调整螺钉，可以移动断电器座，调整断电器触点间隙大小。

20. 怎样调整断电器的间隙？

打开分电器盖，取出分火头，挂挡移动汽车缓转曲轴，使触点臂顶块顶在凸轮上，保持触点的最大张开位置，然后用 $0.35\sim0.45mm$ 的塞尺插入两触点间上下拉动。如感到轻微的摩擦阻力，表示符合标准；如感到空旷，表示间隙过大；如塞尺插不进间隙中或拉动困难，说明间隙过小。

调整时，用旋具松动底板上的固定螺钉，转动调整螺钉，并用塞尺上下拉动检查，直到有轻微阻力感为止。拧紧紧固螺钉后，还要用塞尺再次检查，直到间隙达到要求为止。但要注意凸轮的各个棱角，如长期使用磨损不均匀时，可按最小；如刚换新件所需间隙调不出来时，可将固定触点槽孔用小圆锉锉长些。

调整触点间隙前应注意触点清洁、平整、贴合对正，活动触点臂的胶木衬套和顶块完好。新胶木衬套处应滴机油保证润滑。

21. 怎样保养断电器?

断电器触点应保持清洁、平整。若触点沾有油污,应用干净的纸条夹在触点之间擦净,若触点烧蚀,应用砂条夹在触点之间,磨掉烧蚀的凸点,再用纸条擦净。要经常检查活动臂弹簧片的弹力,并用干净的润滑油加注触点轴及凸轮润滑用的毛毡上。如发现弹簧片弹性变差或有裂痕,应及时更换。

此外,活动触点、断电器的调节底板应能无阻滞地转动;导线要连接可靠;弹簧片固定螺钉无松动。断电器间隙应调为0.35~0.45mm。

22. 拆卸断电器时应注意什么?

在修理保养断电器过程中,一定要注意以下几点:

(1)拆卸断电器时应特别注意断电器绝缘垫圈的装配,如图2-8所示。有时在换断电器时,由于修理经验不足,往往疏忽了断电器绝缘垫圈,在修理装配时将绝缘垫圈的位置装错,造成新的故障。造成低压电和电容器线与白金簧片接头碰铁,低压电路短路。

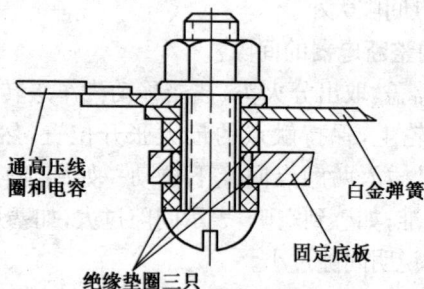

通高压线圈和电容

白金弹簧

固定底板

绝缘垫圈三只

图 2-8　拆卸断电器时注意绝缘片连接

(2)拆卸白金弹簧时要注意用尖嘴钳夹住,与电容器线和低压线接正接好以防搭铁,以免弹簧片折断。

(3)断电器固定底板螺钉与断电器螺钉一定要紧固好,如没紧固好,使用一段时间会造成发动机动力不足或发动机不能起动。

(4)断电器弹簧锁片必须安装好,否则会使断电器活动触点工作时移位,造成发动机动力不足。

(5)把电容器拆掉安装断电器时,一定记住将电容器搭铁螺钉拧紧,否则由于疏忽造成的故障,有时会使发动机不能起动,需要重新复查,重新排除故障。

23. 断电器触点为什么经常烧毁?

断电器触点(白金)经常烧毁的原因有:

(1)断电器质量不好或正常磨损。

(2)电容器接线头松动。

(3)电容器损坏。

(4)电容器容量选择不正确。

(5)断电器触点臂的弹簧力过小,使触点活动剧烈,时间较久后即易烧蚀。

(6)白金盘螺钉松动,使白金经常发生摇晃,触点也经常发生振动,从而烧蚀触点白金。

(7)曲轴轴承磨损松旷,凸轮径向跳动,使触点关闭不稳,烧蚀白金。

(8)触点不平整、有油污或接触面积过小。

(9)触点间隙调整得不对。

24. 断电器触点间隙过大或过小,为什么会影响次级电压的升高?

断电器触点间隙一般规定为 0.35~0.45mm。当触点间隙过大时,触点闭合的角度会变小,触点闭合时间就要减少,使初级电流也减小,次级电压便降低。

触点间隙小,则触点闭合的角度变大,闭合时间变长,使初级电流增大,因而可提高次级电压。但若触点间隙调得过小,会使触点火花加重,线圈中磁场能量的一部分会转化火花热量而损失,次级电压反而降低。

在使用中由于触点烧蚀和触点臂绝缘顶块的磨损,会使触点间隙发生变化。因此,应及时修整触点,调整间隙。调整时可以拧松固定触点座上的紧固螺钉,通过转动偏心螺钉使触点间隙达到标准间隙。

25. 断电器触点间隙为什么过大、过小都不好?

触点间隙应合乎标准。间隙太小,则触点就不能可靠地将电路断开,因电流可能以火花的形式跳间隙。触点打开晚,使点火推迟或不跳火,触点易烧毁,发动机的运转不稳,并且电流消耗大。间隙太大,则总的闭合时间缩短,初级断开电流减小,使次级电压减低,在高速的时候火花塞会断火,触点打开提前,点火时间过早。因为触点闭合的时间短,点火线圈初级线圈中有电流来不及使铁心磁力增高到饱和程度,次级线圈的感应电压也就不够高,所以发动机有时断火。

26. 断电器胶木顶块为什么磨损很快?

断电器胶木顶块磨损直接影响着断电器间隙的大小,会使发动机动力不足。断电器胶木顶块磨损很快的原因有:

(1)断电器润滑油毡缺少润滑油,活动触点轴与套太紧,保养断电器时应加注润滑油。

(2)分电器盖密封不严,使灰尘进入断电器凸轮,发动机发动后,由于断电器凸轮的高速旋转,使断电器胶木顶块磨损很快。

(3)断电器凸轮表面粗糙,光洁度不够,影响断电器凸轮的磨损。

(4)分电器轴松旷,使曲轴径向跳动,断电器凸轮径向跳动也更严重,加快了断电器凸轮的磨损。

27. 断电器触点无法修复时怎样急救?

行车途中,若断电触点无法修复,又无其他断电触点取代时,可卸下烧坏的断电触点以钢丝取代,维持临时工作:①用钢丝一端弯成圈,直径稍大于螺钉,将螺钉紧固。②将钢丝弯曲,并与凸轮平面保持规定的间隙。③用钢丝的另一端代替断电触点。如当时找不到合适的钢丝,可将阻风门拉线取下一段代用。

28. 断电器活动触点弹簧折断怎么办?

如果分电器活动触点臂(断电臂)的钢片弹簧折断,而触点良好时,可用如下办法恢复工作。

(1)在断电臂和分电器盖之间塞上一个分电器插座的胶皮防尘罩,利用其弹性使触点闭合,但应将低压线直接与断电臂连接,以接通电路,并注意避免折断的弹簧搭铁。

(2)没有胶皮防尘罩时,可用软皮块代替。

29. 怎样保养断电器凸轮?

(1)定期对凸轮毡刷进行清洗,并滴加适量的润滑油,以保持对凸轮的清洁和润滑。

(2)凸轮表面光洁度不高,可以用粗砂纸抛光。

(3)凸轮安装时要检查其键槽和半圆键是否有毛刺,切不可用榔头把点火凸轮硬打上去。

(4)分电器装配应牢固可靠,否则将影响点火系统的正常工作。应定期检查凸轮的松旷情况。

30. 分电器凸轮磨损怎么办?

分电器凸轮棱角应该是均匀磨损的,若用游标卡尺测量,磨损量超过 0.40mm 时,应更换;若磨损不均匀,能使触点臂顶开的间隙在于 0.05mm 以上时,应更换。

更换凸轮切记不可用工具夹住凸轮硬打,以免损伤。更换时将凸轮与分电器接合,在限位螺钉下方只能用平垫圈。拧紧螺钉后,在轴上凸轮不能卡死,不得轴向移动。

31. 电容器的构造如何?

如图 2-9 所示,由两条锡箔和两条石蜡纸带卷制而成,安装在断电器和分电器的外壳上,和触点并联。锡箔带 2 分别覆在纸带 3 上,并卷成筒形装入铝壳 8 内。纸带比箔带宽一些,以保证箔带间的互相绝缘。一条箔带上接有软导线 4,引出壳体;另一条箔带通过接铁片 1 与壳体相接。
在制造过程中是先将锡箔带
卷成筒形,并放在真空室中抽
去层间的空气,然后浸以熔化
的石蜡,再装入金属外壳 8
中。电容器在温度 20℃ 时,
应具有不低于 50MΩ 的绝缘
电阻(对直流而言)。绝缘不
良的电容器会使触点烧蚀、点
火困难。严重短路时,就根本

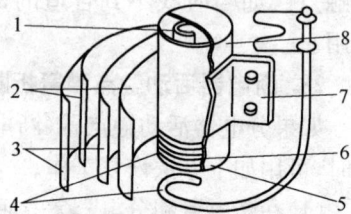

图 2-9　电容器
1. 接铁片　2. 锡箔　3. 绝缘纸
4. 引出线　5. 绝缘板　6. 导电片
7. 固定板　8. 壳体

不能点火。电容器工作时要承担初级线圈产生的 300V 左右的自
感电动势,为此它应具有耐交流电压 600V 的绝缘强度,并且在一
分钟内无击穿现象。汽车用电容器的容量一般为 0.15~0.25μF。

32. 电容器的作用是什么?

因为断电器触点打开,磁场消失时,在初级线圈中将产生
200-300V 的自感电动势,若没有电容器则会在触点间形成火花,
使触点烧蚀。同时,由于这电动势的方向与原来初级电流的方向
相同,而使初级电路中的电流不能迅速断开,且磁场的消失也相应
减慢,因而次级电压显著降低。

并联电容器之后,由于触点打开时初级绕组中所产生的自感
电动势可向电容器迅速充电,所以触点间不会有强烈的火花,从而
延长了触点的使用寿命。同时,触点打开时,初级绕组进行振荡放
电。当电容器第一次放电时,电流以相反的方向通过初级绕组,加
速了磁场的消失,使次级电压大大提高。由此可见,装了电容器不
仅能减小触点火花,延长触点使用寿命,而且还可增强次级电压。

电容器的容量应适当,其容量过大、过小都不好。容量过大,
电容器充放电的周期增长,铁心退磁减慢,使次级感应电动势降
低。容量过小,由于触点张开时,初级绕组的自感电动势不能全部
充给电容器,使触点间仍形成强烈的火花而烧蚀了触点,并降低了

次级电压。

33. 电容器损坏有哪些原因？

电容器损坏，使火花塞无火、火弱或有时断火，造成白金触点工作时产生很强的火花，导致白金触点烧损。电容器损坏的原因如下：

(1)电容器漏电。由于电容器绝缘不良，造成漏电，使火花塞断火或火弱，发动机难以起动，工作时发生间歇断火现象。

(2)电容器断路。电容器断路后，不能起充电的作用。此时，在白金触点处会出现很强的火花。由于自感电动势的影响，使次级线圈感应的高压电动势降低，所以火花塞火弱，发动机难以起动，工作时发生间歇断火现象，油门加大，发动机转速不能增高。

(3)电容器短路。电容器的绝缘被击穿，造成内部短路，成为导体。这样初级电流在白金触点打开后，直接经过电容器搭铁，就不可能在次级线圈上感应出高压电，使火花塞无火。

(4)电容器本身不搭铁。电容器外壳有腐蚀层，低压电路在电容器本身上产生不了回路，使电容器不能起充存电作用，使发动机不能发动。

34. 电容器为什么容易烧毁？

因为电容器的蜡纸缘极薄，如果受潮的话，很容易打穿。电容器本身绝缘纸厚薄不匀，薄处打穿，就会漏电。检验电容器的好坏，应用试验电容器的仪器，测量它的容量是否正常，是否漏电。如果没有仪器，可用220V接一灯泡试验。

35. 怎样用低压电检查电容器短路？

将蓄电池的一极接上电线，和电容器外壳相连，用另一极的电线头划碰电容器导线头，如有火花出现，表示电容器内部短路，如图2-10所示。

36. 分火头裂损怎么办？

分火头座套破裂，可用胶布包扎，继续使用。若分火头裂损，可在蓄电池的封料槽内铲取少许沥青，加热熔化后，浇入分火头的

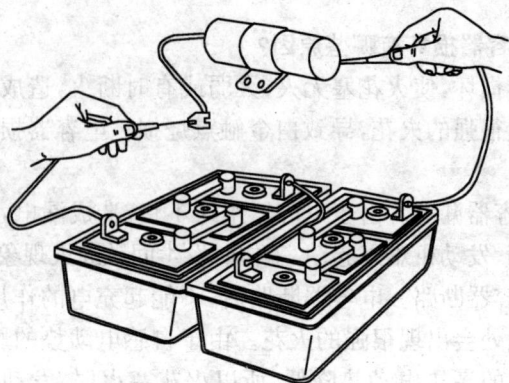

图 2-10　用低压电检查电容器

座孔中,约占总体积的 2/3 为宜。待沥青将要凝固时,装于分电器轴上,便可消除漏电继续使用。

37. 怎样诊断分电器盖破裂?

拔下高压总线,取下分电器盖倒置,在不用分火头的情况下,以总线末端对准中心炭柱。打开点火开关,拨动分电器触点,如总线向四周某一线插孔跳火,则表明该分线插孔与中心孔窜电。再将总线插于某一孔,打开点火开关,拨动触点,如相邻分线插孔跳火,说明相邻两缸窜电。用此法继续试,三次即可试完。

38. 分电器漏电怎么办?

若分电器盖内插线座之间存在脏物而引起漏电时,可将脏物除去,用微火烘烤 1~2min,然后装复使用。

若分电器盖有裂纹或绝缘穿通时,可将裂纹处清理干净,从蓄电池上铲下一些沥青经熔化涂于裂缝上。涂上漆、白蜡,同样具有绝缘作用。

39. 怎样检修断火?

发动机工作时,若断电器白金触点间隙过大(或触点弹簧过软),或点火线圈、电容器工作不良,都会引起断火。分别针对各种情况,可作如下判断:

发动机有爆燃声时,在低速运转中试火,若火花很强,断火明显,高速时又放炮,这是白金触点间隙过大所致,应调整间隙以排除故障;在高速运转中断火,并伴随发动机抖振,这是触点弹簧过软所致。发动机无爆燃声时,试火时火花弱,应更换以排除故障。

跳火距离短,触点易烧蚀,高速时放炮,这是电容器工作不良所致,应更换电容器以排除故障;若拆除电容器后火花更弱,且触点无烧蚀,这是点火线圈工作不良所致,应更换点火线圈以排除故障。

40. 怎样检修回火?

发动机工作中因点火过迟、点火顺序不对或者混合气体过稀,就会产生化油器回火,可用拉阻风门的方法进行判断:

①如并无明显变化,发动机不抖振,仅消声器有发闷的声音,这是点火过迟所致;

②如无变化,消声器依然放炮,发动机仍然严重振动,这是点火顺序错乱所致;

③如明显好转,发动机也不抖振,这是混合气过稀所致。

41. 怎样保养点火系统?

点火系统的保养根据车辆行驶里程的不同,保养内容也不相同,必要时还应对主要机件的质量、技术性能及工作情况进行试验调整。

(1)车辆行驶1000～2000km后应进行的保养工作是:①清除分电器盖和体壳外面的灰尘和油污。②检查初级电路的连接并加以紧固。③擦净火花塞外面的污垢。

(2)车辆行驶5000～6000km后应进行的保养工作是:①清除分电器外表的污垢,取下分电器盖清洁其内部。②检查断电器触点状态并加以清洁,如触点表面烧蚀不平,应进行光磨,检查触点间隙,如不符合要求应进行调整。③润滑分电器总成,包括分电器轴、凸轮轴和分电器轴套连接处、凸轮面以及活动触点臂销钉。④检查高压线的状态及每根线端和分电器的座孔是否接触良好。⑤

清洁点火线圈外表面的污垢，注意高压线和座孔的接触。⑥检查火花塞绝缘体裙体裙部是否有积炭，间隙是否适当（一般为 0.6～0.7mm），密封垫圈是否良好，火花塞的安装是否牢固。

42. 发动机发动不着，怎样检查点火？

只要点火系统能为发动机的各缸提供各高压火花，并保证正确的点火时间和点火顺序，即说明点火系统工作正常，否则就存在故障。

根据产生故障的原因和检查故障由简至繁的原则，对点火系统可按下列步骤检查：根据电流表指示情况，区别故障在低压电路还是高压电路；如故障在低压电路，可依电流表指示情况进一步判断故障性质，再对不同性质的故障采取相应的检查方法；如低压电路正常，则应进一步对高压电路进行检查。

43. 怎样试高压火？

试高压火时，将分电器盖打开，并将中央高压插线拔出，打开点火开关，一手拿着拔下来的高压线，使其端头接近缸体大约 7～8mm；另一手拨动分电器触点臂（触点闭合），亦可用手摇柄转动发动机或用起动机起动发动机，视其跳火情况。若发出蓝色发白的火花，并能听到"拍拍"响声时，说明跳火正常；若发出紫红色且火光细弱的火花，说明跳火不正常。或跳火过猛；若不跳火，说明断火。

44. 怎样诊断点火过早的敲击声？

点火时间过早，会使发动机在运转中发出异响，主要表现是：发动机怠速运转中，突然加大油门就发出"嘎嘎"的金属敲击声；重负荷或上坡时出现"嘎嘎"的敲击声，并感到动力不足。对此，可将分电器外壳顺分火头旋转方向转动，响声便可消失。在有负荷的情况下，车辆起步时能听到短促的敲击声，起步后即消失，可断定是点火时间过早的声响。

45. 怎样诊断分火头是否漏电？

将分火头倒放在缸体上，打开点火开关，拨动触点，并用高压总线末端对准座孔距3～4mm处,如有火跳过,则为分火头漏电,否则为良好。

亦可将分火头套在某手指上,人坐在或站在车上或地面上,将高压总线末端对准座孔跳火,有触电感,即为漏电;无感觉,则为良好。

46. 发动机高速运转时断火,是什么原因?

这种情况首先应检查点火线圈的高压电火花强度,线路的连接是否清洁、牢固。用手拨动触点,将点火线圈高压线头离金属部位3～5mm。火花强呈蓝色,表示点火线圈同电容器无故障;如跳火弱短而发红,应先检查电容器有无故障。

若手拨动触点,高压线端跳火良好,应再检查触点间隙是否合乎要求(一般为0.35～0.45mm),否则应预调整。在检查触点间隙的同时还要检查凸轮角是否一致。凸轮角不一致时,要找一个磨损程度介于中等的凸棱来确定触点间隙。同时要检查触点弹簧的弹力是否正常;上触点活动孔是否活动灵敏;电容器是否部分漏电(参阅电容器的检查);分电器盖有无窜电,跳火顺序和火花塞间隙是否正常,若上述均完好,装上,将车发动。

发动机低速良好,高速时有断续,还应怀疑分高压线或点火线圈的高压线芯子是否断开。有的驾驶员为了保护高压线,在高压线外套了一层塑料管。套管时中间铜线被拉断,外表也看不出来;有用塑料绝缘炭精芯的高压线,时间久了塑料管会伸长,使炭精芯中间松旷造成间隙等。

47. 发动机高速运转时,发动机发抖是什么原因?

(1)触点弹簧的弹力太弱,高速时,触点闭合时间太短或不闭合,因此造成火花弱或断火。另外上触点弹簧臂的活动孔和弹簧配合太紧,使触点打开、闭合呆滞(反应不灵敏)也会出现这种现象。

(2)分电器凸轮磨损松旷,当高速运转时凸轮摆动,使触点的闭合、张开不规律而造成时断、时续的跳火而使发动机工作发抖。

（3）分电器盖有裂纹或火花塞间隙过大，积炭严重，都会产生这种不良的后果，应分别检查。

（4）触点间隙偏大或接触不良等。

48. 怎样检查点火系统高压电路和各缸工作情况？

检查点火系统高压线路的故障，通常是把点火线圈高压总火线拔下来对缸体 3～4mm，转动曲轴或用旋具拨动触点，看跳火情况。如果有火花，说明点火线圈以前这一段是好的，从分火头到火花塞这段有故障。发动机运转中还可用旋具逐缸短路火花塞，如发动机运转无显著变化，再将旋具离开火花塞 2～3mm(旋具仍接触缸体)看是否跳火和火花强弱如何。这种方法经常用来查点火系统。

49. 点火系统断电器触点固定螺钉松动，发动机会出现什么现象？

断电器触点固定的螺钉松动后，就会出现固定板和断电器壳体的相对运动，致使点火时间在发动机发动时失去正常的规律。由于点火时间的变化，就必须导致点火过迟，发动机无力或点火过早，发动机严重敲缸等现象。所以保养断电器时，应切记检查固定螺钉是否拧紧。

50. 关闭点火开关，发动机不熄火怎么办？

发动机正常工作时，缸内火花塞温度为 600℃～700℃。如发动机过热，火花塞绝缘体下部温度会过高。若超过 800℃，加上缸内积炭过多而有炽热点时，混合气进入气缸后就会被点燃，因而即使关闭点火开关，发动机也不会立即停止工作。

发生这种情况，应将变速杆放入空档，靠路边停车，让发动机自然停车运转，不必采取什么特殊措施。如果点火开关关闭后，发动机转速还很高，可在停车后，挂一档拉上手制动，再抬高离合器，使发动机熄火。

注意保持发动机的正常温度，提前关闭点火开关、滑行停车等方法，可预防此情况发生。

51. 发动机为什么空负荷正常,有负荷断火?

发动机空转正常,但加上负荷就感到功率不足,或者断火并听到"突突"声,应停车检查。造成这种故障可能是火花塞绝缘体裂纹、漏电或火花塞电极间隙过大,可卸下火花塞检查、排除。而绝缘体裂纹、火花塞电极间隙过大,可凭经验或测量确定,火花塞是否漏电(除明显裂纹外),最好试验检查。

52. 发动机为什么怠速正常、高速断火?

发动机怠速运转正常,但高速运转就断火,排气管发出"突突"声。这种故障可能是火花塞电极间隙过大、分电器触点间隙调整不当或触点臂弹簧过软、点火线圈、电容器不良等所致。

诊断和排除的步骤是:拆下火花塞,检查电极间隙;将分电器盘打开,检查触点间隙。若间隙正常,将触点闭合,用手拨动触点试火,如高压火花强烈,说明触点臂弹簧片过软;检查点火线圈,如发动机刚发动运转很好,预热后就运转不均,排气管也发出"突突"声,就像断火一样,属于点火线圈或电容器不良而引起的高压电不足。

53. 怎样检查与排除点火错乱?

发动机起动后抖动严重,伴有敲缸声,化油器有规律地回火,排气管有时放炮,一般情况下是点火错乱引起的。

造成点火错乱的原因有:高压分线相对两缸插错;高压分线相邻两缸;分电器触点间隙调整不当;分电器凸轮角磨损过甚、不均或凸轮轴、套磨损松旷。

按下列次序检查排除:按照发动机的点火顺序,检查分线是否插错;查分火头和分电器盖有无窜电现象;如分火头和分电器盖完好,则应检查凸轮角是否磨损。用手左右摆凸轮轴,若感到间隙较大时,应及时检修。

54. 加大油门时,发动机转速不能随时提高是什么原因?

发动机"闷"而无力,不易发动,容易过热;突然加大油门,转速不能随之高上去,汽油消耗量增多;夜间能看到消声器排火现象,这一般为点火时间过迟造成的。

故障原因是：分电器壳固定螺钉松动，壳体转动引起时间推迟，触点间隙过小，离心式点提前点火装置工作不正常。

排除故障时，应松开分电器固定螺钉，用手向分火头反方面转动分电器壳，若上述现象消除，点火过迟的问题已经解决，拧紧固定螺钉。若不能消除，应检查触点间隙是否过小，并予以调整。

55. 怎样判定高压火花弱？

发动机起动后，随着转速由低增高，消声器始终存在着无节奏的"突突"声，且高速严重于低速，急加速严重于缓慢加速，基本上是高压火花弱。为验证，可取下某缸高压分线进行试火，不熄火观察火花强弱。若火花最大距离不足 5mm 或是虽大于 5mm，但火花颜色发红；或者距离通达 5mm，但火花为蓝色；或有断火现象，即随着发动机的旋转，有时不跳火（正常时发动机每转两转必然跳一次火，发动机转速稳定时，跳火声响为均匀的"啪啪"连续声），即可确认为高压火花弱。

56. 怎样检查和排除高压火花弱？

将发动机熄灭，再打开点火开关，打开分电器盖，拨动分电器活动触点，察看火花情况（将分电器中央插孔高压线拔出对缸体进行跳火试验），并记住此时火花弱的程度。然后，用旋具代替触点（用旋具断续将触点试火），火花变强，则为触点烧蚀；拆下电容器，火花无明显变化，则为电容器内部接触不良或外壳搭铁不实。若旋具代替触点，火花无明显变化，拆下电容器后，火花更弱，则为触点及电容器工作良好，点火线圈性能不好。

57. 怎样检查和排除高速不良？

发动机起动后，逐渐加大油门，由低速到中速发动机消声器声音基本正常，待到高速时，消声器就发出无节奏的"突突"声，则可认为发动机是高速不良，为进一步判断，取下任意高压分线，距火花塞 5mm 试验跳火，若低、中速时火花正常，高速出现断火现象，将高压分线与火花塞靠近时，断火续存在，则肯定为高速不良。

消除高速不良,应首先检查分电器触点间隙是否过大或触点弹簧弹力是否过弱。对于新装或经过维修的活动触点臂,则应先检查活动触点臂绝缘套与轴套装配是否过紧。

58. 怎样判断点火线圈的好坏?

检查点火线圈是否良好可在机器上进行。打开点火开关,确认低压线路正常后,从分电器盖中央拔出高压线,距缸体 3～5mm。用旋具拨动分电器触点,不断地张合,高压线与缸体间有蓝白火花跳过,并有清脆声响,说明点火线圈性能良好。如无火花,且确认高压线正常,则说明点火线圈失效。

发动机运转中,检查点火线圈好坏亦可根据温度判断。微热者良好;烫手者不良或损坏。另外,将有怀疑的点火线装在点火系统完好的发动机上进行跳火检查,可鉴别出好坏。

59. 怎样用试灯法检查点火线圈?

用交流电 220V 为电源串接一个 15W 电灯泡来检查低压电路时,将一头电线触在点火线圈的"正极"接线柱上,另一头触在通向断电器的"负极"接线柱上,如试灯发亮,说明低压线路良好。

再用一根电线的另一端触在"正极"或"负极"的接线柱上,另一端触在外壳上,试灯应都不亮为良好。如试灯亮,说明线圈搭铁。

检查高压电路时,将电线的一端插入高压线的插孔内,另一端划碰负极低压接线柱。细心观察,如试灯不发光,并在低压接线柱上有小火花,即为良好;没有火花,表示点火线圈断路。

60. 点火线圈温度过高对初级线圈有什么影响?

发动机在工作一段时间后,点火线圈过热,使初级线圈导线的电阻增大,而初级电流减小,次级电压降低,火花减弱,造成点火困难,使发动机不易起动。

61. 为什么换新点火线圈后会减少耗油量?

换新点火线圈后,发现比没换以前节省燃油,这说明原来的点火线圈有问题,它所产生的火花是不强的,点火时影响发动机的动力,所以增加了汽油的消耗。火花塞发出的火花长度应达到 5～7mm,否则说明火弱。

62. 怎样保养点火线圈?

(1)点火线圈要安装牢固。

(2)点火线圈安装要远离气缸盖和排气管,要装在通风散热好的地方。

(3)高压导线接头应清洁、干燥,接线应牢固,接触良好。如点火线圈潮湿,有油污应擦干净,必要时用红外线灯泡烘干。

63. 怎样用万能表检查点火线圈?

先拆除点火线圈上所有电线。

(1)检查初级线圈电阻。将电阻表接到点火线圈接线柱 1(一)与接线柱 15(十)之间,所测得电阻值应为:无触点点火装置,$0.52～0.76\Omega$;有触点点火装置,$1.70～2.70\Omega$。

(2)检查次级线圈电阻。将电阻表接到点火线圈接线柱 1(一)和接线柱 4(十)上,所测得电阻值应为:无触点点火装置,$2.4～3.5k\Omega$;有触点点火装置:$7.0～12.0k\Omega$。

64. 怎样检查点火装置的电阻?

(1)高压导线及插头。点火线圈与分电器之间总电阻 $0～2.8k\Omega$;分电器与火花塞之间总电阻 $0.6～7.4k\Omega$;导线 2 的电阻 0Ω;插头 3 的电阻 $1k\Omega\pm0.4k\Omega$。

(2)火花塞插头。无屏蔽电阻 $1k\Omega\pm0.4k\Omega$;有屏蔽电阻 $5k\Omega\pm1k\Omega$。

(3)分火头。无触点电阻 $1k\Omega\pm0.4k\Omega$;有触点电阻 $5k\Omega\pm1k\Omega$。

低压电路常见的故障是线路中有短路或断路。检查时,可将蓄电池负极导线与车架搭铁处连接好,关闭电源开关,用蓄电池负极导线在其接柱上划碰试火,如果有火花出现,说明电源开关至蓄电池之间的导线有搭铁短路现象。如果无火花,则接通电源开关,然后再进行划碰试火。如果这时仍无火花,说明低压电路中有断路现象,这时应该逐段检查。可采用直观诊断法,从问、看、听、嗅、摸、试六个方面检查,看导线有无烧蚀烧断之处,手摸导线或电器元件的温度加以诊断,也可用万用电表逐段检查。

65. 怎样诊断点火时间过迟引起的化油器放炮?

点火时间过迟,气缸内的压力就会降低,混合气燃烧也就迟缓。当进气门打开时,有尚不完全燃烧的气体冲回化油器,从而引起化油器放炮。这种现象和混合气过稀引起的化油器回火放炮有相似之处。诊断时,可利用加速泵改善混合气浓度,如放炮现象消除即为混合气过稀所致;如放炮现象仍不能消除,将可能为点火时间过迟所致,可转动配电器,使点火时间提前,故障即可排除。

66. 怎样防止点火线圈损坏?

点火线圈将要损坏时首先发热,火花微弱,影响发动机点火,增加汽油的消耗,甚至使发动机熄火。要防止点火线圈损坏,不要使它受热受潮。发动机不工作时不要开点火开关长时间接通电流;随时检查线路,避免短路或搭铁;控制发电机转速,不使电压过高。

67. 点火提前角不当对发动机有何影响?

点火提前角对发动机的动力性和经济性影响很大。气体压力已达很大数值,这时气体压力与活塞运动方向相反,有时造成曲轴反转,使发动机不能工作,若点火提前角过小,在燃烧开始时,活塞已向下止点移动一段距离,这就损失了一部分膨胀功,而且燃烧在作功行程中进行,燃气与气缸壁接触面积大,传给冷却水热量增加,燃烧压力降低,发动机动力减小,燃料消耗相对增加。

68. 怎样改变正负极线路?

把正极搭铁的汽车发动机点火系统改成负极搭铁,需将发动机、点火线圈、调节器电流表的接线作以下改动:

①把发电机的"磁场"、"搭铁"两接头分别接到12V蓄电池的

"＋"、"－"两极,通电 4～5s,发电机就变成了负极搭铁。

②将初级线圈的两个接线柱对换一下。

③将调节器的上下触点调换以下位置。

④将电流表后面的两接柱的接线位置互换一下。

69. 分电器能否用两只电容器串联或并联使用?

不行。两只电容器串联时,其总容量要比一只容量小;而两只电容器并联时,其总容量又比一只容量大。而容量过大或过小,不但会烧触点,而且高压电也会降低。

70. 检修分电器时有哪些技术要求?

对分电器检修时主要零件的技术要求如下:

(1)凸轮对外壳的径向游动间隙不应大于 0.13mm。

(2)分电器轴与外壳的轴向间隙不应大于 0.25mm。

(3)分电器轴与凸轮轴的配合间隙不应大于 0.05mm。

(4)分电器轴与衬套的配合间隙为 0.02～0.04mm。

(5)离心块销与销孔的配合间隙为 0.08～0.25mm。

(6)要求电容器的容量为 0.20～0.25μF。

第三章 霍尔无触点电子点火系统
故障诊断与检修

1. 有触点点火系统为什么要被淘汰?

传统点火系统在汽车上虽已历史悠久,结构也已定型,但却存在着以下几个根本性缺点:

①次级电压最大值随发动机转速的升高和气缸数的增加而下降,不能保证高速、高压缩比、多缸发动机的可靠点火。

②触点容易烧蚀。在传统点火系统中,初级电流是由触点接通和切断的,当触点打开瞬间,触点间易形成火花,使触点烧蚀。又因触点反复开闭,触点臂顶块与凸轮长期摩擦面磨损,造成触点间隙变化,点火正时不稳定而影响点火系统的正常工作。为此,必须经常打磨触点,并调整触点间隙,给使用带来很多麻烦。

③由于初级电流的大小受触点允许电流强度的限制,一般不超过5A,因此,次级电压以及火花能量的提高受到了限制。

由于传统点火系统存在上述缺点,已不能适应现代发动机向高转速、高压缩比、多缸发展的需要。尤其是近年来,为了减少空气污染,改善混合气的燃烧情况,以及为了节油而使用稀混合气时,都要求提高点火电压和点火能量,而传统点火系统已无法满足这些要求。因此,在70年代以来各国都在探索改进的途径,并生产了各种新型电子点火系统。

新型电子点火系统,因无触点,无须维护,可使维修工作大大减少,并且由于电子点火系统能产生更高的次级电压和火花能量,从而可使发动机起动容易,工作更加可靠,并有减少排气污染、节约能源的优点,所以传统点火系统正在被淘汰,而被电子点火系统所取代。

2. 霍尔无触点电子点火系统有什么特点? 由哪些主要零件组成?

上海桑塔纳 JV 轿车发动机采用了霍尔无触点电子点火系

统。该点火系统维护方便,无需调整,质量稳定,经久耐用。它取消了分电器的凸轮和白金触点、电容器和电阻线,由点火开关、点火线圈、电子点火控制器、霍尔信号发生器、无触点分电器和火花塞组成。其中,点火开关、火花塞与以前介绍的完全一样,不再重复。点火线圈是油浸封闭式,能产生 50kV 以上的电压,也是由铁心上的低压绕组和高压绕组组成。

3. 霍尔信号发生器由哪些零件组成？是怎样工作的？

霍尔信号发生器又叫霍尔脉冲信号发生器,也叫霍尔信号传感器、霍尔脉冲传感器,它是利用霍尔效应制成,装在无触点分电器中。其结构如图 3-1 所示。

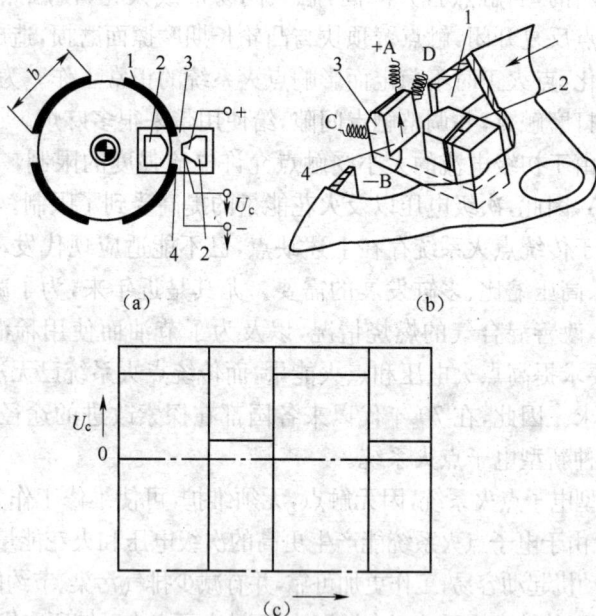

(a)　　　　　　　(b)

(c)

图 3-1　霍尔信号发生器的构造与原理

(a)平面图　(b)立体图　(c)电压变化

1. 转子叶轮　2. 永久磁铁　3. 霍尔元件　4. 空气间隙

霍尔半导体片与永久磁铁设置在固定的陶瓷支座上,并留有空气间隙。随无触点分电器中心轴转动的触发轮边缘的 4 个叶片(与气缸数相同),可以在此空气间隙中或在离开的瞬间,由于磁通量的变化,而使霍尔半导体片 CD 端产生的极小的霍尔电压发生改变,而发出通断信号,起到机械白金触点的作用。并且这种通断脉冲信号与发动机气门运行能够同步配合。触发叶片在通过间隙时,电子点火控制器(放大器)可使点火线圈接通初级电流。此初级电流通过的时间受相邻两叶片间的周边间距所控制;当叶片离开间隙的瞬间,放大器立刻关断点火线圈初级电路的电流,火花塞点火。

霍尔电压不受发动机转速影响,且有静态下感受磁场的能力。因而性能稳定,经久耐用。

4. 电子点火控制器是怎样工作的?

电子点火控制器也叫放大器,采用集成电路,使用功能强、价格低的 497 专用芯片。它能将霍尔信号发生器输出的脉冲信号放大,然后输出并控制高速开关功率管的导通和截止,从而控制点火线圈的初级电流的通、断,并在点火线圈的次级绕组产生高压供火花塞点火。电子点火控制器具有导通角随转速变化的功能,相当于白金触点断电器的闭合角,所不同的是一为静态、二为动态。

在 L497 芯片电路中,还兼有通电时间控制功能,停电断电保护功能,过压保护功能以及点火线圈初级电流上升速率控制功能,这里不再详述。

霍尔无触点点火系统的工作示意图,如 3-2 所示。

5. 怎样检查晶体管点火控制装置?

当点火线圈的电阻符合要求,而点火线圈上没有高压信号时,应检查晶体管点火控制装置。

(1)将插头 TSZ-H 控制器上拔掉,把电压表接在插头上的触点 2 与 4 之间,打开点火开关,测得电压应与蓄电池电压接近。否则说明有断路故障。

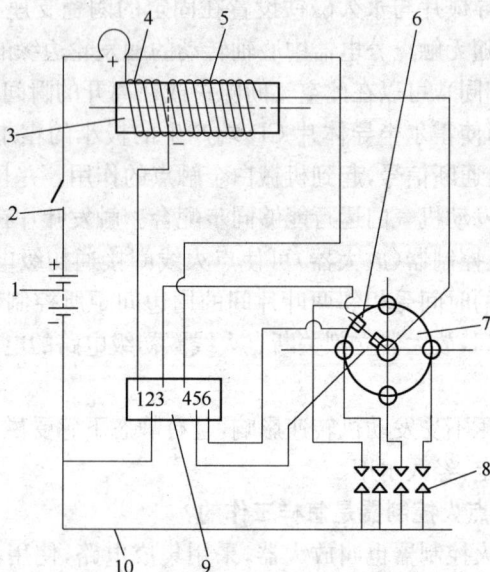

图 3-2　霍尔无触点点火系统示意图

1. 蓄电池　2. 点火开关　3. 点火线圈　4. 初级绕组　5. 次级绕组
6. 霍尔元件　7. 分电器　8. 火花塞　9. TIC 晶体控制开关　10. 壳体(接地)

(2)关闭点火开关,重新把插头号插在 TSZ-H 控制器上。拔掉霍尔发生器插头,将电压表接在点火线圈接线柱 1(一)和 15 (十)上。

(3)打开点火开关,此时额定电压最小不低于 2V,并在一两秒后必须下降到 0。否则应更换 TSZ-H 控制器。

(4)快速地将分电器插座的中间导线拔出并搭铁,电压值必须有瞬间达到 2V。否则说明有断路故障应予以排除,必要时更换控制器。

(5)关闭点火开关,将电压表接到霍尔发生器插头的外接点上,打开点火开关,额定电压不小于 5V。如小于 5V,表明霍尔发生器插头与控制器之间有断路,应予排除。如果是由于干扰造成电压大于 5V 的假象时,也应更换控制器。

6. 电感放电式无触点晶体管点火系统是怎样工作的?

　　上述有触点晶体管点火,虽然减少了通过触点的电流,提高了次级电压和点火能量,但是它仍然离不了断电器触点,所以在高速时,由于触点臂的跳动而影响正常点火的可能性仍能存在。采用无触点晶体管点火系统可以克服这个缺点。图 3-3 为电感放电式无触点晶体管点火系统的原理电路。在该点火系统中是以永磁式信号发生器来代替断电器触点的,信号发生器的结构如图 3-4 所示,转子上的极掌数和发动机的气缸数相等。当极掌通过磁铁时,磁路中磁通就发生变化,在信号线圈中便感应出信号电压。信号电压首选通过放大电路放大,再经单稳态电路整形,变成矩形波电压,再经直流放大器放大后,控制开关电路,即控制初级电流。

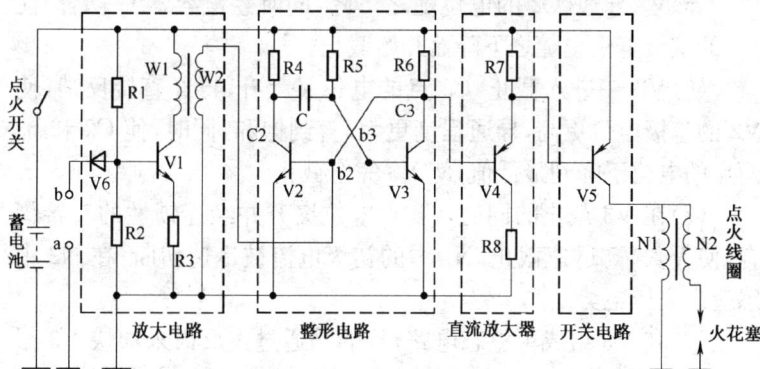

图 3-3　电感放电式无触点晶体管点火系统

　　该点火装置的工作过程如下:

　　(1)接通点火开关,蓄电池的电压加在 R1、R2 上,使 V1 在 R2 上的偏压作用下导通。

　　(2)与此同时,蓄电池电压经 R5 加在 V3 的发射结上,使其导通。

　　(3)V3 导通后,其集电极 C3 的电位迅速下降,并连锁性地直接耦合,使 V4、V5 的基极电位迅速下降而导通。于是,蓄电池又经点火开关→V5→N1 构成回路,产生初级电流。

(4)当信号发生器(图 3-4)的极掌开始进入磁回路时,磁通突增,信号线圈中会随即感应出一个 a 正 b 负的信号电压,加在图 3-3 的 a,b 两端,使 R2 两端得到一个上负下正的偏压,使 V1 截止。同时在脉冲变压器的次级线圈 W2 中产生一个上正下负的脉冲电压,加在 V2 的基极上,使其开始导通。

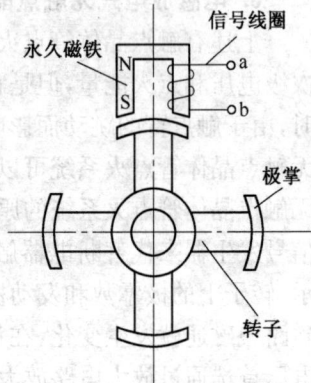

图 3-4　永磁式信号发生器

(5)V2 导通,C2 的电位随之下降,同时经电容器 C 耦合,使 V3 的基极电位也随之下降而开始截止。

(6)V3 一进入截止,C3 点的电位又上升,再经直接反馈,使 V2 的基极电位更高,导通程度更大,直到饱和,同时,使 C2 和 b3 两点的电位下降到最低值,使 V3 完全截止。

(7)在 V3 截止的同时,C3 点电位突升并经连锁性的直接耦合,使 V4、V5 迅速截止,N1 中的初级电流被迅速切断,在 N2 中感应出高压电势。

V2 和 V3 组成单稳态电路,目的是通过正反馈来加快 V3 截止的速度,使 C3 点的电位变化接近矩形波,使 V5 的截止过程缩短。从而减少管耗,提高次级电压。

(8)信号发生器的负脉冲电压消失后,V1 又在 R2 上的正偏压下导通,同时 V5 也导通,又产生初级电流。这样周而复始地翻转,点火线圈就不断产生高压电势。

这种无触点晶体管点火系统虽然避免了触点的副作用,但也不是太理想的,比如:信号发生器产生的信号电压受转速影响很大,转速越高,信号电压越高,反之转速过低时,就会由于信号电压过低,而出现失控现象。

7. 霍尔无触点分电器结构是怎样的?

霍尔信号发生器与无触点分电器配用,图 3-5 表示出了无触点分电器的结构,其中,真空提前装置与有触点分电器相同。

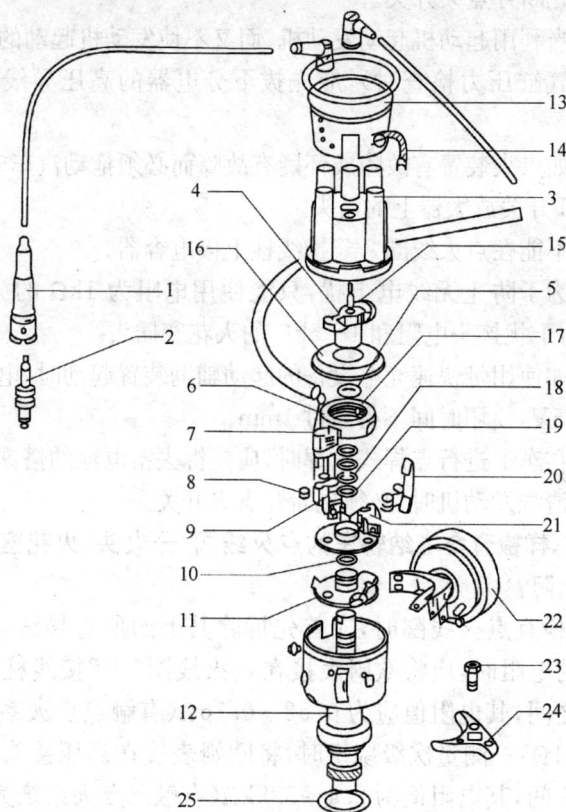

图 3-5　霍尔无触点点火系统分电器结构

1. 火花塞插头　2. 火花塞　3. 分电器盖　4. 分火头　5. 挡圈;
6. 触发器转子　7. 连接插头　8. 定位销　9. 插座　10. 垫圈　11. 底板
12. 分电器本体　13. 屏蔽罩　14. 接地线　15. 带弹簧的接触碳棒　16. 防尘罩
17. 销子　18. 弹簧垫圈　19. 垫圈　20. 钩簧　21. 霍尔感应器　22. 真空提前装置
23. 固定螺栓　24. 夹紧支架　25. 密封垫圈

8. 检修电子点火装置时应注意哪些事项?

霍尔式电子点火装置,在使用与检修时应注意以下事项:

(1)在拆卸、连接点火系统的导线(包括高压导线)以及测试仪器时,应先断开点火开关。

(2)当利用起动机起动发动机,而又不使发动机起动的情况下(如进行气缸压力检查时),应先拔下分电器的高压导线并将它搭铁。

(3)如点火装置有故障或怀疑有故障而必须拖动汽车时,需先拆下 TCI 开关放大器上的插头。

(4)不能在点火线圈"—"接线柱上接电容器。

(5)为了防止无线电干扰,只能使用电阻为 $1k\Omega$ 的分火头、$1k\Omega$ 的防干扰接头电阻和 $1\sim5k\Omega$ 的火花塞插头。

(6)如使用带快速充电设备的起动辅助装置起动时,电压不得超过 16.5V,使用时间不得超过 1min。

(7)在车上进行点焊式电焊时,应先拆去蓄电池的搭铁。

(8)清洗发动机时,必须先断开点火开关。

9. 怎样检查桑塔纳轿车的点火线圈、分火头、火花塞插头等零件的电阻?

(1)检查点火线圈时,应首先拆除其上的所有导线,测量初级绕组的电阻时,应将欧姆表接在点火线圈"+"接线柱与"—"接线柱之间,其电阻值应为 $0.52\sim0.76\Omega$(有触点点火系统时为 $1.7\sim2.1\Omega$)。测量次级绕组时,将欧姆表接在高压接头与"—"接线柱之间,其电阻值为 $2.4\sim3.5k\Omega$(有触点点火系统为 $2.4\sim3.5k\Omega$)。

(2)测量分火头的电阻值,应为 $1\pm0.4k\Omega$(有触点点火系统为 $5\pm1K\Omega$)。

(3)测量火花塞插头的电阻值,无屏蔽时应为 $1\pm0.4k\Omega$,有屏蔽时为 $1\pm0.4k\Omega\sim5\pm1k\Omega$。

(4)检查防干扰接头电阻,其值应为 $1\pm0.4k\Omega$。

(5)检查高压导线的整体电阻。点火线圈与分电器之间高压导线的电阻值应为 0～2.8kΩ,分电器与火花塞之间的高压导线电阻值为 0.6～7.4kΩ。

10. 怎样检查霍尔式电子点火系统?

大众汽车采用霍尔式电子点火系统,在其分电器内装有霍尔发生器开关放大器则常与怠速稳定器装在一起,位于怠速稳定器的下面。

如发动机不能起动,怀疑是点火系统有问题时,可拔出分电器盖中央高压线,使其端部距气缸 5～7mm,接通点火开关,起动发动机,查看线端是否跳火,如无火花,则说明点火系统有问题,然后再作下列检查,以判断是霍尔发生器或是开关放大器的问题。

(1)检查霍尔发生器。拆下开关放大器接线盒上的橡皮套,用电压测量接线柱 3 和 6 之间的电压接通点火开关,当触发叶轮的叶片位于永久磁铁与霍尔元件之间的空气隙时,不产生霍尔电压,此时,霍尔发生器有输出电压,电压表应指示 9V 左右。转动发动机,当叶片离开永久磁铁与霍尔元件的空气隙时,应产生霍尔电压,而霍尔发生器无输出电压,电压表上应指示 0.4 左右。如果电压表上的读数不对,则说明是霍尔发生器出了故障,应予更换。

(2)检查开关放大器。拔出分电器的插接器,用电压表测量外边两个接线端之间的电压,应为蓄电池的端电压(12V 左右)。如果无读数,再检查通往怠速稳定器的导线以及怠速稳定器至开关放大器的导线。

如果导线良好,再拔出开关放大器的插接器,接通点火开关,测量接线柱 2 和 4 之间的电压,应为蓄电池端电压。如果此处读数为蓄电池电压,而在分电器插接器上没有电压,则说明是开关放大器有故障,也应更换。

11. 怎样排除霍尔无触点电子点火系统断火故障?

发动机工作时,火花塞断火而停止工作,可分别从电路接线和点火元件上查找原因。先查看电路接线是否牢固,再行试火。拔出无触点分电器的中心高压线,将线端头距气缸体 5～7mm,然后接通、断开点火开关,如有火花跳过,说明分电器中的霍尔感应器以及电子点火控制器完好,故障部位在分电器盖、分火头、高压线或火花塞。可采用代替法,即分别以新件替代,来判明故障所在。

如无火花跳过,则故障部位可能在电源电路(如蓄电池)、点火线圈、霍尔感应器或电子点火控制器。可用万用表测量蓄电池电压是否正常,点火线圈是否断路、短路,其他则以新件替代,来判明故障所在(或事先检测判明是否有故障件)。

12. 怎样排除霍尔无触点电子点火系统火花弱故障?

出现火花塞火花弱、点火不良故障,说明点火系统中有潮湿漏电、短路或点火元件损坏,应先擦净、吹干点火元件,再行试火。如火花仍然弱,则可用替代法寻找故障所在,并予以更换(也可事先检测判明故障所在)。

13. 为什么霍尔无触点电子点火系统油耗过高?

发动机油耗过高,对于点火系统而言,主要是点火正时不准,真空式点火提前装置失灵。应检修点火提前装置,调整点火正时。

14. 为什么霍尔无触点电子点火系统的发动机运转不平稳?

发动机运转不平稳,对于点火系统而言,可能是高压线损坏,可用新件替代;也可能是火花塞积炭或污损,可拆下察看。更可能是电子点火控制器损坏,可更换试验,或事先检测。如电子点火控制器、火花塞、高压线全部完好,故障则出在起动系统,应检查电磁开关接线柱是否短路,然后修复或更换。

15. 怎样检修霍尔信号发生器?

检查置于无触点分电器内的霍尔信号发生器之前,先应分清的它引出的三根导线。其中,红夹、黑色导线自霍尔信号发生器正极接至电子点火控制器第 5 接点,绿夹白色导线自霍尔信号发生器输出接点接至电子点火控制器第 6 接点,棕夹白色导线自霍尔信号发生器负极接至电子点火控制器第 3 接点。

检测时,主要是根据电压进行检测,其方法如下:首先检查点火线圈初级绕组接线柱有无正常的工作电压,用万用表直流电压挡测其火线接柱(5号接柱)和搭铁之间的电压。当闭合点火开关时,如电压值为10伏左右,说明工作电压正常。接着,采取在电子组件接线端测量电压的方法检查霍尔信号发生器。电子组件安装在左边刮水器下方,拆下其接线盒上的橡皮套,可见7个接线柱,分别1~7号,一般只用其中1、3、4、5、6号5个插接柱。3号(一)、5号(十)为分电器中霍尔元件(基片)接点,供应垂直于永久磁场的定值直流;6号是霍尔元件中产生的霍尔脉冲电压,作为发动机点火正时信号电压,输入电子控制器;1号接点火线圈的负接柱;4号接点火线圈的正接柱。

检测时,将分电器拆下,把万用表(直流电压挡)的红色表笔接6号柱,黑色表笔搭铁;卸下分电器,并拔下分电器盖中心高压线,也将其搭铁;闭合点火开关,用手转动分电器轴,同时观察电压表指示值。霍尔信号发生器良好时,当转子叶片插入霍尔信号发生器和磁铁之间的气隙时,电压应为9V左右;叶片穿出气隙,电压应为0.4V伏左右。如结果与标准电压不符,则说明该霍尔信号发生器有故障。

16. 怎样检修无触点分电器?

霍尔信号发生器装在无触点分电器内,与触发叶轮配套使用,共同执行触发功能。一般来说,用户不应轻易拆卸无触点分电器,修理工检修时,应检查触发叶轮轮动时有无卡滞,是否与霍尔信号发生器有摩擦,如发现此类故障,应予以矫正修复。

无触点分电器的分火头和真空点火提前装置与有触点分电器大致相同,只不过拉杆所拉动的底板不同,分火头电阻为$1\pm0.4k\Omega$。

对于点火提前装置,可用真空检测仪测其真空度(要求所显示的真空数值变化在1分钟之内不得超过10%)。也可以用嘴吸吮通往化油器的软管进行简易检查,察看拉杆有无动作,也可更换进行效果对比。

17. 怎样检修电子点火控制器？

电子点火控制器是一个放大和开关电路，在其输出端应有相应的变化电压输出，提供点火线圈初级绕组电源（点火正时信号），才能在点火线圈次级绕组中产生点火高压。因此，可做以下试验：用万用表直流电压挡直接测量点火电子组件的 1 号插接柱与搭铁之间的电压。因为 1 号插接柱为蓄电池正极经点火开关、点火线圈初级绕组而送至点火组件端的接柱。测量前，拔下分电器盖中心高压线，并将其搭铁，然后闭合点火开关，使起动机运转（或拆下分电器，用手转动分电器轴），同时观察万用表指示情况。如万用表指针保持在 10V 左右不摆动（正常情况下，万用表指针应在 1-10V 之间摆动），可判断点火电子组件内部电子元件损坏，应更换，以排除故障。

18. 怎样调整无触点点火正时？

安装上分电器后，要对点火正时进行测试与调整，需要借助某些专用仪器，如点火正时测试仪或频闪灯进行检测。检测时应按照仪器的使用说明书接线及操作。如果使用桑塔纳的专用检测仪 VAG1367 进行测试，其连接方式参见图 2-7。调整点火正时应在下述条件下进行：

(1)保持发动机油温度在 60℃。

(2)单真空吸管的分电器，应在真空软管拔下的情况下测试；双真空吸管的分电器，仍保持真空软管插好的状态下测试。

(3)KEIHIN(开新)型化油器的阻风门应保持全开。

(4)发动机怠速应符合规定值：

2B5 型化油器　　　　　　　950±5r/min

KEIHIN(开新)型化油器　800±50r/min

19. 怎样安全维护霍尔电子点火系统？

为避免对人体或系统本身造成损坏，在对霍尔无触点电子点火系统进行检修时，应注意以下各点：

(1)当系统中导线（包括高压导线）以及测试仪器的拆、接时，应先关闭点火系统。

(2)如需使用带快速充电设备的起动辅助装置,仅允许在最高电压 16.5V 以内,使用时间最多为 1min。

(3)当利用起动机带动发动机,而又不使发动机起动的情况下(如进行气缸压力检查时),应先拔下分电器上的高压线并将其接地。

(4)清洗发动机时,需先关闭电子点火系统。

(5)如果怀疑点火装置有故障,在必须拖动汽车时,需拆下电子点火控制装置上的插头。

(6)为防止干扰,只能使用 1kΩ 的电阻和 1~5kΩ 的火花塞插头。

(7)不能将电容与接线柱连接。即使为了防止无线电干扰,也只能使用电阻为 1kΩ 的分火头。

(8)在进行点焊或电焊时,先要拆去蓄电池接线。

霍尔无触点点火系统的实际接线图,如图 3-6 所示,检修时作为参照。

20. 数字式电脑点火系统的组成与工作原理是怎样的?

数字式电脑点火系统由发动机转速传感器、发动机负荷传感器、爆燃传感器和其他传感器将信号传给电脑,而电脑对于预先存储有各种工况下所有点火时间数据进行检索,并把最佳的点火时间提供给点火控制器而控制点火。

数字式电脑点火系统也叫第二代固态点火系统。它在第一代固态点火系统的基础上,即对断电器白金触点"固化"的基础上,又对分电器上的真空点火提前装置进行"固化"。以静态的电子部件代替动态的机械部件。

数字式电脑点火系统由电脑和电脑点火控制器以及各种传感器组成,当然也包括分电器、点火线圈和火花塞等常用点火元件。该系统的电脑和电喷系统的电脑是在一块的,它能根据各种传感器对发动机的监控结果,为发动机提供任何时刻的最佳点火时刻

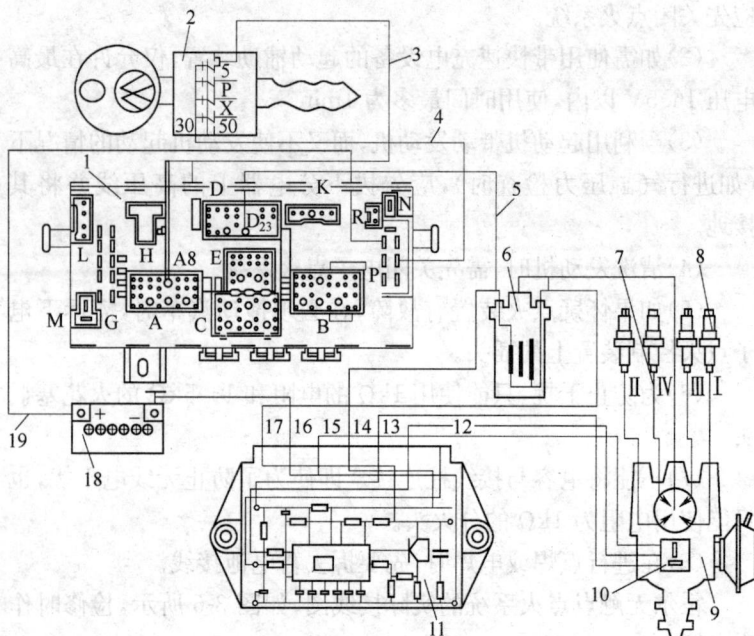

图 3-6   霍尔无触点点火系统接线图

1.中央线路板   2.点火开关   3.黑色导线   4.红色导线   5.黑色导线
6.点火线圈   7.高压导线   8.火花塞   9.分电器   10.霍尔传感器
11.晶体管点火装置控制器   12.绿/白色导线   13.红/黑色导线   14.黑色导线
15.棕/白色导线   16.棕色导线   17.绿色导线   18.蓄电池   19.红色导线

组织插头代号	连接的线束名称	插座颜色
A	用于连接仪表板线束	蓝色
B	用于连接仪表板线束	红色
C	用于连接发动机室左边线束	黄色
D	用于连接发动机室右边线束	白色
E	用于连接后灯线束	黑色
G	用于连接单个插头	不定
H	用于连接空调装置线路	棕色
K	用于连接安全带报警系统线路	无色
L	用于连接喇叭/双音线路	灰色
M	用于连接灯开关接线柱 56 和变	
	光灯开关接线柱 56b 的分接头	黑色
N	单个插头	不定
P	单个插头（接线柱 30）	不定
R	空位	

和点火能量,从而满足当前对排放控制和节省燃油的严格要求。由于没有机械运动部位磨损而导致的点火正时的变化,其维护更为简单,工作更加可靠,并且还能顺利地燃烧稀混合气,从而进一步降低油耗;点火提前角也能尽量提前而提高功率,但与此同时,也带来容易发生爆燃的可能。因此,为了保证发动机点火尽可能提前,又不致发生爆燃,在上海桑塔纳轿车发动机所采用的数字式电脑点火系统中,装有爆燃传感器对爆燃进行监控,一旦有爆燃前兆,电脑立即控制点火适当延迟,使爆燃不致发生。下面就来谈变爆燃传感器。

爆燃传感器通过测量气缸体表面因爆燃而产生的振动加速度,来检测爆燃压力强度,并通过压电陶瓷晶体片和惯性配重块(产生预加载荷)的共同作用,产生模拟电信号传给电子点火控制器,经滤波后转换成数字信号,并发出延迟点火的指令而消除爆燃。

在数字式电脑点火系统中,电脑点火控制器实际上是电脑的一部分,它在工作时,还要依靠发动机转速传感器和发动机负荷传感器(分别提供发动机转速信号和发动机负荷信号,以此控制点火提前)。

21. 怎样检修数字式电脑点火系统?

数字式电脑点火系统的常见故障,有不点火、火花弱、点火不正时、个别缸断火,等等。一般运用三种方法进行故障判断:一是替换判断法,二是经验判断法,三是示波器(汽车点火示波器)判断法。

(1)替换判断法。替换判断法最简单,事先备有数字式电脑点火系统各点火元件,如火花塞、高压线、点火线圈、分电器、电脑点火控制器等,当怀疑某点火元件有故障时,就以该备件替换,然后看其有无好转,从而判定故障所在。

(2)经验判断法。通常不可有备有许多备件,因此常常依靠经验进行判断。当因电脑点火系统故障而使发动机不能起动时,可按电脑点火系统故障速查图进行检查,如图 3-7 所示。

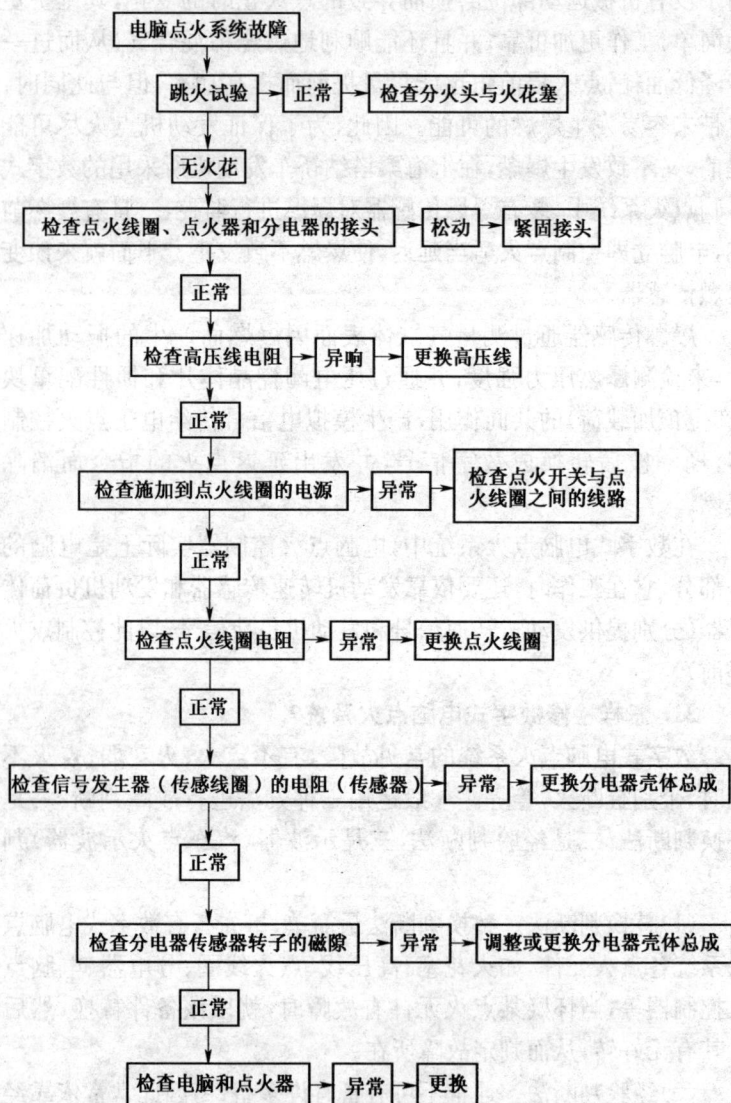

图 3-7　电脑点火系统故障速查图

先进行跳火试验,方法是先从分电器盖上拆下中间高压线,在其端部装上旧的中心电极并借助于绝缘夹钳使高压线距气缸体约7mm,再接通点火开关察看跳火是否正常。注意:①每次转动发动机不要超过2秒钟;②跳火距离不能太大;③试火完毕立即复原。如果跳火正常。说明故障在于分火头和火花塞而不在传感器、点火线圈和电脑点火控制器。可逐步检查排除。其中,点火线圈的故障最好判断,如外观虽然良好,但线圈绕组的电阻值不正常,即为故障件(上海桑塔纳2000型轿车初级线圈冷态电阻参考值是0.52~0.74Ω,次级线圈冷态电阻是2.4~3.5kΩ)。

在检查排除时必须注意以下几点:

a. 先关闭点火开关。

b. 搭铁可靠,电源充足,连接良好。

c. 当使用其他直流电源作为辅助起动电源时,电源电压不得超过16V。且使用时间不得过长。

d. 更换点火元件,严禁混用,一定要更换同型号点火元件。

e. 防止人为损坏传感器和集成电路。

(3)汽车点火示波器判断法。汽车点火示波器是一种专门用来检测点火系统状况的仪器,它能对点火系统的发火电压、火花持续时间及次级最大输出电压等进行图示,然后与标准的曲线比较,迅速查找出故障,具有简单、直观、清晰、操作方便的优点,能在较短的时间内判断出整个点火系统的故障所在。

用示波器检测点火装置点火曲线的方法,如图3-8所示。

一般进行点火系统点火曲线测试时,要求发动机处于正常工作范围内,例如发动机的温度不能过热或过冷,否则会影响点火曲线的正常形态,使判断出现差错。

通过汽车点火示波器来判断点火系统的故障,详见表3-1。

22. 无分电器电脑点火系统有什么特点?

时代超人——上海桑塔纳2000GSi型轿车上采用了无分电器电脑点火系统,这种先进的点火系统是在第二代固态点火系统——

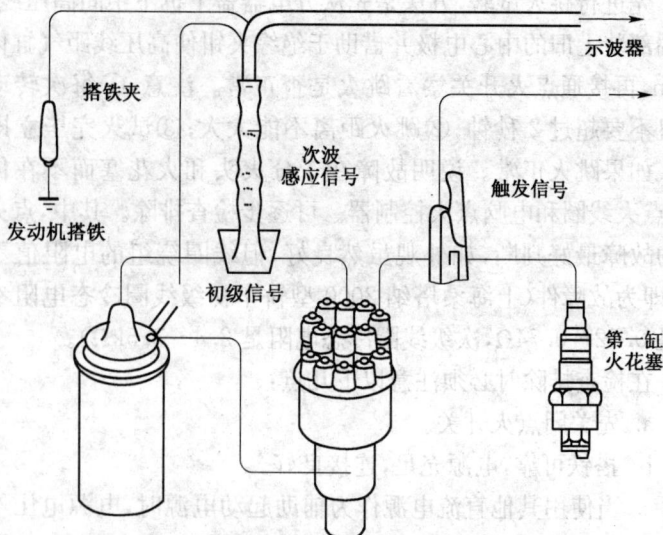

图 3-8　点火曲线测试图

表 3-1　汽车点火示波器判断点火系统故障表

	点火曲线形态	点火系统故障原因	备　　注
点火曲线第一部分(AD段)形态的变化情况	1. 某一缸点火曲线比其他缸高且超过 3kV	(1)火花塞电极间隙太大 (2)燃油空气混合气太稀 (3)高压线有缺陷,使阻抗加大	点火曲线高度各气缸相差不应超过 3kV
	2. 所有气缸点火曲线都超高	(1)分电器盖或分火头磨损,间隙加大 (2)所有火花塞电极间隙太大 (3)点火线圈次级绕组有断路处	

续表 3-1

点火曲线形态	点火系统故障原因	备　　注
点火曲线第一部分（AD段）形态的变化情况		点火曲线高度各气缸相差不应超过3kV
3. 按点火顺序排列相邻气缸,它们的点火曲线低于其他的点火曲线	(1)分电器盖上相邻电极沾上脏物造成短路 (2)两缸的高压互换,引起两缸在非压缩冲程进行点火	
4. 点火曲线一高一低交替进行	混合气调整不均匀	
5. 某一气缸或几个气缸的点火曲线延伸到零线以下;或点火曲线较高,但未延伸到零线以下	(1)高压线有断路现象 (2)高压线有轻度搭铁或分电器盖与分火头沾上了脏物而引起短路或高压线绝缘不良	
6. 火花线太短	(1)火花塞电极间隙太大 (2)分火头与分电器盖电极间隙磨损加大 (3)高压线抗阻太高 (4)混合气太稀	
7. 火花线太长	(1)火花塞电极间隙太小或电极不洁净 (2)高压线长度不够,阻抗变小	
8. 火花线整体趋势向下倾斜	(1)高压线接头松动或接线柱生锈造成接触不良 (2)火花塞在高压下漏气 (3)分电器或分火头有缺陷 (4)混合气太浓	
9. 火花线整体趋势向上倾斜	(1)发动机活塞环或节气门有缺陷,密封性较差 (2)进气支管漏气或燃油喷油器堵塞	

	点火曲线形态	点火系统故障原因	备　注
点火曲线第二部分(DE 段)形态的变化情况	振荡次数少于 3 次	(1)点火线圈绕组有断路 (2)点火线圈接线柱接触不良 (3)对于机械式触点点火装置,其电容失效	点火曲线的中间过渡阶段电压衰减振荡次数应大于或等于 3 次

数字式电脑点火系统的基础上发展起来的第三代固态点火系统,又称全固态点火系统。所谓全固态点火,就是对分电器也进行固化,即取消分电器,直接利用几个非动态的点火线圈分别与各缸火花塞连接而点火。在此点火系统中,全部取消了机械运动件,代之以电子控制器(微电脑)和相应的各种传感器,实现了全部电子化,机械磨损不复存在,寿命延长,工作可靠。

23. 无分电器电脑点火系统是怎样工作的?

无分电器电脑点火系统中,各种传感器与微电脑相通,而微电脑又分别与各组点火线圈的初级线圈相通,并根据各种传感器传来的信号按各个气缸的点火顺序,发出相应的控制信号,控制初级线圈电流的通断。四缸发动机有两组点火线圈,就一组点火线圈而言,其次级线圈两端分别与两缸的火花塞相连(另一端接地),这两个气缸在发动机工作时,必须是其中一缸处于压缩冲程时另一缸便处于排气冲程。由于处于压缩冲程的气缸内部压力很大,而处于排气冲程的气缸压力较小(接近于大气压),这样,前者火花塞两极间压缩混合气的电阻就比后者火花塞两极间空气的电阻为大,因而前者火花塞便承受了大部分高压而跳火,另一缸火花塞虽也跳火,火花强度却弱得多,这样,真正作功的只有一个气缸。这种点火方式,除点火过程和数字式点火装置不同外,其他工作情况基本上与数字式电脑点火系统一样。

24. 怎样检修无分电器电脑点火系统?

无分电器电脑点火系统,工作稳定可靠,只要正确使用,故障率很低。一旦发生故障,千万不要乱拆乱碰,也不要轻易怀疑微电脑,应先检查插接是否牢固、接线是否脱落、是否脏污,并及时排除。如怀疑点火线圈断路或短路,甚至怀疑微电脑出故障,最方便的办法就是以备件替代来检查判定。其他可参看数字式电脑点火系统的有关章节。

第四章 火花塞故障断诊与检修

1. 火花塞的作用是什么？它的构造是怎样的？

火花塞的作用是高压电流跳过其两极间的空气间隙,产生火花,点燃气缸中的可燃混合气体。

普通型火花塞的构造如图 4-1 所示。

(1)壳体。壳体是一个带六角的钢制零件,下部加工有螺钉,供旋入气缸盖的火花塞螺孔中使用。壳体的下端面与侧电极焊接,并且作为侧电极的电流通路。

壳体的主要功能是支撑并固定绝缘体,使之成为一个火花塞整体。

壳体的制造工艺有两种:车削加工和冷挤压成形。目前,我国大部分火花塞产品均系多轴自动车床车削加工的,材料是冷拉易切六角钢。国外用冷挤压成形的较多。

整个壳体在发动机各种工况下均不应产生开裂和破坏,在安装和拆卸火花塞时,它要能承受扭力。壳体下端内孔与绝缘体裙部之间组成的空间称为"热室"。它也是决定火花塞热值的主要因素之一。

(2)绝缘体。它是一个高氧化铝陶瓷的绝缘体,其作用在于把引导高压电的接线螺杆和中心电极与外面的壳体隔开,以保证脉冲高压能引导到中心电极发火端部去。

绝缘体是火花塞的关键零件,绝缘体性能的好坏,在很大程度上决定着整个火花塞质量的好坏。绝缘体必须具备良好的机械和

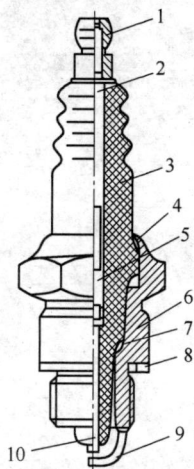

图 4-1 普通火花塞的结构

1. 接线螺母 2. 接线螺杆
3. 绝缘体 4. 上垫圈
5. 密封剂 6. 壳体
7. 下垫圈 8. 密封垫
圈 9. 侧电极
10. 中心电极

电性能,而且要耐高温,耐冷热急变和耐化学腐蚀。具体地说,应满足以下几个方面的要求:

①应能承受燃烧爆发时的热冲击,这时气体温度会由几十度一下子达到 2000℃左右。

②应能承受脉冲高压,保证良好的绝缘性能,能防止任何部位,任何方向上的脉冲高压泄漏。

③应能承受强烈的机械振动而不致开裂和破碎。

④应能承受高温气体和燃烧产物的高温烧损、化学腐蚀和物理污染。

绝缘体的材料,目前均采用氧化铝含量在 90％以上的刚玉质陶瓷。这种陶瓷须经高温(1600℃以上)烧结,并上釉。

在绝缘体上部要做成一棱一棱的形状,叫做"伞棱"如图 4-2 所示,一般有 3～5 道。它的目的是增加火花塞的表面泄漏距离,使接线帽与壳体之间在高压下不易产生表面闪络,确保电极间隙上高压放电。

绝缘体下部的圆锥体叫"裙部",其几何尺寸是决定火花塞热特性的主要因素。

(3)接线螺杆。它供接线螺帽附着,同时起引导脉冲高压的作用。

(4)接线螺帽。按接线方式的不同分别有两种功能。

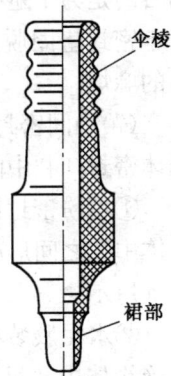

图 4-2　绝缘体的
伞棱和裙部

①压在高压导线接线端。

②供与高压导线连接的接线帽插接。

国外有把它与接线螺杆做成整体,供高压线插接,称为整体式接线帽。

我国大部分汽车不用接线螺帽,而直接把高压线帽套在火花塞接线螺杆上。

(5)密封剂。根据密封结构和密封工艺的不同,密封剂也不一样。从火花塞的总体结构来看,这里所说的密封被称为"内密封",如图 4-3 所示。

(6)密封垫圈。密封垫圈壳体与气缸盖支撑面之间形成密封,称为"外密封",如图 4-4 示。

密封垫圈必须做成层叠式。因为单片的密封垫圈缺乏弹性,多次拆装后就不能很好地发挥密封作用。另外,密封垫圈必须做成不脱落式的。即它不能从火花塞上自然脱落下来。这样做的目的是为了避免拆卸更换火花塞时,由于密封垫圈脱落而带来的一些不必要的麻烦。

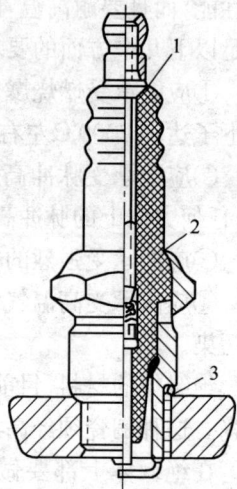

图 4-3   火花塞的密封
1. 内密封   2. 中间密封
3. 外密封

(7)中间密封。下垫圈使绝缘体与壳体密封,叫"中间密封",如图 4-3 示。

①填粉密封:用滑石粉之类的填充粉末填装在中心电极与绝缘体中孔之间形成密封。这种密封性能较好,但工艺较复杂,如图 4-4a 所示。

②水泥胶装密封:用耐高温水泥把螺杆(连同心电极)胶装在绝缘体中孔里。我国早期的火花塞就是采用的这种工艺。这种密封性能较差,特点是经高温加热后容易产生漏气,如图 4-4b 所示。

③导体玻璃密封:用具备导电能力的玻璃粉末填装在中心电极与接线螺杆之间的绝缘体中孔里,在高温下使玻璃粉末呈半熔融状态,然后用压力把接线螺杆压下去,最后使玻璃体冷结封固,如图 4-4c 所示。这种密封性能较好,我国现在生产的火花塞即采用这种工艺。导体玻璃密封剂的功能是:

a. 把冲高压从接线螺杆导到中心电极。

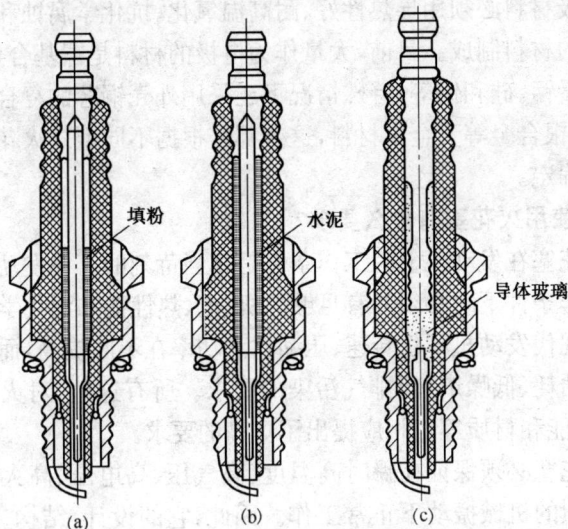

图 4-4 火花塞内密封结构
a. 填粉密封 b. 水泥胶装密封 c. 导体玻璃密封

b. 使接线螺杆、中心电极、瓷绝缘体三者密封固定。

④机械密封：用铆边机把壳体上端与瓷绝缘体铆合起来加压，使支撑面处借助于下垫圈形成密封，如图 4-5 所示，为了提高密封性能，现在通常要对壳体加热，使之热膨胀，然后铆合，这样，冷却后由于冷收缩使密封能力加强。对壳体加热，可用大电流加热或高频加热。

（8）中心电极、侧电极。两电极相互构成火花塞的跳火间隙。侧电极用大电流对焊工艺焊接在壳体端面上。

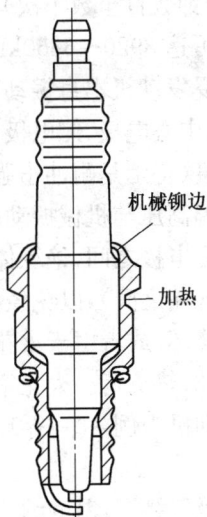

图 4-5 火花塞中间的密封结构

电极材料必须用导热性好、耐高温氧化、抗化学腐蚀和导电性能良好的材料制成。目前,大量作为电极的材料是镍基合金,其中加入少量锰、硅和铬等,特殊情况下还采用外壳铜芯的复合电极材料和铂、银合金等贵金属材料,这些都需根据不同型式火花塞的使用要求确定。

2. 使用火花塞有什么要求?

火花塞在发动机上的工作条件是相当苛刻的。在发动机各种不同工作条件下它必须具有足够的机、电、热性能和耐化学腐蚀的性能。现代发动机不仅转速、压缩比和功率在不断提高,而且更提出了低油耗、低噪声、低排气污染的要求。所有这些,对火花塞的结构、性能和材质等也相应提出了更高的要求。

火花塞必须保证在瞬时高温度、高气压、高电压、高火花频率以及强烈的机械振动下正常工作。因此,它的设计、结构、性能和材质必须适应这方面的要求。

(1)机械负荷。在发动机的燃烧室中,火花塞承受着频率很高(每分钟数百至数千次)的点火爆发时的机械冲击负荷,瞬时爆发压力可达 $3920 \sim 6860kPa$。同时,在发动机车工作时,火花塞还必须承受发动机本身振动引起的机械负荷。因此,火花塞的绝缘体、壳体、中心电极、侧电极以及其他各个零部件都应当具有足够的机械强度(特别是耐冲击强度)。此外,火花塞的结构在发动机长时间高温高压与机械振动的工作条件下,必须始终保持密封(绝缘体与中心电极之间,绝缘体与壳体之间,火花塞安装孔与火花塞的螺钉旋入端之间),以免经火花塞泄漏出炽热的燃烧气体,使火花塞彻底烧坏,或者由于火花塞漏气而使发动机动力性和经济性下降。

(2)热负荷。火花塞所承受的热负荷是十分苛刻的。以四冲程发动机为例,每一循环运转中,火花塞安装处的温度与压力变化如下:

吸气终了:温度约 $60℃ \sim 90℃$,压力约 $98kPa$。

压缩终了:温度约 $250℃ \sim 400℃$,压力约 $980kPa \sim 1470kPa$。

燃烧期:温度约 2000℃～3000℃,压力约3920kPa～6860kPa;

燃烧末期:温度约 1300℃～1600℃,压力约490kPa～785kPa;

图 4-6 所示火花塞绝缘体的温度分布。从图中可见,绝缘体裙部承受着从常温至 2000℃～3000℃高温的交替作用。因此,火花塞必须既要耐高温又到耐受急剧的温度变化。

另外,在发动机正常工作时,火花塞裙部温度应经常保持在450℃～850℃之间。

(3)电性能。火花塞是在高温、高压下连续工作的,从点火线圈发出高压电。当发动机冷起动和火花塞有较严重油污积炭时,所需要的击穿电压还要高些。因此,

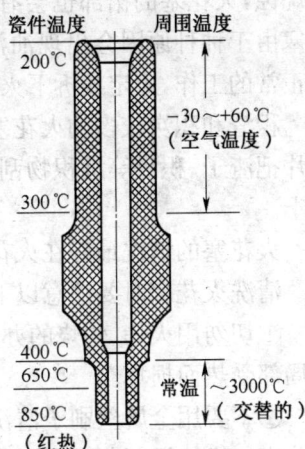

图 4-6　火花塞绝缘体的
温度分布

火花塞绝缘体必须在高温时具有足够的绝缘强度,以保证在任何情况下不致被击穿或发生"短路"。

(4)耐腐蚀。火花塞的发火端和裙部长期受到高温燃烧气体作用。在发动机的燃烧室内,由于燃烧物产生的各种污损性的气体和物质,如臭氧、一氧化碳、硫化物和铝化物等 ,对电极和绝缘体都会造成严重的化学腐蚀。尤其是加有四乙铅的燃油,燃烧后生成的铅化物的腐蚀尤为严重,它可使电极和绝缘体的熔点大大降低,从而直接影响火花塞的使用寿命。

火花塞的中心电极与侧电极由于长时间的火花放电而必然会产生强烈的电气烧蚀。烧蚀的结果将使电极间隙增大,使击穿电压提高。电极的严重烧蚀必将缩短火花塞的使用寿命,因此火花塞的电极必须耐腐蚀(包括电气腐蚀和化学腐蚀)。

3. 清洗火花塞时应注意什么?

(1)火花塞的清洗。火花塞工作一定时间后,会出现正常的电极烧蚀,火花塞的裙部也会有正常的燃烧产物的沉积层。有些火花塞由于种种原因会出现油污、积炭等现象。为了使火花塞能继续正常的工作,应定期拆下火花塞进行和调整。

积渣和积炭较多的火花塞应先在汽油中浸泡,然后用非金属刮片把渣子、积炭等沉积物刮除,再用毛刷子清洗,最后把火花塞晾干。

火花塞的清洗最好在火花塞清洗试验器上进行喷砂清洗。

清洗火花塞时要注意以下两点:

①切勿用火烤、灼烧的办法来清除积炭,因为这样做会使火花塞局部受热而损坏。

②不要用金属丝刷子清洗。因为用金属丝刷子刷洗时,会在火花塞绝缘体裙部留下金属痕迹,容易造成高压电流泄漏,使火花塞失效。正确的方法是用毛刷子刷洗。

另外,火花塞绝缘体圆柱体部分应经常保持清洁和干燥,在遇有水分或油污溅落在绝缘体上时,应随时用干棉纱擦拭干净。因为水分、油污会引起表面闪络,使火花塞电极间隙无法形成电火花,导致发动机起动困难或工作不正常。

有些发动机在安装了火花塞后,要对缸体(缸盖)喷涂银粉漆,这样连同火花塞也被喷涂表面产生泄漏,也使电极间隙处不能形成电火花。因此,在喷涂银粉漆时,不能让它喷到火花塞绝缘体上。如果喷上去了,则应立即擦除干净。

一般火花塞的电极间隙值可参考表 4-1

表 4-1　火花塞的电极间隙值

点火系统	蓄电池点火	磁电机点火		晶体管电容放电点火
		有触点	无触点	
电极间隙(mm)	0.6~0.8	0.4~0.6	0.8~1.0	0.9~1.2

（2）火花塞的外表检查。在火花塞清洗和调整间隙以后，应进行外表检查，以判断火花塞是否损坏和有异常现象。检查的主要部位是：

①绝缘体（包括裙部）是否有开裂、破碎。

②绝缘体与壳体之间是否有松动。

③侧电极根部焊接处是否开裂或脱落。

如果发现存在上述任何一种缺陷，都应更换火花塞。如果密封垫圈损坏，失去密封作用，也应及时更换。

（3）火花塞的跳火试验。在进行外表检查后，如有条件应进行跳火漏气试验。该试验最好是在火花塞试验器上进行。如果没有条件作专门的跳火试验，可用缸外跳火的方法来代替，即把高压线接在火花塞接线螺母上，使火花塞壳体紧靠缸体（搭铁），起动发动机，观察火花塞是否发生电火花。

在跳火试验时如果点火系统正常的话，而火花塞不跳火，那么就有可能是下列原因造成的：

①火花塞清洗不干净，仍有严重的油污、积炭，使电流沿裙部表面短路而不跳火，如图 4-7 所示，这时应重新仔细清洗。

②火花塞绝缘体外表面污染形成电流短路或闪络，如图 4-8 所示。这时应清洗绝缘体表面，除去污染物。

③火花塞电极间隙间"跨连"，直接形成电极短路如图 4-9 所示，这时及时除去跨连物即可。

④绝缘体某处开裂或已被击穿，高压电流沿开裂、击穿处与壳体短路，使间隙中不能形成电火花如图 4-10 所示，这时应更换新火花塞。

⑤电极间隙太大，点火系统电压达不到击穿电压要求而不跳火。这时应重新调整电极间隙。

（4）火花塞的漏气试验。漏气试验可用压缩空气进行，即在压缩空气管上接一个可安装火花塞的接头，这便成了一台简单的漏气试验器。把火花塞装上接头后，通入压缩空气，用轻柴油涂抹在

火花塞上,注意下列两处是否有气泡外溢的现象:

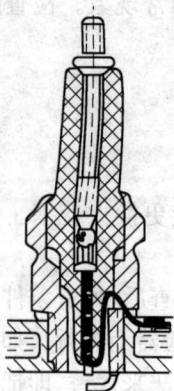

图 4-7　火花塞油污、积炭
而不跳火

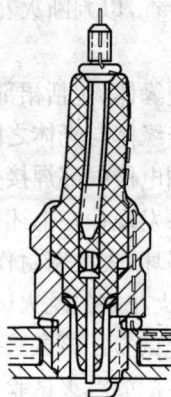

图 4-8　火花塞外表面污染
而不跳火

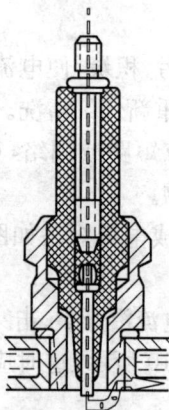

图 4-9　火花塞电极间"跨连"
而不跳火

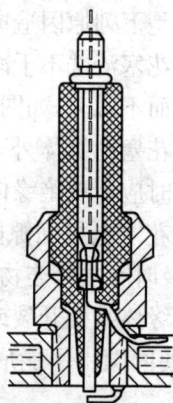

图 4-10　火花塞绝缘体
开裂、击穿而不跳火

①高压接线螺杆与绝缘体之间。

②绝缘体与壳体之间。

在漏气试验时,如果不断有气泡冒出,就说明火花塞漏气量较大,应更换新的火花塞。进行漏气试验时,必须特别注意安全,要仔细检查管道、仪表、接头等是否正常、可靠,以免发生意外,造成事故。另外,要注意操作程序,必须在没有气压的情况下装拆火花塞,否则将有危险。

4. 火花塞绝缘体裙部正常温度是多少?

火花塞绝缘体裙部下端的正常温度是 400℃～800℃。

火花塞的温度如果低于 400℃时,绝缘体上会产生积炭,导致漏电从而使火花塞出现断火的现象。若温度高于 800℃时,火花塞会产生炽热点火,致使发动机早燃。因此,火花塞绝缘体下端的正常工作温度选定在 400℃～800℃之间。

5. 怎样判断火花塞是否有故障?

火花塞在使用过程中,可以根据汽车发动机的工作情况来判断火花塞的工作是否正常。当发动机有故障,对火花塞有怀疑时,可将火花塞从发动机上拆下来,接上高压导线,把火花塞的外壳与机体上劲安牢,使搭铁接触良好。用一字旋具搬动白金或用起动机转动曲轴,使发动机的曲轴旋转几转,观察火花塞的电极之间有蓝色的火花跳出,为正常;如火花呈微弱暗红色或火花跳在其他部位,则表明火花塞漏电或磁体已损坏,应该调整换新。

在检查跳火的同时应注意调整火花塞的间隙(一般规定为0.6～0.7mm)。若间隙过大,可压下侧电极;间隙太小,可撬起侧电极加以调整,但不可撬伤中央电极和损伤绝缘体。

通过观察火花塞的试火,可以判断火花塞工作是否正常,通过上述试验,检查和观察,基本上可以得出结论,并找出故障的根源,采取相应的措施,使火花塞恢复正常工作。

6. 火花塞工作正常时是什么颜色?

如发动机、化油器、点火系统以及所采用的燃油和润滑剂及各部间隙等都正常的话,火花塞经过较长时间工作后,其绝缘体裙部的外貌应是干燥的,其色泽将显示为均匀的褐黄色至褐红(铁锈)色。根据工作时间的长短,在绝缘体裙部及铁壳内腔和端面将有不同程度的燃烧后生成的残渣沉积,这是正常现象。这时电极有轻微烧蚀,其电极间隙的增加,在行驶 1600km 后不超过 0.025mm。这时,电极应呈现出正常的灰色。

在这种情况下,火花塞的工作将是正常的,发动机亦不会发生异常现象。这种火花塞只要清洗电极,用锉刀修整电极,把间隙按规定调整好就可以继续使用。

7. 火花塞工作过热有什么症状?

"过热"的火花塞即使工作的时间很短,其绝缘体裙部外貌会因过热而呈"灼白"状态,严重时,还会出现金属状的"熔珠",电极也可能严重烧蚀。

在火花塞发生过热的情况下发动机的工作状况就会明显地恶化,出现不正常破坏性燃烧,导致活塞、排气门等部件烧损,这是由于火花塞过热,产生不正时点火所致。

发动机工作不正常的主要表现有如下几种:

①动力不足或有明显下降。

②发动机有振动声和敲缸声。

③化油器"反喷"。

④工作情况不稳定,转速波动。

工作时引起发动机炽热点火的原因是很多的。例如:混合气供应量不足,混合气太稀;点火提前角太大;发动机温度太低,汽油辛烷值太低而引起爆燃、敲缸等。对火花塞来说,引起"炽热点火"的最大可能是热值太低。此外,未安装密封垫圈或未拧紧,火花塞伸入气缸部分较长而突出于燃烧室内等都可能引起"炽热点火"。另外,因火花塞密封性能不良或破坏,导致燃烧的混合气泄漏,也会使火花塞过热而产生"炽热点火"。

如发现火花塞过热时,应换用热值较高的火花塞,同时注意正确安装,检查是否漏气。以外某一热点最初引起早燃的话,那么火花塞温度也会因此而升高很多,结果也使火花塞成了另一个炽热点。

8. 为什么火花塞易产生油污或被"淹死"?

(1)火花塞电极间产生油污或"淹死",就是火花塞电极间有发亮的黑色油污。被"淹死"的火花塞可能会导致电流的泄漏而不跳火,使发动机产生以下不正常的现象:

①发动机功率下降,工作情况不稳定,严重时甚至不工作。

②火花塞间断跳火时,发动机会出现排气管"放炮",因为未点燃的混合气进入排气管。

③发动机起动困难,需起动数次才能起动,火花塞"淹死"严重时不能起动。

(2)造成火花塞油污或"淹死"的主要原因,有以下几点:

①化油器调整不当及混合气过浓等。

②气缸活塞环和气门导杆磨损,使润滑油蹿入燃烧室。

③发动机怠速运转,时间过长。

④化油器调整不当及混合气过浓等。

(3)如果火花塞的油污不是因为发动机的原因而引起的,那么就应换用热值低一些的火花塞,以提高抗污能力,减少油污倾向。如果是发动机的原因,换用低热值火花塞也可以作为一种临时对策,而作为特别的应急措施,可把火花塞接线拔下,而与火花塞接线帽之间保持3mm左右的间隙,通过这个间隙跳火,就是所谓的"吊火"。但是,这些措施仅是随手之计,而最根本的措施是检修发动机,调整化油器。

9. 为什么火花塞容易产生积炭?

发动机工作一段时间,就会在火花塞电极周围及热室里产生较黑色的积炭,使火花塞过热,工作不稳定。严重时会把热室的空间续满。有时,积炭粘在火花塞电极之间,形成导体,使火花塞无火,发动机不能运转。

造成火花塞产生过多积炭的原因和产生油污或"淹死"情况相仿,主要原因有:

①混合气过浓,化油器调整不当。

②化油器油面过高。

③选用热型火花塞。

④空气滤清器太脏,使空气流通量不足或阻风门有故障及使用阻风门过多。

⑤火花塞间隙过大或过小,也会由于发动机燃烧状况恶化引起积炭污损。

一般来说,在通常行驶条件下,发动机的修配状态是良好的话,这样的车辆几乎不会发生积炭污损。只是在冬季,由于发动机过冷,车速又低,而且常常短途行驶、开开停停,则火花塞多数不易达到自净温度,这时才会发生积炭污损的情况。

10. 怎样清除火花塞积炭?

清除火花塞热室的积炭有两种办法:

(1)将火花塞放在汽油或煤油浸泡半个小时后,用竹签或旧钢锯条磨成尖型的刮刀,刮除火花塞热室的积炭,如图 4-11 所示。

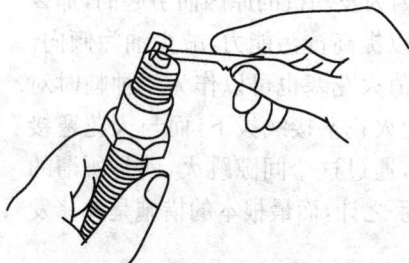

图 4-11　清除火花塞积炭　　　图 4-12　电极"跨连"

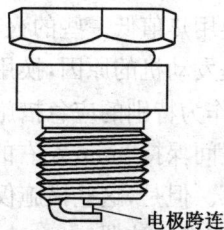

(2)用化学溶液清洗用 18.5g 碳酸,8.5g 硅酸钠(水玻璃),10g 肥皂,1000g 水,加热 80℃～90℃浸泡,使积炭软化后用毛刷或旧而擦干净清除各炭后,用热水净化学溶液清洗干净。

11. 为什么火花塞电极易"跨连"?

(1)"跨连"是指火花塞两电极间被炭黑或燃烧残渣等物质所连接导致短路,如图 4-12 所示,从而影响发动机的正常工作。引起电极"跨连"的固体物质有:

①不完全燃烧的产物,游离炭。

②燃料中混入的杂质悬浮物。

③空气中的灰尘进入气缸后燃烧的颗粒。

④燃烧后产生的铅化物、硫化物。

(2)分析引起"跨连"的原因及其影响因素,主要有如下几个方面:

①电极间的高压静电声吸引,电压越高,引力越大,"跨连"的可能性也越大。

②电极间气流扰动少,使固体颗粒容易吸引,同时也容易发生结焦。

③混合油不完全燃烧时,容易生成大量游离炭。

④混合油带入较多的杂质或油料焦质太重。

⑤电极间隙上,容易形成"跨连"。

⑥新鲜混合气与废气的热交换,使新鲜混合气中的燃油颗粒迅速蒸馏、炭化,从而形成游离炭粒。

⑦电极间电火花与周围燃油混合气的温度梯度大,致使燃油在温度较低的电极上逐步增多,最后导致"跨连"。

(3)为使"跨连"的影响减低速度,可采取下列措施:

①采用遮盖式侧电极结构。

②适当降低点火电压峰值,使静电专用引力减小。

③改进发动机换气,使废气与新鲜混合气相互之间的扰动少,热交换少。

④适当加大电极间隙。

⑤保持油料清洁,防止杂质混入油料中。

⑥调整化油器,使燃油雾化程度提高,燃料燃烧完全。

⑦使用标准润滑油料。

12. 拆卸火花塞时应注意什么?

火花塞使用一段时间后,可能会有一个或几个火花塞拆卸时有点困难。那么,应待发动机充分冷却后再拆,这样就会容易些。

如果火花塞拧得紧,也可以用煤油点滴在火花塞垫圈和螺钉处,平稳地转动火花塞,直至火花塞旋松动。拆下火花塞之前,要吹去火花塞周围的污物,以防火花塞旋出后,污物落入燃烧室内,最后小心拆下火花塞。

无论拧紧或旋松火花塞,套筒不能倾斜,否则容易损坏火花塞绝缘体。

13. 怎样正确调整火花塞的间隙?

电极间隙的调整应在清洗火花塞后进行。

如果间隙长时间不调整,则必然会因电极烧蚀而使电极间隙不断加大,进而使跳火电压提高。而且,间隙扩大后电极烧蚀会更厉害,从而形成恶性循环,最后导致断火、停机。

调整间隙时应用钢丝制的专用量规(间隙调整规),因为侧电极常常被烧蚀成凹陷状态,用钢丝量规可以调整得更准确些。如无专用钢丝量规,采用塞尺也可以,但要充分考虑到侧电极的凹陷情况,以确保准确的间隙值。调整间隙时不应随意扳动侧电极,以免侧电极根部因反复扳折而开裂脱落。如果调整时需要扳动电极,则扳动角度应尽可能地小些。

由于点火系统结构的不同,火花塞的电极间隙也有所不同。即使同一种点火结构,如果各种元件参数不同,那么点火特性也会不同,电极间隙也应随之变动。发动机厂应根据机型特点经一系列试验后确定一个合适的电极间隙,该间隙值应在发动机产品说明书中标明。发动机的使用操作和维修人员应按说明书的数值,定期调整电极间隙。

如果电极间隙太小,所形成的是火花塞太弱,不能有效地点燃混合气,使发动机工作恶化。

对于高原地区,因海拔高,空气稀薄,电极间隙所需击穿电压也较低一些,例如,蓄电池点火,在高原地区时电极间隙可达0.9mm左右。

在调整电极间隙时应注意轻轻敲击侧电极,不能使中心电极和绝缘体裙部受强烈碰撞和冲击,以免因此而损坏火花塞。

14. 怎样检查火花塞的好坏?

在保养火花塞时应注意检查以下几点:

(1)检查火花塞间隙是否符合要求。

(2)检查火花塞裙部是否有污垢和积炭。

(3)检查侧电极是否损坏及中心电极是否漏电。

(4)检查火花塞绝缘体是否开裂或破损。

(5)检查绝缘体心与壳体之间是否松动漏气。

(6)检查火花塞密封垫圈是否漏气

在进行外表检查后,如有条件,应进行跳火漏气试验。

15. 怎样判定火花塞过热? 火花塞过热是什么原因?

判定火花塞过热,可以从火花塞绝缘裙部的颜色上来判别,当绝缘裙部呈褐色时,火花塞温度正常;当裙部呈灰白色时,表明热了;当裙部出现金属状熔珠时,表明火花塞严重过热。火花塞过热的原因是:

(1)火花塞热值较小。

(2)火花塞固定不牢固,致使散热不良。

(3)发动机过热,引起火花塞过热。

(4)火花塞旋入过长,绝缘体裙部过分伸入燃烧室。

(5)火花塞与气缸密封不良,被外泄的高温气体加热。

16. 怎样判定火花塞漏气? 引起火花塞漏气是什么原因?

火花塞漏气时,通常在绝缘体外表面沿漏气方向出现灰黑色条纹,当活塞压缩时,将手伸到火花塞处,发现有大量的气体漏出,从此现象可以判定火花塞漏气。

引起火花塞漏气的原因是由于绝缘体与壳体密封不良造成的,漏气的火花塞应及时予以更换。

17. 怎样维护保养火花塞?

火花塞是汽车发动机产生动力的重要零件之一,在修理和保养过程中千万不能忽视火花塞的检查和保养,否则会导致起动困难,动力不足。火花塞长时间的使用,电极会逐渐烧损消耗,并产生积炭,而积炭会阻碍火花塞产生良好的火花和影响火花塞的使用寿命。

除此之外还必须保持火花塞绝缘体的清洁与干燥。在正常使用中,经常会有灰尘、油污等附着沉积在火花塞绝缘体上。由于这些沉积物形成了外部泄漏分路,会影响火花塞的正常跳火。另外有时由于外界因素的原因,火花塞绝缘体还常常会溅落上水滴或沾上湿气,这更增加了上述沉积物的泄漏性。因此在正常使用中,火花塞绝缘体保持清洁、干燥是很必要的。

在检修发动机或进行其他操作时,注意不要有任何物体强烈碰撞火花塞绝缘体,以免因受力冲击而破损,影响火花塞正常工作。

18. 火花塞的定期检查与更换是怎样规定的?

选型合理、使用正确、维护保养好火花塞。当行驶到一定里程时,就应把火花塞拆卸下来进行清洗、调整、检查。定期检查可以保证火花塞始终保持良好的工作状态,可以省去不少意外故障的麻烦。火花塞检查间隔时间过长,往往会加速火花塞的损耗和破坏,甚至会因此而加速发动机的磨损,由此而引起的故障就更多。而且,如不定期检修的话,常常会在车辆行驶途中突然发生故障,不得不中途停车修理,以致不能按时完成行车任务。总之,定期检查维修是十分必要的。

由于经济寿命的考核试验往往很繁琐,经济寿命在实际使用中很难判断,因此,它仅是一个供用户参考的火花塞更换周期。

应该指出的是,到了规定更换周期后,最好更换所有气缸的火花塞。如果因为一只火花塞损坏了就仅只更换这一只,其他不更换,那么,维修后往往行驶不了多久又会发现另一只(或几只)损坏,需要更换。如此会连续发生下去反而增加了维修工作量,影响了车辆的良好运行状态。

19. 为什么火花塞间隙过大过小都不好？

火花塞间隙越大,跳火电压越高。正常的火花塞间隙为$0.6\sim0.7$mm。过小会使跳火电压降低,减弱火花强度,造成发动机转速不稳,动力不足或断火;过大,会使跳火电压大大升高,造成发动机高速断火。由于火花塞在使用中电极金属要耗损,会使间隙逐渐增大,一般每行驶1万公里以后对火花塞间隙进行检查,不正常的,可调整火花塞间隙。

20. 火花塞电极间为什么容易烧损？

发动机工作时,如火花塞电极烧损,或是磁芯外部的电极烧损,则证明是中央电极散热不良而熔化掉的。避免的方法通常是:

(1)采用冷式火花塞,亦即铁壳部分较短的。

(2)经常清除火花塞上的积炭。

(3)油平面不能过低。

21. 火花塞跳火太弱或不跳火的主要原因是什么？

发动机点火系统的技术正常时,是有高压电供给火花塞,使其产生强烈的火花,定时进入燃烧室中的可燃混合气使发动机工作。点火系统所出现的种种故障,最终都将集中反映在火花塞不跳火或跳火太弱上,使进入燃烧室中的可燃混合气不能点燃,使发动机不能起动。

(1)火花塞不跳火或跳火太弱的主要原因有:

①火花塞炭连或损坏。

②蓄电池存电量不足。

③低压电路有故障。

④高压电路有故障。

⑤高低压电路综合故障。

(2)诊断可按发火顺序进行:

①将火花塞从气缸盖上拆下,安上高压线做火花塞跳火试验,如火花较强,说明点火系统正常,则应检查其他系统;如无火花或火花较弱,则是点火系统故障或火花塞电极间隙太小引起的。

②将高压线帽旋下,用高压线头做跳火试验。使高压线头距气缸盖4~6mm,然后打开电源开关,转动发动机。此时高压线头与气缸盖间有强烈的火花,则说明火花塞炭连淹死或损坏;若无火花或火花微弱,则应检查低压电路。

③低压电路检查。打开点火开关,按下电喇叭按钮,若电喇叭发出清晰洪亮的声响,说明从蓄电池至开关间线路无故障,若电喇叭不响或声音微弱,则说明蓄电池电量不足或线路有故障。

④将蓄电池的正极线路接好,负极线路断开,用蓄电池负极导线做搭铁试火。若无火花,说明这段线路无故障;若有火花,说明电源开关至蓄电池这段导线有短路故障。

⑤用导线使点火线圈的低压接线柱正极搭铁试火。若无火花,说明电源开关至点火线圈的电路有故障;若有火花则说明电路正常。

⑥用导线使点火线圈的低压接线柱负极搭铁试火。若无火花,说明点火线圈已损坏,否则,点火线圈正常。

⑦转动发动机曲轴观察断电器,若火花强烈,说明电容器已损坏;若火花很弱,则电容器良好。

22. 因断电器故障引起火花塞不跳火怎样检查?

当打开点火开关起动发动机时,在油路和机械方面都正常时,发动机发动不着,可按电喇叭按钮,喇叭声音洪亮,证明蓄电池存电量很好,应卸下高压线帽试火,如无火,可进一步检查断电器以下几个方面:

(1)断电器触点接线是否牢固。

(2)绝缘垫片与活动触点固定轴上的绝缘性是否正常。

(3)活动触点的胶木顶块是否磨损断电器间隙是否合适。

(4)活动触点弹簧片是否失去弹力。

(5)凸轮磨损情况是否影响触点正常开闭。

(6)曲轴轴承是否磨损严重,影响凸轮正常开闭断电器。

(7)触点有无烧蚀情况。

(8)触点上有列油污以及触点能否按时分离。

(9)触点松动或触点间隙太小。

如有以上情况应检修或更换。

23. 怎样诊断低压电路故障引起火花塞不跳火或跳火太弱？

拆下高压线帽,打开点火开关高压线路做跳火试验,若无火花,说明可能因低压电路故障引起火花塞不跳火或火太弱,致使发动机不能起动。

检查低压电路,重点是察看蓄电池到电源开关的线路是否有断路或短路现象。其方法是:

将蓄电池正极线路接好,负极线路断开,在电源开关切断的情况下,把蓄电池负极连线向车体上搭铁试火。若有火花,说明蓄电池到电源开关这段线路有短路故障,应进一步观察各导线有无烧蚀、烧断及磨坏绝缘层。若无火花,说明这段线路无故障。

导线有烧蚀、烧断、磨坏绝缘层和各接头松动,应及时更换或拧紧接线头,蓄电池接线柱有氧化物,应清除后涂上工业凡士林,每年应涂两次。

24. 蓄电池存电量不足使火花塞不跳火或火花太弱怎样诊断？

当接通点火开关,起动发动机不着火时,按下电喇叭按钮,若电喇叭发出清晰洪亮的声音,说明蓄电池的电量充足,并且从蓄电池到电源开关之间的线路无故障。若喇叭不响或声音微弱,还需先判断电喇叭好坏,即打开前照灯开关,检查前照灯的亮度,若前照灯亮度正常,说明蓄电池电量充足,而电喇叭有故障;若前照灯不亮或光线很暗,说明蓄电池存电量不足或是低压电路有短路。这时应进一步检查蓄电池。其办法是:拆下蓄电池的正、负极接线,用导线将蓄电池正、负极作瞬间接触,进行碰擦试火,若无火或火花很弱说明蓄电池自身电量不足或蓄电池接柱不良,若火花很强并有"啪啪"响,说明蓄电池电量充足。

蓄电池电量不足,可能是造成火花塞不跳火或跳火弱,以及发动机不能起动的直接原因。当时急用可将汽车推着,之后应对其进行充电;蓄电池电量若充足后,火花塞仍不足火或跳火弱,原因不在蓄电池上,可能是低压电路有短路。

25. 为什么火花塞严重烧蚀?

火花塞绝缘体顶端起疤、破裂或电极熔化、烧蚀,都表明火花塞已经烧坏,应更换。更换时应先检查烧蚀的症状以及颜色的变化,以便分析产生故障的原因。

(1)绝缘体呈白色。说明燃烧室内温度过高,这多半是燃烧室内积炭过多、气门间隙过小等引起的排气门过热,冷却装置工作不良、火花塞未按规定力矩拧紧,也是故障原因。

(2)电极变圆且绝缘体结有疤痕。说明发动机早燃,多半是由于点火过早、汽油辛烷值低、火花塞热值过高等原因所致。

(3)绝缘体顶端破裂。爆燃是绝缘体破裂的主要原因,点火过早、辛烷值低、燃烧室内温度过高,都可以导致发动机爆燃。

(4)绝缘体顶端有灰黑色条纹。这种条纹表明火花塞已经漏气,应更换。

26. 为什么火花塞上有沉积物?

火花塞绝缘体顶端和电极间有时会粘有沉积物,严重时造成发动机"缺火",清洁火花塞,可暂时得以补救,为了保持良好的性能,必须查明故障的根源并加以排除。

(1)油性沉积物。火花塞上有油性沉积物,表明润滑油进入燃烧室内,如果只是个别火花塞,则多半是气门杆油封损坏;如果各缸火花塞都粘有这种沉积物,说明气缸蹿油,应检查空气滤清器和通风装置是否堵塞。

(2)黑色沉积物。火花塞电极和内部有黑色沉积物,说明混合气过浓,可开大油门使发动机运转数分钟,烧掉留在电极上的一层黑色炭层。

第五章 起动机故障诊断与检修

1. 起动机为什么能转动?

起动机是根据通电导体在磁场中受到电磁力作用这一现象为基础而制成的,其工作原理如图 5-1 所示。将起动机的电刷与直流电源相接,电流由正电刷 A 流入,从负电刷 B 流出,此时绕组中的电流方向是由 a 至 d(图 5-1a)。载流导体在磁场中受到电磁力的作用,产生了电磁转矩,力的方向按左手定则决定,因此,转矩方向为逆时针方向,电枢也将按逆时针方向旋转。当电枢转过半周,此时与正电刷相接触的换向片是与线端 d 连接的;而与负电刷 b 相接触的换向片是与线端 a 连接的,绕组中的电流方向改变为 d 至 a(图 5-1b)。因而在 N 极和极下面导体中的电流方向保持不变,电磁转矩方向也就不变,这时电枢仍按原来的方向继续旋转。

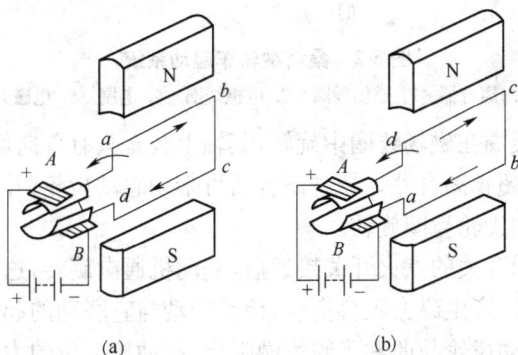

图 5-1 起动机的工作原理

(a)$a{\rightarrow}d$ (b)$d{\rightarrow}a$

由于一个线圈所产生的转矩太小,且转速不稳定,因此,实际电动机的电枢上绕有很多线圈,换向器片数也随线圈的增多而相应增加。

2. 起动机的作用是什么? 由哪些部分组成? 是怎样工作的?

起动系统的作用,就是让发动机能够起动,在未点火之前,给曲轴以最初的旋转;在发动机起动之后,起动系统成立即能与发动机脱离接触,不干扰发动机的正常运转。

起动系统实际上是一台配有起动齿轮、起动电磁开关(也叫电磁继电器)、超越离合器等附件的直流电动机。其结构如图 5-2 所示。

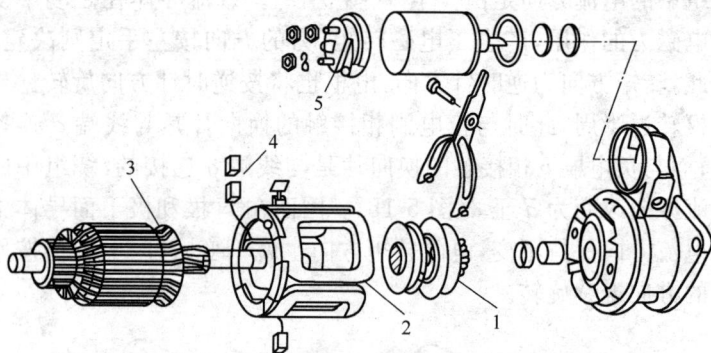

图 5-2　桑塔纳轿车起动系统

1. 单向离合器　2. 磁场线圈　3. 电枢线圈　4. 电刷　5. 电磁开关

电枢线圈在磁场线圈中旋转,其轴上装有只有单向旋转(反向则空转)的超越离合器。超越离合器可带动起动齿轮,并迫使与它啮合的曲轴飞轮齿圈旋转。

当起动开关的点火开关接通后,起动机通电旋转,这时电磁开关电路接通,产生磁力吸合衔铁,衔铁带动与它联动的起动机内部拨叉,使起动齿轮与曲轴飞轮齿圈啮合,起动机产生的力矩通过超越离合器带动曲轴旋转,从而使发动机起动。起动后,当起动机齿轮转速超过起动机额定转速时,超越离合器就会打滑,使起动机得到保护,待发动机已经起动,将点火开关拨到起动切断挡。此时,起动机电源切断,起动齿轮在电磁开关作用下复位而与曲轴齿轮脱开。

桑塔纳轿车发动机,采用两种型号的起动机,QD1229 型和 QD1225 型。最大起动电流为 110A,功率为 950W,在制动电流小于 480A,最大输出力矩不小于 13N·m。该起动机功率大、体积小、工作可靠。

3. 电磁控制式起动机的结构特点是什么?

起动机是用来起动发动机的,结构如图 5-3 所示。主要由电机部分、传动机构(或称啮合机构)和控制装置(开关)三部分组成。

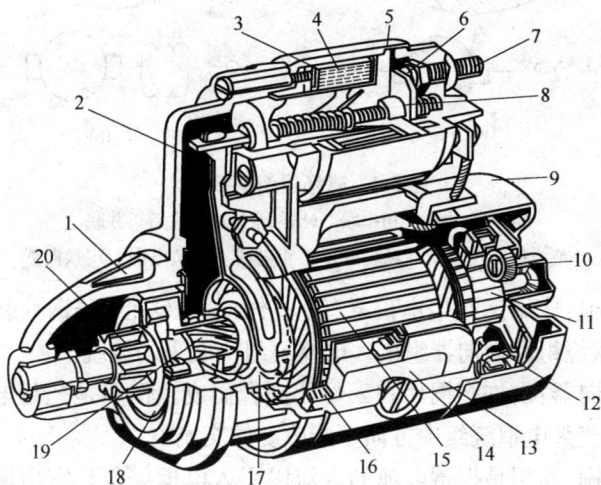

图 5-3　起动机的结构

1. 后端盖　2. 拨叉　3. 保持线圈　4. 吸引线圈　5. 电磁开关　6. 触点　7. 接线柱
8. 活动触点　9. 前端盖　10. 电刷弹簧　11. 换向器　12. 电刷　13. 外壳　14. 磁极
15. 电枢　16. 磁场绕组　17. 移动衬套　18. 单向离合器　19. 电枢轴　20. 小齿轮

(1)电机部分。为一直流串励电动机,其作用是产生转矩。它由磁极、电枢、换向器和电刷等组成。

磁极:作用是在起动机中产生磁场。它由磁极铁心和磁场绕组组成。为了增大起动机的转矩,磁极数量较多,一般为四个磁极,磁场绕组的连接方式一般有两种,如图 5-4 所示。

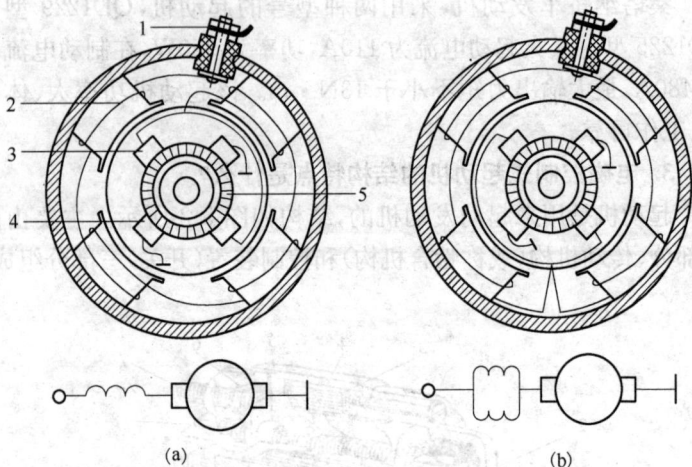

图 5-4　磁场绕组的接法

(a)四个绕组互相串联　(b)两个绕组串联后再并联

1. 绝缘接线柱　2. 磁场绕组　3. 正电刷　4. 负电刷　5. 换向器

电枢:作用是产生电磁转矩。它由电枢铁心(硅钢片装集而成)电枢绕组和换向器组成。电枢绕组一般采用波绕法。

换向器:由许多铜片和云母片围合而成。作用是把蓄电池的直流电变为电枢绕组中方向不断改变的交流电。

电刷:作用是把蓄电池的直流电引入电枢绕组。它由铜与石墨粉压制而成,加入铜是为了减小电阻并增加其耐磨性。为了减小电刷的电流密度,一般电刷数与磁极数相等。

由于起动机在汽车上是短时间工作的(每次接入时间约 5-10s)而且工作时电流很大,所以电枢绕组和磁场绕组均用粗大的矩形截裸铜线绕制而成。为了防止裸铜线相互间短路以及裸铜线与铁心间短路,在裸铜线之间以及裸铜线与铁心之间均用绝缘纸隔开。

起动机因工作时间短暂,并且又是冲击性载荷,所以轴承一般采用青铜石墨轴承或铁基含油轴承。

(2)传动机构。其作用是在发动机起动时,将起动机小齿轮啮入飞轮齿环，将起动机转矩传递给发动机曲轴；而在发动机起动后，使起动机小齿轮与飞轮齿轮环自动脱开，防止发动机带动起动机构超速旋转，而使起动机损坏。它主要由单向离合器和小齿轮组成。单向离合器的形式常用的是滚柱式、摩擦片式和弹簧式。

（3）控制装置（开关）。用来接通和切断起动机与蓄电池之间的电路，在有些汽车上，具有接入和隔除点火线圈附加电阻的作用。按控制方法的不同有机械控制和电磁控制之分。目前机械式开关已被淘汰，多采用电磁式开关。

4. 为什么起动机空转时消耗的电流小？负载增大时消耗电流大、完全制动时消耗电流更大？

为了说明这个问题，需研究一下电动机的工作过程。

当直流电动机接入直流电源时，其磁场绕组和电枢绕组中都有电流通过，磁场绕组中的电流产生磁场，而电枢绕组通电后，由于载导体在磁场中受到电力的作用产生转矩，使电枢旋转。然而当电枢旋转时，电枢绕组又会切割磁力线产生感应电动势，用右手定则判定可知该电动势的方向恰与电流的方向相反。故称为反电动势。其大小与电枢的转速和磁极磁通的乘积成正比。

这时，外加于电枢上的电压，一部分消耗在电枢绕组的电阻上，另一部分则用来平衡电动机的反电动势。

当电动机空转时，由于转速最高，反电动势最大，所以电枢中的电流就最小。而当负载增大时（轴上的阻力矩增大时），电枢转速就降低，于是反电动势减小，电枢电流就会增大，使电磁转矩也随之增大。当电动机完全制动时，电枢转速为零，反电动势也为零，故电枢电流最大，所产生的电磁转矩也最大。

5. 使用起动机时应注意什么？

为保证起动机可靠地工作，使发动机能迅速起动，除要求蓄电池存电充足外，对起动机的作用还要注意以下几点：

（1）蓄电池接至起动机的导线和蓄电池的搭铁线，其长度和截面积要符合要求(不得任意换用较长或较细的),导线的各连接部位必须牢固、清洁、接触良好。

(2)每次接通起动机的时间不要过长,以不超过 5s 为宜,需重复起动时,要间隔 1~2min。

(3)冬季冷车起动应先对发动机进行预热后,再使用起动机。

(4)多次使用起动机仍不能发现时,应查明原因,确认油、电路无故障再继续起动。

(5)若装用机械式传动装置的起动机,当发动机起动后,应立即松开踏板,以减少磨损。

6. 起动发动机时怎样区别起动机或蓄电池有故障?

冷车起动时起动机无力,而热车时很容易带动曲轴使车发动,表示起动机良好,则故障出自于蓄电池。

冷车或热车起动机均空转良好,而起动齿轮与飞轮齿环啮合后电枢不转或无力将车发动,若起动机开关无接铁,通电良好,则故障出自起动机。

7. 起动机空转时正常,为什么加负载后无力?

若蓄电池状况良好,线路也正常,而加负载时无力,不能使起动机起动,其原因可能是:起动机整流子过脏,电刷磨损过多或电刷弹簧压力不足,使电刷接触不良;激磁绕组或电枢绕组局部短路,起动机功率下降;轴承磨损过甚或装配不良,使电枢与磁极铁心摩擦;起动机开关触点烧蚀,接触不良;发动机装配过紧或温度过低,使运动阻力过大。

8. 电磁式起动机后盖上的轴承为什么容易损坏? 怎样才能延长使用寿命?

起动机多用的是石墨含油轴承。在开始使用阶段,由于油透不出来,几乎属于干摩擦使轴承磨损加剧。另外后盖上轴承又远离前边的两个轴承,在工作中承受的压力较大,磨损也严重,损坏较快。为此,在使用中应注意多给起动机轴承加注润滑油。尤其是对后盖处的轴承应加强维护。

9. 起动时为什么小齿轮与飞轮咬住？什么原因？

起动时起动机小齿轮与飞轮齿环咬住，多半是由于蓄电池亏电、发动机装配过紧、起动机有故障以及起动机小齿轮与飞轮环齿磨损过甚所致。因为当起动机有故障而不能转动曲轴时，虽松开了踏蹬，若起动机小齿轮与飞轮环齿之间压得很紧，且两齿面磨损过甚、凸缘不平时，则小齿轮就会被轧住而咬死。同时，回位弹簧不能使传动轴恢复原位，以至于不能切断电路，时间稍长就会将起动机烧坏。遇此情况，应立即拆除蓄电池的搭铁线或蓄电池与起动机的连接线，然后扳撬飞轮使其脱开，或将变速杆放进高挡位置，不开电门，不踏下离合器，晃动车辆，以使起动机小齿轮与飞轮环齿脱开。如仍不能脱开，可将起动机的固定螺栓松下几扣，并用旋具拨动飞轮，使其脱开。

10. 起动机中单向离合器起什么作用？它有哪些形式？

起动机中单向离合器的作用是单方向传递力矩。即在起动发动机时，将起动机的电磁力矩传给发动机曲轴，而当发动机发动后又能自动打滑，不使飞轮带动起动机电枢旋转，以免损坏起动机。这时因为飞轮齿环与起动机驱动小齿轮的传动比一般为：1：10～1：17，发动机发动后，如不及时地将起动机与发动机分离，起动机的电枢就会被发动机曲轴带动以 10000～15000r/min 的高速旋转，从而使电枢绕组甩出，造成"飞散"事故。

单向离合器的形式很多，有滚柱式、摩擦片式、弹簧式、棘轮式等。

中、小型起动机多采用滚柱式单向离合器，大型起动机多采用摩擦式、弹簧式和棘轮式单向离合器。

11. 滚柱式单向离合器是怎样工作的？

滚柱式单向离合器的结构如图 5-5 所示。它由与起动机驱动齿轮固联的外壳 2、四个滚柱 4、压帽和弹簧 5 以及传动套筒 8 固联的十字块 3 等组成。传动套筒 8 以内花槽套在起动机电枢轴的花键部分上，驱动齿轮 1 则套在轴的光滑部分上。在传动套筒的另一端上活络地套有弹簧 10 和移动衬套 11,移动衬套由弹簧压向右方,并由卡簧制止其脱出,它可由拨叉拨动。

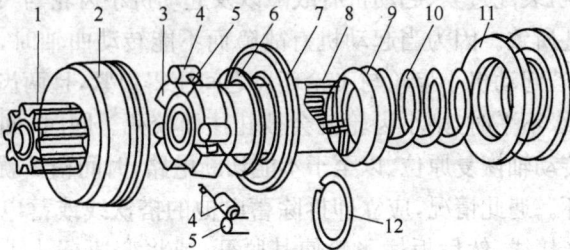

图 5-5　滚柱式单向离合器

1. 起动机驱动齿轮　2. 外壳　3. 十字块　4. 滚柱　5. 压帽与弹簧
6. 垫圈　7. 护盖　8. 传动套筒　9. 弹簧座　10. 缓冲弹簧　11. 移衬套　12. 卡簧

　　工作原理如图 5-6 所示。它的外壳十字块之间的间隙是宽窄不等的(呈楔形槽)。当起动机电枢旋转时,转矩由传动套筒传到十字块 3,十字块则随电枢一同旋转,这时滚柱 4 便滚入楔形槽的窄处被卡死,于是将起动机转矩传给驱动齿轮,带动飞轮使发动机起动。而当发动机起动后,曲轴转速增高,飞轮齿环带动驱动齿轮旋转,速度大于十字块时,滚柱便滚入楔形槽的宽处而打滑。这样转矩就不能从驱动齿轮传给电枢,从而防止了电枢超速飞散的危险。

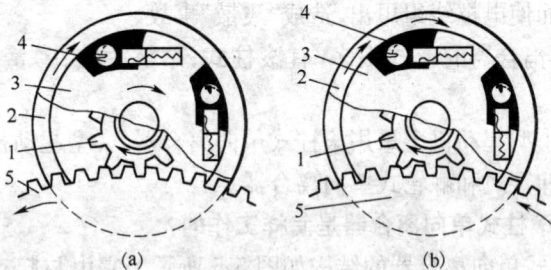

(a)　　　　　　　　　　(b)

图 5-6　滚柱式单向离合器工作示意图

(a)起动　(b)打滑

1. 驱动齿轮　2. 外壳　3. 十字块　4. 滚柱　5. 飞轮

12. 起动机为什么不转动?

当接通点火开关,并旋转到起动挡而起动机不转动,这多半是电路接线接触不良(或断路)或是机件损坏,例如起动电磁开关损坏或点火开关损坏,甚至起动机本身损坏(线圈绕组断路或电刷、换向器损坏)。

判断及排除这类故障,可按故障速查图 5-7 进行,再按图 5-8 检查电路。

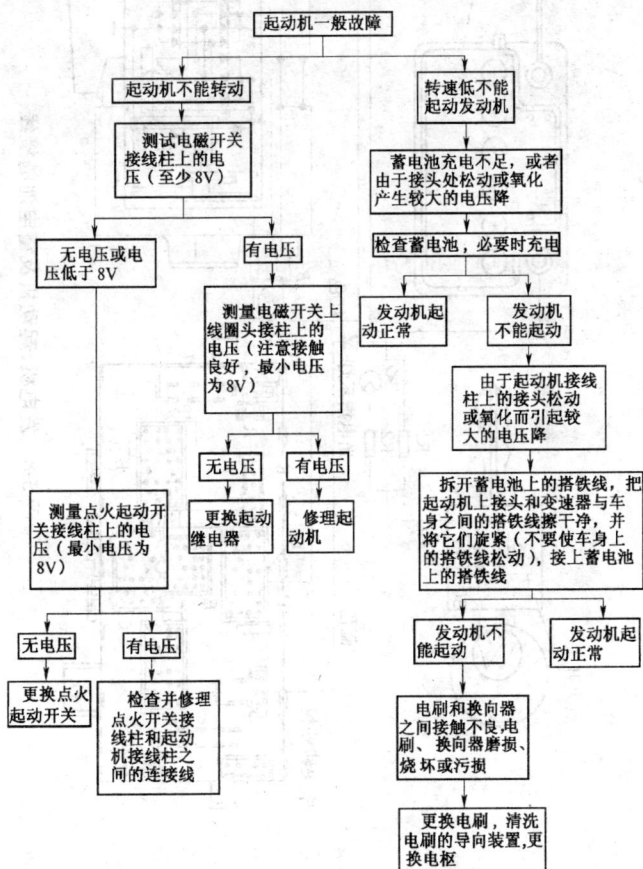

图 5-7　起动机常见故障速查图

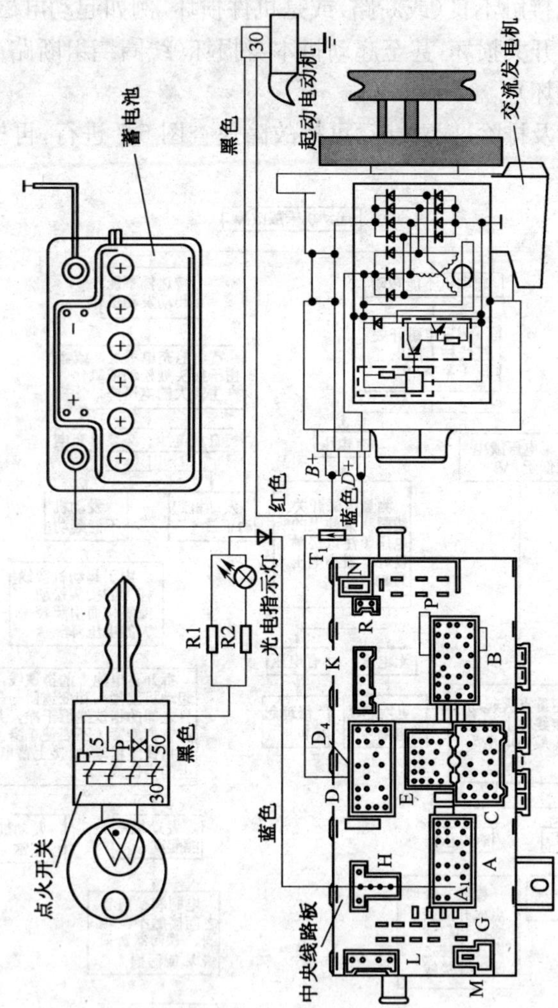

图 5-8　发电机、起动机及蓄电池的接线

13. 起动机为什么转动无力?

当蓄电池存电不足、起动机电路连接不良或电磁开关故障,都会引起起动机转动无力。另外,起动机本身故障,例如轴承松旷、电刷磨损、换向器脏污、磁场线圈和电枢线圈局部短路,都会使起动机转动无力。

出现此类故障时,首先要检查蓄电池电量是否充足,否则应立即充电再试。

然后检查电磁开关。接通起动开关时,如能听到"啪"的一声响,说明电磁开关工作正常,故障可能出在电路;若无声响或响声很弱,则是电磁开关有故障,多半是接触桥烧蚀而引起接触不良。

电路中有无短路、断路现象,可对照图 5-9 进行查找。

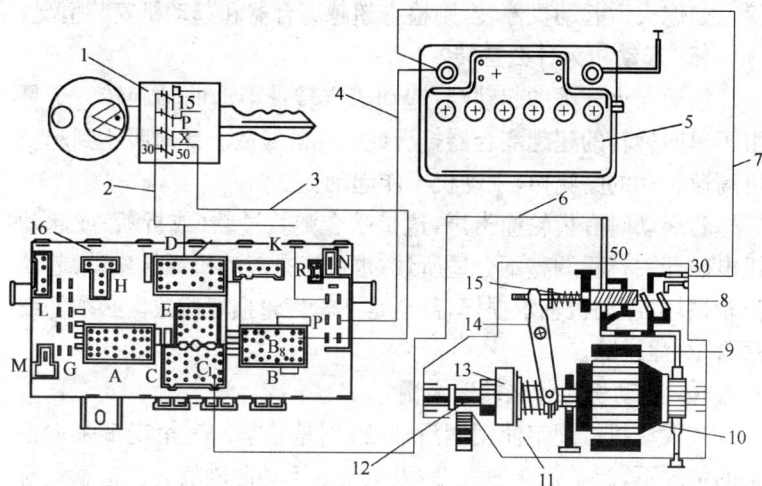

图 5-9　起动机接线

1. 点火开关　2. 红色线　3. 红/黑色线　5. 蓄电池　6. 红/黑色线
7. 黑色线　8. 电磁开关　9. 定子　10. 转子　11. 起动机总成　12. 小齿轮
13. 单向离合器　14. 移位拨杆　15. 回位弹簧　16. 中央线路板

起动机本身故障比较容易判断,一般是磁场线圈或电枢线圈局部短路;而在短路不严重时反而不易判断,可用新起动机替代后察看有无好转,若有明显好转即可判定。

机件故障最好更换,如一时没有备件,可以修理应急(如修锉电磁开关的接触桥等)。

14. 起动机为什么转动不停?

当起动机电磁开关的线圈短路、接触桥短路或熔结时,容易产生起动机转动不停的故障;另外,电磁开关触点烧结、弹簧损坏、起动开关不能回位,都可能引起此类故障;单向旋转的离合器卡住不能脱开、起动机安装不良,也会引起此类故障。

判断此类故障,可在起动后将点火开关置于正常工作挡,发现起动机转动不停则立即熄火检查;如起动机仍转动不停,即检查电磁开关触点是否烧结,或点火开关是否有故障,若有,应换件以排除。如熄火后起动机停转,则检查超越离合器和起动机安装情况。

15. 起动机为什么空转?

接通点火开关的起动挡,起动机空转带不动曲轴旋转。这是由于单向旋转的超越离合器打滑或损坏的缘故。此时听不到起动机高速转动的嗡嗡声,发动机不能起动。

若起动时有齿轮撞击声,这是啮合弹簧过软(或折断)或起动机电磁开关行程调整不合适所致;也可能是起动机螺栓松动、起动齿轮损坏、起动机轴承损坏,甚至是飞轮齿轮损坏所致。必须仔细察看,对症排除。

16. 起动机为什么转速太慢?

若发动机按规定使用润滑油(特别是冬季)、三角皮带张力正常的情况下,起动机转速太慢,以至于带不动曲轴旋转。这就是蓄电池和起动机本身的故障。

出现此类故障,可按故障速查图 5-7 判断、排除。

17. 为什么起动电磁开关异响?

起动机起动齿轮与飞轮齿圈啮合前,起动机的主电路过早接通,会引起二者撞击而发生异响。出现此类故障,应调整主电路接通时间,调整铁心和拨叉,使二者先行啮合,即可排除。

18. 为什么起动机异响?

在桑塔纳轿车行驶时,起动机有三种原因可能发出异响。一是螺钉松动使起动机驱动齿轮与飞轮齿圈相碰击而发出异响,调整或紧固后即可排除;二是电枢铜套磨损,引起电枢与磁极间的摩擦声响,校正电枢轴并更换铜套即可解决;三是因螺钉松动引起起动机壳振动而发出异响,此时停机紧固螺钉即可。此外,起动机安装不当、紧固不良、铜套磨损、电枢窜动也会发出异响。此时应重新安装并按规定力矩紧固,更换磨损的铜套,校正电枢轴,即可排除。

判断起动机异响,通常在地沟下或举升架下诊听和拆卸后检查。

19. 怎样拆卸分解起动机?

(1)从蓄电池负极接柱上拆下负极接铁线。

(2)拆下接在起动机上的正极连接线和黑/黄接线。

(3)从变速器壳体上,拧下固定起动机的两个螺栓,卸下起动机。

(4)卸下固定电磁开关的两个螺钉,拆下电磁开关。

(5)拆下轴承罩,并一同卸下锁闭板制动器弹簧和胶圈。

(6)拆下电刷支架。具体操作过程是:首先拆下两个连接螺栓,然后拆下换向器端架,最后从电刷支架上拆下电刷。

(7)取出电枢线圈、起动离合器和拨叉。

(8)卸下外壳上固定磁场绕组的螺钉,卸下磁场线圈(当直观检查磁场线圈无损伤时可不拆卸磁场线圈)。

(9)整个起动机的分解顺序见图 5-10,按图中的数字(1、2、3……13)顺序分解。

20. 怎样检修起动机?

起动机是起动系统的关键部件,它本身的质量优劣对起动系统工作正常与否至关重要。下面谈谈起动机的检修。

检查起动机电枢轴方法如下:

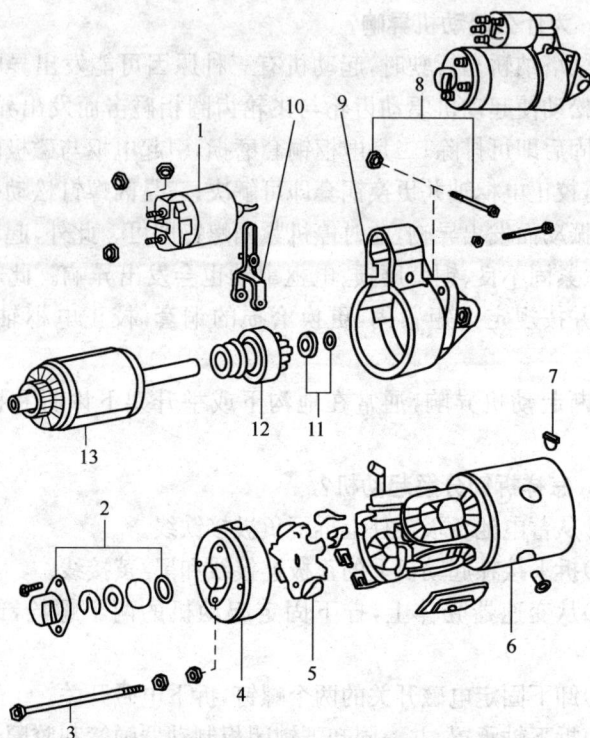

图 5-10　起动机分解顺序

　　(1)将电枢轴两端置于等高的 V 形支撑上，用千分表检测摆差(见图 5-11)，摆着超过 0.1mm 就要校正复原。

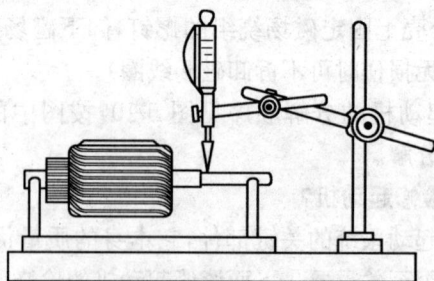

图 5-11　检查电枢轴弯曲度

(2)检查轴颈配合间隙,如超过 0.15mm 应更换衬套。

(3)检查电枢轴上的花键齿槽是否磨损,如磨损严重应压出电枢轴并且更换。

(4)检查换向器表面是否烧蚀或失圆,轻微程度可修磨,严重时则应更换。

(5)检查磁场线圈是否内部搭铁,可用万用表电阻挡检测(见图 5-12)。

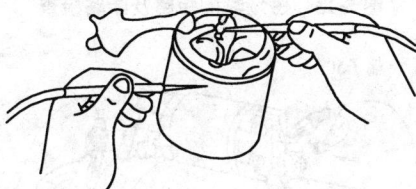

图 5-12 磁场线圈搭铁检查

(6)检查电枢线圈是否有断路现象并加以修复。

(7)检查电枢线圈是否有短路现象。将电枢放在电枢试验器上,在电枢铁心上放一根钢锯片,接通电源并转动电枢,如钢锯片在电枢铁心上跳动,表明电枢短路。电枢短路必然引起工作不良,最好更换相同的电枢,否则必须重新绕制,不过技术要求较高。

(8)检查电枢线圈是否搭铁。方法与磁场线圈搭铁检查相同,然后加以修复。

(9)检查磁场线圈是否短路或断路。以 2 伏直流电源接好检查电路(见图 5-13),将螺钉旋具放在每个磁极上,接通开关,用手感觉磁场吸力应相等。若各磁极均无吸力则表明断路;若某一磁极吸力偏小则表明磁场线圈有匝间短路。

重新装配起动机之后,应进行空转试验,以检查内部有无电路故障和机械故障(图 5-14)。先通电使起动机空转,然后用转速表测转速、电流表测电流,并与原标准相比较。若转速和电流都比标准值小,则表示起动机线路接触不良,应从电刷弹簧弹力不足或电刷与换向器接触不良等方面查找原因。

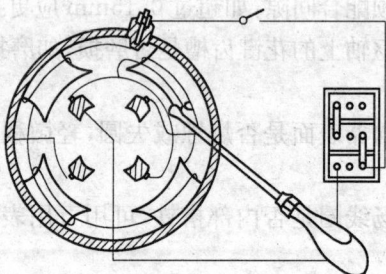

图 5-13　磁场线圈短路及断路检查

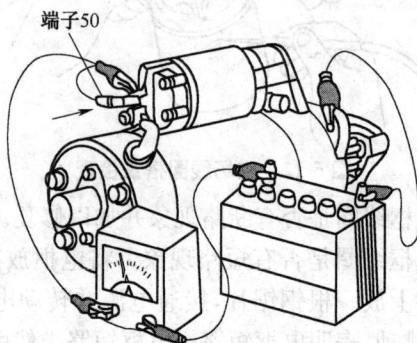

图 5-14　起动机空转试验

如电流大于标准值,而转速低于标准值,则表明电枢线圈和磁场线圈有短路或搭铁故障,也有可能是装配过紧所致,要认真检查并对症排除。

如有条件,还应进行起动试验,测定起动机力矩是否达标,同时检查超越离合器是否工作时打滑或卡滞,发现后应立即予以排除。

21. 怎样装配起动机?

用机油润滑轴承套及齿轮传动导管,将止垫圈及齿轮总成套在传动端壳后,再把传动叉放入传动槽内,然后装上轴承盖;将电枢带键槽的一端插入中间轴承孔,并穿过齿轮孔,插入传动端壳衬套内,将电枢连同传动壳装于起动机壳上,盖上整流子端壳拧紧螺栓；安装好电刷、接好电刷线，并安装起动开关。

起动机装配后，各处的配合间隙应符合有关技术要求。

机械式直操纵的起动机，当起动开关主接触点接触时，小齿轮与止推垫圈间的间隙应不大于 $4\sim5mm$。将调整螺钉旋进或旋出，以调整此间隙，调好以后用紧固螺母锁紧。用止推螺钉可调整小齿轮与止推垫圈的间隙，一般为 $2^{+0.5}mm$。

22. 起动机齿轮与飞轮环齿不能啮合，而且发出撞击声，怎样排除？

故障主要是由于起动机开关闭合过早，起动机驱动齿轮在未啮入飞轮环齿之前，起动机电路就已接通所造成的。也有可能是因为起动机驱动齿轮和飞轮环齿的齿牙损坏，或是减震弹簧过软，起动机固定螺钉松动，发动机机体歪斜等。发生上述故障时，应先检查起动机和发动机的安装是否坚固，然后检查起动机开关的闭合时间，若闭合过早，加以调整，故障即可排除。如果是减震弹簧过软，齿轮损坏，则应更换或修理。

23. 怎样保养起动机？

要保证起动机在车上安装牢固，导线接头清洁，连接可靠，绝缘无破损。发现起动机工作异常时，要及时检修。按照保养制度的规定需对起动机进行检查保养时，一般要解体后做以下工作：

(1)检查电刷高度，磨损超过新件高度的一半时，应更换；检查电刷是否在刷架内上下自如地活动，与换向器的磨合良好是否接触面积在 75% 以上，正负电刷的引线无松脱现象，电刷弹簧的弹力符合要求。

(2)检查换向器表面，如有烧损和失圆，应用细砂纸打磨或车削加工。

(3)检查钢套与轴的磨损情况，如配合间隙超过标准，应予修理。

(4)检查电枢轴，如弯曲应进行校正。

(5)检查磁场线圈、电枢线圈是否短路、断路或搭铁，以及绝缘电刷的绝缘是否良好。

（6）检查驱动齿轮的磨损情况，减震弹簧是否折断或变软，单向轮是否打滑。

（7）检查起动开关的接触是否良好。

（8）清洁、装复、调整、试验。重点是调整开关的接通时机，试验起动机空转时运转情况，应无噪音，不抖动，转速均匀、转动轻快，无机械碰擦阻滞现象，电刷与换向器处无强烈火花。

24. 起动机换向器在哪些情况下易烧蚀？

起动机的换向器在以下几种情况下容易被烧蚀。

（1）换向器表面脏污，圆度误差大或云母凸起。

（2）电刷磨损较多或弹簧张力不足。

（3）蓄电池亏电较多，造成起动时间过长。

（4）起动机内部产生短路或搭铁故障。

（5）冷车起动时间过长。

25. 起动机哪个部位最易出现故障？

起动机内的故障有：电枢绕组和励磁绕组的短路（或断路）轴承严重磨损、导线连接不良等。但最容易发生故障的是：换向器的烧蚀和磨损。因为起动机运转时，换向器的电刷是在动态中传递大电流的，电火花的烧蚀不可避免。另外，电刷磨损、弹簧变软、换向器失圆和云母凸起等，都会进一步使火花加剧，促使换向器迅速烧蚀，接触电阻增大，起动电流减小，起动性能下降。加强换向器和电刷的维护检查，使其始终处于良好的技术状况，是非常重要的环节。

26. 怎样查明起动机电路短路？

当轿车无法起动，又排除其他机件故障后，要查明起动机电路短路故障时，可以采用下述方法：

串联两只12V的蓄电池，两电极间连接导线和熔丝，一个电池一端引出的导线端紧接于电枢轴上，手执另一电池的一端引出的导线端碰触临时性枢导线。当触及到短路的导线时，因有巨大电流通过,会产生火花。然后在这段作好记号,再进行绝缘处理,就可消除短路的故障了。

第一次接能电路触线时,有短路故障的电枢短路处产生火花,但第二次或第三次时便无火花了,这表明电路处已烧成缺口而断路,对此可不再进行绝缘处理,应清理更换电线。

27. 起动发动机时,起动机内发出咔嗒声,但发动机转速很慢,不发动,打开前照灯也很暗,是什么原因?

首先检查蓄电池极桩与火线和搭铁线的夹头是否清洁、牢固。再检查蓄电池火线与起动机的连接处是否牢固、清洁,蓄电池与发动机机体及车身的连接是否清洁、牢固。如果这些都是正常的,换一蓄电池能起动,说明蓄电池缺电,应进行补充充电。充足电后,测量电解液的密度应在 $1.26g/cm^3$ 以上,如各格电解液的密度差值超过 $0.06g/cm^3$,说明蓄电池极板硫化,必须更换蓄电池。记住,蓄电池各单格内的电解液密度最大差值不能超过 0.03。如换用其他正常的蓄电池发动机转速仍很慢、不能发动,说明起动耗电过多,起动机内部有故障,应送修理厂检修。

28. 怎样装复调整与试验起动机?

(1)装复。起动机的装复应按分解时相反次序进行,在装复过程中应特别注意:

①各铜套、电枢轴颈、键槽等易磨损部位应用机油加以润滑。

②固定中间轴承支撑板的螺钉一定要带有弹簧垫圈,防止螺钉松脱造成故障。

③驱动齿轮后端的止推垫圈和整流子端面的胶木垫圈,中间轴承支撑板与啮合之间的胶木承推垫圈装复时不要遗漏。

④电枢轴的轴向间隙,应在 0.125~0.5mm。

(2)调整。

①驱动齿轮与止推垫圈间隙的调整(间隙应为 0.15~1.5mm)。

②起动机开关接通时机调整:接通时机应在驱动齿轮与飞轮

齿环即将完全啮合的时刻为适宜。

③热变阻短路开关接通时机的调整:开关接通时机,应在起动开关触盘与触点开始接通的同时或稍早些。

(3)电磁式操纵装置起动机的调整。

①驱动齿轮与限位螺母间隙的调整:将引铁推到底,用塞尺测量驱动齿轮与限位螺母之间的间隙,其值应为 4~5mm。

②起动机驱动齿轮与端盖凸缘距离的调整:要求距离应在 32.5~34mm。

③JQ-1 型继电器闭合电压及张开电压的检查与调整,可改变触点臂与铁心间的间隙来进行调整(此间隙应为 0.8~1mm),使触点间隙为 0.6~0.8mm。

(4)装复后的试验。将蓄电池负极与起动机开关接柱相连,使蓄电池正极在外壳上搭铁。开关接通后,电枢应转动轻快均匀、不抖动、无噪音、无机械碰擦声及电刷没有强烈火花产生为良好。

29. 起动发动机时,发现起动机不能转动应如何检查?

起动发动机时听到"咔"一声,起动机没有转动或者听到"呜、呜"似转非转的声音。

(1)原因:

①蓄电池本身有问题(缺电过多,蓄电池损坏)。

②蓄电池接往起动机的接线不良。

③起动机内部有问题。

(2)检查方法:

①先按喇叭、听到喇叭声音响亮,并和原来无区别,然后接通前照灯开关,前照灯灯光明亮,可以断定蓄电池良好。

②如喇叭声音弱,前照灯灯光暗淡,说明蓄电池桩头接触不良或蓄电池缺电过多及容量降低。

如灯光很亮,喇叭也很响,说明接触起动机的导线松动或接触不良或起动机内部存在故障。

解决方法:应对蓄电池进行补充充电或更换蓄电池。清理和接牢所有可能存在故障的接头部分并插接好。有故障的起动机送修理厂检修。

30. 起动机有什么常见机件故障?

(1)起动机小齿轮与飞轮卡住:汽车起动时,起动机齿轮与飞轮齿环咬住,造成这种故障,常常是蓄电池亏电、机油黏度大、起动机有故障或起动机小齿轮与飞轮齿环磨损严重等原因造成的。因此,起动机有故障而不能转曲轴时,虽然关掉点火开关,但起动机小齿轮与飞轮环压得很紧,且两齿面磨损不平,起动机小齿轮就会被飞轮齿环扎住或咬死,同时拨叉回位弹簧不能发挥作用,切断电路,如时间稍长,则会烧坏起动机,要注意防止出现这种严重的后果。

排除故障时,首先切断蓄电池极桩导线,接着拨动飞轮来回转动或挂上高速挡前后推动汽车,使起动机小齿轮与飞轮齿环脱开,也可将起动机固定在飞轮壳上的螺钉松开,再活动飞轮使其脱开。

(2)起动机单向啮合器严重打滑:汽车起动时,起动机小齿圈与飞轮齿圈啮合正常,而当起动机高速转动时,发动机飞轮则不转,这是起动机单向啮合器严重打滑所致。

采用单向滚柱式离合器的汽车在行车途中,如出现这种故障,可采取如下应急修理方法:

首先从起动机上拆下单向啮合器,并将其置于汽油中浸泡数十分钟。然后自汽油中取出啮合器,在木板上震打,边敲边向空转方向扭转。重复上述步骤数次,直到一手握住转子轴,另一手转动小齿轮,确认向一方向可自由旋转,而向另一方向则转不动时,方可装复起动机。

该故障系单向啮合器内部油污粘结或滚柱发卡所致。故在浸泡、震打过程中,可排除油污粘结或滚柱发卡的故障。当然要拆开修理才能完全恢复其功能。

(3)继电器损坏:行驶途中,如果起动机继电器的触点烧蚀而断路,继电器线圈短路、断路,且又无法修理,可以采用如下方法:

将点火开关至起动继电器"点火锁"上的火线直接接在起动机电磁开关的"磁场"接线柱上,让点火开关不经起动继电器而直接控制起动机电磁开关的动作。

(4)起动机线路绝缘体破损:如遇起动机线路绝缘体破损,可将磁场线圈拆散,用旋具将线圈匝间拨开缝隙,再用断钢锯条刮掉旧绝缘层,另用厚纸板截成与导线宽度相同的长条垫(用医用白胶布代替厚纸板),塞进线匝的缝隙中,待垫好绝缘纸以后,用白纱带按半叠包扎法包好。装复时要用焊锡将接头焊牢,最后再做一次电枢空转试验,检查修理效果。

(5)起动机甩轮有响声:起动发动机时有很响的"咔咔"金属轧击声,踏下离合器踏板时声音则减轻,待发动机转入正常运转后,异响完全消失了。这种故障的原因是甩轮转动凸轮在长期的使用中磨出沟痕,引起了卡滞发响。排除故障的方法是更换新甩轮。

31. 怎样检测新修理的起动机质量的好坏?

对于新修的起动机,按说应在万能试验台上进行空载和全制动试验。但对于无万能试验台的修理厂和汽车队来说,建议用下述简单的办法来测试起动机的修理质量。即先给新修的12V起动机电动机加上4V的蓄电池电压进行空载试验。因为电压很低,起动机稍有不当就会明显显示出来。如果在4V电压下电动机运转平稳,可再将电压提高到8～10V,带动电磁开关和电动机。如运转、吸力均正常,就可将该起动机装车使用。

32. 起动机单向离合器打滑或未推出应怎样检修?

单向离合器打滑和离合器未推出两种故障在起动时均表现为起动机空转,而发动机不转的现象。需要仔细检查起动机是偶尔空转还是一直空转。如果有时起动机还能带动发动机,尤其在热机情况下带转的次数较多,就可判断为单向离合器打滑;如果发动机根本不转,则说明是单向离合器未被推出,不能实现小齿轮与飞轮齿环的啮合。

33. 怎样试验起动机和电磁开关？

(1)空载性能试验:用台钳固定起动机以防止发生意外事故。

①如图 5-15 所示将起动机连接到蓄电池上。

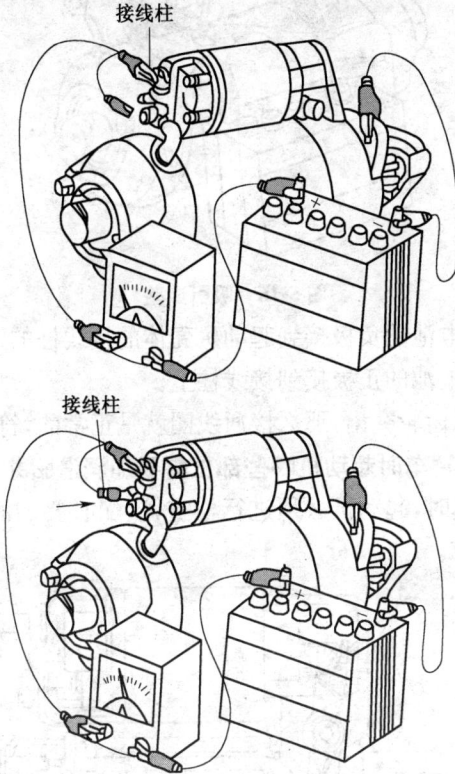

图 5-15　空载性能试验

正极:蓄电池的正极接电流表负极;电流表的负极接接线柱上。

负极:蓄电池负极接起动机壳体上。

②连接接线柱。如果起动机传动的小齿轮跳出,运转稳定,而且电流小于规定的电流值,那么工作是正常的,是符合装配要求的。

(2)吸引试验:如图 5-16 所示,将磁性开关连接到蓄电池上。

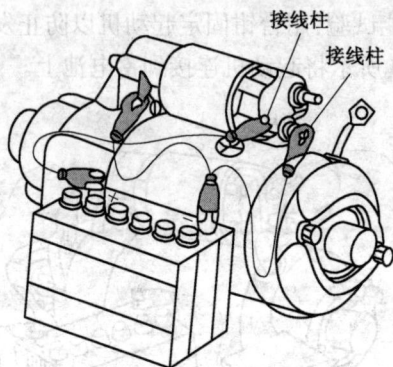

接线柱

接线柱

图 5-16 吸引试验

负极:蓄电池的负极接到起动机壳体的接线柱的正极上。

正极:蓄电池的正极接到接线柱上。

如果传动齿轮突出,那么接通线圈就是正常的,符合要求。

34. 大修轿车时起动机哪些部位需要加润滑脂并注意什么?

轿车大修时,起动机必须进行检查,装配时要加润滑脂,润滑部位如图 5-17:

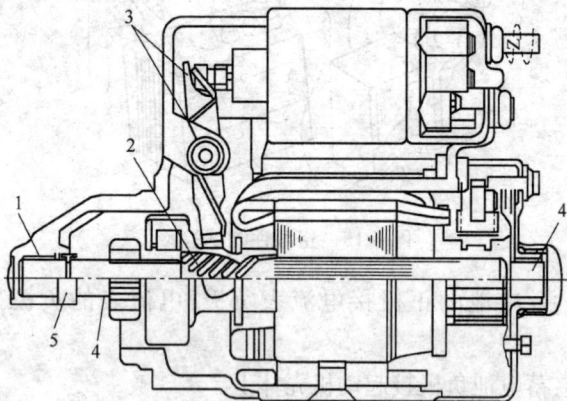

图 5-17 起动机润滑部位

1. 衬套 2. 螺旋花键 3. 拉杆及固定螺母 4. 电枢轴 5. 止动螺母

(1)向驱动壳内的衬套涂润滑脂。

(2)安装离合器组件前,对螺旋花键涂润滑脂。

(3)驱动杠杆的滑动表面及接触面均应涂润滑脂。

(4)换向器外罩内的轴瓦以及电枢的轴均应涂润滑脂。

(5)止动螺母。润滑完成后安装定位螺母时,应用冲头在两个不同位置冲一下,以便将其锁止住。接着调整双头螺栓长度,使齿轮向外推出时,定位螺母与齿轮间隙为 1～4mm,检查间隙时,使起动机无负荷运转,将齿轮推出,待转动平稳时再检查间隙。

35. 起动机常见故障有哪些?

常见故障及其排除方法见表 5-1。

表 5-1　桑塔纳、帕萨特系列轿车起动机故障及其排除方法

故　障	原　因	排除方法
起动机运转, 但飞轮不转动	1. 起动机离合器的小齿轮磨损	更换
	2. 花键损坏,以致小齿轮插入时被卡住	修理或更换
	3. 衬垫磨损	更换
	4. 小齿轮插入动作有错误	调整
	5. 飞轮齿圈磨损	更换
起动机完全不 转动或转动得 太慢	蓄电池问题:	
	1. 蓄电池电极接头接触不良	修理或拧紧
	2. 接地导线连接变松	拧紧
	3. 蓄电池电压不足	充电
起动机完全不 转动或转动得 太慢	点火开关问题:	
	1. 触点接触不良	更换
	2. 导线连接松动	拧紧
	3. 点火开关与电池极柱之间断路	修理
	起动机问题:	
	1. 电刷的安装不良或磨损	修理或更换
	2. 换向器烧毁	修理或更换
	3. 电枢绕组断路	更换
	4. 起动机磨损	更换
起动机不能停 止转动	点火开关不回位	更换

续表 5-1

故　　障	原　　因	排除方法
点火时间起动机能旋转,但发动机曲轴不转	1. 起动机驱动齿轮损坏 2. 飞轮齿轮损坏 3. 啮合器打滑	更换 检修 检修或更换
起动机有噪声	1. 起动机支座松动 2. 起动机驱动齿轮或飞轮齿圈磨损 3. 起动机轴套磨损	拧紧安装螺栓 更换 修理或更换

36. 为什么起动机线圈容易烧毁?

(1)停车后拉紧了驻车制动,又挂上了挡,没有松开就去踏起动机踏板。由于起动机被飞轮咬死(起动机制动),开关一时退不回来,这样时间长了,起动机线圈就容易烧毁。

(2)发动机配合太紧,硬用起动机带转,时间长了,线圈就会烧毁。

(3)发动机不好发动,多次使用起动机,间隔很短,每次踏下起动踏板时间又较长,造成起动机内部线圈过热,甚至烧毁。

(4)靠近绝缘电刷的部分磁场线圈有接铁,也会造成线圈烧毁。

(5)整流子和电刷接触不良、弹簧断掉、电刷卡死不能很好地与整流子接触,电流通过时造成整流子大冒火花,促使线圈发热,严重时会将线圈烧毁。

(6)电枢线圈与整流子接触不良,起动运转时大冒火花,不仅会烧毁整流子,有时也会烧毁电枢线圈。

(7)起动机轴上的铜衬套磨损,造成电枢严重碰磨极掌,甚至电枢被卡死,长时间接通大电流,造成起动机的电枢和磁场线圈被烧毁。

起动机的磁场线圈和电枢线圈是串联的,且磁场线圈的支路数比电枢线圈少,而且很多故障出现在绝缘电刷架→绝缘电刷线以前的某些部分,所以起动机上磁场线圈比电枢线圈烧坏得多些。

37. 怎样检查起动机单向离合器?

将单向离合器夹紧在台钳上,用扭力扳手逆时针方向转动,如图 5-18 所示,应能承受制动试验时的最大转矩而不打滑。其单向离合器应能承受 25.5N·m 的扭力而不打滑,否则应拆开,进行修理。

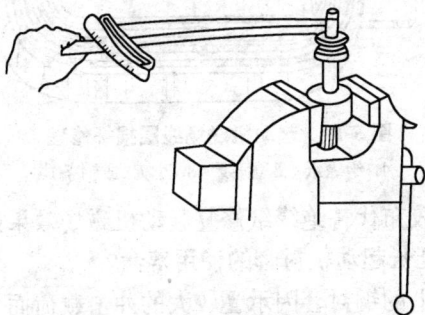

图 5-18　检查单向离合器是否打滑

38. 怎样修理起动机激磁绕组?

起动机磁场线圈的修复重绕要特别仔细,否则拆散后不能复原,造成整个起动机报废。

起动机的磁场导线很粗,原装绕制时,是在专用机具上成形的,并且线圈与磁场的配合有一定角度和形状,因而拆修时要特别小心。如果拆散时导线过于拉直,就很难使线圈复原。

重绕起动机磁场线圈,实际上是重包绝缘层。下面介绍两种简单办法:

(1)拆散磁场线圈后,略微拨散一点,用小刀轻轻刮掉旧有绝缘层,另用绝缘纸裁成与导线同样宽的小条垫放进去,如图 5-19 所示。垫完后用白纱带按半叠包扎法包好,把接头焊好。装好后做一次电枢空转试验。最后再浸漆烘干。

(2)将磁场线圈轻轻拨散一点,剔净旧绝缘物,用医用白胶布慢慢贴在导线上,贴完后仍按半叠包扎法包好,最后再浸漆烘干即

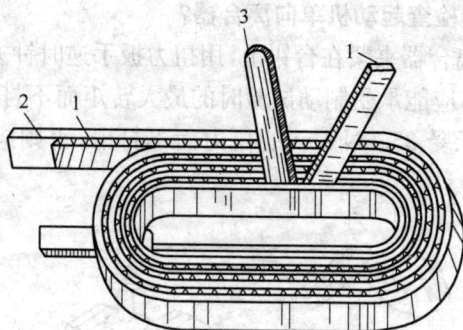

图 5-19　起动机磁场线圈损坏修理
1. 绝缘纸　2. 铜线　3. 小刀(或锯条)

可。用医用白胶布代替绝缘纸修复起动机磁场效果好,方便可靠。

39. 怎样延长起动机衬套的使用寿命?

起动机轴上的铜衬套因承受较大的冲击载荷而易于磨损。特别是换用一般铜衬套(不是用石墨青铜衬套)时,由于润滑不良,更容易磨损松旷。为了改善润滑条件,可在接近齿轮的衬套孔正中,加一道宽和深约 1mm 的油槽,装电枢前先将黄油涂在衬套及槽内,即可延长铜套的使用寿命。也可在起动机前端接近电刷的铜衬套内中间钻一个孔,并经常加点机油。但油不要加得太多,以免挤出来污染了整流子。

40. 怎样区分蓄电池电压不足与桩柱严重锈蚀和起动机电枢短路故障?

这些故障都会表现为起动旋转缓慢无力。但如果连续几次起动后,用手触摸起动机有明显发热之感,说明起动机内部短路;连续起动几次后,用手触摸蓄电池桩柱,有明显发热现象,说明桩柱锈蚀接触不良;如果起动机和桩柱均无明显的发热现象,则可认为是蓄电池电压不足。

41. 怎样区分起动机电磁开关的主触头未接通与起动机内部故障?

在外电路完好的情况下,当接通起动机开关时,电磁开关中有

"哒、哒"之声,但电动机不运转。这说明电磁开关的主触头未接通或电动机内部有断路故障。此时可用旋具将电磁开关的两个接线柱搭接,电动机旋转正常,说明电磁开关的主触头不能接触;如果电动机仍不旋转,则说明电动机内部有断路故障。

42. 组装起动机时应注意哪些方面?

(1)在最后一道工序用 00 号细砂布打磨整流子时应将电枢按车上旋转方向转动,砂布不动。打磨后再将砂布翻过来用布面擦净。整流子槽可用毛刷刷净或用压缩空气吹净,不要用金属片再去剔整流子槽(如需剔槽可在这道工序前进行)。否则就会造成整流子片上出现飞口(很细的毛刺),通电时产生火花,烧坏整流子。

(2)给铜套加油。

(3)连接起动机端盖的长螺杆(或叫穿心螺杆)时,必须装上弹簧垫圈,以免行车时因振动而松脱。

(4)电刷上下运动要自如,不能卡住,绝缘电刷上的绝缘套要柔软。

(5)装电刷时用一钢丝钩子把弹簧钩起,不要用钳子夹弹簧,以免变形,影响弹性。

(6)起动机防尘套的连接螺钉要朝外,以利拆装。

(7)各连接螺栓要有弹簧垫圈。垫圈和螺母的接触面应打磨干净,使其导电良好。

(8)开关上的小轴和起动机各活动处要加油,以保证活动自如。

(9)起动机火线接柱和开关接柱上的绝缘胶木垫圈损坏后,最好另换新的,缺件时可用纸板代替而不要用橡胶皮,因橡胶皮有弹性,难以拧紧螺栓。

(10)电磁开关挂钩常掉脱,可用圆锉刀将原来的挂钩槽锉深,并将调整螺钉调整后再把螺母拧紧。

43. 为什么起动机驱动齿轮需留一定间隙,间隙过大过小有什么害处?

当起动机的牙轮推到底时,牙轮端面与止推垫片间如没有间隙或间隙过小,啮合时牙轮的冲击将很快撞坏牙轮室。反之,如果间隙过大,起动机的牙轮不能很好地和飞轮齿环啮合,时间久了就会使牙轮损坏。所以要有适当的间隙。

44. 怎样检查起动机部件接铁故障?

用一只仪表灯或其他灯泡串联在 12V 的电源电路中。电路接通灯就亮。

(1)检查磁场时,试灯的一端接起动机壳体,另一端接触磁场线圈的引出端,若灯亮,表示磁场线圈有接铁。这种情况往往是由于线圈松动擦破绝缘所致。这时可采取一边通电检查,一边做推、拉、抬起、压下等动作,看看能否不拆磁掌就能找出接铁处。否则只有拆下磁掌,通电检查,直到排除故障为止。

(2)检查电枢时,先看看有无明显的接铁处。若没有,再将试灯的一端接在电枢轴上,另一端触接电枢整流子各片。灯亮,表示电枢有接铁。再由整流子上相隔 120° 的三处拆下电枢线圈的端头,再用灯线分别与整流子接触,找出接铁的这组后,依次将接铁的这组整流子燕尾槽上部的线头拆下,一根根用试灯检查,直到找出接铁的线圈为止。

(3)检查绝缘电刷架时,将试灯一端接铁,另一端分别接触两绝缘电刷架,灯亮即说明绝缘电刷架有接铁。

45. 怎样检查起动机的磁性?

起动机的激磁绕组,由四只绕圈组成。它们之间的连接方式有方式有 4 只线圈串联的,也有每两只线圈串联后再并联的。但不论那一种连接形式,4 只线圈产生的磁场都应该如图 5-20 所示,两个"N"极,两个"S"极,并且相互交错排列。

每只线圈产生的磁极性质和线圈中的电流方向有关,符合右手螺旋定则。即将四指一握、指示电流方向,伸直拇指指示磁场方向的 N 极。

对每一只线圈来说,电流方向一旦改变,磁场方向也必随之改变。但对 4 只串联的线圈来说,如果同时改变电流方向,同样可以

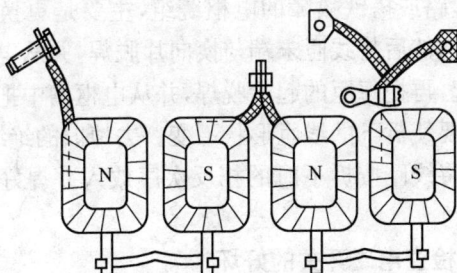

图 5-20　磁场线圈的连接方法

得到相互交错安排的两对磁极。

46. 怎样检修起动机电枢绕组?

电枢绕组的故障有断路、短路、搭铁。检查方法如下:

(1)断路的检查。断路多是由于线头脱焊或导线甩出后刮断所致,一般从外部观察即可发现,不需专门检查。

(2)短路的检查。应在电枢感应仪上进行。将电枢放在电枢感应仪的 V 形槽上,接通电源,用一薄钢片放在电枢铁心上方的线槽上。同时转动电枢,在每槽上依次试验,若钢片在某一槽上发生振动,则表示电枢有短路故障,如相邻的两换向器片短路时,钢片在 4 个槽上振动。如同一个槽上、下两导线短路时,钢片在所有的槽上都将振动。

(3)搭铁的检查。用万用表检查。将万用表拨到电阻挡,然后将两个测试棒分别触及换向器片和轴上。若万用表导通,表示有搭铁故障。也可用交流试灯进行检查。

电枢绕组有搭铁故障时,可先采用火花烧蚀法进行修复,方法是用几只蓄电池串联为 24～30V(或用直流电源),然后把其负极引线接至换向片,而用正极引线触及电枢轴后立即离去,这时在搭铁故障处会产生火花放电,并伴有响声且有少许烟气放出。如此操作一两次后,一般即可见效。如用上述方法不能消除故障,则应拆开修理。

修理有短路或搭铁故障的电枢绕组,主要是更换绝缘纸。为此先拆下绑带,然后将线匝末端与换向片脱焊,并从电枢槽中将各匝的一边抬起,再把每匝的起端脱焊,并从电枢槽中把每匝的另一边抬起,注意要使拆下的线匝形状不变。去掉旧的绝缘纸后,放入新绝缘纸,再将线匝按拆下时的相反次序放入并焊好。最后再经浸漆、烘干即可。

47. 怎样检查电磁开关的好坏?

(1)经验法。可从以下两方面进行检查:

①将蓄电池任一极与机壳相接,另一极与电磁开关线柱相接,开关电路接通后驱动齿轮应"咔"的一声被推至与飞轮相触,断电后齿轮应随即退回。

②当蓄电池电量足够时,若轴头处放置一个 5~8mm 厚的挡块,电磁开关应能实现强制啮合,即齿轮与挡块相触后开关应能继续接通主电路使电枢高速空转。

若开关通电后无吸力,应重点检查吸拉线圈是否断路。先观察开关"磁场"线柱通往电机的连接片或连接线是否忘记连接,若连接良好,可在开关电路接通的情况下,用一导线将开关"磁场"线柱短路,使吸拉线圈不经过电机部分而经过短接导线直接搭铁,如图 5-21 所示。短接后若开关吸力立即恢复正常,说明吸拉线圈完好而电机内部断路或电刷与整流子接触不良。

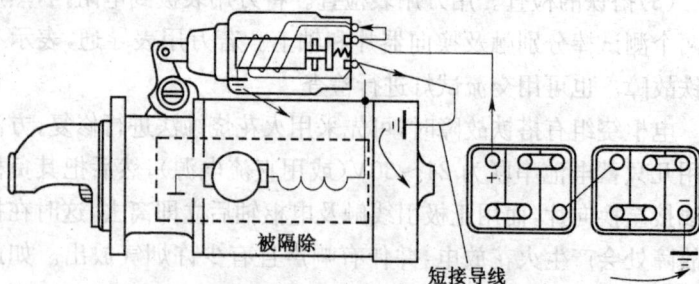

图 5-21　吸拉线圈不经电机直接搭铁

(2)电流法。电磁开关线圈的阻值很小,用万用表欧姆挡测量时往往不易准确反映内部状况,为此应用电流法测量。测量前应拆除开关"磁场"线柱与电机的连接线或连接片,切断吸拉线圈与电机的连接。12V电磁开关均可用12V直流电源测量,通电时间应不大于3s。为了避免引起吸拉线圈过热,测量时可将吸拉线圈与完好的保持线圈串联起来,也可将电源电压降至6V。测量时的接线方法如图5-22所示。当电源电压为12V时,若电流值大时,说明线圈匝间发生短路;若电流值很小或为"0",说明内部接触不良或断路。

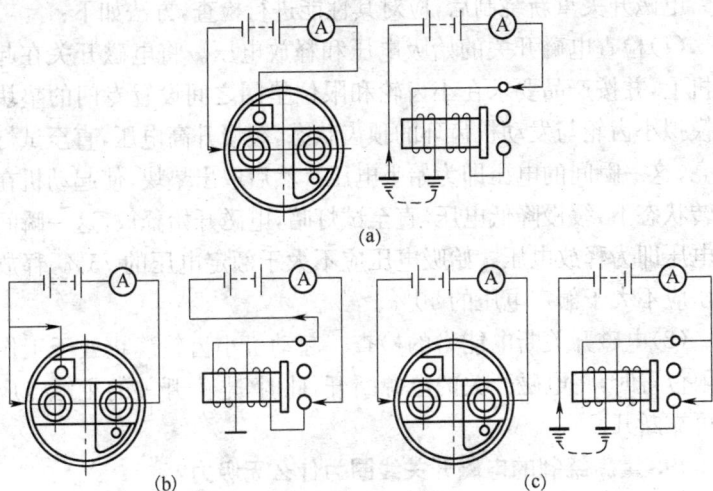

图 5-22 用电流法检查电磁线圈好坏
(a)检查保持线圈电流值 (b)检查吸拉线圈电流值
(c)检查两线圈串联时的电流值

在车上检查故障时,可利用车上的蓄电池和电流表检查电磁开关线圈好坏。检查前应拆除开关"磁场"线柱与电机的连接线。

48. 怎样检查与重新绕制电磁开关线圈?

电磁开关中吸引线圈和保持线圈一般损坏较少,最简单的检查方法是按其工作时的情况通入电流,若能有力地吸引活动铁心,将起动机驱动小齿轮推出,断电后,小齿轮又能立即退回,则表明电磁开关良好。否则,表示损坏,应重新绕制。

重新绕制时,应注意导线的直径、匝数及绕线方向均应与原来的相同。一般是保持线圈(较细)在内层,吸引线圈(较粗)在外层,两个线圈的绕向相同,线圈之间以及线圈架与外壳间应用青壳纸隔开。绕制完毕,两个线圈的始、末端接线必须正确。若误将两线圈的始、末端拧成一股接至开关接线柱,则通电后两线圈的磁场方向相反,磁力相互抵消,就不能吸动活动铁心。

电磁开关重新绕制后,应对其性能进行检查,方法如下:

(1)检查电磁开关的始吸电压和释放电压。将电磁开关在起动机上,并按产品要求在小齿轮和限位垫圈之间设置专门的垫块以模拟小齿轮与发动机齿环的顶齿状态,缓慢升高电压,直至试灯发亮,这一瞬间的电压即为始吸电压。然后取出垫块,使起动机在空转状态下,缓慢降低电压,直至试灯暗,电磁开始释放,这一瞬间的电压即为释放电压。始吸电压应不大于额定电压的75%,释放电压应不大于额定电压的40%。

(2)电磁开关断电能力的检查。起动机小齿轮静止处于工作极限位置时,将电磁开关的电源断开,此时,电磁开关的主触点应能可靠断开。

49. 重新绕制的电磁开关线圈为什么无吸力?

(1)出现假焊。两组线圈的抽头与线柱或挡铁焊接时,若未将焊接部位的绝缘物刮净,便容易出现假焊,使线圈电路的电阻增大,通电时的磁拉力减小。

(2)接线错误。若误将两线圈的始、末端抽头拧成一股与开关线柱相接,通电后两线圈的磁场方向便会相反,使磁力相互抵消。

(3)吸拉线圈电路不通。吸拉线圈通过电枢搭铁,试验时若忘记安装开关"磁场"线柱与电机的连接片或电机内部出现断路(多发生在整流子与电刷处),吸拉线圈便会无吸力或吸力很小。

50. 起动机换向器铜片间的云母要不要割低？

起动机换向器铜片间的云母可以不割低,原因是：

(1)起动机工作时间短,换向器的铜片磨损较小,云母片一般不会因磨损而高出铜片。

(2)云母片割低时,会加剧电刷与换向器的磨损,缩短换向器与电刷的寿命。

(3)当云母片割低时,电刷的粉末容易嵌入换向器片间,造成短路。

考虑上述原因,起动机铜片间的云母片可以不割低。但当电刷弹簧压力太小、电刷在电刷架内不灵活、接触面积太小、换向器失圆以及电枢绕组有搭铁、短路时,电刷与换向器之间就会产生火花。在火花的侵蚀下,换向器也会出现麻点和云母突出的情况,当云母突出时,电刷与换向器之间因接触不好就会产生强烈的火花,将换向器烧坏。为避免这一现象,在很多进口汽车的起动机中,其云母是割低的。

第六章 交流发电机与调节器
故障诊断与检修

1. 发电机的结构特点是什么？

桑塔纳轿车采用硅整流交流发电机,经硅二极管整流后,转速可达 10000~12000r/min,在发动机起动和怠速工况下也能充电,它具有如下特点:

(1)采用十一管整流制,在三相绕组的中性点的输出点以及接地端之间,分别接一个二极管使发电机的二次谐波在中性点叠加,从而增加发电机的输出功率。

(2)发电机输出端有滤波电容器,可减小无线电波干扰,输出波形更为平稳。

(3)定子采用波绕阻,定子两端部线包短,节约了大量铜线,提高了定子质量。

(4)转子轴承采用双面密封轴承,增加了油封的工作可靠性和耐用性。转动件采用动平衡工艺,特别是爪子式转子,每件都经过动平衡试验。

(5)采用外装结构,不打开发电机前、后盖便可修理保养二极管、调节器和电刷。采用外装式电刷,工作时转子滑环刷在后端盖内,拆装方便,且有利于防油和防水。

(6)采用全集成电压调节器,并和发电机电刷架连成一件。发电机整流电路原理,如图 6-1 所示。

2. 硅整流发电机由哪几部分组成？

轿车所用硅整流发电机,主要由转子、定子、整流二极管、风扇等组成。见图 6-2 至图 6-5。

3. 硅整流发电机是怎样工作的？

(1)硅整流发电机是由一部交流发电机和 6 只硅二极管(组成的三相全波)整流电路组成的。交流发电机产生交流电的原理是:

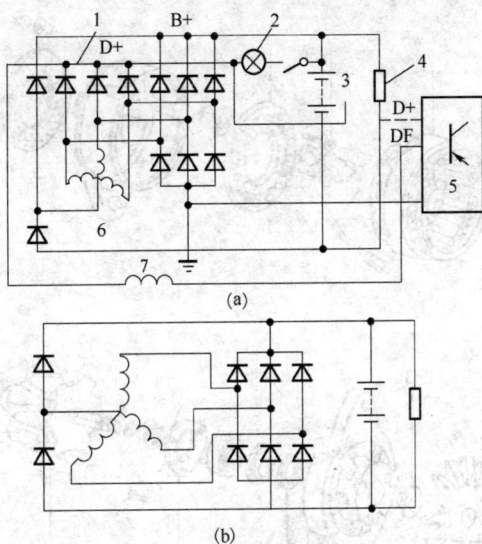

(a)

(b)

图 6-1　发电机整流电路原理图

1. 励磁二极管　2. 充电指示灯　3. 蓄电池　4. 负载　5. 调节器　6. 磁场　7. 电枢

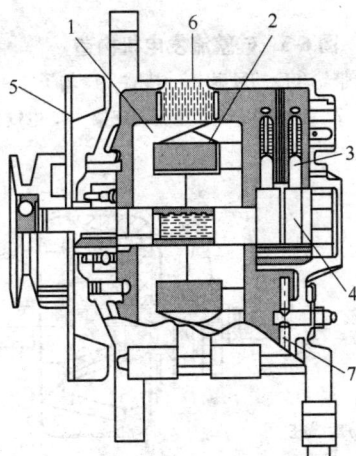

图 6-2　硅整流发电机

1. 转子　2. 转子线圈　3. 电刷　4. 滑环　5. 风扇　6. 定子　7. 整流元件

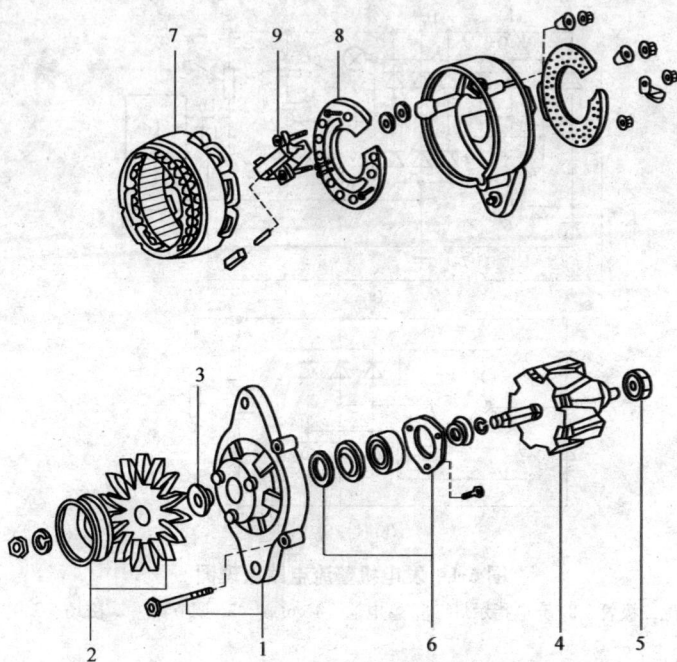

图 6-3　硅整流发电机构造

1. 端盖　2. 皮带轮和冷却风扇　3. 挡圈　4. 转子　5. 后轴承
6. 前轴承　7. 定子线圈　8. 整流器支架　9. 电刷支架

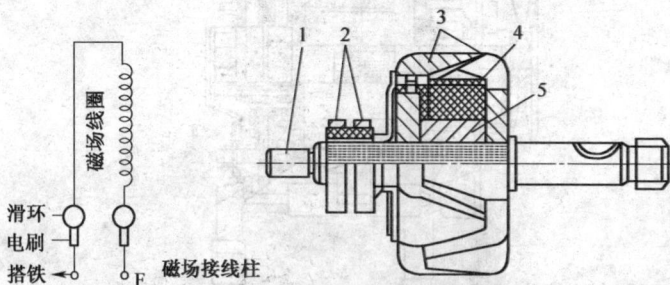

图 6-4　发电机转子

1. 轴　2. 滑环　3. 磁爪　4. 磁场绕组　5. 磁轭

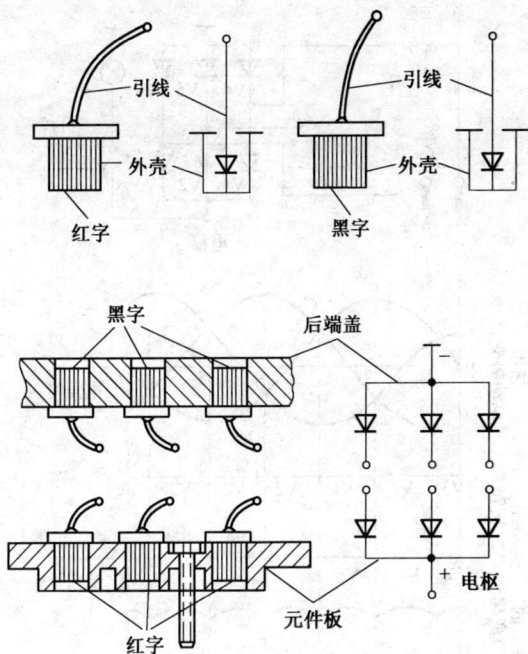

图 6-5　三相绕组星形连接

发电机的定子(电枢线圈)固定不动,而发电机的转子(磁场)是旋转的。这样磁场运动,电枢线圈的导线不动。由电工学原理可知,导线不运动,磁场运动,固定不动的导线切割旋转的磁场,从而产生电,硅整流发电机正常工作后,三相定子绕组中产生的相位相差120°的三相交流电,由于该机由中性点引出连接线,故还输出相电压,供电压继电器用,控制充电指示灯。硅整流发电机原理的重点是如何利用硅二极管将交流电变成直流电。

为了分析方便,把三相交流电在一个周期内的变化,分为7个时刻,根据图 6-6 所示的情况,来具体分析。

在 0~1 时刻,C 相电动势为正,B 相电动势为负,此时电流由C 相流出,经过二极管 V3、发电机电枢接柱、用电设备、接铁、发电机端盖、二极管 V5,回到发电机三相绕组的 B 相。在此时二极管

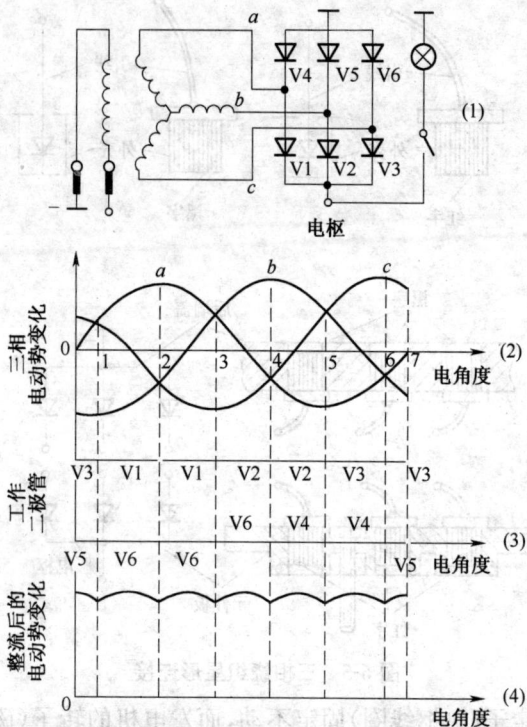

图6-6　三相交流电在周期的变化

V3、V5 导通。需要指出的是:在0~1的时刻,a 相电动势为正(电动势的幅值由 0 开始逐渐增大),虽然此时 a 相电动势为正,但其幅度比 c 相低,当 V3 导通后,V3 的负极(也是 V1 的负极)电位升高,而且此时 V1 负极的电位比 V1 正极的电位高,故 V1 不会导通。

在1~2时刻,a 相电动势为正,c 相电动势为负。电流由 a 相流出,经过二极管 V1、发电机的电枢接柱、用电设备、接铁、发电机端盖、二极管 V6 回到发电机三相绕组的 c 相而构成回路。

在3~4时刻,b 相电动势为正,c 相电动势为负。电流由 b 相流出,经过二极管 V2、发电机的电枢接柱、用电设备、接铁、发电机端盖、二极管 V6 回到发电机三相绕组的 c 相而构成回路。

用同样的分析方法可以得知在 4～5 时刻,b 相电动势为正,a 相电动势为负。此时二极管 V2、V4 导通。在 5～6 时刻,c 相电动势为正,a 相电动势为负。此时二极管 V3、V4 导通。在 6～7 时刻与 0～1 时刻相同。

(2)通过上述分析可以得出三点结论:

①交流发电机产生的交流电,在三相绕组上的电动势的正负极性是变化的,而通过二极管的电流是固定不变的,即不管交流电的哪一个时刻,电流都是由电枢接柱流出,通过用电设备流回发电机,这就是半导体二极管有变交流电为直流电的能力。

②硅整流发电机的 6 只二极管,是轮流交替工作的,即在某一时刻,只有两只二极管导通,一只在元件板上,一只在后端盖上。这就是说,在交流电的每一个周期中,流过每一只二极管的平均电流,只是发电机输出电流的三分之一。这样三相交流电经过整流后,就变为供车上用电设备所需的直流电,整流后波形见图 6-6,其脉动性很小,完全能够满足汽车用电设备的需要。

③三相交流电通过整流后,发电机的 B 接柱为直流电压的正端,发电机外壳(E 接柱)为直流电的负端。由于电压继电器需要较低的电压(约等于电枢接柱输出电压的一半),原由三相绕组的中性点引出接线柱 N。这样,利用每相绕组的相电压再经过半波整流,即只让左边的三只二极管,V4、V5、V6 轮流导通,其导通过程见图 6-7。在某一时刻,究竟哪一只二极管导通,取决于当时某相绕组的负电位最大。根据图 6-7 所示的波形,将三相交流电分为 4 个时刻来进行分析。

在 0～1 时刻,b 相电动势为负最大值,二极管 V5 导通。此时供给电压继电器的电流由中性点 N(此点电动势最正)流出,经过连接线,流过电压继电器线圈、接铁、发电机端盖、二极管 V5,回到 b 相绕组而构成回路。

在 1～2 时刻,c 相电动势又变为负最大值,二极管 V6 导通。

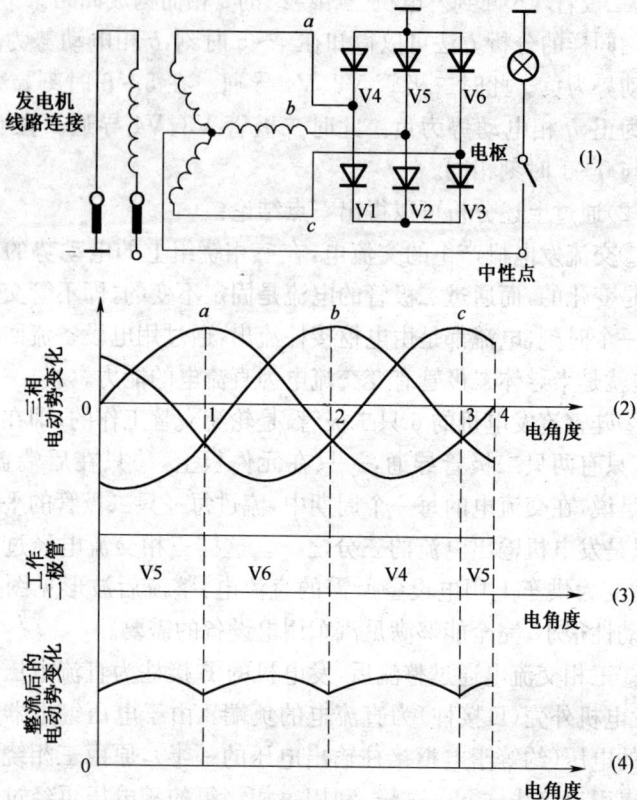

图6-7　三相交流电整流后过程

此时供给电压继电器的电流由中性点 N 流出，经过连接线，流过电压继电器线圈、接铁、发电机端盖、二极管 V5，回到 a 相绕组而构成回路。

3～4 时刻同 1～2 时刻。

(3)由上述分析可以得出以下两点结论：

①三相半波整流在端盖上的 3 只二极管轮流导通，这就是说这 3 只二极管是交替工作的。

②交流发电机输出的半波整流电压，都是由中性点输出电流

（指电流方向），因此，不管交流电的电流方向如何变化，发电机的输出电流总是由一个方向流出。通过用电设备和后端盖上某一只二极管后，回到发电机的三相绕组的某一相。

4. JFZ1813Z 型发电机的技术性能参数是多少？

额定电压：14V

额定电流：104A

空载：输出电压 13.5V

负载：输出电压 13.5V

转速：6000r/min；电流≥104A

配用调节器：整体式 9RC2044 晶体管调节器

质量：（包括带轮）60kg

5. JFZ1913Z 型发电机的技术性能参数是多少？

额定输出功率：1.2kW

输出电流：90A

调节电压：12.5～14.5V

6. 发电机调节器的作用是什么？

汽车上过去使用的直流发电机必须和三联调节器（电压、限流、反流截止三个调节器）配合使用才能正常工作，硅整流交流发电机则只需和电压调节器配合即可。因为整流二极管可防止低速时因发电机电压低蓄电池电流流向定子绕组，起到了反流截止的作用，而交流发电机自身可以限制自己的电流输出。自身限流，是由于定子绕组感应生成的交变电流使其磁场总是变化，随着磁场的变化而感生的对抗电流，即交流发电机的感抗起到了限流的作用。但是交流发电机不能限制电压，因为发电机的电压与发电机转子的转速和每极的磁通成正比。汽车上的发电机是由发动机按固定的传动比驱动的，汽车行驶中，发动机的转速经常在变，因而发电机的转速也经常变，若磁通固定，则发电机的电压随着转速的变化而变化，如不加以调节，按汽车用交流发电机的结构参数计算，能发出 250V 左右的电压，比蓄电池和用电设备的额定电压大

10～20倍,这是不允许的。因此,发电机必须配有电压调节器,以便当发电机转速升高时,自动调节电压,使电压保持在一定范围内。

调节电压的方法是调节流过转子线圈的励磁电流,励磁电流越大,磁场越强,同样转速下,发电机电压就高。因此,当转速升高,发电机电压超过额定值时,可以通过减小励磁电流的办法使电压维持稳定。电压调节器(以下简称调节器)有两种类型:机电式调节器与电子式调节器。由计算机管理的新型汽车调节器,其工作原理与电子式调节器基本相同。

7. 发电机调节器的构造与原理是什么?

(1)机电式调节器。机电式调节器虽已逐步被取代,但了解它的工作原理有助于了解电路较复杂的电子式调节器。

机电式调节器是一种振动的触点设计,调节器利用电磁力控制触点的开闭。其结构如图 6-8 所示。其调节电路如图 6-9 所示。调节器与发电机配合的工作过程如下:

a. 当发电机转速很低时,励磁绕组由蓄电池供电,产生磁场。电路为:蓄电池正极→点火开关 6→调节器火线接线柱 4→触点 I 和支架→调节器磁场接线柱→发电机磁场

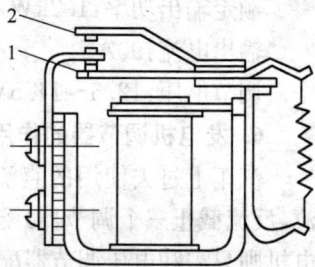

图 6-8　机电式调节器
1. 低速触点(常闭)
2. 高速触点(常开)

接线柱 3→发电机磁场接线柱→电刷 11 和滑环 12→励磁绕组 13→滑环 12 和电刷 11→接铁接线柱 10→蓄电池负极。

蓄电池的电流通过调节器的线圈,产生一定的电磁吸力,但尚不足以克服弹簧的预紧力,触点 I 仍闭合。调节器线圈的电路为:蓄电池正极→点火开关 6→调节器火线接线柱 4→加速电阻 R1→调节器线圈和电阻 R3→接铁→蓄电池负极。

b. 当发电机转速升高,端电压高于蓄电池电压时,励磁电流

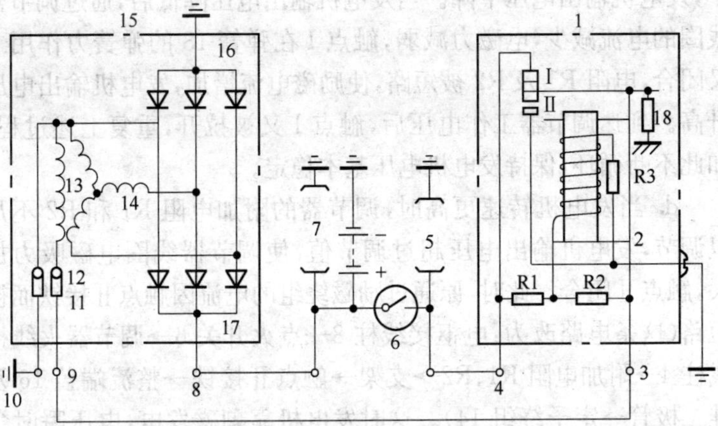

图6-9 机电式调节器电路

. 调节器　2. 支架　3. 调节器磁场接线柱　4. 调节器火线接线柱　5. 点火系统
6. 点火开关　7. 用电设备　8. 电枢接线柱　9. 发电机磁场接线柱
10. 接铁接线柱　11. 电刷(2个)　12. 滑环(2个)　13. 励磁绕组
14. 定子绕组　15. 硅整流发电机　16. 整流端盖　17. 元件板　18. 弹簧

由发电机自给。其电路为:发电机定子绕组 14→硅二极管和元件
板 17→电枢接线柱 8→点火开关 6→调节器火线接线柱 4→触点 I
和支架→调节器磁场接线柱 4→触点 I 和支架→调节器磁场接线
柱 3→发电机磁场接线柱 9→电刷 11 和滑环 12→励磁绕组 13→
滑环 12 和电刷 11→接铁接线柱 10→整流端盖 16 和硅二极管→
定子绕组 14(电枢绕组)。

这时调节器线圈的电流由发电机供给,电路为:发电机定子绕
组 14→硅二极管和元件板 17→电枢接线柱 8→点火开关 6→调节
器火线接线柱 4→加速电阻 R1→调节器线圈和电阻 R3→接铁→
整流端盖 16 和硅二极管→定子绕组 14。

c. 发电机输出电压升至工作电压(14V)左右时,调节器线圈
电流增大,电磁吸力加强,克服了活动触点臂弹簧 18 的拉力,使触
点 I 分开,在磁场线圈电路中串入电阻 R1 和 R 2,使励磁电流减

小,发电机输出电压下降。当发电机输出电压降低后,通过调节器线圈的电流减少,电磁力减弱,触点Ⅰ在弹簧18的弹簧力作用下又闭合,电阻R1及R2被短路,使励磁电流增加,发电机输出电压升高。到达调节器工作电压后,触点Ⅰ又被拉开,重复上述过程。如此不断循环,保持发电机电压基本稳定。

d. 当发电机转速更高时,调节器的附加电阻R1和R2不足以调节,发电机输出电压超过调节值,使调节器线圈电磁吸力加大,触点Ⅱ闭合。此时,原通过励磁绕组的电流因触点Ⅱ接铁而被短路(这条电路改为:电枢接线柱8→点火开关6→调节器火线接线柱4→附加电阻R1、R2→支架→触点Ⅱ接铁→整流端盖16及硅二极管→定子绕组14)。这时发电机靠剩磁发电,电压瞬时急剧下降,调节器线圈电磁吸力大大减小,活动触点臂在弹簧18的拉力作用下,使触点Ⅱ断开。励磁线圈重新励磁,发电机电压又升高,如此不断循环,使发电机电压平均值保持基本稳定。但由于触点Ⅰ和触点工作时,其弹簧力及活动触点臂与铁心间的空气间隙不同,所以,触点Ⅱ工作时,发电机维持的平均电压略高。

当发电机电压低于蓄电池电动势时,用电设备由蓄电池供电。其电路为:蓄电池正极→用电设备7→接铁→蓄电池负极。当发电机电压高于蓄电池电动势时,用电部分由发电机供电,并给蓄电池充电。电路为:发电机电枢接线柱8→用电设备7和蓄电池→接铁→发电机整流端盖16→定子绕组14。

机电式调节器虽有调节直观、易于掌握等优点,但存在触点振动频率慢、调节电压精度不高、触点冒火花、使用寿命短,并易产生对无线电干扰的电波等缺点。另外,靠螺钉调节弹簧的预紧力,常在行车中因振动使调节螺钉松动,因而电压调节可靠性差。因为1978年后,国外大多数汽车厂不再使用机电式调节器。

(2)电子调节器。电子调节器是以稳压管为感受元件,利用发电机端电压的变化控制晶体管的导通与截止,来调节发电机的励磁电流,达到自动稳定发电机端电压的目的。这种调节器由固体电路执行调节任务，没有运动的零件，因而每秒最多能调节700多次，调节精度大大提高。电子调节器按其电子元件集成化程度和控制方式，又分为晶体管式和集成电路式。

a. 晶体管调节器。晶体管调节器的基本电路如图6-10所示。其中，V2是大功率管，用来接通或断开发电机的励磁回路；V1是小功率管，用来放大输入信号；V3是稳压管，用来感受变化的发电机电压信号。电阻R1和R2组成一分压器，R1两端的电压$U_{AB}=U_{AC}R1/(R1+R2)$，在发电机电压U_{AC}达到规定的调节值时，应正好等于稳压管的反向击穿电压。R3为V1集电极负载电阻，同时也是V2的偏流电阻。

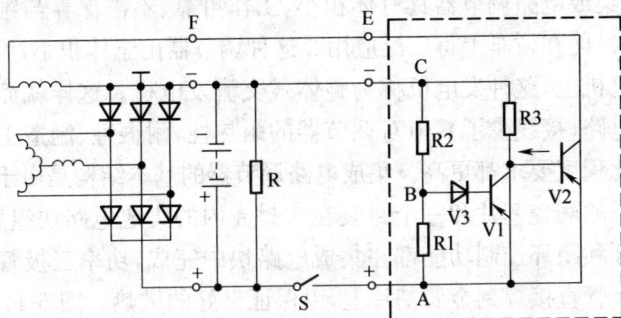

图6-10　晶体管调节器的基本电路

当点火开关SW闭合时，蓄电池电压加到分压器的A、C两端，其分压U_{AB}通过V1管的发射结(e_1-b_1)加到稳压管V3上，使这承受反向电压。由于蓄电池电压小于电压调节值，所以U_{AB}之值也小于稳压管的击穿电压，V3处于截止状态。V2管因发射结处于较高的正向电压下而饱和导通，于是接通了发电机的励磁回路。其电路为：蓄电池正极→点火开关SW→调节器"＋"接线柱→三极管$V2(e_2-c_2)$→调节器"F"接线柱→发电机"F"接线柱→励磁绕组→搭铁→蓄电池负极。

发电机转动后，当电压值高于调节值时，R1上的U_{AB}便达到了稳压管V3的反向击穿电压，V3导通。于是R1两端的U_{AB}就立即加到 V1 管的发射极和基极之间，使 V1 管的基极电流 I_{b1} 突然加大，V1 管饱和导通，于是 V2 管立即由导通状态转化为截止状态，切断了发电机励磁回路，使电压急剧下降。当端电压下降到稍低于调节值时，V3 又由击穿状态恢复到截止状态，随之，V1 也由导通状态转化为截止状态，而 V2 管则由截止状态转化为导通状态。如此反复，发电机的端电压便可维护在规定的调节值范围内。

　　b. 集成电路调节器。集成电路调节器的组成和工作原理与晶体管电压调节器大同小异，但电路中所有的元件都组合在同一半导体基片上，形成一个独立的、不可分割的电子电路（集成电路）。集成电路调节器具有体积小、工作可靠、不需保养与维护等优点，目前在轿车上得广泛应用。这种调节器由于体积小，可安装在发电机上，这种发电机称为整体式交流发电机。这样就简化了电源电路（接线少了），但对调节器的耐热性、耐振性、制造工艺及集成化程度要求都更高。集成电路调节器的基本结构是由于有保护电阻的陶瓷基片和一个封装在密封壳内的集成电路块组成，它的开环和闭环控制功能都在集成电路块中完成，功率三极管和续流二极管直接焊到金属基片上，以保证良好的散热。图 6-11 所示是装有集成电路调节器的整体式交流发电机的电路原理，桑塔纳、帕萨特轿车及微型轿车等均采用这种整体式交流发电机。图上的磁场整流二极管、中性点整流二极管、充电指示灯等的作用在后面叙述。

　　(3)计算机控制的调节器。20 世纪 80 年代中期以后生产的许多轿车，其调节器功能已并入管理发动机或车身的计算机中。其发电机电枢线圈采用"△"接法，调节电压的工作原理与集成式电压调节器相同，但因由计算机控制而取消了单独设置的电压调节器。逻辑组件根据发电机输出电压和蓄电池温度来判断电压是否要调节，并通过逻辑组件中一个开关晶体管占空比（脉冲导通时间占脉冲周期的百分比）的变化，控制发电机励磁通与断的时间比

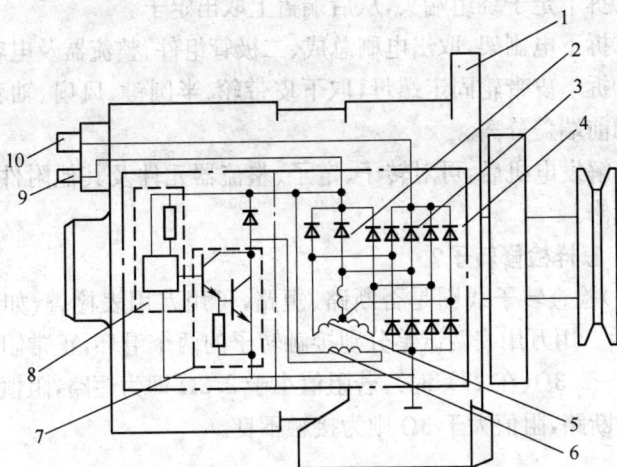

图 6-11 整体式交流发电机电路原理图
1. 交流发电机 2. 磁场整流二极管 3. 输出整流二极管
4. 中性点整流二极管 5. 定子绕组 6. 励磁绕组 7. 集成电路电压调节器
8. 电压调节器的传感器 9. 充电指示灯接线柱 10. 输出接线柱

例,实现对输出电压的调节。励磁电流从磁场接线柱 F1 进入,经电刷、滑环、励磁绕组,到另一滑环、电刷到磁场接线柱 F2,进入计算机内。励磁电流通过含开关晶体的搭铁回路进行调节。

8. 怎样检修发电机?

为保证发电机的正常工作,要经常检查电刷的长度和 V 型皮带的张紧度及损坏程度。检修发电机时,不必拆开前、后端盖,仅需拆下尼龙防护罩,便可更换电刷等易损件,并对整流元件、电容、调节器等零部件进行检查和必要的测试。这样,可以保证发电机前、后端盖上口和轴承的配合精度,避免由于多次拆装所造成的变形。

发电机的分解,可按如下步骤进行:

①拆下前、后端盖连接螺栓,使前端盖、传动皮带轮及转子和后端盖、整流调压件、电刷及定子分离。

②拆下定子绕组端头,从后端盖上取出定子。

③拆下电刷架,取出电刷总成、二极管组件、整流器及电容器。

④拆下皮带轮固定螺母,取下皮带轮、半圆键、风扇、轴套,使转子和前端盖分离。

分解发电机后,可对转子、定子、整流器元件及其他附件分别进行检修。

9. 怎样检修转子?

(1)检查转子线圈是否断路、短路,可用万用表检查,如图6-12所示。用万用表两试笔分别接触转子的两个滑环,正常阻值应为2.2～2.3Ω(在27℃时),若阻值小于2.2Ω即为短路,阻值无穷大即为断路,阻值大于3Ω则为接触不良。

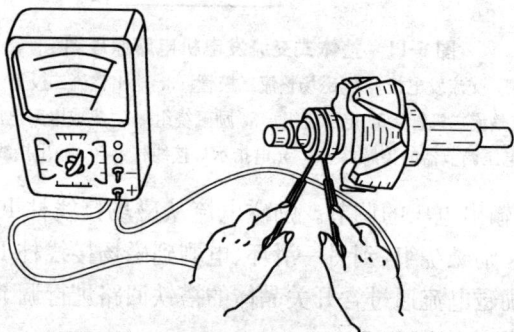

图6-12　检查转子线圈是否断路、短路

(2)用万用表两试笔分别接触滑环之一,阻值应无穷大,否则线圈或滑环有搭铁故障,如图6-13所示。

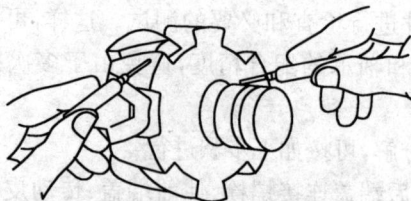

图6-13　检查转子线圈是否搭铁

(3)目测检查转子表面及轴承有无损伤。对于有故障的转子，有条件则修复，否则应及时更换。

10. 怎样检修定子？

(1)用万用表两试笔分别接定子铁心和三相绕组端头之一，阻值应为无穷大，若阻值过小，则绕组有搭铁故障，如图 6-14 所示。

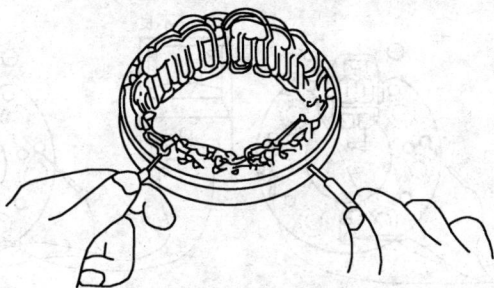

图 6-14　检查定子线圈是否搭铁

(2)用万用表两试笔分别接绕组两端，电阻值应近似为零，若阻值大，则说明有断路或中性点焊接不良，如图 6-15 所示。应检修或换新件。

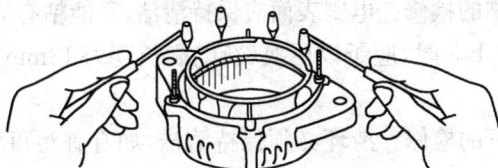

连续

图 6-15　检查定子线圈是否断路

(3)检查定子表面和导线表面有无伤痕，导线表面不允许有擦伤、绝缘漆剥落等现象。

11. 怎样检修整流器？

(1)用万用表电阻挡，将两试笔分别触及绝缘散热片和三个绕组接头之一，记录电阻值，交换两试笔，阻值相差较大。其余两个绕组按上述方法测试，应有相同结果。若交换试笔后测量电阻值相同或相差很小,则应更换整流器。

(2)检查励磁二极管,用万用表的欧姆挡,两试笔分别接到线"1"和任一绕组接头,如图 6-16 所示。记录阻值,然后两试笔互换,两次读数相差很大,再检查另外两接头与引线"1"之间的电阻,应有相同的结果。否则应更换励磁二极管总成。

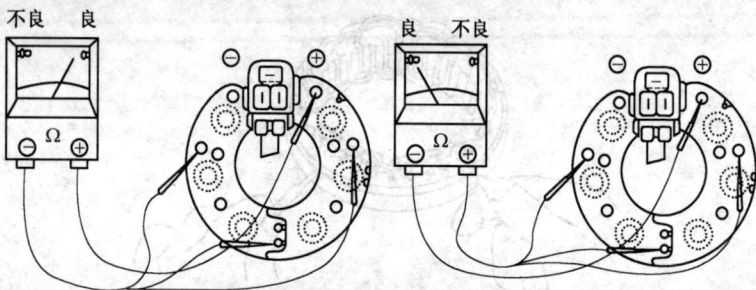

图 6-16　二极管的检查

(3)检查桥式整流器,桥式整流器由 6 个二极管组成一体,任一失效,均应更换桥式整流管总成。

12. 怎样检修其他附件?

(1)电刷的检修。电刷表面应保持清洁,不能粘有油污。当电刷磨损超过 1/3 时,应予以更换(新电刷长度为 13mm,使用限度为 5mm)。

(2)滑环的检修。滑环必须保持清洁,如有脏污可转动转子,用细砂布将滑环抛光;如滑环表面粗糙或失圆,可在车床上修复,其最大偏摆不超过 0.05mm。

13. 怎样空载试验发电机?

装复后的发电机应进行空载发电试验,空载试验所用仪表及接线方法,如图 6-17 所示。

试验时应先用蓄电池对发电机进行励磁,其方法是:当发电机转速提高时,闭合一下开关 S1 然后打开。将发电机转速提高到 3000r/min,调节可变电阻的阻值,使发电机发出 30A、45A、60A

的电流,此时电压表上的读数应介于 12.5～14.5V 之间。如读数有误差,应检查调节器或发电机。

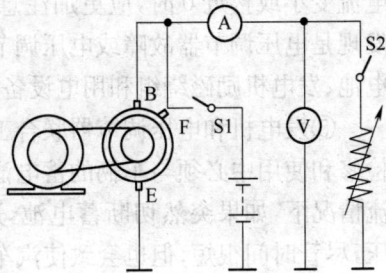

图 6-17　发电机空载试验

14. 为什么发电机不充电?

(1)故障现象。发电机在任何转速下运转时,充电指示灯均亮,蓄电池很快出现亏电现象。

(2)故障原因。

①发电机皮带过松或严重打滑,动力无法正常地向发电机输送,造成发电机运转不良,因此无法正常发电。

②电机"电枢"或"磁场"接柱松脱、过脏,绝缘损坏或导线连接不良,致使电流无法向蓄电池输送。

③发电机内部故障:滑环绝缘击穿,定子或转子线圈短路,电刷在电刷架内卡滞,整流器损坏等。

④充电指示灯接线搭铁。

(3)故障诊断与排除。帕萨特发电机输出的电流是由定子产生,靠功率二极管整流,所以在维修时必须注意以下几个方面:

①不允许用导线使发电机的输出与外壳搭铁试火。否则,因瞬时大电流或感应所产生的高压电动势使功率二极管击穿或烧毁而发生故障。

②不允许用导线搭接两接线柱试验。否则,发电机电压会立即升高,使电压调节器损坏而发生故障。

③必须注意发电机的搭铁极性,绝不允许接反。如果发电机与蓄电池的极性接反,将造成功率二极管正向导通而有大电流通过将其烧毁。因此,更换蓄电池时,要求极性接法必须正确。

④交流发电机向蓄电池充电的电流强、速度快。当发现充电

电流变小或接近 0 时,应更加注意判断充电部件是否有故障。如发现是电压调节器故障或电压调节过高,应及早维修,以免造成蓄电池、发电机励磁绕组和用电设备早期损坏。

⑤发电机和电压调节器联合工作时,输出电压是稳定的,但在检修和使用中必须与车辆的蓄电池并联使用。在发电机输出大电流情况下,如果突然切断蓄电池,这时将产生一个很高的峰值电压,尽管时间很短,但也会致使汽车上其他电子元件的损坏。所以在检修和使用中应特别注意无论在任何情况下,发电机工作时都不可切断蓄电池。

⑥检查发电机皮带是否过松或存在严重打滑现象。皮带过松应按规定重新调整;如果沾有油污造成打滑,应清洗皮带轮并更换皮带。

a. 检查 V 带(锲形皮带):在拆卸 V 带之前,应标明 V 带的转动方向,在安装时,注意正确的运行方向。如果从相反的运行方向安装 V 带,将会导致 V 带的损坏。

如果确定 V 带已损坏,就必须立即替换皮带,以避免故障发生或使功能受到影响。

b. 检查 V 带:如果确定锲形传动带已损坏,就必须立即替换 V 带,以避免故障发生或使功能受到影响。

c. 拆卸和安装锲形传动带:

一是准备所需的专用工具,检查和测试仪器及做好辅助工作。

二是拆卸锲形传动带:把紧锁支座置于维护位置;使用 15mm 扳手,在固定螺栓(夹紧螺栓,左旋螺钉)上按图箭头所示方向旋转紧轮,如图 6-18 所示,拆卸锲形传动带。

三是安装锲形传动带:把锲形传动带放在曲轴皮带轮、冷却液泵、动力转向的叶片泵、冷却风扇的带轮和张紧轮上;放好锲形传动带,使用 15mm 的扳手,在固定螺栓(左旋螺钉)上按与拆卸相反的方向旋转紧带轮。在工作完成之后,起动发动机,并且检查传动带转动行情况。

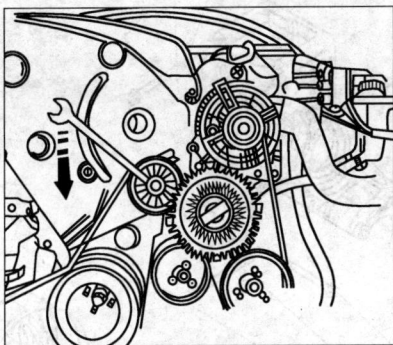

图 6-18　旋松张紧轮固定螺栓

　　四是替换发电机上的锲形传动带:为了拧松或紧固三相交流发电机上的锲形带轮,需要特种工具套筒3310,如图6-19所示,锲形带轮紧固螺母的起动转矩为(65+5)N·m。

　　⑦检查各连接线连接是否正确、牢固,有无断路或短路现象,不符合要求时应重新连接好。

　　⑧上述检查符合要求时,表明故障在发电机内部,应检查电刷是否在电刷架内卡滞或与滑环接触不良,新的电刷长度应为12~13mm,磨损极限为5mm;拆下调节器测量发电机及调节器各接柱间的电阻值,检查发电机及转子绕组、整流元件是否断路、短路或搭铁等,并视情况予以修复。

　　(4)发电机修复后,应进行装配与试验。

　　①组装注意事项:发电机的装配可按解体的相反顺序进行,在装配过程中应注意以下事项:

　　a. 各绝缘衬套及绝缘垫圈不得漏装。

　　b. 发电机前、后端盖及定子铁心应按装配标记对正装合。

　　c. 各螺栓应按规定转矩拧紧。

　　d. 装合后,转子在定子内应转动灵活自如,无碰擦现象。否则应拧松前、后端盖紧固螺栓,边转动转子,边用木质器具轻轻敲

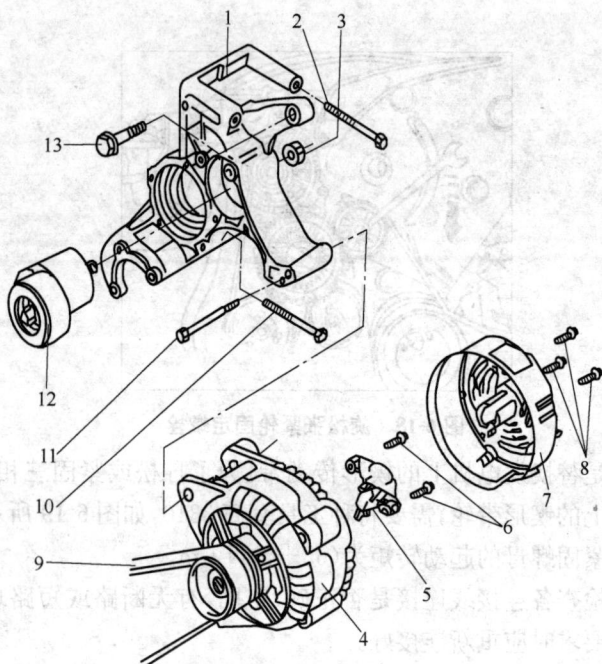

图 6-19　帕萨特轿车发电机的结构
1. 支架　2. 六角螺钉(M8×90mm，拧紧力矩为 25N·m)
3. 六角螺钉(拧紧力矩为 30N·m)　4. 三相交流发电机　5. 电压调节器
6. 带有十字槽头圆顶螺钉　7. 保护罩　8. 六角螺钉(M3×18mm)
9. 锲形传动带　10、11. 六角螺钉(M8×850mm，拧紧力矩为 25N·m)
12. 张紧轮　13. 六角螺钉(拧紧力矩为 25N·m)

击发电机端盖边缘，直至转子转动灵活时，再将紧固螺栓均匀拧紧。

e. 硅整流发电机的所有接线必须连接正确，并谨防各接头搭铁；蓄电池必须负极搭铁；各线路接好之前，最好不要转动发电机，以防烧坏二极管、熔断丝及线路。

f. 发电机装车后，应检查其传动皮带张力。用拇指以 39～49N 的力按压皮带时，皮带的挠度应为 8～12mm。否则应将木棒放在发电机前盖处撬动调整,直至符合要求(不得在后盖处撬动,以防后盖变形损坏元件),调好后将紧固螺栓锁紧。

②发电机的性能检验:发电机组装完毕后,应进行技术性能检验。

a. 在试验台上检验:发电机的性能检验最好在试验台上进行。

空载检验:先将开关K1闭合由蓄电池对发电机进行激磁,并起动调整电机,然后断开开关K1,并逐渐提高发电机的转速。当电压表指示的电压值达到12.5～14.5V时,发电机的转速应不大于1050r/min,否则应查明故障原因予以排除。

满载检验:发电机空载检验符合要求后,再进行满载检验。即接通开关K2,逐渐提高发电机转速并减小负载电阻值。当电压达到12.5～14.5V,输出电流达到104A时,发电机转速应不超过6000r/min,否则应查明故障原因予以排除。

b. 就车检验:无专用检验台时,可对发电机进行就车检验。检验时,调好发电机皮带张力,拆除发电机各接线柱上的导线,并另用一根导线连接发电机的"电枢"和"磁场"接柱。将万用表拨至直流电压挡(0～50V),将其"＋"测试棒接发电机"电枢"接柱;"－"测试棒接外壳(搭铁)。然后起动发动机,并把从发动机"电枢"接柱上拆下的那根火线碰一下"磁场"接柱,即对发电机进行励磁,几秒钟后移开,再缓慢提高发动机转速,观察电压表指示的电压值。若电压随发动机转速的升高逐渐增大,说明发电机状况良好;电压表指针不动,表明发电机不发电,应查明原因予以排除。

无万用表或电压表时,可用一只小试灯代替。试灯亮,说明发电机发电;试灯不亮,表明发电机不发电。

发电机运转时,严禁将其"电枢"接柱搭铁试火检查是否发电,以防烧坏二极管、熔断丝及线路。

15. 为什么发电机充电电流过小?

(1)故障现象。发动机中速及中速以上运转时,充电指示灯方能熄灭,打开前照灯灯光暗淡,按喇叭声音很小。

(2)故障原因。

①发电机皮带过松或打滑。动力无法正常地向发电机输送,造成发电机运转不良,因此无法正常发电。

②充电线路接触不良。致使电流无法向蓄电池输送。

③发电机内部故障:电刷磨损过甚,电刷也滑环接触不良;个别二极管断路;定子绕组某相连接不良、短路或断路;转子绕组短路。

④电压调节器工作不良等。

(3)故障的诊断与排除。

①检查并调整发电机皮带松紧度,皮带磨损严重应予以更换。三角皮带(锲形传动带)。

②检修充电线路,保证其连接可靠。

③检查电刷磨损是否过甚,弹簧弹力是否过小,并视具体情况更换;滑环脏污应清理干净;用万用表检查定子、转子绕组及整流元件,损坏时应予更换。

④检查并视情况更换电压调节器。

16. 为什么发电机充电电流过大?

(1)故障现象。车辆在使用过程中,前照灯特别亮,易烧坏灯泡,蓄电池电解液消耗过快,发电机及点火线圈容易过热。

(2)故障原因。这种故障,一般是由电压调节器损坏、发电机转子线圈搭铁所致。

(3)故障的诊断与排除。用万用表检查发电机输出电压,电压过高时,应检查磁场(转子)线圈是否搭铁。线圈良好时,应更换电压调节器。

17. 为什么充电指示灯不亮?

(1)故障现象。接通点火开关后,充电指示灯不亮或暗红。

(2)故障原因。

①充电指示灯灯泡烧坏。

②充电指示线路断路或短路。

③点火开关损坏。点火开关损坏后,发电机不能起动,无法充电,充电指示灯就不会发亮。

④转子绕组断路,导致发电机无法发电,从而不能向蓄电池提供电能,无法充电,充电指示灯就不会亮。

⑤电压调节器损坏,使发电机输不出电压或输出电压过低,致使充电指示灯不亮或颜色发暗,这种情况下,是无法充电的。

(3)故障诊断与排除。

1)检查充电指示线路连线有无松脱,并重新连接好松脱部位。维修电路时,应首先搞清楚充电线路的工作原理,并参照充电电路图来进行。图6-20所示为采用励磁二极管控制的充电指示灯电路图。当接通点火开关时,电流经充电指示灯—电压调节器—励磁绕组—搭铁,充电指示灯亮,同时也接通了交流发电机的励磁绕组。

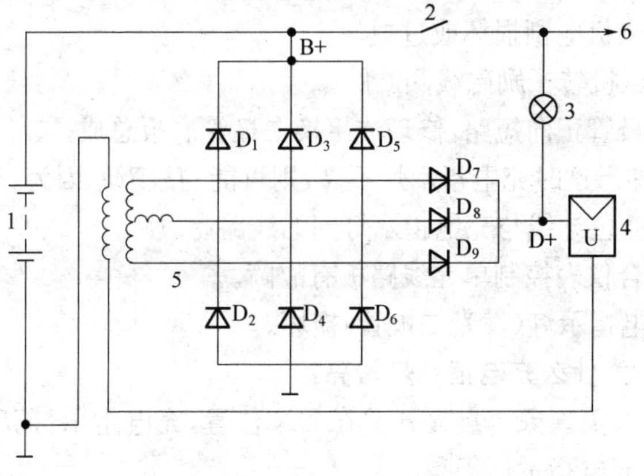

图6-20　采用励磁二极管控制的充电指示灯电路图
1. 蓄电池　2. 点火开关　3. 充电指示灯
4. 电压调节器　5. 交流发电机　6. 至用电设备

当交流发电机正常工作时,交流发电机产生的三相交流电动势经 Dl～D6 6 只二极管组成的三相桥式全波整流电路整流后输出直流电压 U_B+，向蓄电池及其他用电设备供电。此时，交流发电机的磁场电流则是由二极管 Dz、D4、D6 和 3 只励磁二极管 D7、D8、D9 组成的三相桥式全波整流电路整流后输出的 U_D+供给。由于 U 和 U_D+相等，因此没有电流流过充电指示灯，所以充电指示灯也灭。这种交流发电机初始励磁为他励，在交流发电机正常工作时属自励。

2)接通点火开关，用试灯逐段进行检查：试灯一端搭铁；另一端接点火开关输入端。试灯不亮表明点火开关输入端之前断路或短路，试灯亮表示该段正常。再将试灯接点火开关输出端，灯不亮表明点火开关损坏；灯亮时，说明点火开关正常，此时，对照线路图，找出发电机端子+D 蓝色导线插接器 T1 并断开，将不通往发电机一端的蓝色导线搭铁，此时有两种情况：

①如果这时充电指示灯亮，则可能的故障原因有：

a. 往发电机一端的蓝色导线与发电机端子 D+间接触不良。

b. 电机电刷损坏或过短。

c. 电机转子励磁线圈断路。

d. 极管正向短路，修理或更换二极管底板总成。

②如果这时充电指示灯不亮，则可能的故障原因为：

a. 蓝色导线与充电指示灯间的线路有故障。

b. 合仪表控制单元线路板有故障。

c. 电指示灯(发光二极管)损坏。

18. 为什么充电指示灯常亮？

(1)故障现象。点火开关在 ON 位置，充电指示灯亮，起动发动机后，充电指示灯仍亮。

(2)故障原因。分析与检测在排除此故障前，必须首先检查发电机传动带的张力，检查发电机上的导线是否固定牢固。当经上述检查正常时，方可做下一步检查。拔下蓝色导线的插接器 T1，此时有两种情况：

①如果充电指示灯仍高,则可能的故障原因是:不通往电机一端的蓝色导线有短路现象;组合仪表控制单元有故障。

②如果充电指示灯不亮,则可能的故障原因是:通往发电机一端的蓝色导线短路;交流发电机定子绕组短路或断路;整流二极管或励磁二极管损坏;调节器有故障。

(3)故障排除方法。根据以上不同故障,可做以下相应处理:

1)排除线路的短路现象,将导线接好。

2)检查组合仪表控制单元,必要时更换。组合仪表的拆卸和安装方法如下:

①拆卸组合仪表:

a. 拆卸驾驶员侧的安全气囊装置。

b. 松开六角螺栓 2,如图 6-21 所示。

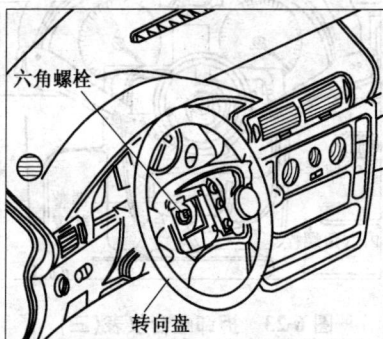

图 6-21　拆卸组合仪表(一)

c. 把转向盘放置在中间位置上(车轮放正)。

d. 从转向柱中拔出转向盘。

e. 把两个十字槽头螺钉拧开,如图 6-22 所示箭头,拆除转向柱开关的上罩盖。

f. 把四个十字槽头螺钉拧开,如图 6-23 所示箭头,把内六角螺栓拧开,拆开转向盘的高度调整装置,拆除转向柱开关的下罩盖。

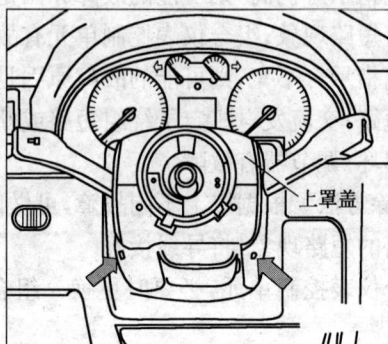

图 6-22　拆卸组合仪表(二)

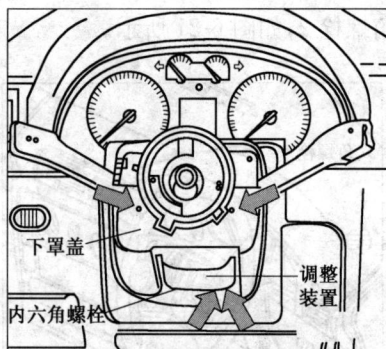

图 6-23　拆卸组合仪表(三)

　　g. 拧松内六角螺栓,从转向柱开关中拔出插头,如图 6-24 所示箭头,拆除转向柱开关。

　　h. 如图 6-25 所示,拉出罩盖,拧开螺钉 1 和 2,从车门压板上夹出和拆除下面的驾驶员侧面 A 柱的面板。

　　i. 夹出罩盖 1,拧出螺钉,如 6-26 所示箭头,拆除驾驶员的杂物箱 2,脱开前照灯开关 3 的插头连接和照明范围调节器 4 的插头连接。

　　j. 向上移动护板,并且将辅助工具(例如:螺栓扳手手柄)夹

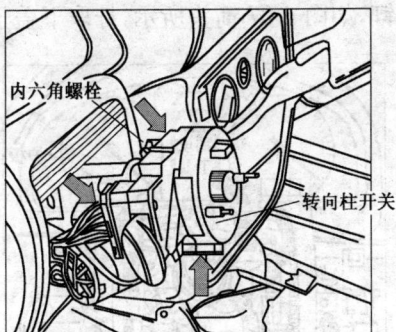

图 6-24　拆卸组合仪表(四)

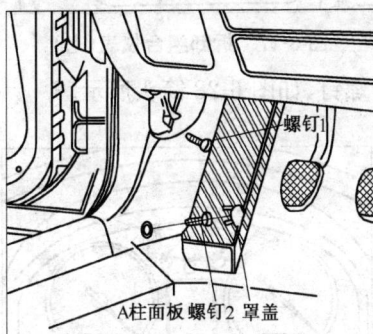

图 6-25　拆卸组合仪表(五)

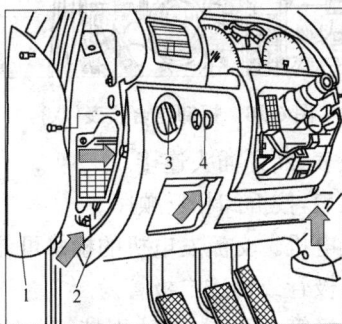

图 6-26　拆卸组合仪表(六)

紧,拆下四个螺钉,如图 6-27 箭头所示,拧取下盖子。

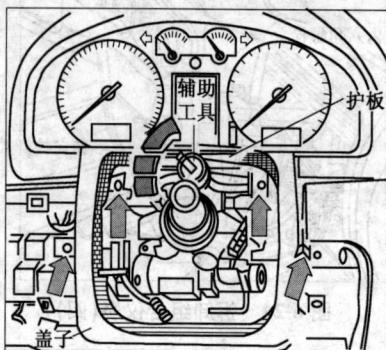

图 6-27　拆卸组合仪表(七)

k. 拧开两个螺钉,如图 6-28 箭头所示。

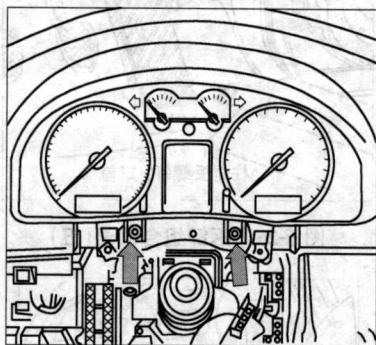

图 6-28　拆卸组合仪表(八)

l. 取下组合仪表,断开插头连接。

②安装组合仪表,按拆卸相反顺序。

3)检修交流发电机。交流发电机的检修可参照有关内容。

4)检修整流二极管或励磁二极管。

①检查激磁二极管,用万表的欧姆挡,两针分别接到线"I"和任一绕组接头,如图 6-16 所示。记录阻值,然后两针互换,两次读

数应相差很大。再检查另外两接头与引线"I"之间的电阻,应有相同的结果。否则应更换二极管总成。

②检查桥式的整流器,桥式的整流器由6个二极管组成一体,任一失效,均应更换总成。

③用万用表电阻挡,将触针分别触及绝缘散热片和三个绕阻接头之一,记录电阻值,交换两表针,阻值相差较大。其余两个绕阻按上述方法测试,应有相同结果。若交换表针测量电阻值相同或相差很小,则应更换整流器件。

5)检修调节器。参见图6-20。调节器的好坏可用蓄电池和直流试灯来检查。接12V蓄电池时,试灯应亮,接16-18V的蓄电池,试灯应不亮。若电压变化前后,试灯均亮或均不亮,应更换调节器。

19. 发电机为什么有异响?

发电机在长期使用中,由于电枢轴承严重磨损,或配合件之间的严重松旷,都会发出异响。此外,皮带磨损或过松,运转时皮带晃动或打滑,转子铁心与定子铁心相碰,电刷在滑环上的跳动等,也会发出异常声响。出现上述情况时,应对发电机进行检修,调整或更换发电机皮带,更换轴承、电刷。以维护发电机正常工作。

20. 发电机与调节器有哪些结构特点?

桑塔纳轿车采用硅整流交流发电机与集成电路电压调节器,其结构特点如下:

(1)整流器、调节器和电刷均采用外装式,不用打开发电机的前后端盖便可对其进行维护和修理。

(2)转子滑环装在后端盖内,有利于防油污和水,使电刷的工作环境得到改善,不仅拆装方便,而且提高了工作可靠性。

(3)转子采用双面密封轴承,增加了油封工作可靠性和耐用性。

(4)定子绕组采用波绕法,减小了电机铁心端面的高次谐波,提高了定子的质量。

(5)发电机输出端装有滤波电容器,减小了对无线电波的干扰,从而使输出波形更为平稳。

(6)转动件采用动平衡工艺,特别是爪形转子,每件都经过平衡校正,提高了轴承和电机寿命。

(7)某些重要零件采用工程塑料制作,提高了电机的绝缘性能。

(8)采用11管整流制,在三相绕组的中性点和输出端以及接地端之间分别接1个二极管,使发电机的三次谐波在中性点叠加,从而增加了发电机的输出功率。发电机整流电路如图6-1a所示。其中有3个功率较小的激磁二极管和6个整流二极管组成一个三相整流电路,专对磁场和调节器供电,电路图如图6-1b所示。

(9)采用全集成电路电压调节器,并和发电机电刷架连成一体,提高了工作可靠性。

(10)冷却风扇采用了不等分结构,可降低高速运转时的噪声。

21. 怎样维护发电机和调节器?

(1)定期维护发电机。维护时不必拆开前、后端盖,仅需拆下尼龙防护罩便可更换电刷等易损件,并对整流元件、电容、调节器等零部件进行检查和必要的测试。这样可以保证发电机后端盖口和轴承室的精度,避免由于过多拆装造成变形,从而保证发电机装配的完好性。

(2)蓄电池的搭铁极性必须与交流发电机的极性相一致,都是负极搭铁。否则,蓄电池将通过发电机的硅二极管大量放电,烧坏二极管。

(3)发电机运转时,禁止将发动机电枢与搭铁接柱短路,检查发电机是否发电。否则,会使二极管烧坏,或烧坏熔断丝及线路。

(4)蓄电池正极(+)和发电机正极(+)之间线路的连接要牢固可靠。在发电机高速运转时,如果充电线路突然断开,会出现电压过高击穿二极管或损坏其他电子元件。

(5)经常检查发电机V带的张紧度和损坏程度。发电机的动力是由发电机通过 V 带传递的。当 V 带工作不正常时,会影响发电机正常工作,使用中听到 V 带发出啸叫声时,应对 V 带进行检查。检查张紧度的方法是用拇指将 V 带下压,V 带挠度在 2~5mm(1.6L 发动机为 10~15mm)为正常,如不符合要求应进行调整。一旦发现有损坏迹象,要及时更换。

22. 怎样检测硅整流发电机?

(1)检查转子线圈。首先检查转子线圈有无烧焦、松动现象。然后测量转子线圈的直流电阻,标准电阻应为 4~5Ω,见图 6-12。如果所测量的转子线圈阻值大于或小于标准值,说明转子线圈已经损坏。应重新绕制或换新的转子线圈。

(2)检查转子线圈是否与铁心短路或漏电。方法是将万用表置于 R×1k 挡,一只表笔接触滑环,另一只表笔接触磁爪或发电机轴,正常情况是万用表的的表针不动,即电阻值为无穷大,否则,说明转子线圈漏电,应进行更换。

(3)检查定子线圈。首先应检查线圈有无烧焦、引线有无断线等情况,然后检查定子线圈有无线路和线圈与定子铁心漏电等现象。如果线圈与定子铁心相碰,应更换定子。

(4)检查电刷。主要检查电刷连接线是否有接触不良或断线的地方。如果有这类毛病,应更换新品。再就是测量电刷的长度,电刷长度标准值是 16.5mm,使用极限值为 11.00mm,电刷长度过短时,应更换。

(5)检查硅二极管。将万用表置于 R×1 挡。把万用表的红表笔接在发电机"B"接线柱上,黑表笔接在发电机"N"接线上时,万用表的指示值为无穷大,说明六只二极管都是好的。

当把发电机解体后,测量每只二极管的正反向电阻时,正向电阻约为 9~10Ω,反向电阻应为无穷大,说明二极管是好的。否则,表明二极管已损坏。

(6)硅整流发电机的性能测试。硅整流发电机的性能测试是指发电机的转速为 3000~4000r/min,输出电压为 13.3~14.3V,

发电机的输出电流不少于 20A。否则，说明发电机性能不良或有故障。

测试时可以在万能试验台上进行，也可以在车上进行。

23. 怎样组装硅整流发电机？

组装硅整流发电机的步骤与拆卸时正好相反，即后拆的先装，先拆的后装。具体方法如下：

(1)装复前应检查轴承是否缺油，如果缺油，应添加符合要求的润滑脂(如钙钠基润滑油，不能用钙基润滑脂)。添油量不宜过多，以添入轴承孔的三分之二为合适，如果轴承里的润滑脂过多，容易溢出，溅在滑环上，易造成电刷接触不良的故障。

(2)将定子与后端盖装合时，先将电刷和弹簧装入电刷架内，用直径 1mm 左右的钢丝插入后端盖和电刷架的小孔中挡住电刷，如果不按上述要求插入钢丝时，当将转子装入定子中时，滑环极易撞断电刷。

(3)将转子装入后端盖上。

(4)将前端盖装入转子轴上。

(5)将前后端盖螺孔对齐，并拧上对销螺栓。

(6)抽出细钢丝。

24. 发电机调节器的作用是什么？

过去轿车上使用的直流发电机必须和三联调节器(电压、限流、反流截止三个调节器)配合使用才能正常工作，硅整流交流发电机则只需和电压调节器配合即可。因为整流二极管可防止低速时因发电机电压低蓄电池电流流向定子绕组，起到了反流截止的作用，而交流发电机自身可以限制自己的电流输出。自身限流，是由于定子绕组感应生成的交变电流使其磁场总是变化，随着磁场的变化而感生的对抗电流，即交流发电机的感抗起到了限流的作用。但是交流发电机不能限制电压，因为发电机的电压与发电机转子的转速和每极的磁通成正比。汽车上的发电机是由发动机按固定的传动比驱动的，汽车行驶中，发动机的转速经常在变，因而发电机的转速也经常变,若磁通固定,则发电机的电压随着转速的变化而变化,如不加以调节,按汽车用交流发电机的结构参数计算,能发出 250V 左右的电压,比蓄电池和用电设备的额定电压大 10～20 倍,这是不允许的。因此,发电机必须配有电压调节器,以便当发电机转速升高时,自动调节电压,使电压保持在一定范围内。

调节电压的方法是调节流过转子线圈的励磁电流,励磁电流越大,磁场越强,同样转速下,发电机电压就高。因此,当转速升高,发电机电压超过额定值时,可以通过减小励磁电流的办法使电压维持稳定。电压调节器(以下简称调节器)有两种类型:机电式调节器与电子式调节器。由计算机管理的新型汽车调节器,其工作原理与电子式调节器基本相同。

25. 怎样检查交流发电机调节器是否良好?

(1)接 12V 蓄电池时,试灯应亮,接 16～18V 蓄电池时,试灯应不亮。

(2)若电压变化前后,试灯均亮或均不亮,应更换调节器。

26. 怎样检查调整调节器?

调节器的性能参数应限额电压 13.8～14.8V,电压继电器工作电压 4～5.8V。

当汽车行驶 50000km 左右时,应对调节器进行较详细的检查。

首先应检查调节器的连接电路有无接触不良、锈蚀、断线等故障。然后,卸下调节器并取下外壳,详细观察调节器的各触点有无烧蚀,中心是否偏斜等现象。

(1)电压继电器触点间隙和铁心间隙的检查调整。

电压继电器的触点间隙正常时约为 0.4mm,铁心间隙约为 0.6mm。检查触点或铁心间隙必须用塞尺来进行。

当电压继电器的触点间隙不符合要求,应进行调整,使其与规定值相同。当铁心间隙过大或过小,用尖嘴钳扳动整臂使其与规定值相同。

(2)电压调节器触点间隙和铁心间隙的检查调整。电压调节器触点间隙正常值约为 0.5mm,铁心间隙约为 1.1mm。同样测量电压调节器的触点间隙或铁心间隙也必须用塞尺来进行。

(3)检查调节器的限额电压时,用一只电压表或万用表置于 50V 直流电压挡,接在发电机 B 接柱与车体(发电机外壳)之间。使发电机的转速为 2000～3000r/min,看电压表的指示即可。

当限额电压太高或太低时(一般应调为 14.5V),用尖钳弯曲电压调节器的调整臂,使其调为规定值,当调整臂向下扳动时,限额电压变低。反之当调整臂向上扳动时,限额电压升高。

电压继电器的调整,当发电机已经向蓄电池充电后,或发电机没有向蓄电池充电,充电指示灯仍然亮,说明电压继电器调整的不符合要求。此时用尖嘴钳调节电压继电器,使电压继电器的工作符合要求。(通常为 5.5V)。

27. 怎样检查和修理发电机零部件?

(1)电刷表面不能粘有油污,否则应用干布擦净。当电刷磨损超过新品 1/3 时,应更换电刷。新电刷长度为 13mm,使用限度约为 5mm。

(2)电刷应能在电刷架内自由滑动,弹簧折断或锈蚀应更换。电刷架不能有裂纹。

(3)发电机前、后端盖不得有裂纹,若轴承内缺油,应更换轴承,不宜加油后继续使用。

(4)带轮槽内不能有毛刺,以免损伤 V 带。V 带轮轴孔与轴的配合,过盈为 0.01～0.04mm,若松旷,应加工修复。

(5)端盖上的轴承座孔与轴承外径,一般为 0.01～0.02mm 的过盈配合;轴承径与轴径配合的过盈量为 0.01～0.02mm。轴承的轴向间隙应不大于 0.2mm。如超过使用期限,应予以更换。

(6)滑环过脏,可用较细的砂布将其清洁和抛光。转动转子,将砂布压在滑环上,直至清洁为止。滑环表面如粗糙或失圆,应在车床上修整。

28. 怎样调整风扇皮带?

(1)拆装后的发电机在安装时,应同时调整 V 带的张紧度,方法如图 6-29 所示。松掉固定齿条支架和发电机螺栓及螺母 2,用转矩扳手转动张紧螺母使 V 带张紧,拧紧力矩为 9N·m±1 N·m;然后用 35 N·m 的力矩拧紧张紧螺母的紧定螺钉;最后用 35 N·m 的转矩拧紧连接发动机与支架的螺栓,以 20 N·m 的力矩将张紧器装到支架上。

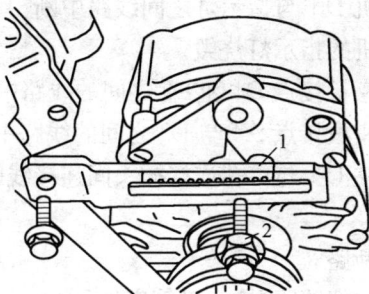

图 6-29　为齿条式发电机的安装与调整(1.8L 发动机)
1. 支架　2. 螺栓及螺母

(2)检查 V 带挠度。用拇指将 V 带压下,新 V 带的挠度约为 2mm,旧 V 带的挠度为 5 mm(1.6L 发动机为 10～15mm),如不符合要求应重新调整。

(3)最后应将连接发电机的电线固定牢固,避免电线脱落引起故障。

29. 充电指示灯是怎样工作的?

桑塔纳、帕萨特轿车仪表盘上只装有一个充电报警灯,它的作用是在发电机发电不良时(对蓄电池充电不良时)提醒司机注意。

指示灯(报警灯)也用来反映当起动发动机时电流由蓄电池流

向发电机转子激磁的情况,直到发电机电压上升,能够自己产生磁场开始充电为止(因指示灯是接在蓄电池与发电机之间的,它们之间一旦有电流通过,充电指示灯就亮)。当发电机开始向蓄电池充电,并且充电电压与蓄电池电压已经相等时(因发电机与蓄电池之间的电位差为零),即没有电压,它们之间的电流消失,充电指示灯也就熄灭。所以当汽车在运行中,发电机或蓄电池有一个发生问题,它们之间就会产生电位差。这个电位差(电压)将使电流经过它们之间点亮报警灯,警告司机情况恶化,必须及时进行维修。

30. 点火开关接通后为什么发电机指示灯不亮?

(1)交流发电机 D+ 与指示灯之间线路中断。

(2)交流发电机的指示灯烧毁。

(3)继电器插座板接点 D4 和 D2 之间的线路中断。

(4)继电器插座板接点 A4 与 D2 之间的线路中断。

(5)发电机接柱 D+ 与单孔连接插头间连接线断路。

(6)电刷磨损。

(7)激磁线圈断路。

(8)二极管正向短路,更换二极管底板。

31. 怎样诊断和排除转速高时发电机指示灯不熄灭的故障?

检查步骤和排除方法如图 6-30 所示。

32. 发动机运转时充电指示灯闪烁的原因是什么?

(1)故障原因:发动机运转时,发电机对蓄电池充电,但充电电流不稳定。充电电流不稳定的原因,是调节器或发电机存在故障,也可能是导线接触不实引起。

(2)检查方法:检查导线各连接处是否牢固可靠,用改锥将发电机上的"电枢"与"磁场"接线柱作瞬间连接。

①这时充电电流稳定,说明故障发生在调节器,应予以更换。

②如这时充电电流仍不稳定,说明滑环失圆,电刷在电刷架内卡住或电刷磨损过甚,弹簧弹力不足,电枢线圈中有断路或电刷与滑环接触部分脏污等,应送往修理厂或请专业修理工

发电机接点 (D+) 与指示灯之间的连线搭铁
①拔下交流发电机上的多孔连接插头
②接通点火装置

指示灯亮　　　　　　　　　　　　　　指示灯不亮

交流发电机或调压器有故障，检查或更换

交流发电机的接点 (D+) 与继电器插座板接点A₄之间的连接搭铁
拔出继电器插座板的多孔连接插座A

指示灯亮　　　　　　　　　　　　　　指示灯不亮

交流发电机与继电器插座之间的蓝色电线
D+ 搭铁，更换线路

继电器插座板与仪表上的多孔连接插头之间的电线 D+搭铁
拔出继电器插座板上的多孔连接插头D，接通点火开关

指示灯亮　　　　　　　　　　　　　　指示灯不亮

继电器插座板搭铁
调换继电器插座板

电线D+ 或仪表盘上的印刷电路搭铁
调换电线或印刷电路

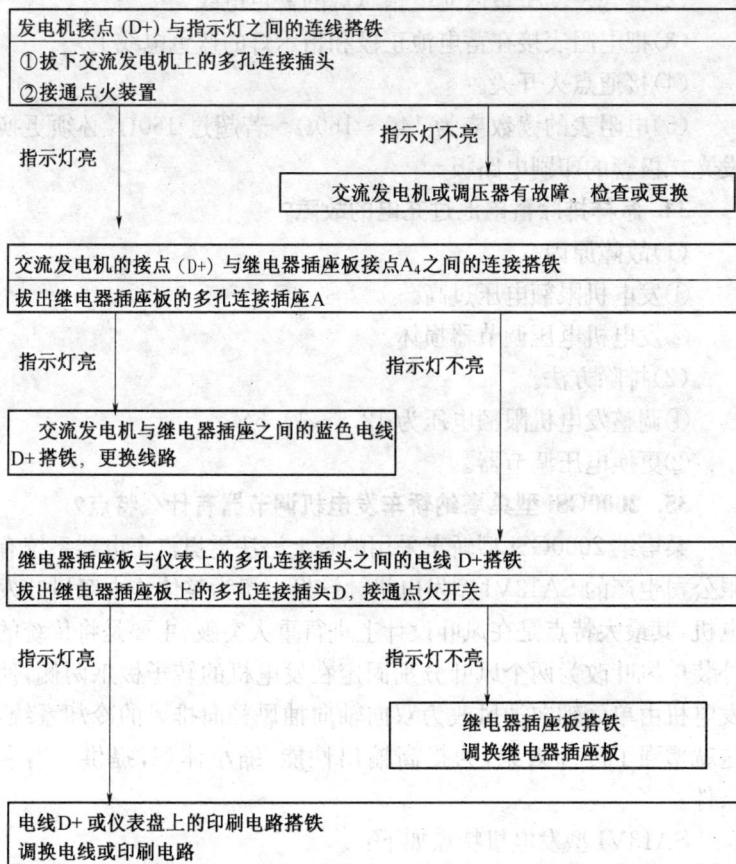

图 6-30　诊断排除转速高时发电机指示灯不熄灭

检修。

33. 怎样诊断和排除充电指示灯亮但蓄电池不能充电的故障？

如果点火开关打开时指示灯亮，关掉时指示灯也随之而灭，但蓄电池却不能充电。此时应检查预激磁电路电阻，其方法与步骤如下：

(1)拆开蓄电池上的搭铁线。

(2)拆开发动机室内充电指示灯的蓝色电线。

(3)把电阻表接在蓄电池正极和指示灯的蓝色电线上。

(4)接通点火开关。

(5)电阻表的读数应为 $140\sim160\Omega$。若超过 160Ω,必须更换发光二极管的印刷电路板。

34. 怎样排除蓄电池过充电的故障?

(1)故障原因。

①发电机限额电压过高。

②发电机电压调节器损坏。

(2)排除方法。

①调整发电机限额电压为 $12.5\sim14.5V$。

②更换电压调节器。

35. 2000GSi 型桑塔纳轿车发电机调节器有什么特点?

桑塔纳 2000GSi 型轿车采用的是上海法雷奥汽车电器系统有限公司生产的 SA13VI 型发电机。该发电机为整体式内双风叶发电机,其最大特点是在风叶设计上进行重大突破,主要是将传统的外装单风叶改为两个风叶分别固定在发电机的转子极爪两侧,使发电机由单面轴向抽风改为双向轴向抽风径向排风的冷却系统,这就增强了冷却效果,为提高输出性能,缩小体积,提供了有利条件。

SA13VI 型发电机特点如下:

(1)能够适应发动机高速运转的需要,排除了轿车在行驶中所产生的振动而造成损坏发电机的可能性。

(2)能够有效地防止水、油类、盐雾、雨淋对换向器的浸入。

(3)采用缩小集电环的外径与选用长寿命的电刷,以提高发电机的使用寿命。

(4)用整流元件组成的整流桥,因此能吸收由于轿车上一些大电感性负载操作中所产生的反向浪涌电压,这对保护线路上的电子元件具有非常重要的作用。

（5）采用了内双风叶结构和其他措施，使发电机噪声降至最低。

36. 怎样正确使用交流发电机？

交流发电机与直流发电机不同，在使用和维修中应特别注意以下几点：

（1）国产 JF 系列的交流发电机为负极搭铁，因此蓄电池也必须是负极搭铁。否则蓄电池的火线触及交流发电机的火线接线柱时，蓄电池就会通过二极管放电而将二极管立即烧坏，如图 6-31 所示。

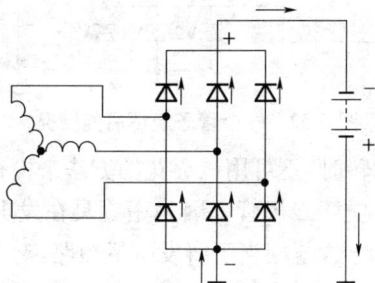

图6-31　蓄电池搭铁极性接错时的情况

（2）发电机停熄时应将点火开关（或电源开关）断开。否则蓄电池电流将长期流经激磁绕组和调节器的磁化线圈，而蓄电池长期放电极易将线圈烧坏。

（3）检查充电系统的故障时，不能用旋具直接将双极式调节器的"磁场"（F）与"点火"（S）两接线柱短接，否则双级式调节器中的高速触点（常开触点）将被烧坏。其原因是，当把双极式调节器上的"磁场"（F）与"点火"（S）短接时，发电机电压会立即升高而使高速触点闭合。同时，当高速触点闭合的瞬间，将因电源短路而使强大的电流流过高速触点，并将其烧坏。

（4）发电机不发电时，应及时加以排除，不可再长期运转。因为如果有一个二极管短路，发电机就不能发电，若继续运转，其他二极管或定子绕组也会烧坏。如图 6-32 所示,如果 V3 被击穿短路,a 相绕组感应产生的电流经 V1 后,通过 V3 回到 b 相绕组而不经过负载;同样,c 相绕组感应产生的电流经过 V5 后,也通过 V3 回到 b 相。这样由于绕组内部短路产生环充,运转时间一长,V1、V5 及定子绕组就很易烧坏。

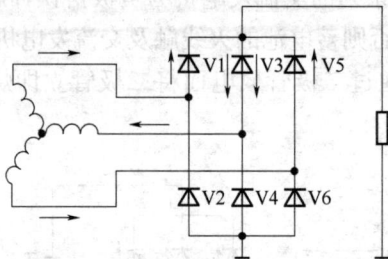

图 6-32　一个管子烧坏后的情况

(5)发电机运转时,不可用试火花的方法来检查交流发电机是否发电,否则容易损坏二极管。因为用旋具在发电机的"电枢"接线柱与外壳之间刮火,就相当于将发电机短路,对二极管的寿命会有很大影响。

(6)整流器的 6 只硅二极管与定子绕组相连接时,不可用兆欧表(摇表)或 220V 电流电源检查发电机的绝缘,否则二极管将被击穿而损坏。

37. 怎样防止烧坏二极管?

为防止因蓄电池搭铁极性接错而烧坏硅二极管,可在发电机与蓄电池之间串入一个保护继电器。同时,在保护继电器线圈的电路中再串入一个二极管,如图 6-33 所示。

蓄电池搭铁极性正确时,点火开关接通后,由于二极管加有正向电压,所以电流能通过二极管充入继电器线圈,使其常开触点闭合,从而接通交流发电机与蓄电池之间的电路。

若蓄电池搭铁极性接反,点火开关接通后,由于二极管加的是反向电压,电流不能通过二极管,所以继电器线圈无电流,常开触

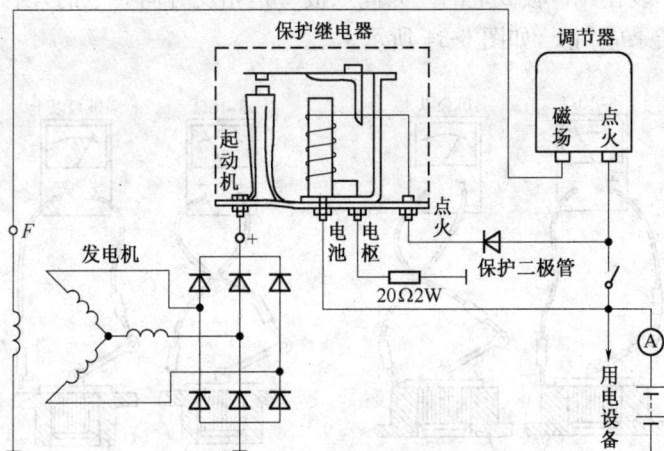

图 6-33 交流发电机的保护电路

点仍处于断开状态,从而切断了交流发电机与蓄电池之间的电路。因此,可防止蓄电池通过二极管发生短路事故。从而保持了交流发电机。

若无断电器时,也可在交流发电机火线与电流表之间接一适当的熔丝。当蓄电池搭铁极性接反时,熔丝便立即熔断,起到保护作用。

38. 怎样检查硅二极管的技术性能?

(1)用 500 型万用表检查。检查前,先将定子每相绕组抽头和二极管的中间引出线分开。万用表电阻挡放在 R×1 挡。

检查装在发电机端盖 1 上的 3 只硅二极管时,用万用表"一"表笔和端盖相触,"+"表笔分别和 3 只二极管的中间引出线相触:若万用表反映电阻为 8-10Ω,表示二极管正常;若万用表反映电阻在 10000Ω 以上,说明二极管内部断路。然后,用万用表"+"表笔和端盖相触,"一"表笔分别和 3 只二极管的中间引出线相触:若万用表反映电阻在 10000Ω 以上,表示二极管正常;若万用表反映电阻为零,说明二极管内部被击穿。

　　装在元件板 2 上的三只硅二极管是相反方向导电的,因此测试结果应相反,如图 6-34 所示。

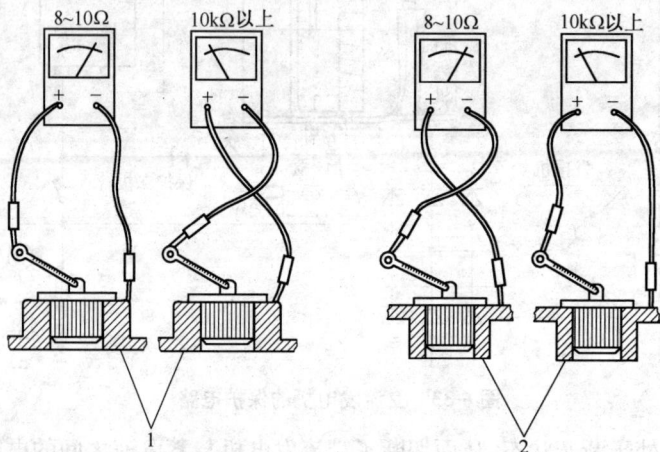

8~10Ω　　10kΩ以上　　　　8~10Ω　　10kΩ以上

1　　　　　　　　　2

图 6-34　用万用表检查二极管

　　(2)用试灯检查。检查前先将定子绕组每相抽头和二极管中间引出线分开。以蓄电池为电源,用一只汽车灯泡作试灯。然后用试灯的来线头和二极管的两极相触:若灯一次亮,一次不亮,说明二极管良好;若灯两次皆亮,说明二极管被击穿;若两次皆不亮,证明二极管内部断路。

　　二极管击穿或断路时,皆应换用新件。更换时必须注意二极管的极性。一般在二极管底部有标记:黑色标记是负极的(反向二极管),应装在发电机端盖上;红色标记的是正极(正向二极管),应装在发电机内部的元件板上。如图 6-35 所示。

39. 怎样在汽车上检查交流发电机是否发电?

　　行驶途中,如果怀疑发电机可能发生故障时,可用下述方法检查:

　　首先调整好发电机皮带的松紧,然后拆下发电机上的所有导线,用另一根导线将发电机的"电枢"(+)与"磁场"(F 或 B)两接

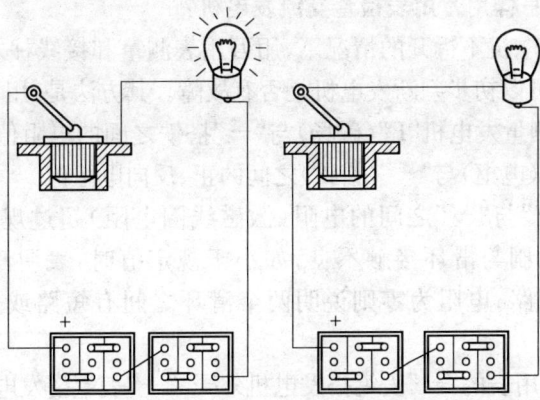

图 6-35　用试灯法检查二极管

线柱连在一起。再把万用表拨至直流电压 0～50V 一挡（或用直流电压表也可），将万用表的正表笔接"电枢"接线柱，负表笔接发电机外壳。起动发动机，并用从发电机"电枢"接线柱拆下的那根来自蓄电池的火线碰一下发电机的"电枢"（或"磁场"）接线柱，对发电机进行激磁。然后撤去火线，并缓慢提高发动机的转速，观察万用表或直流电压表。若电压表或万用表所指示的电压随发动机转速升高而增大，则说明发电机良好；若万用表或直流电压表无指示，则说明发电机不发电。

故障原因：

①二极管击穿损坏。

②转子、定子线圈有搭铁短路处或电刷卡在电刷架内等。应进一步检修发电机。

在没有万用表或直流电压表的情况下，也可利用小试灯代替万用表进行检查，方法同上。若试灯亮表明发电机发电；若试灯不亮，则说明发电机有故障。

如果行车途中发现个别二极管击穿、短路时，可把击穿短路的二极管引线剪断，接好拆下的发电机的全部导线，可以继续使用。如发电机的发电量降低，应尽快送修理部门去检修。

40. 怎样用万用表检查交流发电机?

在发电机不拆开的情况下,用万用表测量和接线柱之间的电阻值,就可以初步判断发电机是否有故障。其方法是:用万用表的R×1挡测量发电机"F"(磁场)与"－"搭铁之间的电阻值,及发电机的"＋"(电枢)与"－"(搭铁)之间的正、反向电阻值。

若"F"与"－"之间的电阻(激磁线圈电阻)超过规定值时,则说明电刷与滑环接触不良;如小于规定值时,表明激磁线圈有匝间短路;电阻为零则说明两个滑环之间有短路或是"F"接线柱搭铁。

用万用表的"－"表笔搭发电机外壳,"＋"表笔搭发电机的"电枢"(或"＋")接线柱。如果万用表指示值在 10Ω 左右,说明有个别二极管击穿、短路。如果万用表指示的电阻值接近于零或者等于零时,说明装有后端盖上的二极管和装有元件板上的二极管均有击穿、短路的管子。

若二极管内部断路,必须拆开发电机逐个检查。否则,是不能直接查出的。

41. 更换硅二极管时应注意些什么?

更换时应选用相同型号的二极管,并应分清是正向管子还是负向管子。管壳底部有黑色字样标记的为负向管子,应装在发电机的后端盖上;管壳底部有红字标记的为正向管子,应装在元件板上。

此外,更替时,应用专用的工具,如图 6-36 所示。在压床或台虎钳上进行,如图 6-37 所示。二极管与孔的配合必须合适,不能太紧或太松。如太紧,会因管壳变形而使二极管的内部结构损坏;如太松,会因振动而脱落下来,以致造成故障。

42. 怎样用电焊法修复交流发电机转子?

当交流发电机轴承严重磨损或装配不当时,会造成转子与定子的摩擦,使间隙增大,发电机的性能变差,整车电器均受到影响,甚至不能正常工作。

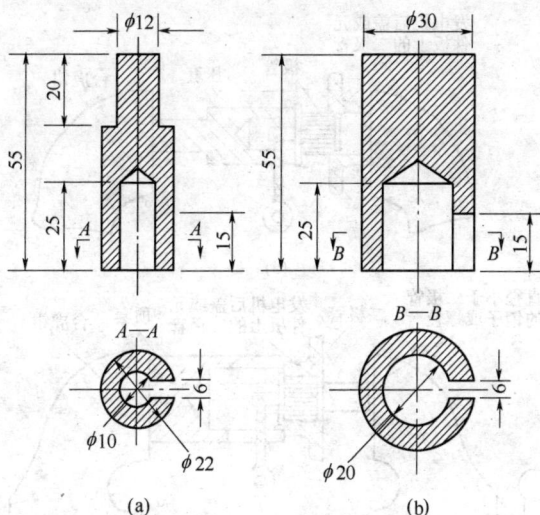

图 6-36 拆装二极管的工具

(a)二极管压套 (b)二极管顶套

怎样才能简单、迅速、方便地修理这种气隙过大的交流发电机呢?下面介绍一种方法。

交流发电机的磁轭是用低碳钢冲压或浇注而成的。转子磨损的发电机可以采用电焊修补法。首先用铁皮做一个铁盒,铁盒高度要高于磁轭直径,大小以能方便地放入发电机转子为宜。如图6-38所示。

将转子放入铁盒中,注入冷水。冷水深度略高于磁场绕组。这样,在进行电焊修补时,能够避免烧坏激磁绕组。将电焊机接铁线搭在铁盒边缘上,即可对露出水面的磁轭进行焊补。电焊条可采用各种低碳钢的。在焊补过程中不断地旋转转子,使其都堆上焊条。焊接厚度以使转子直径大于定子内径为宜。焊补后的转子可在车床上加工。使磁轭与定子的单面气隙达到 0.3mm 为好。车削后再将励磁绕组进行烘烤、干燥即可。

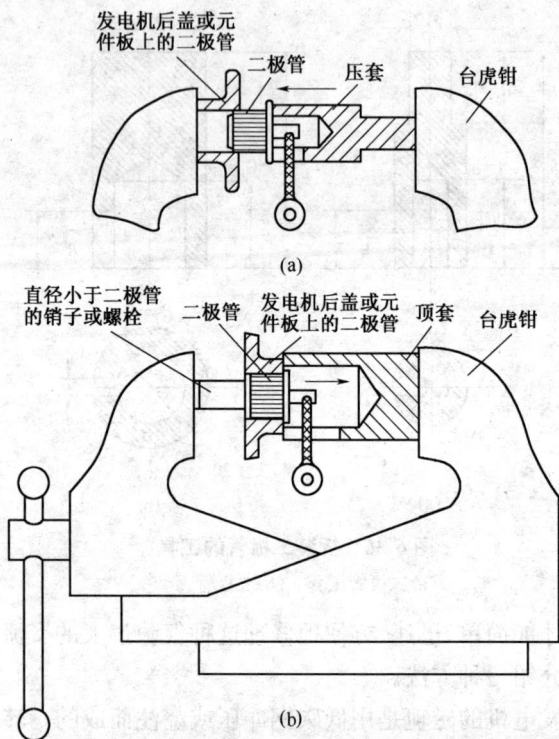

图 6-37　拆装二极管的方法
(a)压装方法　(b)压出方法

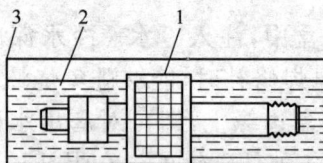

图 6-38　转子修理法
1. 磁轭焊接面　2. 冷水　3. 铁盒

43. 保养交流发电机时,为什么还要注意清洁电刷架?

交流发电机的两只电刷是向转子线圈提供激磁电流的动态导

电体。它和滑环的磨耗是不可避免的。久而久之,磨损的炭粉和铜粉在离心力的作用下会糊满电刷架的表面,将电刷(绝缘电刷)和端盖连接起来,造成漏电或短路,从而使激磁电流减小或消失,使发电机的功率减小或不发电。因此,在保养交流发电机时切记清洁电刷上的炭粉和铜粉,以保持其良好的绝缘性能。

44. 组装交流发电机时应注意什么事项?

对于电刷架装在内部的交流发电机,装配时应先将电刷弹簧和电刷装入电刷架内,并用一根直径为 1～1.5mm 的钢丝插入端盖和电刷架的小孔中将电刷挡住,以防装配中受损,如图 6-39 所示。

如果电刷可在发电机外部拆装,则应最后装复电刷。

装配后,应检查转子是否转动灵活,若转子扫镗,应拧松三

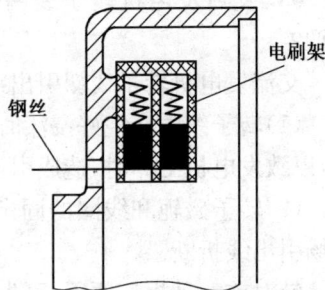

图 6-39　电刷的装法

根连接螺钉予以调整,待转子转动灵活时,再均匀上紧连接螺钉。

45. 交流发电机激磁绕组连接滑环的线端为虚焊,可能会发生什么现象?

这种虚焊锡在静态下和滑环是接触的,用万用表测试时多为正常。但是该虚焊点是位于转子上的,它会在某一转速下,由于离心力的作用,和滑环脱离接触,切断激磁电路。也就是说当激磁绕组连接滑环的线端如果有虚焊现象时,就可能出现低速时,发电正常,而加速时发电机不发电,充电指示灯点亮的现象。

46. 交流发电机加注润滑脂不当,为什么会对电路有影响?

给交流发电机应加注 1-2 号复合钙基润滑脂,并且不宜过多,填注轴承空间的 2/3 即可。轴承内侧还不能忘记装上油封。反之,如果加注的是润滑脂,就会在高温下熔化或蒸发,致使发电机的滑环和电刷油污而断路。发电机不发电。

47. 怎样检查交流发电机定子绕组的相间短路故障?

检查交流发电机定子绕组的相间短路可用万用表或试灯来检查。具体方法是:

(1)解体发电机。

(2)将三相绕组的中性点熔开,使各相独立。

(3)用万用表 R×1 挡或试灯连接三相中每两相绕组的端头,如果指针摆动或试灯亮,说明该两相之间短路。

48. 交流发电机转子线圈引出线折断的原因有哪些? 怎样修理?

交流发电机转子线圈引出线折断的原因有以下两种:

(1)转子线圈在绕好浸漆时,没有浸透,内层较松旷,内层较松散,以致发电机工作时,造成引出线振动而折断。

(2)转子磁轭和线圈的固定不牢固,有轴向或径向错动,导致磁场引出线折断。

针对前一种损坏原因,可先将滑环和靠近滑环的磁极压出来,焊好转子线圈的断线,浸膝、烘干,套上 1mm 直径的黄腊套管,再按顺序压入磁极和滑环即可。焊接的引线最好为多股铜丝线。

如果由于第二种原因导致引出线折断,则可用粘接剂和聚氯乙烯板(1~2mm 厚)将转子线圈与磁轭粘接固定即可。

49. 什么是集成电路调节器? 有什么优缺点? 使用时应注意什么?

集成电路调节器可分为全集成电路调节器和混合集成电路调节器两类。前者是将三极管、二极管、电阻、电容等元件同时制在一块硅基片上;后者是指由厚膜或薄膜电阻与集成的单芯片或分立元件组装而成。使用最广泛的是厚膜混合集成电路调节器。

集成电路调节器比晶体管调节器体积小,质量轻,故可直接装在交流发电机内,并且调节电压精度高、耐振、寿命长。但它对热量的耐受力很差,如用 50℃~60℃ 的热水冲洗,则很易损坏。因此,在汽车上应绝对避免用热水和蒸汽冲洗。如需冲洗发动机时,应先将交流发电机拆下或用乙烯树脂将交流发电机完全覆盖起来后再冲洗。

50. 集成电路调节器损坏后能否修复?

与交流发电机配套的集成电路调节器一般是采用集成和厚膜工艺组装而成。由于电阻网络和晶体管芯片都是专用的,最后又都用环氧树脂封装而成的,因此损坏后,一般是无法修理的。

51. 发电机常见故障有哪些?

(1)如果皮带轮松动或打滑,应拧紧皮带轮固定螺钉,松开发电机皮带调整螺钉,调整风扇的松紧,用拇指或食指以近100N力在皮带绕过皮带轮的长边压下5～10mm即为合适,最后再拧紧发电机调整螺钉,并重新紧固发电机挂脚螺栓,如发现皮带松弛和破损时应更换。

(2)如是发电机支架螺栓松动,紧固发电机支架螺栓即可。

(3)如轴承松旷,可以动手拆下发电机,旋掉发电机皮带轮锁紧螺母,取下皮带轮、风扇及垫圈,牢记各个配件原来的位置,以免装错。再旋掉发电机前端盖的紧固螺钉,取下前端盖,抽出转子,松开前端盖的承压板螺钉,取下轴承,同时取下转子后轴承,检查轴承运转是否灵活自如,有无卡滞或松旷,如有问题应及时更换。

(4)如发电机内部短路或断路,最好送有经验的专业人员和厂站进行检修。

(5)如发电机内部出现烧焦气味,非常难闻,一般说来,这表明线圈烧坏了。调节电压过高,长期过载工作,二极管击穿损坏不起整流作用,使一相或二相烧坏,定子绕组短路烧坏,转子运转时刮碰定子,都会引起这种烧焦气味。对于这种情况,驾驶员要细心辨查,如调节电压过高,长期过载工作引起发电机过热出现烧焦气味,需检查调整调节器,如是转子刮碰定子出现了响声,需分解发电机检查。

第七章　蓄电池故障诊断与检修

1. 蓄电池有什么结构特点？

桑塔纳轿车采用起动型铅酸(干荷)蓄电池,其结构特点为整体式,采用负极搭铁,额定电压为 12V,工作容量不低于 54Ah,最大允许放电电流为 265A。

蓄电池由正极板组、负极板组和融板装入外壳组成,中间充满电解液的。其中,正极板由活性物质棕色二氧化铅制成,隔板由多孔性绝缘材料制成,电解液由蓄电池纯硫酸加蒸馏水配制而成。正极板和负极板相间竖直安放(负极板多放一片),同名极板相联而成极板组。在正、负极板之间用隔板隔开,既避免短路,又能使电解液通过。正负极板在电解液的作用下通过可逆的化学反应而实现充电和放电,与此同时,电解液本身的密度也随之变化。

铅酸蓄电池在使用时,应保持外部清洁干燥,避免自行放电。为延长蓄电池寿命,应对电解液液面高度定期检查,使液面保持在最大最小刻度之间,当发现电解液不足时只能以蒸馏水补充。

由于蓄电池的充电受调节器调节。因此,为了不使蓄电池过量充电或充电不足,必须加强对调节器的检查。此外,还必须避免长时间大电流放电,应将起动机使用时间控制在 6s 以内,且避免多次连续起动。

2. 蓄电池为什么能储存电？

在一定条件下,电能和化学能是可以互相转化的。发电机发出的电可以转化为化学能储存起来,需要时又可将化学能转化为电能输送出去。蓄电池就是进行这种能量转换的一种电源。储存电能的过程叫"充电"。开始充电时,直流电源所接的两块极板均硫酸状,电流通过时,电池内产生化学反应。充足电时,与电源负极相接的极板变成了纯铅,与正极相接的极板变成了二氧化铅;电解中水分减少,硫酸增多,密度增大,两极板间建立起一定的电压,如图 7-1a 所示。若将充足电的蓄电池接上用电器,便有电流输出,这个过程叫"放电",如图 7-1b 所示。放电时的化学反应与充电时相反。放电结束时,两极板间电压降低;电解液密度减小;两块板又分别转化为刚充电时的硫酸铅状,如图 7-1c 所示。由此可见,蓄电池充、放电的化学过程是可逆的,其化学反应式为:

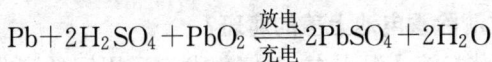

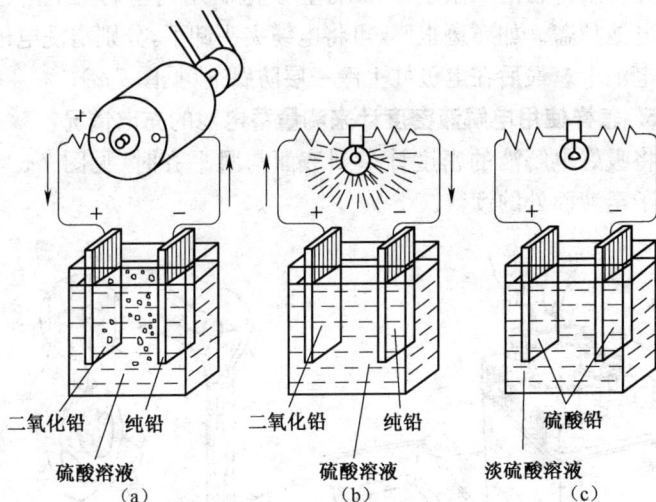

$$Pb + 2H_2SO_4 + PbO_2 \underset{充电}{\overset{放电}{\rightleftharpoons}} 2PbSO_4 + 2H_2O$$

二氧化铅　　纯铅　　　　二氧化铅　　纯铅　　　　　　硫酸铅

硫酸溶液　　　　　　　硫酸溶液　　　　　　淡硫酸溶液
　　(a)　　　　　　　　　(b)　　　　　　　　(c)

图 7-1　蓄电池的工作原理
(a)充电结束　(b)放电开始　(c)放电结束

3. 怎样保养蓄电池?

(1)经常检查蓄电池液面高度,冬天每隔 10～15 天检查一次,夏天每隔 5～7 天检查一次。注意加水要加蒸馏水,不能让铅板露出水面,但也不能将水加得过满,这样电解液会通过通气孔溢出来,清除腐斑,避免漏电。

(2)保持蓄电池盖清洁,清除腐斑,避免漏电。

(3)清洁和正确地拧紧蓄电池卡子。

(4)更换损坏的起动电缆。

(5)检查蓄电池是否稳固地安装在框架中,防止振裂蓄电池壳。

(6)定期检查蓄电池的充电状态,发现充电不足就及时送出去充电。

(7)不要对冻结的蓄电池充电,以免爆炸危险。

4. 怎样清除蓄电池上盖的腐斑?

先将发酵粉溶入温水中,到停止发泡后用钢丝刷蘸上溶液清洁蓄电池顶盖。如腐斑很厚,可将电缆夹头卸下,分别清洗电极柱和蓄电池卡。最后在电极柱上涂一层防腐剂(见图7-2)。

5. 怎样使用电解液密度计来测量蓄电池的充电情况?

将吸好电解液的密度计举到液面与眼平齐时(见图7-3),读出浮子至液面处的读数。

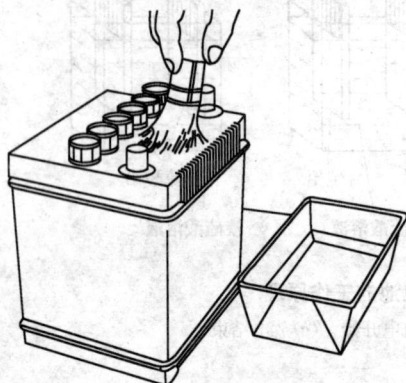

图7-2　清除蓄电池盖腐斑　　图7-3　测量电解液密度

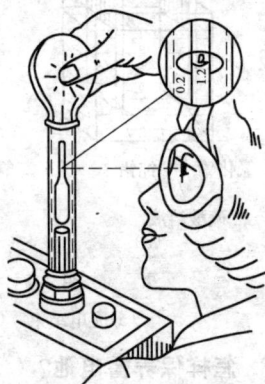

$1.265 \sim 1.299 \text{g/cm}^3$　　充足电

$1.235 \sim 1.265 \text{g/cm}^3$　　3/4 充电

$1.205 \sim 1.235 \text{g/cm}^3$　　1/2 充电

$1.170 \sim 1.205 \text{g/cm}^3$　　1/4 充电

$1.140 \sim 1.170 \text{g/cm}^3$　　勉强工作

$1.110 \sim 1.140 \text{g/cm}^3$　　完全放电

在夏天,同样充电状态的密度要略大一点,在冬天要略低一点,可以从浮子伸出液面的高度作出判断,如图7-4所示。

使用浮球式密度计时,全部球都浮起表示充足了电,全部不浮起表示电放完了。

如果测得的电解液密度小于$1.11g/cm^3$时,则可能是蓄电池壳裂了。蓄电池内的铅板或隔板坏了,此蓄电池已不能用了。

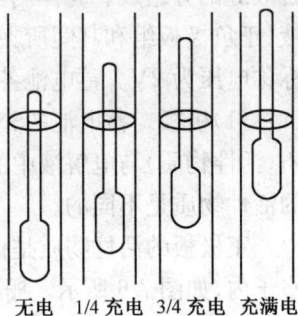

无电　1/4充电　3/4充电　充满电

图7-4　密度计读数

6. 蓄电池的构造如何?

图7-5所示是12V蓄电池的构造,它由极板、隔板、壳体和电

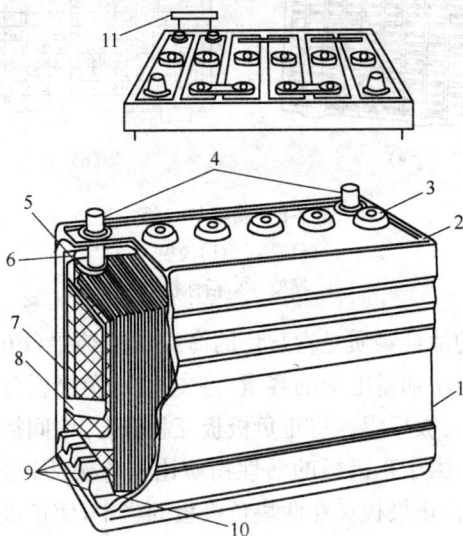

图7-5　蓄电池的构造

1. 蓄电池的外壳　2. 密封膏　3. 加液孔塞　4. 接线柱　5. 负极板
6. 同极连接片　7. 隔板　8. 正极板　9. 极板支架　10. 沉淀池　11. 联条

解液等部分组成。壳体内部分为互不相通的 6 格,每格内的电解液、正负极板组和其间所夹的隔板,组成为单格电池。每单格电池标称电压为 2V。蓄电池各组成部分的构造如下。

(1)极板。蓄电池的充电和放电,是靠正、负极板上的工作物质(活性物质)与电解液中的硫酸起化学反应来实现的。正负极板的活性物质是不同的。

正极板的活性物质是棕色的二氧化铅(PbO_2),填充在栅架的格子内,如图 7-6 所示。栅架由铅锑合金制成,锑占 5%,加锑是为了提高栅架的机械强度和改善浇铸性能。

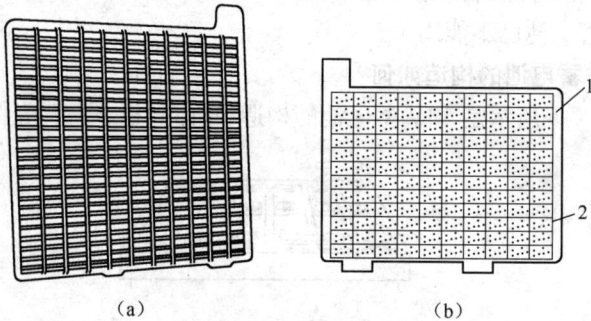

图 7-6　栅架与极板

(a)栅架　(b)极板

1. 栅架　2. 活性物质

负极板的活性物质是青灰色的海绵状的纯铅(Pb),也填充在栅架内。为了增加蓄电池的容量,将多片正、负极板分别用极板联条连接成正、负极板组。将正负极板互相嵌合,中间插入隔板便成为单格电池。由于正极板的活性物质比较疏松,因此负极板比正极板多一块,将正极板夹在两块负极板的当中,使正极板两侧放电均匀。一个单格电池的极板数为奇数,一般为 9～13 块,每块极板的厚度为 1.0～1.5mm。

(2)隔板。为减少蓄电池尺寸,正负极靠得很近,其中插上隔板,以免工作时因活性物质脱落而短路。隔板用绝缘的多孔性材料制成,以便电解液能自由渗透。目前隔板多用微孔塑料、细孔橡皮板、玻璃纤维纸浆及玻璃丝棉等制成。正负极板与隔板组成的极板组。

(3)容器。容器多为整体式,内用间壁分隔成几个单格,每个单格放入极板组,成为一个单格电池。

容器材料要求耐酸、耐热、耐振动性能好,目前多采用 ABS 工程塑料制成,其制造工艺简单、坚固、美观、重量轻、耐腐蚀性好。单格之间多用穿壁焊连接,将单格电池的正极边接另一单格电池的负极边。

12V 蓄电池由 6 个单格电池串联而成。第一、六单格异性极板组的联条上各栽上一电桩,露出容器外,以供与外电路连接。容器底部的突棱,用以支撑极板组,并容纳从极板脱落的物质,以防极板短路。外壳上有整体的盖,盖上一般有 6 个孔,拧入 6 个加液孔塞,此塞用来加注电解液或蒸馏水用,塞上的小孔是使电池内气体泄出用的。加液孔塞见图 7-5 上的零件 3。

(4)电解液。电解液是用纯净的硫酸和蒸馏水按一定比例配制而成的溶液。一般工业用的硫酸和非蒸馏水都含有害杂质,绝对不可加入蓄电池,否则要引起自行放电,并损坏极板。

配制电解液时,必须用非金属的容器。只能把浓硫酸往蒸馏水中倒,绝对不能反过来,否则会因浓硫酸激烈沸腾而飞溅伤人。

电解液的相对密度(以下简称密度)对蓄电池工作有重要的影响。密度大些,可以减少结冰的危险,并提高蓄电池的容量。但密度过大,由于电解液的黏度增加,渗透阻力增加,反而会降低蓄电池的容量,并会使极板和隔板使用寿命缩短,因此,应根据不同的使用条件选择不同的电解液密度。如寒冷地区应使用密度较高的电解液,同一地区使用的蓄电池,冬季的电解液密度应较夏天高一些。如表 7-1 所示,或根据所用汽车上的使用说明书上的规定来选用,桑塔纳、帕萨特轿车的规定如表 7-2 所示。

表 7-1　不同地区和气温条件下电解液的相对密度(g/cm³)

气　候　条　件	全充电蓄电池 25℃的密度	
	冬　　天	夏　　天
冬季温度低于－40℃的地区	1.310	1.250
冬季温度高于－40℃的地区	1.290	1.250
冬季温度高于－30℃的地区	1.280	1.250
冬季温度高于－20℃的地区	1.270	1.240
冬季温度高于－0℃的地区	1.240	1.240

表 7-2　蓄电池电解液相对密度(g/cm³)

电池状态	常温地区充电	热带地区充电
放　　电	1.12	1.08
半　充　电	1.20	1.14
完全充电	1.28	1.23

　　另外,电解液温度不同时,其密度也不同。当电解液温度升高时,电解液受热膨胀,体积增大,密度减小;反之,电解液温度下降时,体积缩小,密度增大。温度变化 1℃时密度的变化值称为温度系数,或称修正系数。修正系数也是一个变化值,实际应用一般定为 0.0007,也就是说,电解液温度上升 1℃,密度相应减少0.0007。我国规定的标准温度为 25℃,美国也是 25℃,日本为 20℃。

　　7. 蓄电池的主要用途是什么?

　　(1)发动机起动时,给起动机、点火系统、电子燃油喷射系统等供电。因为这时发动机没有运转,发电机不能供电,需要蓄电池供电。

　　(2)发动机低怠速运转时,发电机电压低,仍由蓄电池给汽车电器供电。

　　(3)当用电负载过大,超过发电机供电能力时,由蓄电池与发电机共同供电。轿车用发电机的额定电流一般为 80～90A,当发动机工作时又接入较多的电器附件(如前照灯、加热器、刮水器、收放机等),就会超过发电机的额定电流。

(4)在发动机停止运转时给用电设备供电。如时钟、车上计算机的存储器和电子音响系统存储器等。这种关了点火开关还需供电的用电设备,在国外称之为"取下钥匙还存在的负载",这时供电电流一般不到30mA。

(5)为了确保汽车运行的安全,当遇到电源系统故障时,蓄电池必须能供给汽车运行所需的电流,还要能做到由蓄电池电压下降而导致发动机停机之前,能持续供应25A电流约120min。

(6)对整车电气系统而言,蓄电池起到电压稳定器的作用,因此发电机不能脱开蓄电池而运转。

8. 怎样正确给蓄电池充电?

是否能正确、及时地对蓄电池进行充电,对蓄电池作用的发挥和使用寿命具有决定性的影响,必须认真对待。

(1)蓄电池的初充电与充放电循环。一个新的蓄电池,加上按制造厂规定的相对密度的硫酸溶液,并调整液面高度使其高于极板顶部15mm后,并不能立即使用,必须进行初充电,这关系到电池能否给出额定容量。因为,新蓄电池在出厂时并未加电解液,在储存过程中,极板可能会有一部分硫化,因而电量部分损失,内阻增大。为恢复极板的电容量,必须进行初充电,使已部分硫化成硫酸铅的极板,经充电恢复为二氧化铅(PbO_2)和铅(Pb)。起始充电电流要小,这样不仅可使化学反应深入极板内部,还可避免温度过高。充电时将电池的正极接电源的正极,电池负极接电源的负极。初充电分两阶段进行,第一阶段用初充电电流(见表7-2),充到电解液中冒出气泡,单格电池端电压达到2.3~2.4V,然后再使电流降到第二阶段的充电电流,继续充到电解液剧烈放出气泡,密度和端电压(可达2.7V)连续2h不变为止,全部充电时间约45~65h。初充电完成后还需进行放电,然后再进行充电,称之为放电循环,目的是使新蓄电池在储存时,极板上生成的硫酸铅全部转化为活性物质,恢复极板的多孔性,改善极板与电解液的接触情况。在有条件的地方,都应对新蓄电池进行放电循环。经过几次充放电循环,使蓄电池能够输出不小于额定容量(一般指 20 小时放电率的额定容量)的 95％时即可使用。

(2)平时补充充电。如前所述,蓄电池经使用,放电达到一定程度,出现起动无力、灯光暗淡等现象后,即应用补充充电电流(见表 7-3)进行充电。补充充电仍分两阶段进行,所需时间约 13～16h。如蓄电池附有生产厂家的充电规范,则应按其规范进行。

表 7-3　蓄电池的充电规范

| 蓄电池型号 | 初次充电 | | | | 补充充电 | | | |
| | 第一阶段 | | 第二阶段 | | 第一阶段 | | 第二阶段 | |
	电流(A)	时间(h)	电流(A)	时间(h)	电流(A)	时间(h)	电流(A)	时间(h)
6-Q-60	4		2		6		3	
6-Q-75	5		3		7.5		4	
6-Q-90	6	25～35	3	20～30	9	10～11	4	3～5
6-Q-105	7		4		10.5		5	
6-Q-120	8				12		6	

(3)充电电源。蓄电池是直流电源,必须用直流电充电。常用的充电设备有起动机——发电机组和各种整流电源。起动机的发电机组由一台三相交流电动机驱动一台直流发电机发出直流电,一般用于拥有大量蓄电池需成批集中充电的大型充电场所。

整流充电设备是利用一些整流元器件将三相或单相交流转变为直流电后对蓄电池进行充电,如硅整流充电机可控硅发电机。据维修部门反应,桥式整流充电机最为适用,其变压器次级带轴头,能调节电压大小(也即调节了充电电源大小),这种充电机调节灵活、效率高。

9. 安装蓄电池时应注意什么？

（1）蓄电池电液是硫酸，腐蚀性很强，溅到皮肤上会烧伤皮肤，要马上用清水冲洗。若有发酵粉，可将发酵粉敷上，以中和硫酸。若溅入眼睛，要马上用清水冲洗，至少连续冲洗 5min 再去找医生，不得耽误。

（2）不能用压缩空气去吹蓄电池盖上的污物，因为这样可能将硫酸吹溅到身上。

（3）充电时，蓄电池顶部的气体是爆炸性的，所以不能在充电的蓄电池旁点火或吸烟。

（4）将电缆夹头接到蓄电池电极柱上之前，先要弄清电极柱和电缆卡子的极性，要按车型规定的极性连接线头，接错了会损坏发电机。

10. 怎样判断蓄电池极板活性物质大量脱落？怎样防止？

活性物质大量脱落的蓄电池，由于容量明显降低，用高频放电计检查，电压低于 7.5V 且不能保持稳定，起动机起动时运转无力。在充电过程中，可发现电解液中有褐色微粒，电解液"沸腾"现象较正常蓄电池出现得早，充电时间大大缩短。

为防止活性物质大量脱落要做到：电解液密度适当，切不可过高；正确调整发电机的限额电压，保养充电时，选择合适的充电蓄电池；充足电后及时停止充电；不过量放电，每次使用起动机的时间不要过长；存电不足时及时补充充电；在车上的安装要牢靠，极柱和接线松脱时，严禁敲打。

11. 怎样区别蓄电池是存电不足还是有故障？

用密度计测量的电解液密度较充足电时的低 0.08 以上，但各单格相差不大于 0.01，用高频放电计测量单格电压，电压下降到 1.5V 左右，但能在 5s 内保持稳定，而且各单格相差不大于 0.1V，则可粗略地判断此蓄电池无严重故障，只是放电较多，应进行补充充电。在用高频放电计测量单格电压时，电压迅速下降，各单格电解液密度相差悬殊，则表明蓄电池存在故障。这时，可在充电过程中观察电压、电解液密度、温度的变化以及气泡发生的早晚和多少，作进一步检查判断，以确定故障的性质和严重程度。

12. 怎样在充电中判断蓄电池故障？

正常的蓄电池，充电时，其端电压和电解液密度都有一定规律变化，而且只要充电电流适当，电解液温度就会随着充电程度相应地升高，如有异常，可认为蓄电池存在故障。

(1)蓄电池极板硫化，它的内阻就会增大，因此，在充电初期，单格电池的充电电压，能升到 2.8V 左右，同时，电解液的温度也升得较高。若极板是较轻的硫化，充电数小时之后，由于极板表面硫酸铅的逐渐消失，内阻会随之减少，充电电压可降到 2.2V 左右，然后像正常蓄电池一样，电压和电解液密度缓慢上升。若是严重硫化的蓄电池，则因极板上粗大硫酸铅结晶难于溶解，内阻很大，单格电池在充电初期充电电压可达 5～6V，电解液温度升得很高，而密度却无明显变化，且电解液过早"沸腾"，产生大量气泡。

(2)存在自放电故障的蓄电池，由于其内部有某些直接导电的分路，使作用于化学反应的电能减少，电解液密度和电压上升较缓慢，如果蓄电池内部严重短路，充电电流只是从蓄电池内通过，活性物质几乎不产生化学反应，即使充电时间很长，电解液密度和电压都不上升，电解液中也没有明显的气泡发生。

(3)活性物质严重脱落的蓄电池，在充电过程中能看到电解液里有褐色微粒，同时，由于极板上的活性物质减少，蓄电池容量降低，电解液"沸腾"等充电终了的现象会提前出现，充电时间较正常蓄电池大为缩短。

13. 什么是蓄电池的自放电？

充足了电的蓄电池，在不使用的情况下，逐渐失去了电量的现象叫自放电，轻微的自放电是不可避免的，这是因为制造蓄电池的材料和硫酸不可能绝对纯净，加之正极板上的二氧化铅与栅架中的铅、锑以及负极板上的铅与栅架上的锑都是不同金属，它们之间存在电位差形成局部电流。不过因以上原因每昼夜自放电量仅为

蓄电池额定容量的 $0.5\%\sim1\%$。这对于在汽车上能够经常得到充电的蓄电池来说，影响并不很大。但是，若使用和保养不当，自放电的速度就会加快，甚至在充电后，仅仅几天或几小时内就"完全放光"。这种故障叫严重的自放电。

14. 怎样防止和排除蓄电池严重自放电？

（1）要保证电解液的纯净，必须用蒸馏水和蓄电池专用硫酸配制电解液。

（2）储存、配制、添加电解液只能用陶瓷、塑料或玻璃容器，任何情况下都不得用铅以外的金属容器。

（3）要经常保持蓄电池表面清洁、干燥，封胶应无裂缝，以避免蓄电池电极间短路。

（4）添加蒸馏水时，不得将金属杂质掉进蓄电池中。

（5）及时清理蓄电池底部的沉淀物。

（6）修配蓄电池时，要仔细检查隔板质量，凡有破损的不得用来组装蓄电池。

（7）组装蓄电池时，要注意保持工作间的清洁，操作时应防止任何金属掉入蓄电池。

（8）长期放置不用的蓄电池，每月应进行一次补充充电，以补偿自放电造成的容量损失，并使上下层电解液混合均匀。

15. 蓄电池内部短路有什么现象？怎样排除？

如果单格电池的静止电动势（开路电压）低于 $2V$，充电时的电压低于其他单格，电解液密度上升得很慢，充电末期产生的气泡很少，用高频放电计检验，单格电池的电压迅速下降，即可判定为内部短路。其原因是隔板破裂、电解液严重不纯、极板拱曲、掉进了金属杂物以及活性物质大量脱落后沉积于底部使正负极连通等。对内部短路的蓄电池必须拆开作进一步检查、找出原因加以排除，如更换隔板和电解液，清除壳底的沉积物等。

16. 蓄电池极板活性物质为什么会大量脱落？

涂浆式极板的活性物质，在使用中逐渐少量脱落是不可避免的,若是迅速地大量脱落,则是蓄电池的一种致命的故障,它将使蓄电池容量下降,甚至完全失去工作能力,而且除非更换极板,否则无法修复。造成活性物质大量脱落的原因主要有:

(1)充电电流过大,尤其是在充电末期,如果保持很大充电电流,则化学反应急促,将引起大量气泡由活性物质的孔隙中冒出,形成较大压力,使活性物质受到冲击而脱落。

(2)经常过量充电,使活性物质过分氧化,栅架受到腐蚀,造成活性物质从栅架上剥离和栅架断裂。

(3)经常过量放电,活性物质大部分生成硫酸铅,体积膨胀松散而易于脱落。

(4)蓄电池在车上安装得不牢固。

(5)电解液密度过大,硫酸对栅架的腐蚀作用增大,机械强度下降。

(6)在严寒地区的冬季,电解液密度过低,或在大量放电之后未及时充电,使电解液结冰,破坏了活性物质的结构。

17. 蓄电池电解液液面消耗太快是什么原因?

蓄电池电解液液面应经常保持高出极板上缘 10～15mm,以免因液面过低而使参与化学反应的活性物质减少,降低蓄电池容量,也可避免极板直接与空气接触而加速硫化。在正常情况下,只需一周或半个月补充一次蒸馏水即可。若液面降低得太快,那是不正常的。这很可能是调节器的限额电压调得过高,使蓄电池经常过量充电,电解液中的水大量分解蒸发所致。因此,应认真检查调整限定电压。如果只是个别单格降低过快,则应仔细检查蓄电池壳是否破损,封胶是否开裂。

18. 蓄电池电解液液面高度不够时为什么应加蒸馏水?

蓄电池液面高度每周要检查一次。如果液面过低,应及时补充蒸馏水,不得添加电解液。因为液面下降的原因,是水分的蒸发和充电时水的电解造成的,如果任意添加稀硫酸使蓄电池的电解液密度升高,影响极板和隔板的使用寿命。只有在电解液外溅或倒出的情况下,才允许在充电终了时添加适当密度的电解液。

19. 蓄电池盖上的通气孔有什么作用? 为什么要保持畅通?

当蓄电池已充足电而再继续充电形成过充电时,电解液中的水被分解为氢气和氧气,产生大量气泡,这些气体必须从通气孔排出。否则,因气体积聚过多而会胀裂蓄电池,如遇火花还会引起爆炸。因此,蓄电池在使用中,应经常检查该通气孔是否畅通。

20. 蓄电池搭铁极性接反时会出现什么现象?

蓄电池在轿车上和发电机是并联的。安装蓄电池时务必首先弄清该车型的接铁(搭铁)极性。现在轿车上基本上都为负极接铁。

12V 系统的发电机,正常发电时,其端电压为 14V。而蓄电池的电势为 12V。如果充电电路的电阻等于 0.2Ω 的话,其正常的充电电流为 10(A),假如蓄电池的接铁极性错了,就会和发电机串联起来。在使用直流发电机的场合,将可能出现 U 和 E 相加,在充电路产生大电流放电现象,使发电机和导线烧毁。对于交流发电机而言,蓄电池的放电电流会将整流二极管迅速烧坏。

21. 新蓄电池使用时应注意什么?

新蓄电池在使用之前,极板表面总是会有一定程度的氧化。存放的时间越长,氧化越严重,加入电解液时,会出现温升现象,并在充电时表现为较大的电阻,使充电困难。为此在起用新蓄电池时应注意以下事项:

(1)加注电解液后应散放 6h 左右,待电解液完全浸透极板,温度下降至 35℃ 以下时再接通电源进行充电。

(2)充电电流要严格控制在规定范围内。

(3)最好进行 1～2 次充、放电循环,使其达到额定容量。对于存放期限很短的蓄电池,可以不进行充放电循环。

22. 新蓄电池初充电时为什么电流要小?

这是因为蓄电池在储存过程中,极板可能会有一部分硫化,使内阻增大,充电时易于过热。用小电流充电,不仅可使化学反应深入极板内部,还可避免温度过高,并对消除硫化也有一定作用。

23. 新蓄电池为什么要进行充放电循环?

新蓄电池初充电后,需进行放电,然后再进行充电,这个过程称为充放电循环。其目的是使新蓄电池在储存时极板上生成的硫酸铅,全部转化为活性物质,恢复极板的多孔性,改善了极板与电解液的接触情况,使蓄电池能够输出其额定容量。因此,在有条件的地方,都应对新蓄电池进行充放电循环。

24. 蓄电池在轿车上使用时,为什么还要定期充电?

轿车上虽有发电机对蓄电池充电,但因使用电情况和充电系统技术状态的差异,不能确保蓄电池经常处于充足状态。因此,应根据使用情况和季节变化,对经常在市内近途低速行驶的轿车,定期将蓄电池从轿车上拆下进行补充充电。通常多采用串接调压法。即充电时将蓄电池串联成一路或两路,通过调节充电机的输出电压,来获得不同的充电电流。其操作工艺如下:

(1)蓄电池和充电机均为直流电源,有正、负极之分。充电时,必须将两电源同极性的一端相互连接,即充电机的正极接蓄电池的正极,负极接负极。若极性接错,会造成电源短路,这时,充电机的电压表指针会反摆,接线时会出现强烈火花,熔丝会随即熔断。

(2)充电机与蓄电池接好线后,转动调压旋钮,若电压表指针上升而电流表指针不动,说明充电机无电流输出。多因外线路接触不良(常发生在线夹与极桩连接处)或蓄电池单格断路而引起。这时,可将充电机电压继续调高,接触不良处便会产生电火花,通过观察即可找到故障部位。

(3)充电时应打开蓄电池加液口盖,以使氢氧气体及时排出。

(4)充电电流分两阶段控制。第一阶段应为蓄电池额定容量的 1/10,充电时间约为 10～12h。当单格电池电压上升到 2.4V 时,将充电电流减半转入第二阶段,充电时间约为 3～5h。当电解液中冒出大量气泡、单格电池电压升至 2.7V、电解液密度不再升高,并保持 2～3 小时不变时,即表明电已充足。

25. 极板短路后会有什么现象?

极板短路的主要特征是:开路电压低、容量小,并且在充电、放电会有异常现象。如用高率放电计试验时,单格电池的端电压会急剧下降。起动时,因短路的单格电池内温度急剧升高,电解液迅速膨胀,甚至会从加液口处涌出。

充电时,有短路故障的单格电池,其电解液相对密度和单格电压升高均很慢,充电后期气泡很少,甚至没气泡,但电解液温度却很高。

26. 蓄电池的极板为什么会拱曲?

极板拱曲的主要原因是使用起动机过多,大电流放电时间过长,而又不能得到及时地补充充电所致。

蓄电池在放电过程中,正极板上的二氧化铅和负极板上的铅分别与硫酸作用产生硫酸铅,附着在极板的表面,使正、负极板的体积变大。另外,隔板各部分的多孔性不一致,在大电流时,极板表面的电流密度就会有明显的差异,电流密度大的部分生成的硫酸铅多,体积膨胀得严重。如果部分放电后蓄电池未得到及时地补充充电,仍然继续以大电流放电,极板各部分体积膨胀的差异就会加剧,最后势必导致极板拱曲,加速极板活性物质脱落和极板的损坏。

27. 为什么不能用增大电流的方法来缩短充电时间?

铅蓄电池按常规充电,因为充电电流较小,使充电时间过长,给使用带来很大不便。人们为了克服上述缺点,曾采用过大电流充电的方法,试图缩短充电时间。但充电电流要加大后,不仅不能使蓄电池充到额定容量,反而还会使蓄电池温度升高,产生大量气泡(氢、氧气),造成活性物质脱落、极板弯曲,严重影响了铅蓄电池的寿命。

为什么用大电流充电会产生上述不良后果呢? 这是因为蓄电池的极化现象所造成的。

　　极化现象是一切"二次电池"在充电、放电过程中所共有的现象。铅蓄电池在充电、放电时,正、负极也要发生极化。所谓极化,是指当电流通过蓄电池时,正、负极板表面电极电位的移动。电极极化又分为三部分:

　　①欧姆极化:是电流通过极板、隔板、电解液等所产生的压降。它随正、负极上参加化学反应的活性物质的多少、电解液的相对密度、温度的高低而变,且在电流停止后能自动消失。

　　②浓差极化:在电解液中,各种离子在电场作用下按自己遵循的方向向极板移动,开始在极板界面参加化学反应,使离子消耗。此时,电解液中的各种离子,由于"电迁移"和"扩散"作用继续向极板运动,但其运动速度不能补偿电化学反应的消耗时,在电解液中就会形成离子的浓度差。例如,在充电过程中,由于在极板孔隙内形成硫酸,就会使极板孔隙中与外面的电解液浓度有所差异,这种液中传递过程迟缓所引起的极化,就是"浓差极化"。随着充电过程的进行,以及充电电流的增加,"浓差极化"的现象会更加显著。但停止充电后,由于扩散作用的结果,浓差极化会逐渐消失。

　　③电化学极化:蓄电池在充、放电过程中,极板上的活性物质与电解液发生电化学反应,有的放出电子,有的接受电子,极板表面参加电化学反应的物质不断减少,使得极板深处的活性物质继续参加反应。但是电化学反应的速度比电子运动速度要慢,因此,在极板上形成了电荷的积累,这些积累的电荷对电化学反应起阻碍作用。例如铅蓄电池随着充电过程的进行,当极板表面上的硫酸铅大部分变为二氧化铅时(此时单格电池的端电压为 2.4V 左右),如再继续充电,则水开始分解。在负极上逸出氢气,因为氢离子在极板上与电子的结合不是瞬时的,而是较为缓慢的,使得靠近负极板处积存有多量的氢离子,因此负极电位降低。同时,正极板逐渐被氧所包围,形成了过氧化电极,提高了正极电位。这种由于电化学反应迟缓而引起的极化就是"电化学极化"。随着充电过程的进行,以及电流的增加,这种电化学变化的现象也会更加显著。

　　上述三种极化的结果,造成了蓄电池在充电过程中的出气和温升。并且充电电流越大,极化现象越厉害,出气和温升越严重。出气是水被分解的结果。由于出气在极板内部造成压力,而使活性物质容易脱落;温升过高(电解液超过 45℃)也会使极板、隔板加速损坏,因此,严重影响了蓄电池的寿命。

　　根据上述分析,可知极化现象是阻碍蓄电池进行大电流充电的主要原因。因此,要实现快速充电,就必须采取措施消除极化。

28. 脉冲快速充电的原理及其优缺点是什么?

　　脉冲快速充电是蓄电池充电技术的一次重大改革,是蓄电池充电技术的新发展。因为脉冲快速充电,可以有效地消除极化,大大缩短充电时间以达到快速充电的目的。

　　其原理是:在充电初期由于极化现象不明显,这时可以采用 $0.8\sim1$ 倍额定容量的大电流进行定流充电,使蓄电池在较短时间内充到额定容量的 $50\%\sim60\%$,当蓄电池单格电压升到 2.4V,水开始分解,即开始有微量出气时(此时的电压称为极化点),然后停止充电(25ms)。停充后,则欧姆极化消失,浓差极化也会因扩散作用而部分消失。为了消除电化学极化的电荷积累,消除极板微孔中形成的气体,并帮助浓差极化进一步消失,在停充后,采用放电或反充使蓄电池流过一个与充电方向相反的大电流脉冲(脉冲深度为充电电流的 $1.5\sim3$ 倍,脉冲宽度为 $150\sim1000\mu s$),然后再停充(40ms)。以后的充电过程就一直按:正脉冲充电——停止(称为后停充)——再正脉冲充电的循环过程,直至充足,这样就可以使极化速度显著减慢,从而解决了快速充电与蓄电池寿命之间的矛盾。

　　(1)脉冲快速充电的优点:

　　①充电时间大大缩短。按常规充电,新蓄电池的初充电一般需 $70\sim90h$,使用中的蓄电池补充电也需 $13\sim16h$。但采用脉冲快速充电后,由于消除了极化,充电速度加快,一般初充电不多于 5h,补充电不多于 1h。

②可以增加蓄电池的容量。由于脉冲快速充电能够消除极化,因此,充电时化学反应充分,加深了反应深度,使蓄电池的容量有所增加。因此,新蓄电池初充电后不必放电即可使用,这样不仅节约了电能,又给使用带来了很大方便。

③去"硫化"显著。按一般去硫充电方法,不但费时且又麻烦,而用脉冲快速充电法只需 4～5h 即可,并且效果良好。

(2)脉冲快速充电的缺点:采用脉冲快速充电时,蓄电池析出的气体总量虽然减少,但出气率高,对极板活性物质的冲刷力强,使活性物质易于脱落,因此,对蓄电池的寿命会有一定影响。

29. 蓄电池内阻有多大? 内阻过大怎样排除?

蓄电池的内阻包括极板电阻、隔板电阻和电解液电阻等,并随充电情况和温度等而变。如在充电内阻变小,放电后内阻变大;电解液温度高内阻减小,温度低则内阻增大;蓄电池正常时内阻小,硫化时内阻增大。一般来说,铅蓄电池的内阻较小,普通 6V 蓄电池的内阻约为 $0.015～0.08\Omega$。但若极板硫化或焊接不牢时,就会使内阻显著增大。

内阻过大的主要特征:充电时电池的电压高,电解液温度也高;放电时电压低,放电容量也低。

如发现蓄电池内阻过大,应首先检查:若是极板硫化造成的,要消除硫化;若是焊接不良引起的,应重新焊牢。

30. 为什么蓄电池极板硫化? 产生的原因是什么?

(1)所谓蓄电池的极板硫化,实际上是指在极板上生成了一层白色粗晶粒的硫酸铅而言。由于这种粗晶粒的硫酸铅,严重堵塞了极板的孔隙,也使电解液渗入困难,蓄电池容量因之降低。并且由于粗晶粒的硫酸铅导电性能差,所以使蓄电池内阻显著增大,起动时不能供给大的起动电流,以致起动机不能起动发动机。这种粗晶粒的硫酸铅又很难溶解于电解液,所以在正常充电时很难消失,因此,硫化严重时,蓄电池就将报废。

(2)产生硫化的原因:

①产生硫化的主要原因是蓄电池长期供电不足,或放电后长期未充电,由于温度的升降变化,硫酸铅发生再结晶的结果。在正常情况下,蓄电池放电时,极板上生成的硫酸铅晶粒比较小,导电性能较好,充电时能够完全转化而消失。但若长期处于放电状态时,极板上的硫酸铅将有一部分溶解于电解液中,温度越高,溶解度越大,但当温度降低时,溶解度减小,出现饱和现象,这时有部分硫酸铅不会从电解液中析出,再次结晶生成大晶粒硫酸铅附着在极板表面,形成"硫化"。

②电池内液面太低,使极板上部与空气接触面强烈氧化(主要是负极板)。在汽车行驶的过程中,由于电解液的上下波动与极板的上下波动与极板的氧化部分接触,也会形成大晶粒的硫酸铅硬层,使极板的上部硫化。

③电解液密度过高,电解液不纯,外部气温变化剧烈都能促进硫化。

31. 极板硫化后会有什么现象？怎样预防极板硫化？

蓄电池极板硫化后,在充、放电时会有异常现象。如用高率放电计试验时,单格端电压急剧下降,充电时,过早"沸腾",但电解液密度却增加很慢(甚至无显著变化),同时电解液温度迅速升高。

为了预防极板硫化,需注意以下事项:

①不要让半放电的蓄电池长期搁置,要使蓄电池经常保持完全充电状态。

②电解液液面不能过低,必须使液面高于10~15mm,不足时应添加蒸馏水。

③不要让蓄电池过度放电。

32. 蓄电池极板已硫化怎样修复？

修复已经硫化的蓄电池是一件比较困难而又复杂的工作,根据硫化程度的不同,可采用不同的方法加以处理。

极板轻微硫化时,可用小电流长期充电的方法加以克服,即用初次充电的第二阶段电流,连续进行过量充电,待电解液中产生大量气泡,电解液相对密度达到 1.28g/cm³ 左右即可。

硫化严重者可采用"水疗法"修复。方法是:先将蓄电池用
20h 放电率放电到单格电池的电压为 1.75V,然后倒出电解液,加
入蒸馏水,用初充电的第二阶段充电电池进行充电,待电解液相对
密度升至 1.15g/cm³ 左右时,将电解液倒出,再加蒸馏水,仍用原
来的充电电流进行充电,如此反复,直至电解液相对密度不再上升
时,最后调整电解液密度至 1.28g/cm³ 并进行 20h 放电率放电,
如放电容量能达到额定容量的 80％时,表示处理工作基本完成。

另外还可采用药物治疗,在蓄电池电解液中加入添加剂,效果
很好。

33. 什么是蓄电池添加剂？ 怎样使用？

蓄电池添加剂又称激活剂,是由镉等多种元素配制而成的红
色透明液体,相对密度为 1.23～1.25g/cm³(25℃)。加入蓄电池
电解液中能消除和防止蓄电池极板硫化,可使蓄电池的寿命延长
半年,并能改善蓄电池的起动性能,提高放电容量,对蓄电池无副
作用,对环境无污染,并且久存不会失效。

蓄电池在使用期间只需加注一次,每只蓄电池需用 1 瓶
(90ml),对 6V 蓄电池每单格电池加入 1/3 瓶(30ml),对 12V 蓄
电池每单格电池加入 1/6 瓶(15ml)。在大量配制电解液时,每公
斤电解液中加入 1 瓶激活剂即可。

34. 电解液消耗过快是什么原因？

如果电解液消耗正常,一般需 15～30 天补加一次蒸馏水(夏
天 15 天左右,冬天 1 个月)。

如果电解液消耗过快,就容易造成极板外露氧化,容量下降。
电解液消耗过快的主要原因是发电机端电压过高(以 12V 系统来
说,超过了 14.8V),经常出现过充电,电解水产生氢气和氧气。过
充电的电流越大,充电时间越长,水的消耗量越大,液面下降越快。

为了延长蓄电池的使用寿命,除了加强定期保养,及时补加蒸
馏水外,更应仔细调整节压器,使发电机的端电压保持在规范之

内,12V 系统为 13.8～14.8V。

如果因为壳体破裂,封口胶干裂等原因造成液面下降,则应及时补修,并重新调整电解液相对密度。

35. 电解液密度过大对极板有什么危害?

一般电解液相对密度不应超过 1.285g/cm³(指 30℃),夏天选用1.220～1.240 为宜。电解液相对密度过高,不仅会加速极板和隔板的腐蚀,而且会使蓄电池的容量下降、放电电流减小。实验证明,电解液相对密度为 1.220～1.230 时蓄电池的容量最高。这是因为该相对密度的电解液不仅提供足够的硫酸,保障大电流放电时的需要,而且电解液的黏度也最小,电阻小、有利于离子的快速运动。电解液的黏度是随着温度的下降而增大,随着相对密度的下降而减少的。所以,绝不是冬季采用的相对密度越高越好,而是偏低些好,一般不可超过 1.285g/cm³。但相对密度也不能过低,如在 1.220g/cm³ 以下,容量会显著下降,电阻也会增大。冬季相对密度过低还可能在蓄电池亏电较多的情况下产生结冰的危险。

36. 为什么电解液的相对密度会随温度而变化?

电解液相对密度随温度而变化完全是由于液体热胀冷缩的缘故。温度上升时,体积胀大,温度降低时体积缩小。在其质量保持不变的情况下,自然是温度上升,体积胀大,相对密度减小,相反,温度下降,体积要冷缩,所以相对密度是增大的。

汽车用蓄电池的电解液相对密度和温度的具体关系是:温度每变化1℃(以 20℃ 为基准),相对密度变化 0.0007。例如,某一蓄电池的电解液在 20℃ 的相对密度为 1.27g/cm³。当温度上升到 35℃ 时,电解液的相对密度将下降 0.01,即为 1.26g/cm³;当温度下降到－5℃ 时,电解液相对密度应为 1.28g/cm³。

37. 蓄电池的容量受哪些因素影响?

影响蓄电池容量的因素有很多,但从使用角度看主要有:

(1)放电电流的影响。放电电流越大,蓄电池电压下降的越快,获得容量越小。例如,对型号为 6-Q-75 的蓄电池而言,在充满电时,如果 3.75A 电流放电,可以连续放电 20h。得到 75Ah 的容量。如果以 225A 电流放电的话,就只能连续放电 1/12h,得到 $225×1/12≈19Ah$ 的容量。

(2)放电温度的影响。温度越低,电压下降越快,获得的容量越小。温度每下降 1℃,容量(小电流放电)将减少 1%;如果是大电流放电,温度每下降 1℃,容量将减少 2%。

(3)电解液密度的影响。电解液密度过高过低都会使容量减少。实践证明,当电解液密度为 $1.23g/cm^3$ 时,蓄电池的容量大。

38. 怎样减少蓄电池自行放电?

蓄电池的自放电现象,主要是蓄电池内物质不纯引起的。自放电不仅是电能的浪费,而且会加速极板的损坏。

物质不纯是绝对的,所以完全避免自放电也不可能。但是对使用者来说设法减少自放电程度倒是一项重要的工作。具体注意事项如下:

(1)配制电解液时必须使用专用硫酸(白色透明)和蒸馏水。发黄的硫酸、井水、河水等都含有较多的矿物质,切勿使用。

(2)配制和储存电解液的容器具均应是陶瓷塑料、玻璃和橡胶等耐酸材料的。

(3)配制好的电解液要妥善保管,以免杂质混入。

(4)蓄电池的外表面应经常冲洗,保持清洁、干燥。

(5)蓄电池的盖塞要旋紧,以免电解液飞溅出来或将杂质掉进去。

(6)蓄电池用电解液的密度不宜过大。

(7)要经常保持蓄电池的充满电状态。

39. 汽车电路正常,早晨起动困难是什么原因?

这种现象多半是蓄电池自放电严重致使容量下降之故。是由于采用了工业硫酸或井水、河水配制了含杂质过多的电解液。在这种情况下,尽管白天汽车运行中充电正常,甚至能充满电。但一夜的严重自放电,可以使容量损耗过半,致使早上起动困难。怎么办呢？首先倒出电解液,烫开封胶,用蒸馏水清洗极板和隔板后重新组装,再加新的电解液即可。

40. VX-添加剂对蓄电池有什么益处?

VX 型蓄电池添加剂是由美国进口的一种含镉非酸性溶液,经试验具有如下优点:

①能有效地消除蓄电池的硫化。

②可以减少蓄电池的自放电。

③可以提高蓄电池的低温起动性能。

VX-6 型蓄电池添加剂是在塑料小管内封闭起来的。每支重约 28g。给每个单格只需添加 1/2-1 支即可。用前将塑料小管摇晃数下,加入电池后应随时进行充电,使其迅速混合在电解液中。

41. 831-QC 新型电解液有什么优点?

831-QC 新型电解液是由 831 原液硫酸和蒸馏水按一定比例配制而成的。使用时直接注入电池中,不需再加硫酸和蒸馏水。

831-QC 电解液是软而透明的硅胶状,其最大特点是有良好的触变性,即静止时,呈软而透明的胶状体,晃动时,液体重新获得流动性,再静止,又重新凝固,如此可以重复无数次,并且导电性能良好。

采用 831-QC 新型电解液,可有效地防止极板硫化和极板活性物质的脱落,使蓄电池的寿命延长 2~3 年。并且还可以使蓄电池自行放电减少,低温起动,放电性能良好。

使用 831-QC 电解液时,应先将它摇晃 5min,待变为液体时方可注入蓄电池中。注入蓄电池时应缓慢注入,以使其逐步渗入到极板中,直至液面高出极板 20~25mm,然后静置 3h,如液面下降,应再继续加注到应有高度。

初充电时,充电电流较小,其值一般为蓄电池额定容量的 1/20,充至蓄电池电压不再升高为止。然后将蓄电池静置 3~4h,按 20h 放电率放电,至 12V 蓄电池电压为 10.5V 为止,切忌过放电。放电后静置 2h,再进行补充充电,即可装车使用。

42. 怎样正确配制电解液？

配制电解液必须用密度为 $1.83g/cm^3(25℃)$ 的蓄电池专用硫酸和蒸馏水(或纯净雨水)。配制电解液,可参照表 7-4 的电解液体积比或质量比进行,进行复验。

表 7-4　电解液配比表

25 度时电解液密度 (g/cm^3)	体积之比		质量之比	
	浓硫酸	蒸馏水	浓硫酸	蒸馏水
1.23	1	3.6	1	1.97
1.24	1	3.4	1	1.86
1.25	1	3.2	1	1.76
1.26	1	3.1	1	1.60
1.27	1	2.8	1	1.57
1.28	1	2.75	1	1.49
1.29	1	2.6	1	1.41
1.30	1	2.5	1	1.34
1.40	1	1.6	1	1.02

配制电解液时应注意:

①配制电解液时应在耐酸的玻璃、陶瓷、硬橡胶或铅质的容器内进行。

②切记配电解液时,必须先将水加入容器,然后将硫酸缓慢加入水中,并不断用玻璃棒或塑料棒搅拌。绝对禁止将蒸馏水倒入浓硫酸中,以免发生爆溅,伤害人体和设备。

③配制电解液时,操作人员必须穿戴防护眼镜、橡胶手套、塑料围裙、高筒胶鞋,以防烧伤。如果硫酸溅在衣服上,应立即用10%的苏打水溶液浸湿,然后用清水冲洗。

43. 怎样正确使用 831-QC 电解液？

(1)使用时先摇晃 5min,使之成为液态方可加入电池之中。加注速度要慢,以保证有效地渗入极板孔隙。液面高出护极 6～10mm

即可(对于 12V、105Ah 的蓄电池,其液面应高出 20~25mm)。

(2)灌注 831-QC 电解液后,应装置 3h 方可充电。在静置过程,如发现液面下降,应继续补加。如果有大量泡沫出现,不必处置,在充电中自会消失。初充电电流应按表 7-5 所示。

表 7-5 加注 831-QC 电解液充电电流与时间表

铅蓄电池型号	初 充 电		日 常 充 电			
			第一阶段		第二阶段	
	电流(A)	时间(h)	电流(A)	时间(h)	电流(A)	时间(h)
6 或 12V60Ah	3.0	72	6.0	10~12	3.0	8~10
6 或 12V75Ah	3.75	72	7.5	10~12	3.75	8~10
6 或 12V90Ah	4.5	72	9.0	10~12	4.5	8~10
6 或 12V105Ah	5.20	72	10.5	10~12	5.2	8~10
6 或 12V120Ah	6.0	72	12.0	10~12	6.0	8~10
6 或 12V135Ah	6.75	72	13.5	10~12	6.75	8~10
6 或 12V150Ah	7.5	72	15.0	10~12	7.5	8~10
6 或 12V165Ah	8.25	72	16.5	10~12	8.25	8~10
6 或 12V180Ah	9.0	72	18.0	10~12	9.0	8~10
6 或 12V195Ah	9.72	72	19.5	10~12	9.75	8~10
干荷电蓄电池	容量(Ah)÷20h	10~14h	容量(Ah)÷10h,时间 10~14h			

(3)初充电结束后,将蓄电池再放置 3-4h,接着以 20h 放电率放电至 10.5V(指 12V 电池)。切忌过放电。放电后再静置 2h 后方可进行正常充电,装车使用。

(4)在充、放电过程中,如发现电解液液面下降,应及时补充 831 电解液。液面过高时应予以处理,保持蓄电池表面干净。

(5)在汽车运行中,液面下降,应及时补加蒸馏水。

(6)831-QC 电解液不能与普通电解液混用。旧蓄电池改用 831-QC 电解液,应先将原电解液倒出,并用蒸馏水清洗 1~2 遍。加注 831-QC 电解液后,可马上进行常规充电,投入使用。

44. 怎样排除蓄电池过充电的故障？

(1)故障原因。

①发电机限额电压过高。

②发电机电压调节器损坏。

(2)排除方法。

① 调整发电机限额电压为 12.5～14.5V。

②更换电压调节器。

45. 蓄电池内部为什么会发生短路？怎样排除？

(1)造成蓄电池内部短路的原因主要有：

①隔板质量不好或有缺损,使活性物质穿过,致使正、负极相接触而短路。

②脱落的活性物质沉积过多,致使极板下边缘与沉积物相互接触而造成短路。

③由于充电或放电电流太大,使极板拱曲或不慎将导电物体落入电池内而造成短路。

(2)蓄电池内部短路时,应将蓄电池拆开进行检查。若是隔板缺损、穿孔,则需要换新隔板;若脱落的活性物质沉积过多,可清除沉积物;若是极板拱曲,应设法压平。

46. 极板短路后会有什么现象？

极板短路的主要特征是：开路电压低、容量小,并且在充电、放电会有异常现象。如用高率放电计试验时,单格电池的端电压会急剧下降。起动时,因短路的单格电池内温度急剧升高,电解液迅速膨胀,甚至会从加液口处涌出。

充电时,有短路故障的单格电池,其电解液相对密度和单格电压升高均很慢,充电后期气泡很少,甚至没气泡,但电解液温度却很高。

47. 怎样减少极板的拱曲？

减少极板的拱曲的方法主要是,加强补充充电,合理使用起动机,尤其是蓄电池亏电较多的情况下应尽量少用或不用起动机。

另外,在组装蓄电池时,极板和隔板之间不能松旷。

48. 蓄电池在使用中,一个单格的液面下降快是什么原因?

可能是这一单格的外壳或封口胶有裂缝,使电解液外漏所致。如外壳和封口胶均完好,则可能是单格电池中有硫化或短路现象。因为当极板硫化或短路时,充电过程中温度就很快上升,造成电解液过热,加速了水的蒸发。极板硫化时,由于充电过早"沸腾",会使液面下降得更快。

49. 蒸馏水是怎样制成的? 对其要求是什么?

制造蒸馏水最简单的方法是:将普通的水烧成蒸汽,再将蒸汽冷凝成水即可。近年来,已采用离子交换纯水器制取蒸馏水,制取的蒸馏水质量更好,汽车蓄电池用蒸馏水的标准见表7-6。

表 7-6　蓄电池用蒸馏水的标准

杂质名称	最大允许量(%)	杂质名称	最大允许量(%)
有机物	0.003	氯	0.004
残渣	0.005	铁	0.0004
硫酸盐及亚硫酸盐	0.004	氨	0.0008

50. 没有蒸馏水怎么办?

(1)城镇浴池制作的蒸馏水和医院、卫生所使用的蒸馏水均可购买使用(医用5℅含量的生理盐水除外)。

(2)用离子交换纯水器制取纯水。此法最大优点是出水纯度高、成本低、操作方便。

天然水内含的杂质常有:悬浮物(如细菌、泥沙)、胶体物质(如腐殖物、硅酸、铁、铝化合物)、溶解物质(如钙、镁、钠、盐、气体)等。悬浮物和胶体物质通过凝聚、澄清和过滤可基本去掉,而溶解物质由于在水中以离子状态存在,所以不能用澄清、过滤的方法去除,而必须采用别的方法。目前常用的是离子交换法,其基本原理是离子交换反应,即利用离子交换剂(又称离子交换树脂)中的离子去吸附水中的杂质离子。

溶解在水中的盐类,由于电离作用,离解为带两种正反电荷的离子,即金属阳离子和酸根阴离子。制取纯水时要设法把这些盐类的阳离子、阴离子以及能溶于水的气体阳离子、阴离子去掉。图 7-7 所示的是一个简单的离子交换器。阳离子交换树脂(简称阳树脂)装在两个瓶中,阴离子交换树脂(简称阴树脂)装在另两个瓶中,阳、阴树脂瓶交替串接。当过滤的水流过阳树脂交换瓶时,由于同性电荷相斥,异性电荷相吸,水中的阳离子(金属离子)就被阳树脂中的阴离子吸附。当水继续流过第二对阳、阴树脂瓶时,重复上述离子交换反应,使含杂质的水变成了纯水。

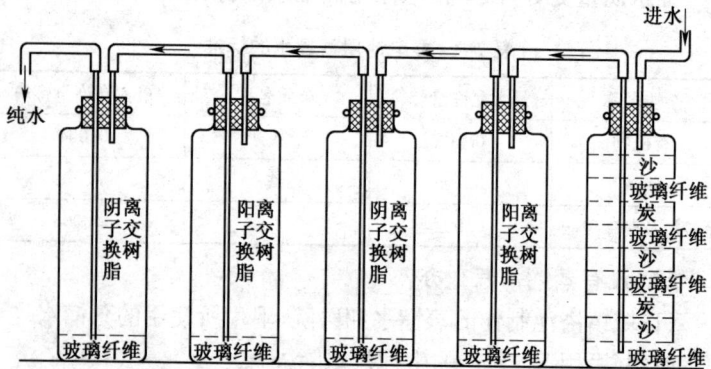

图 7-7　离子交换纯水器

目前常用的离子交换器是上海医疗器二厂制造的小型 70 型离子交换纯水器,由各地医药器材公司经售。

51. 配制电解液时,为什么只能把浓硫酸倒入水中?

硫酸与水混合时发出大量的热。水倒进硫酸中和硫酸倒入水中,两种情况下所发出的热量是一样的。但水和浓硫酸的比热容相差很大,水的比热容大,而浓硫酸的比热容小(所谓比热容,就是使单位质量的物质温度升高 1℃时所需的热量)。因此,当水倒进浓硫酸中时,由于硫酸的比热容小,故能产生强烈的局部温升,因而引起爆溅。但若把浓硫酸倒入水中时,由于水的比热容大,就不会引起很高的温升,因此较安全。

52. 蓄电池在使用中为什么要经常检查电解液液面的高度?

电解液液面应高出极板顶部 10~15mm,这样可保证有足够的硫酸参加化学反应。由于在充电过程中,电解液中的水分会不断地被电解为氢、氧气体从加液口盖的通气孔逸出,因此液面会不断下降。

硫酸中水分的减少,会使密度值逐渐升高。当水分减少到一定程度时,会造成极板部分外露,这不但使容量减小,且裸露的极板还会很快硫化。为此,夏季 3~5 天、冬季 10~15 天,应检查一次液面高度,不足时,应添加蒸馏水。在电解液不外漏的情况下,严禁添加稀硫酸(配好的电解液),否则会使密度逐渐升高,影响蓄电池使用寿命。冬季给蓄电池补加蒸馏水,应在出车前进行,这样可利用工作时的充电电流将上层的蒸馏水和下层的电解液迅速混合,以免结冰。使用中,若发现全部单格电池内的液面均下降很快,则说明充电电流过大,应及时检查调整。

53. 使用中为什么有的单格电池下陷?

当极板下部的隔板腐朽或活性物质脱落过多时,会造成极板下部短路。起动机工作时,短路处会产生很高的温度,将四根支撑极板组的棱条加热,使其变软,极板与棱条接触处便因此而产生沟槽。时间一久,沟槽越来越深,在汽车的振动下,极板组便与上盖一起往单格内"下陷"。发现此现象时,应及时修复下陷单格。

54. 怎样修复损坏的极桩?

(1)浇铸法。将烧蚀了的旧桩头锯平,中心钻一个直径为 5mm、深为 15mm 的小孔,拧入一个 M60×30 的六角螺栓。待浇铸表面应清洁、干燥,将模具套在极桩上,模内倒入熔化的铅液(如温度过高应分次注入),冷却后取下模具即可。

(2)熔焊法。将模具套在经清洗的旧桩头上,加热旧桩头使之表面熔化,随即放入备用铅块,当铅块与桩头熔合一起并逐渐将模具填满时,移开热源,冷却后取下模具即成。

55. 怎样检查蓄电池存电量的多少?

一般有两种方法:

(1)用相对密度计(前称密度计)测量电解液相对密度。因为蓄电池充电后电液相对密度增加,放电后相对密度减少,因此,根据相对密度就可以判断蓄电池存电的多少。根据实际经验,相对密度每减小0.01,相当于蓄电池放电6%,所以若已知蓄电池充足电时的相对密度,再根据测得的相对密度就可以粗略地判断蓄电池的放电程度。如蓄电池充足时相对密度为$1.28g/cm^3$,现测得相对密度为$1.20g/cm^3$,则该蓄电池已放电48%。但应注意的是,在强电流放电或刚刚加注蒸馏水后,由于电解液混合不均,不应立即测量相对密度。

(2)用高率放电计测量单格电池的电压。高率放电计又称放电叉,它由一个3V的直流电压表和一个负荷电阻组成,测量时,应将两叉尖紧压在单格电池的正、负极桩上,历时5s,观察蓄电池在大负荷放电情况下所能保持的端电压,就可准确地判断蓄电池的放电程度和起动能力。

不同厂牌的高率放电计,因负荷电阻值不同,所以放电电流和电压读数也就不同。使用时应参照原厂说明书的规定。

一般技术状况良好的蓄电池,用高率放电计测量时,单格电压应在1.5V以上,并在5s内保持稳定;如果5s内电压迅速下降,或某一单格电池的电压比其他单格电池低0.1V以上时,表示该单格电池有故障,应进行修理。

56. 电解液相对密度对蓄电池性能和寿命有什么影响? 怎样正确选择电解液的相对密度?

电解液的相对密度对蓄电池的工作性能和使用寿命有很大影响。相对密度增大时,电解液冰点降低,使冰冻的危险减小,并且还可提高蓄电池的容量。但如相对密度过大,由于电解液黏度增大,渗透困难,反而会使蓄电池容量降低,又会使木隔板加速炭化,极板也易于硫化,从而使蓄电池寿命大大缩短,因此,应根据不同的使用条件选择不同的电解液相对密度。如寒冷地区应使用相对密度较高的电解液;同一地区使用的蓄电池,冬季的电解液相对密度应较夏季高 0.02～0.04。

57. 冬季怎样提高蓄电池的容量?

由于电解液的黏度和电阻随温度的升高而减小,因此,在冬季可用提高温度的方法来提高容量、改善起动性能。一般可采取以下几种措施:夜间将汽车停放在库内,如无条件,可停在靠近建筑物避风处;对车上的蓄电池,进行彻夜小电流补充充电;起动前,盖好加液口盖,用热水冲洗蓄电池外壳,既有升温作用,又可以冲掉酸垢。

58. 为什么冬、夏季应使用密度不同的电解液?

电解液密度的高低,直接影响着蓄电池的容量、寿命和性能。因此,使用中必须根据气候条件和用电情况合理选择电解液密度。要做到合理选择,须先了解和掌握电解液的特性。

(1)电解液密度与单格电池电动势的关系,两者关系可用下述经验公式表示:

$$E = 0.85 + d$$

E——单格电池电动势(开路电压);

d——电解液密度,在 $1.15g/cm^3 \sim 1.30g/cm^3$ 范围内比较准确。

由上式可知,在一定范围内,蓄电池的电动势是随电解液密度的升高而增高的。

(2)电解液密度与电阻的关系。据试验,电解液密度在 $1.19g/cm^3$ 时,其电阻值最小;当密度低于 $1.19g/cm^3$ 时,因硫酸含量减少(导电的离子数减少),使导电性能变差,电阻增大。当密度高于 $1.19g/cm^3$ 时,因水分子相对减少,会使硫酸的离解作用变慢,再加上电解液黏度的增大,同样使电阻增大。

(3)电解液密度与蓄电池容量的关系。由于电解液密度的高低直接影响着电解液的电阻和黏度,即影响着充、放电过程中离子的反应速度,因此能影响着蓄电池的容量。据试验,电解液密度在 $1.23g/cm^3$,容量最大。当密度小于 $1.23g/cm^3$ 时,随密度的增大,电动势不断提高,这时电动势是影响容量的主要因素,因此容量可随之增大;当密度大于 $1.23g/cm^3$ 时,随密度的增大,黏度和电阻将成为影响容量的主要因素,使容量随密度的增大而下降。

(4)电解液密度与冰点的关系据试验,电解液密度在 $1.9g/cm^3$ 时冰点最低。当密度小于 $1.29g/cm^3$ 时,随着温度的下降会从电解液中析出水,密度越低析出的水越多,就越容易结冰。当密度大于 $1.29g/cm^3$ 时(但不超过 $1.50g/cm^3$),随着温度的下降,会从电解液中析出水和硫酸和分子团而结冰。只有在密度等于 $1.29g/cm^3$ 时,从电解液中析出的水和硫酸的分子团最困难,因此冰点最低。

(5)电解液密度与极板腐蚀的关系。金属铅的氧化物,可以形成一层极其坚固的薄膜紧紧地粘结在铅的表面,以防止腐蚀。但这层保护膜抗腐蚀的稳定性,是相对一定密度的电解液和温度而言。增大密度和升高温度,都能保护薄膜与金属铅之间的结合力下降,稳定性变差,直至将保护膜破坏,加速对深层铅的腐蚀,使栅架强度逐渐下降。极板栅架被酸腐蚀的过程,也会造成活性物质脱落,使容量下降。因此,采用较低的密度(尤其在气温高时),对于延长蓄电池使用寿命是有利的。

综上所述,要提高蓄电池的输出电压,防止蓄电池结冰,就应采用密度较高的电解液;要减小蓄电池内阻,减轻硫酸对极板、隔板的腐蚀,增大容量,其密度又不能过高。此外,使用中电解液密度是随着蓄电池存电情况而变化的。如充电时密度为 $1.235g/cm^3$(此时容量最大),那么放电 50%,密度就降为 $1.175g/cm^3$ 了。这时,不但容量下降,内阻增大,冰点也会提高,若在北方冬季,就有结冰的危险。因此,选择电解液密度时,应综合考虑本地区气温变化和实际使用情况对密度的影响。不同地区冬、夏采用的电解液密度值,可参考表7-7选择。

表7-7 冬、夏季电解液密度的选择

冬季最低气温	充足电时的电解液密度(30℃)(g/cm³)	
	夏 季	冬 季
0℃以上	1.220~1.230	1.240~1.250
0~-15℃	1.230~1.240	1.260~1.270
-15℃以下	1.240~1.250	1.280~1.290

59. 对杂质含量多的硫酸怎样进行提纯?

配制电解液时,对硫酸的纯度要求很严。当硫酸杂质含量超过规定标准时,会对蓄电池的性能和寿命带来很大危害。因此,对不符合标准的硫酸,必须进行纯处理。使用单位多采用电解提纯法,其操作方法是:

用废电池壳,去掉中间隔壁,壳内装入稀硫酸(密度在1.30g/cm³左右)。用两块铅板做电极,并与充电机或蓄电池相接。电源电压为6~12V。电路接通后,电解液中便有电流通过,其大小可通过改变两块铅板间的距离或改变电源电压进行调整,一般以8~10A为宜。

电解时产生的臭氧,可将硫酸中含的有机物及盐酸分解除净。生成的硫化氢有分解氧化氮和沉淀重金属的作用。因此,经过数小时后,可使硫酸成为无色透明的液体。电解后的硫酸,经过清除沉淀物后,即可使用。

60. 蓄电池放电后为什么要及时充电?

蓄电池放电后,极板上一部分或大部分二氧化铅和铅变成了硫酸铅。这些硫酸铅是细小的结晶体,如及时充电很容易转变成二氧化铅和铅。如不及时充电,情况就不一样了,极板上的硫酸铅晶体会慢慢变大,粗大、坚硬的硫酸铅晶体电阻大、导电性能差、化学反应迟钝,充电过程中不易转化成二氧化铅和铅。时间一长,这些粗大的硫酸铅晶体会渐渐连接成层,将极板表面覆盖,堵塞极板的孔隙,妨碍电解液的渗入。由于极板上有效的活性物质减少,内阻明显增大,便导致蓄电池容量大幅度减小。这就是通常所说的

"硫化"现象。因此,蓄电池放电后及时进行充电,使其经常保持在充足状态,是防止硫化、延长使用寿命的有效措施。

61. 过充电为什么影响蓄电池的使用寿命?

所谓"过充电",就是过电压充电。当充电电压过高时,即使蓄电池充满了电,也还会有一定的充电电流,因而导致蓄电池过量充电。

过充电对蓄电池寿命影响极大。据试验,一个额定的容量为56Ah的蓄电池,当充电电压从 14.5V 提高到 15.5V 时,蓄电池使用寿命(按行车公里计算)将从 57000km 下降到 20000km。为何充电电压提高 1V,寿命会缩短将近 2 倍呢? 这是因为过充电时,电能主要用于电解水,产生氢气和氧气。氧气会使正极板的栅架氧化、腐蚀,使其强度降低;氢气从负极板孔隙内逸出,会产生一定的压力,使负极板上的活性物质强度变低。过多地产生氢氧气体,还会造成极板空隙间的气压增大,使活性物质易于脱落。此外,过充电会加速电解液中水的消耗,易使极板外露而氧化。由此可见,在汽车上盲目调高充电电压是十分有害的。

62. 充电时为什么单格电池电压达 2.4V 后要将电流减小一半为好?

充电实践表明,在充电过程中,当单格电池电压升至 2.4V 时,极板上的硫酸铅已基本转化完毕。这时的充电电源除一部分继续使尚未转化的硫酸铅转化外,其余部分即用于电解水,在正、负极板内逸出氧气和氢气,电解液开始冒出较多的气泡。较多气泡的出现是蓄电池进入第二充电阶段的标志。若充电电流不减小,气泡必然会越来越多,使活性物质松散,加速脱落。

63. 在室内充电时应注意些什么?

(1)蓄电池充电时分解出来的氢气和氧气是可燃性气体,当室内含氧气量占总体积的 2% 时,一旦遇到小火花,就易引起爆炸。因此室内应有良好的通气设备,并严禁吸烟或使用明火。

(2)冬季室内应设有加温设备,以提高充电效率。可采用暖气或暖墙,不允许使用炉火。

(3)充电机不应与蓄电池放在一个室内,以防腐蚀。

64. 在储存过程中,为什么必须定期给蓄电池补充充电? 怎样长期储存?

暂不使用的蓄电池,可进行湿储存。方法是先将蓄电池充足电,再将加液孔盖上的通气孔密封,然后将蓄电池放在阴凉通风的室内,避免阳光直射,储存时间不宜超过 6 个月,在储存期间,为弥补自行放电的损失以及可能产生的硫化,每月应进行一次补充充电。

若蓄电池需长期存放,最好以干储法储存。方法是先将蓄电池以 20h 放电率完全放电,倾出电解液,用蒸馏水多次冲洗至水中无酸性,倒尽水分,晾干后旋紧加液孔盖,并将通气孔密封,以后重新启用时的准备工作和新电池相同。

65. 在特殊情况下,能否将新蓄电池加电解液直接使用?

对新蓄电池不进行初充电,就直接使用是有害处的。因为汽车上充电过程中不便于测量温度和调整充电电流。必须使用新蓄电池时,应注意以下几点:

(1)电解液相对密度应正确,并且电解液加注后至少要待 4h,使其浸透极板。

(2)开始时应适当调低发电机的端电压,减小充电电流。使用一段时间后,再将充电电压调到正常值。

(3)蓄电池未充足之前,严禁使用起动机。

(4)经常停车摸摸蓄电池,如果过热应停车休息降温。

(5)短途车辆绝不可直接使用新蓄电池。

66. 对多只新蓄电池串联充电时,怎样确定初充电电流?

蓄电池的初充电是蓄电池合理使用的一个重要方面。初充电电流一般规范为蓄电池额定容量的 7%～8%。如果将多只不同容量的蓄电池串联充电,应以最小容量的蓄电池为基准,确定充电电流。对于多只不同容量的新蓄电池最好不用并联充电方法,因为各支路的充电电流不好控制。

67. 为什么要在蓄电池极桩上涂凡士林或黄油？

在蓄电池极桩和线夹上涂凡士林,不但可使极桩和线夹避免氧化,并可使它免受溢流在蓄电池外面的酸液的腐蚀,因此是有好处的。因为极桩和线夹如果发生氧化或腐蚀,其接头上的电阻就会增大,电流便不能畅通,会引起很多故障。

68. 检修蓄电池时为什么要先放电？

检修蓄电池时,一般都要先放电,让蓄电池放完电后,然后再拆开检修。这是因为蓄电池正极板上的活性物质二氧化铅很疏松,当从单格电池中拨出时,很易脱落;而负极板活性物质海绵状铅,如暴露在空气中很易氧化,生成氧化铅,以后会造成硫化故障。这些现象对蓄电池都是有害的。如先将蓄电池放电,不易脱落,还会使负极板表面也受到保持而免遭氧化。所以在检修蓄电池前一定要先放电。

69. 为什么蓄电池容量过低？

充足电的蓄电池装上车后使用很短时间,就感到存电不足;起动机运转缓慢、无力,甚至不能带动发动机曲轴;喇叭声音小;灯光暗淡。用高频放电试验器检查单格电池的电压降低于1.5V。以上现象表示有蓄电池容量降低故障。

(1)起动机使用过多,经常长时间使用起动机,使蓄电池耗电过多,容易降低。将蓄电池从车上取下来进行补充充电后再用。避免长时间过多使用起动机。

(2)调节电压过低。发电机调节器的节压器活动触臂弹簧弹力过弱,导致调节电压过低,使蓄电池充电不足,容量降低。重新校准调节电压,然后将蓄电池从车上取下进行补充充电后再用。

(3)极板硫化。极板硫化的主要原因是蓄电池长期处于放电或半放电状态,使极板上生成一种白色的粗晶粒硫酸铅。另一个原因是电液液面长期低于极板,使极板上部露在空气中,活性物质被氧化,在行车中由于电液上下波动而氧化部分接触,生成粗晶粒的硫酸铅。正常充电时这种粗晶粒的硫酸铅不能转化为二氧化铅和海绵状铅,称为硫酸铅硬化,简称硫化。可能是:用电解液代替蒸馏水加入蓄电池,造成电解液过浓;发电机调节电压过低或过高;电解液不纯;初充电或经常充电不足;电解液液面低于极板等。

极板硫化不严重时,可用小电流长时间充电,或给予全充又全放的充放电循环,使活性物质复原的方法解决。极板硫化严重时,必须拆开蓄电池,重新更换极板。

70. 蓄电池为什么爆炸?

蓄电池充放电时,由于内部的化学反应,使电液中的部分水分子分解为氢气和氧气,特别是当蓄电池过充电或大电流放电时,水分子分解速度更快,会产生大量的氢气和氧气从电液中逸出。由于氢气可以燃烧,氧气可以助燃,一旦同火接触后立即燃烧,而这种燃烧是在密闭的蓄电池内部进行,因此引起爆炸。如果加液孔螺塞的通气孔阻塞,使急剧产生的氢、氧气体不能迅速逸出蓄电池外,当气压大到一定程度也会发生爆炸。结果外壳爆裂,电液溅出伤人。

为了防止蓄电池发生爆炸事故,必须做到:蓄电池加液孔螺塞的通气孔尖经常保持畅通;禁止蓄电池周围有火处;蓄电池内部连接处处和电桩上的接线要牢固,以免松动引起火花;用高频放电试验器或夹钳检查单格电池电压降前,应将蓄电池加液孔用螺塞盖好;防止起动机内部短路,或蓄电池通起动机开关的线搭铁。

71. 怎样用简便方法确定单格蓄电池短路?

检查单格电池是否短路,除用高率放电叉外,还可用下述方法直接在车上测定。

(1)划火法。用一根直径小于 1.5mm 的铜线,一端接在任一单格电池的一个极上,另一端与该单格电池的另一极划擦。如出现蓝白色强火花(火花可将划擦表面熔化),说明该单格电池电压较高、存电较足;如出现微弱的小火花或无火花,说明该单格电池内部短路。

(2)电流法。用一块 0~30A、内附分流器的直流电流表(如

83CL-A型),两线柱按极性分别与任一单格电池的两极桩相接,该电池的输出电流便经电流表成通路,如图 7-8 所示。单格电池电压较高时,电流值可达 22～28A。如某一单格电池的电流值比其余单格电池明显减小,即说明该单格内部短路。

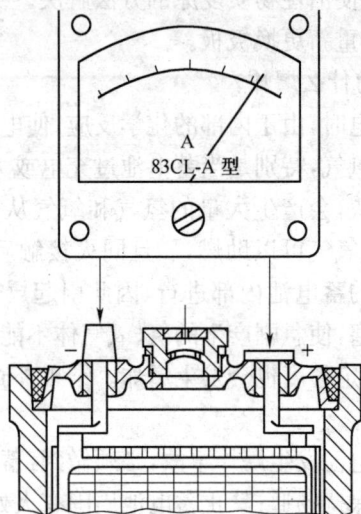

图 7-8　用内附分流器的电流表检查单格电池

(3)电压法。用万用表(直流电压挡),由蓄电池搭铁端开始,依次测定各单格电池起动时的电压降。每测一格,接通一次起动开关,如图 7-8 如示。在＋30℃时,各单格电池电压降应不大于0.3V。若测到某一单格时,电压迅速下降(如测到第三个单格时,开路电压为 6V,接通起动机瞬间,电压迅速降至 1V 以下),即说明该单格电池极板短路。

72. 修理蓄电池时,怎样铲除蓄电池封口胶?

铲除封口胶的方法很多,可根据条件选用:

(1)用加热的金属铲除封口胶。

(2)用电烙铁铲除封口胶。

（3）将蓄电池倒放入沸水中，加热5～10min，使封胶软化，趁热取出封胶。

（4）用蒸汽直接对电池盖加热（45～60min），趁热用专用钳子夹住连接板，拔出极板组，残余的封口胶用刮刀铲净即可。

（5）用电阻丝制作一个电热罩在蓄电池盖上，加热后铲除封口胶。

铲除封口胶时，注意不要用旋具硬撬，以免撬坏电池盖。另外，不要用喷灯的火焰直接加热封口胶，否则，喷灯的火焰会使沥青封口胶里所含的油脂烧掉，以后再使用这种封口胶时，冬天就会变脆而发生破裂。

73. 蓄电池封口胶应具备哪些条件？其成分怎样？怎样配制？使用中裂了怎样修补？

（1）蓄电池盖上的封口胶又叫耐酸沥青，应该在−30℃时不裂纹，+65℃时不流动。

（2）其成分为：沥青67%、润滑油（机油18号）14%、石棉粉（通过20目筛子）19%。

（3）配制方法：

①将石棉粉预先干燥好。

②将已秤好的润滑油放在锅里，加热至80℃～100℃后，再将石棉粉慢慢加入，且不断搅拌，使其混合均匀。

③将沥青放在铁锅内熔化，温度不超过200℃，最好保持在150℃左右。

④将已预备好的石棉粉、机油的混合物倒入已熔化的沥青中，并不断搅拌，直到不起泡为止，然后熬煮不能少于1h。

（4）封口胶若质量不好，在低温或受到撞击时可能引起裂缝。封口胶裂缝后，电流容易从裂缝中溢出，充满电池盖的表面造成短路，引起自放电。因此，封口胶裂缝时应及时加以修补。若裂缝较轻，可用热的小铲或电烙铁烫合。严重时，应铲除，重新浇注。

74. 怎样修复蓄电池外壳?

蓄电池外壳裂缝,会造成电解液外漏,因此应及时修补。蓄电池外壳材料不同,修补方法也不一样。聚丙烯、聚乙烯制的外壳,如有裂缝可用热烫法修补。对于硬橡胶外壳,修补裂缝的方法,可根据条件选用。

(1)环氧树脂修补法。环氧树脂的配方见表7-8。

表 7-8　环氧树脂胶的配方

修理胶壳用		修理池盖用	
配方名称	质量比例(%)	配方名称	质量比例(%)
环氧树脂	56.1	环氧树脂	56.02
乙二胺	5.6	乙二胺	5.60
炭黑	1.9	炭黑	8.42
胶木粉	36.4	胶木粉	11.42
		蓄电池粉	18.54

注:蓄电池粉为旧壳磨成的粉末。

配制方法:加热环氧树脂,待变稀时加入胶木粉、炭黑等,搅拌均匀,冷却备用。修补时,再加入乙二胺,拌匀后即可使用。注意:配好的环氧树脂胶,大约0.5h就会硬化,所以每次不要配的太多,够半小时用的即可。

修补方法:先将裂缝下端钻一直径为4mm的小孔,以防裂缝继续扩大。再将裂缝处局部加热,待变软后,用刀沿裂缝处切成"V"型槽。然后用小刀将环氧树脂胶泥塞入修补处涂平后,搁置0.5h,放入40℃~60℃烘箱内干燥,或放室内自然硬化后即可使用。

(2)生漆修补法。在有生漆的条件下,可用生漆和石膏调成糊状物,像环氧树脂修补法那样进行修补,其耐酸性能较环氧树脂更好。

(3)松香、沥青修补法。用松香、沥青和硬胶木粉(取相同体积)配成胶料,对其慢慢加热,使上述材料依次熔化,并加入适量的石棉纤维,搅拌均匀,然后按上述修补法进行修补。

75. 怎样组装蓄电池?

经过检验以后,如认为只需更换隔板的话,那么抽出旧的,插入新的即可。如果极板需要更换,就要把极板排列起来,与电桩熔接后插入新隔板,重新装合。

按蓄电池原来的片数,把极板分组集在一起,阴极板比阳极板多一片。用锉刀把极板上凸出的部分锉平,将一组阴极板或阳极板放到烧铅架上,使极板上的上边凸出部分与一个电桩熔接。熔接可以用气焊枪,装小号的尖头;也可用变压器,将220V的交流电变为低压电,增高电流的输出,用电热来使铅熔化。

将熔接在一起的一组阴极板和另一组阳极板交叉在一起,中间用隔板隔开(注意隔板有棱的一面应朝向阳极板)。然后每只电桩上装一只衬圈,将壳盖套上,旋紧铅质的螺母。这样可放入蓄电池壳中。用电压表测量阴、阳极电桩,看是否短路,电压表应有0.75~1.5V的读数。否则即表示短路,应查出原因并排除后再装合。阴极电桩应与相邻一格蓄电池的阴极电桩相对,用横铅条把它们连起来,烧铅使横条和电桩熔接在一起。

封闭用的沥青须加热190℃~120℃(出料温度190℃,压实温度120℃),注入接缝处,然后用刀把封料刮平。有时候接缝处须加衬垫,以免封料漏入蓄电池中。

76. 组装蓄电池时应注意什么问题?

组装蓄电池时,一定要认真,否则,将会造成返工。组装蓄电池时应注意以下几个问题:

(1)焊接极板组时要做到牢、透、平。极板排列必须整齐,不得参差不齐。焊完后,极板组的熔铅残余,必须清除干净。

(2)插入木隔板时,应注意木隔板不得有裂纹和明显的透光,木隔板的槽应直立并面向正极板。

(3)将极板组放入壳内时,注意应将正极桩放在有厂牌一面的左边(人面对厂牌看),然后按方法使极板组分别安装在各个单格电池中(各单格电池的正、负极板互相交叉放置。)

(4)极板组在电池壳中不得松旷,若有松旷,应用隔板垫紧。

(5)焊接连接板时,焊铅不得漏入电池中。否则,应抽出极板组,将漏入的铅清除干净。

(6)封胶应浇注均匀,不得漏入电池内。若电池盖与电池壳壁封胶处有缝隙,必须用石棉绳堵好再行浇注,以免将封胶漏入。

77. 在修理蓄电池时往往正极板损坏,负极板完好,能否用废旧负极板代替正极板使用?

为了修旧利废,充分利用废旧蓄电池内尚完好的负极板,用它代替正极板使用是可以的。这是因为制造正、负极板的主要材料是相同的(均由铅粉和硫酸制成),只是经过形成处理后,才形成了正、负极板。并且,不论是正极板还是负极板,在放电以后极板上都生成硫酸铅。这些硫酸铅在充电过程中是变成铅还是变成二氧化铅,这主要是取决于充电时其所接电源的极性。也就是说,用两组负极板组成的蓄电池,在充电过程中,接电源正极的极板表面会生成二氧化铅,而接电源负极的极板表面会生成铅。这样仍可形成正、负极板。

实践证明,利用废旧蓄电池中尚完好的负极板代替正极板效果还是很好的。但是若用新的负极板代替正极板组装蓄电池是不合理的。这是因为在制造蓄电池时,正、负极板的配方不同,如正极板的活性物质中只有铅粉和稀硫酸;而在负极板的活性物质内,除了铅粉、稀硫酸外,还加有硫酸钡、炭黑、木素、腐殖酸、半炭化木屑之类的添加剂,其作用是推迟负极板的纯化,并降低负极板上绒状铅的粘结和收缩,以保持负极板的容量。如把负极板当作正极板,虽可以工作,但相当于在正极板的活性物质中混有硫酸钡和腐殖酸之类的添加剂,这对正极板是不利的。因此,当无正极板时,暂用负极板代替是可以的,但并不合理。

78. 什么症状是铅中毒?怎样预防?

(1)在修理蓄电池的场所,空气中不同程度地存在着铅蒸气和铅尘,它们可以通过呼吸、口腔或皮肤进入人体。当这些有害物质进入人体的数量超过一定限度时,就会引起中毒,称为铅中毒。

　　铅中毒后的症状是一般性的衰弱状态。如感到疲倦、乏力、头晕、头痛、腹痛、抽筋、便秘、烦躁、口中有金属甜味,食欲不良,睡眠不安、肌肉和关节疼痛等,有的面色灰白、体重减轻。此时检查口腔,在牙龈边缘将会发现有黑色铅线,此时应去医院及时治疗。

　　(2)为避免铅中毒,凡从事电池修理工作的人员平时必须注意预防,其预防措施如下:

　　①作业场地应安装通风设施,以便及时将铅蒸气和铅尘排走。

　　②严格控制铅锅的温度。铅的熔点为 327℃,当温度在400℃～500℃时,会产生大量的铅蒸气,因此,铅锅的温度不要过高。

　　③尽量缩短组装极板的时间。

　　④工作中严禁吸烟,吃东西。

　　⑤工作完毕,必须洗手、洗脸、漱口后,方能进餐。

79. 怎样才能延长蓄电池的使用寿命?

蓄电池的使用寿命取决于它的制造质量和使用的好坏。为了延长其使用寿命,使用中应注意以下事项:

　　(1)定期检查和调整电解液的液面高度,不足时,应加蒸馏水,使液面高出极板 10～15mm。

　　(2)正确调整电压调节器,使发电机电压保持在规定范围内,12V 系统为 13.8～14.8V。

　　(3)每次使用起动机的时间不得超过 5～10s,连续起动时,中间应隔 10～15s。

　　(4)使蓄电池经常保持充足电状态,每月应补充充电一次。

　　(5)合理选择电解液相对密度,并根据不同季节,及时调整电解液相对密度。

　　(6)配制电解液一定要用专用硫酸和蒸馏水。

　　(7)蓄电池在汽车上安装要牢固可靠,不得松动。

　　(8)经常清除盖上的电解液与污物,并确保加液孔盖的通气畅通。

(9)对蓄电池初充电和补充充电时,必须按充电规则进行。

80. 怎样铸造连接条和蓄电池极柱?

蓄电池在使用过程中,由于腐蚀和磨损,要损坏一些零件。比较简单的零件,如连接条和极柱,可用模具浇铸。

铸铅零件时,先将铸模预热,将滑石粉扑打在铸模内部,然后将熔化的铅锑合金(含锑量 3%～6%)用铁勺子舀铅,迅速倒入铸模内即可成型。

没有铅锑合金,可利用废极板格栅(最好是负极板的格栅)和废零件,经熔化后来铸制。

81. 新旧两种蓄电池串联使用时,为什么旧蓄电池坏得更快?

所谓旧蓄电池,就是指使用半年以上,容量已经下降的蓄电池。造成容量下降的原因主要是部分活性物质脱落或极板上有部分硫酸铅已难还原为硫酸和活性物质(铅和二氧化铅)。

旧蓄电池和新蓄电池串联后,就会在同一个发电机充电电压下流经同一个充电电流;并且在两个电池的电压下,以同一个电流放电,必然会导致旧蓄电池损坏。而且由于旧蓄电池的内阻较大,对新蓄电池也会有不利的影响。

在旧蓄电池电压过低的情况下,还可能出现旧蓄电池异极现象。

82. 为什么出车前补加蒸馏水最好?

在出车前向蓄电池补加蒸馏水的好处是,可以在运行后的充电电流作用下使蒸馏水很快地与蓄电池内的电解液均匀混合。如果在收车后补加蒸馏水,则会因蒸馏水的相对密度较小而浮在电解液的上层,使电解液出现上下层相对密度不同,而加剧蓄电池的自放电。在北方的冬季还有可能导致结冰。

83. 蓄电池接线柱连接不良会带来什么后果?

如果汽车上的蓄电池极柱氧化,导线接头固定不紧,不仅会导致接触不良,充、放电流减小,而且会削弱蓄电池对电路尤其是电子电路的保护作用。

蓄电池不仅是汽车上的直流电源,它也相当于一个大的电容器,能够吸收电路中产生的瞬时过电压,保护电子元件。

例如,蓄电池接线良好时,汽车上由于各种负载变化而引起的过电压只有 20~30V,而在蓄电池接线断开,且出现最大负载电流切断时,电路中的瞬时过电压就可达 150~180V。这无疑会造成电子元件的损坏。可见连接好蓄电池电路是非常重要的。

84. 免维护蓄电池有哪些结构特点?

(1)极板栅架采用铅钙合金或低锑合金(锑占 1%~3%),能减少排气量、耗水量和自放电,蓄电池内阻小,输出电流大。普通铅蓄电池的极板栅架为铅锑合金,加锑(约占 5%~6%)是为了提高机械强度和改善合金的浇铸性质,但加锑后会增加水的分解以及电池的自放电(因为铅与锑之间有电位差),加剧了

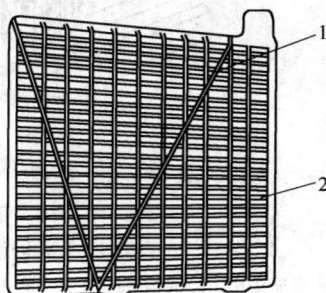

图 7-9　免维护蓄电池的栅架
1. 加强筋　2. 栅架

电解液的消耗。减少了锑的含量后,为了提高机械强度就加钙,并增添加强筋,如图 7-9 所示。

(2)如图 7-10 所示,隔板采用袋式(聚氯乙烯微孔塑料)隔板,将正极板包住,可保护正极板上的活性物质不致脱落,并防止正负极板短路。用这种隔板可取消壳体内底部的凸棱,使极板上部容积增大,提高了电解液的储存量。

(3)加装复合塞的通气装置,如图 7-11 所示。它可以安全通风,并可保持蓄电池内的氢气,避免与外部火花直接接触,以防爆炸。有的通气塞中还装入催化剂钯,可帮助排出的氢氧离子结合生成水,再回到电池中去,减少了水的消耗。这种复合塞还可使蓄

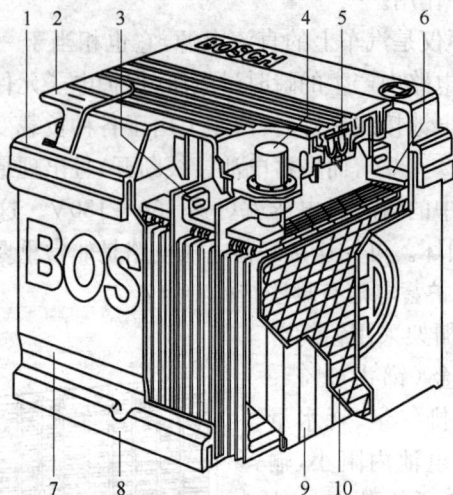

图 7-10　免维护蓄电池

1. 盖　2. 极柱盖　3. 单格电池连接器　4. 极柱　5.(出气)缝隙
6. 同极连接片　7. 壳体　8. 底栏　9. 塑料隔板及置于其中的正极板　10. 负极板

电池顶部和接线柱保持清洁,减少接头的腐蚀。目前,国内生产的免维护蓄电池其加液孔盖上的通气孔多采用迷宫式排气结构,也可减少电解液的蒸发。

(4)单格电池间的连接采用穿壁式贯通连接,可减少内阻。外壳可以用特殊塑料热压而成,由于壳体内壁薄,与同容量电池相比,重量轻、体积小。

(5)有的免维护蓄电池,在内部装有一支荷电情况相对密度计,如图 7-12 所示,它可以指示出蓄电池的充电情况。相对密度计用塑料制成,其下部的直管从蓄电池顶部插入电解液中,指示器内有一绿色小球,当电解液相对密度高于 $1.265 \mathrm{g/cm^3}$,或蓄电池充电到额定容量的 65% 以上时,小球即浮起,密度计顶部的圆点指示为绿色;当充电低于额定容量 65%,小球下沉,圆点指示变得模糊或呈黑色,表明蓄电池需要充电;若电解液低于极限值,密度计顶部的圆点变为透明无色,表明电解液已减少到极限值,或内部有损坏。这两种情况都必须更换蓄电池。这种蓄电池的缺点是成本较高。

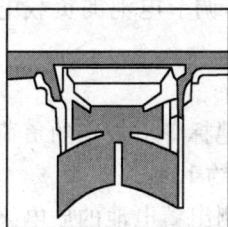

图 7-11 新型通风装置

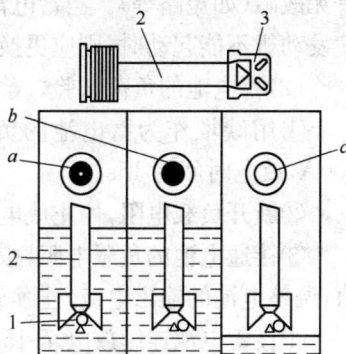

图 7-12 相对密度计

1. 绿色塑料球 2. 玻璃棒
3. 装小球的笼子
a. 绿色 b. 深绿色(或黑色)
c. 透明无色(或淡黄色)

许多制造厂已将免维护蓄电池改型为"少维护蓄电池",修改之处主要有:小盖做成可打开的,以便可测量、检查和调整电解液的液面和相对密度(少维护蓄电池不带内装式相对密度计);栅架材料含锑量大约 3.4%,纵向栅条改为斜的,与横向栅条非直角交叉,以缩短栅架的电流通路(减小电阻)和增加刚度,如图 7-13 所示。

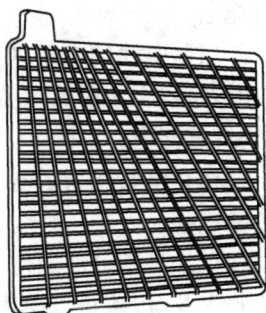

图 7-13 少维护蓄电池的栅架

85. 免维护蓄电池的使用方法是什么?

(1)蓄电池充电状况的检查。由上述可知,观察蓄电池充电状态指示器的颜色,便可确定蓄电池的充电程度,即绿色表示蓄电池充电程度在65%以上;黑色表示充电程度低于65%,表示需要充电;透明无电(或黄点)表明电解液已减少到极限值。此时,应检查蓄电池外上壳有无破损或裂痕以致电解液外漏,或汽车电气系统有无故障(如短路等)。当蓄电池中的电解液液面过低并难以供电使发动机不能起动时,则应更换蓄电池。

(2)蓄电池的负荷试验。蓄电池负荷试验步骤如下:

①用碳堆作为蓄电池的负载电阻,调节电池的负载电流至300A,放电时间约15s。

②断开负载电阻,停止放电,休息15s。

③接通电池的负载电阻,根据蓄电池标牌上规定的负荷试验值,调整电池的输出电流,连续放电时间约15s。

④在蓄电池连续放电至15s末时,测出蓄电池的放电终止电压后,立即停止放电。

⑤将测得的数据与负荷试验标准值相比较,当放电终止电压值小于最低标准值时,应更换蓄电池。

(3)蓄电池的充电。

①12V免维护蓄电池的充电电压调至14.4V,在室温环境下进行充电。

②当蓄电池的电解液从出气孔溢漏冒气或电解液温度高于45℃时,每隔1小时察看充电状态指示器是否出现绿点,若无绿点,则继续充电。

③在充电状态指示器出现绿点后,即停止充电,并对蓄电池进行负荷试验。

在免维护蓄电池的使用及更换时,应注意安全,电池盖应远离火焰和火花,以防止点燃挥发出的气体,使蓄电池爆炸,伤害操作人员。

86. 什么是胶体电解质铅蓄电池? 它有哪些优缺点?

(1)一般铅蓄电池中的电解质为硫酸水溶液,而在胶体电解质铅蓄电池中的电解质是用经过净化的硅酸钠(又称水玻璃或泡花碱)溶液与硫酸水溶液配制而成。因为硅酸钠溶液和硫酸水溶液混合后,凝结成稠厚的胶状物质,所以这种蓄电池被称为是胶体电解质铅蓄电池。

(2)其优点是:

①由于电解质呈胶体状,不会流动,无溅出,使设备、人体不会腐蚀,因此,使用、维护、保管和运动都比较安全。

②使用中只需加蒸馏水,不需调整相对密度,因此使用方便。

③由于电解质呈胶体状,可保护活性物质使其不易脱落,因此,蓄电池的使用寿命可延长约20%左右。

(3)其缺点是:

①内阻大。由于胶体电解质的电阻比硫酸电解液大,所以使蓄电池的内阻增大,容量有所降低。如常温起动容量只有一般铅蓄电池的80%,低温起动容量为一般铅蓄电池的50%。

②自放电厉害。因为胶体电解质和极板接触多少总有些不均匀,因而使极板各部分有差异,形成腐蚀电池,引起自放电,故自放电量远比一般铅蓄电池要大。

87. 胶体电解质蓄电池是怎样制造的?

制造胶体电解质铅蓄电池可分两步进行。

(1)蓄电池组装。组装蓄电池时,与一般铅蓄电池相同,只是在保护板上面加入 10~15mm 厚的玻璃丝(棉),再在玻璃丝上加一带色的塑料薄片(或赛璐珞)。玻璃丝(棉)是用来吸住析出的硫酸电解液。加带色的塑料薄片是用来观察蓄电池缺水情况的,薄片显色表示蓄电池不缺水;薄片不显色蓄电池缺水。

若用一般的铅蓄电池,在保护板上没有玻璃丝(棉)和带色的塑料薄片也可。

(2)胶体电解质的配制和灌注。配制方法有不等体积法和等体积法两种,现仅将等体积法介绍如下:

①配制相对密度为 $1.48\sim1.52g/cm^3$ 的硫酸电解液。

②配制相对密度为 $1.05\sim1.06g/cm^3$ 的硅酸溶胶。

③按体积比 1:1 的比例,将硫酸电解液倒入硅酸溶胶,搅拌 $30\sim60s$,迅速注入蓄电池中,约 $0.5h$,即凝结成胶体状态。

配制时用的硫酸电解液和硅酸溶胶相对密度越大,则凝胶速度越快,凝胶含水量越低,凝胶越硬。

88. 使用胶体电解质铅蓄电池时应注意哪些事项?

(1)配制好的硅胶电池,一旦凝胶后,在铅蓄电池极板组保护板上,能析出一些硫酸电解液。如保护板上部有玻璃丝(棉),则它能被吸住;若保护板上部无玻璃丝(棉),不要把析出的硫酸电解液抽走,因它能随着充、放电的进行,自动渗回去。

(2)胶体电解质铅蓄电池灌注后,静置 $2\sim3h$,即可按一般铅蓄电池初充电的方法进行充电。充足后,在加液孔中应补加少许硅酸溶胶和硫酸电解液的混合液(通常称之为补胶),使之平整,然后即可使用。

(3)使用过程中要经常往蓄电池里添加蒸馏水,忌加硫酸电解液。否则干了,极板上部要硫化,极板下部易腐蚀,蓄电池容易很快就会损失。

(4)忌过放电。因为过放电易使胶体电解质失去水分而变脆、开裂,此时加蒸馏水的,然后用小电流,延长充电时间,即可使之恢复过来。

89. 什么是碱性蓄电池? 有什么优缺点?

碱性蓄电池一般有铁镍蓄电池和镉镍蓄电池两种,其结构与铅蓄电池不同。以铁镍蓄电池为例,它的外壳由钢板制成,极板为钢质骨架,架上嵌有钢管,管壁有细孔,活性物质装在管内。正极板的活性物质是氢氧化镍,负极板的活性物质是海绵状铁,电解液是化学纯净的苛性钠或苛性钾溶液,相对密度为 $1.20\sim1.27g/cm^3$。由于电解液是碱性的,所以被称为碱性蓄电池。

与铅蓄电池相比,碱性蓄电池的优点是:外壳和极板的机械强度高,极板无硫化现象。长期不使用又不给予充电时,也不会影响其工作能力；工作可靠，能耐强电流放电；使用寿命长，是铅蓄电池的 4～6 倍。但其价格高，内阻大，且单格电池的电压较低 (1.32V)，12V 蓄电池需由 9 个单格组成。由于它具有以上缺点，所以在汽车上没有得到广泛应用。

90. 怎样自制简易充电机？

(1)用安全灯变压器改制。将一个安全灯变压器配一只或四只带散热器的硅二极管，即可组成一个半波或全波整流的小型充电机，如图 7-14 所示。半波整流时，负载直流电压为 $0.45U_2$，即 $0.45 \times 36V = 16.2V$，此电压可供一只 12V 蓄电池充电用；全波整流时，负载直流电压为 $0.9U_2$，即 $0.9 \times 36V = 32.4V$，此电压可供两只 12V 蓄电池串联充电用。图 7-15 中的可变电阻器是用来控制充电电流大小的，其规格为 1Ω20A。若无线绕变阻器，也可用两个三挡开关和两组 12V50/40W 的双丝前照灯灯泡组成一个变阻器（每个灯泡两灯丝的触点均要并起来）。使用它轮流拉出三挡开关 K1、K2，通过改变串入灯泡的数量，便能调节充电电流的大小，如图 7-15 所示。当拉到第二挡时，全部灯泡被隔除，充电电流达最大值。硅二极管的耐压值为 100V，额定工作电流按所配变压器容量而选定。

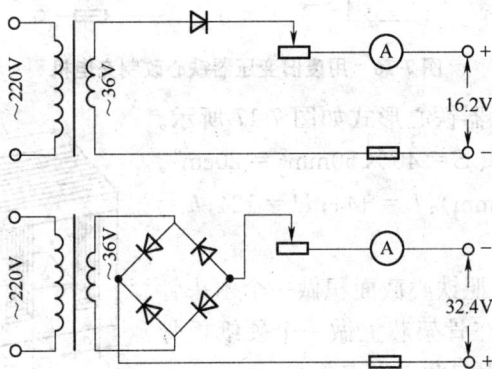

图 7-14　用安全灯变压器改制充电机

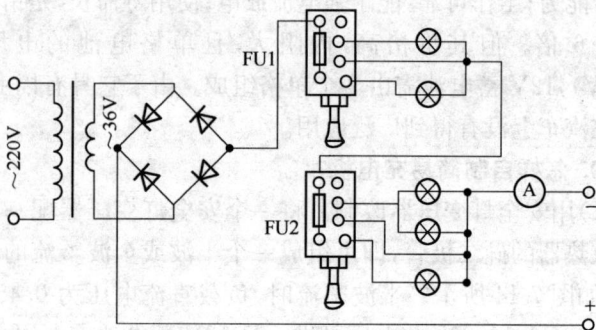

图7-15　用灯泡调节充电电流

(2)用废旧变压器铁心绕制。该充电机线路如图7-16所示。它与220V交流电源相接对,可对一只12V蓄电池进行充电,充电电流的大小是通过改变次级输出电压(改变次级线头接线位置)获得,最大充电电流不超过10A。具体制作方法是:

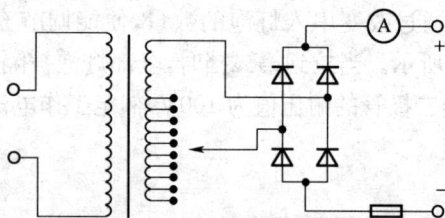

图7-16　用废旧变压器铁心改制充电机

①变压器铁心形式如图7-17所示。铁心截面积 $S = 40 \times 50mm^2 = 20cm^2$。其他尺寸(mm):$L = 144$;$H = 124$;$h = 72$;$c = 26$。

②先按照铁心截面积做一个木头骨架芯子,再在骨架芯上做一个硬纸板骨架,在骨架上包两层牛皮纸。

③绕制初级线圈。用 $\phi0.72 \sim$

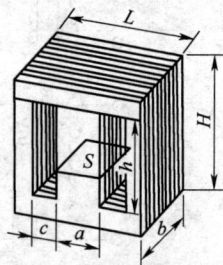

图7-17　铁心形式

0.86mm 漆包线共绕 500 圈,绕完一层后层间垫上绝缘纸工再绕第二层。初级线圈的两个抽头应留在骨架外面。

④在初级线圈外层包好绝缘纸后即可绕制次级线圈。用 3 股 ϕ1.35mm 漆包线并绕,绕到 30 圈时抽一个头,以后每绕 3 圈抽一个头,直至绕完 60 圈为止(使用时若充电电流不能在 0～10A 期间调整,还可适当增加次级圈数。)

⑤对称插入硅钢片,插完后用螺栓夹紧。

⑥将 4 只 2CA5A/100V 硅二极分别接好散热片,按极性接成单相桥式整流式整流电路,输出端分别接好车用电流表和 10A 熔丝保险。

(3)小型可控硅充电机。该机采用单相半波可控硅整流电路。如图 7-18 所示。当交流电压输入时,在同步变压器的次级绕组感应出一个交流同步电压,通过阻容移相桥加在可控硅的控制极上,只要改变可调电阻 R2 的阻值,即可调节可控硅的输出电压。

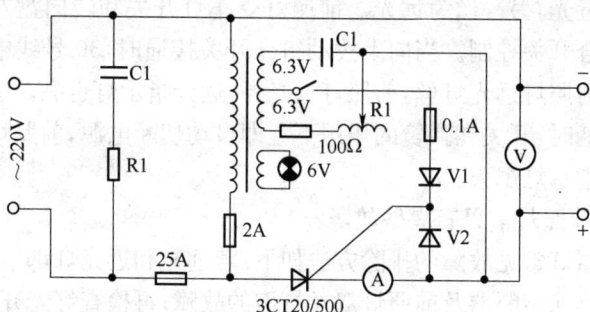

图 7-18 小型可控硅充电机

C1.500V5μF R1.50Ω50W C2.25μF R2.1K2W

R,D2.2cp13 变压器数据:铁心截面积 2.8cm²

初级 ϕ0.11mm 绕 3520 匝　次级 ϕ0.25mm 绕 210 匝

在 105 匝留中心抽头　指示灯绕组 ϕ0.11mm 绕 100 匝

R1、C1 为阻容保护,防止电压损坏可控硅。二极管 V1、V2 可以防止反向触发电压加在控制极上,避免反向击穿。C2、R2 和带中心抽头的次级绕组,组成了阻容移相式触发电路。

第八章 灯光与仪表、仪器设备
故障诊断与检修

1. 前照灯照明有什么要求？

世界各国都以法律形式明确规定了前照灯的照明标准,以确保夜间行车安全。其基本要求有两点:一是前照灯必须保证车前有明亮而均匀的照明,使驾驶员能看清车前 10m 以外的路段和物体,现代高速汽车其照明距离应达到 200～400m 范围。二是前照灯应具有防止眩目的装置,以免夜间会车时使对方驾驶员眩目而造成交通事故。我国交通法规规定,夜间两车相会,应将远光灯改为近光灯。

2. 前照灯的结构特点有哪些？

前照灯左、右各一只,其结构相同,如图 8-1 所示。桑塔纳、帕萨特的前照灯为卤素灯泡,每只前照灯泡均由双丝灯泡组成,其中一丝为近光,另一丝为远光。前照灯受车灯开关和转向盘左边的转向组合开关控制。当向上拨动组合开关接通时,30 号线电源直接接通前照灯远光灯丝,前照灯远光亮,远光指示灯也亮。但当松开开关柄时,开关在弹簧的作用下立即自动切断电源,前照灯远光及远光指示灯熄灭。

3. 前照灯常见有哪些故障？

前照灯常见故障的排除方法如下:若远光和近光灯都不工作,首先应排除熔断器及前照灯双丝灯泡的故障;再检查灯光开关,进行修理或更换。如近光或远光一边灯亮、一边灯不亮,首先应检查不亮的前照灯一边的灯座接线处是否良好,灯丝是否完好。如上述均正常,则应检查对应的熔断器和连接导线。若近、远光工作正常,但在变光时,仪表板上的指示灯不工作,则应检查仪表板、中央线路板及接线或指示灯。

4. 全封闭式真空灯有什么特点？

这种灯的反射镜和散光玻璃均用玻璃制成并为一个整体,内

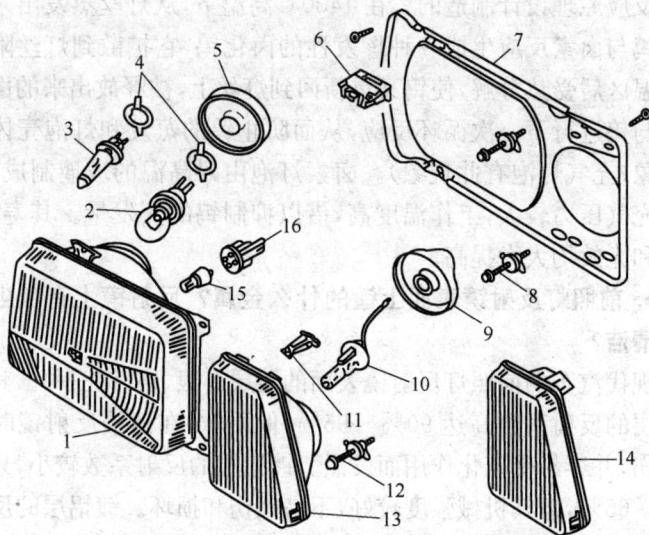

图 8-1　前照灯和雾灯

1. 前照灯灯罩　2. 白炽灯泡　3. 卤素灯泡　4. 夹紧弹簧　5. 护盖　6. 调整架
7. 灯架　8. 调整螺钉　9. 雾灯盖　10. 雾灯灯泡　11. 连接器
12. 雾灯调节螺钉　13. 雾灯　14. 雾灯灯罩　15. 边灯灯座　16. 边灯灯泡

充惰性气体,灯丝焊在反射镜底座上。这种灯的优点是,可以完全避免反射镜被污染以及遭受大气的影响。其缺点是,当灯丝损坏时需更换整个组合件。

5. 灯泡有什么特点?

　　灯泡目前有两种,即充气灯泡和新型卤素灯泡。充气灯泡的灯丝用钨丝制成,因为钨的熔点高、发光强。将灯泡空气抽出,充入惰性气体,惰性气体受热膨胀产生较大压力,可以减少钨的蒸发。但因蒸发仍不可避免,使灯丝损耗寿命缩短,因此现代汽车上已较少使用。

　　桑塔纳、帕萨特等轿车均采用卤素灯泡 H4 或 H1。卤族元素包括氟、氯、溴、碘。这种灯泡的灯丝仍为钨丝,但采用的是卤素再循环反应原理设计制造的。在1400℃高温下,从灯丝蒸发出来的气体钨与卤素反应生成一种挥发性的卤化钨,它扩散到灯丝附近的高温区后受热分解,使钨又重新回到灯丝上,被释放出来的卤素继续与钨进行下一次循环反应,从而防止钨的蒸发和灯泡壳体变黑现象(充气灯泡有此现象)。卤素灯泡由耐高温的玻璃制成,泡内的充气压力较大,工作温度高,借以抑制钨的蒸发量。其寿命、光色和光效均大大提高。

6. 前照灯反射镜表面上镀的什么金属? 反射镜上有灰尘时怎样清洁?

现代汽车的前照灯反射镜表面的镀层有银、铬、铝三种。其中镀银层的反射系数高达90%~95%,但质软,在清洁反射镜时易被擦伤,并容易受硫化作用而发黑。镀铬层的反射系数较小,只有60%~65%,但其机械强度较好,不易擦伤和损坏。镀铝层的反射系数达94%,机械强度较高,因此,国产汽车前照灯反射镜多采用真空镀铝。

如反射镜上稍有灰尘,用压缩空气吹净即可。

如反射镜是镀铬时,因硬度较高,可用麂皮沾酒精由反射镜内部向外或螺旋形轻轻地仔细擦拭,以免损坏。

有些汽车,在反射镜表面上涂有一层透明护漆膜,用以保护反射镜使其不致发暗或产生白斑。擦时应注意不要破坏这层漆膜。

反射镜如需经常清洁,表明散光玻璃和反射镜间的封垫失效,应予更换。若散光玻璃破裂,必须更换,以保护反射镜。

7. 前照灯防止眩目的措施是什么?

前照灯如灯泡功率足够大、光学系统设计合理时,可明亮而均匀地照明车前150m以上直至400m以内的路面。但是前照灯射出的强光会使迎面来车的驾驶员眩目。所谓"眩目"是指人的眼睛突然被强光照射时,由于视神经受刺激而本能地闭上眼睛,或只能看到亮光看不见暗处物体的生理现象。这时很容易发生交通事故。

为了避免前照灯的眩目作用,可采取以下措施:

(1)采用双丝灯泡。前照灯灯泡一般都采用双丝。远光灯丝功率较大多为 60W,位于反射镜的焦点;近光灯丝功率较小,一般为 55W,位于焦点上方(或前方、上前方)。当夜间行驶无迎面来车时,接用远光灯丝,使前照灯光束射向远方,便于提高车速,当两车相遇时,改用近光灯丝,使光束倾向地面,避免使迎面来车的驾驶员眩目,并使前 50m 内的路面也照得很清楚。双丝灯泡的原理如图 8-2 所示。

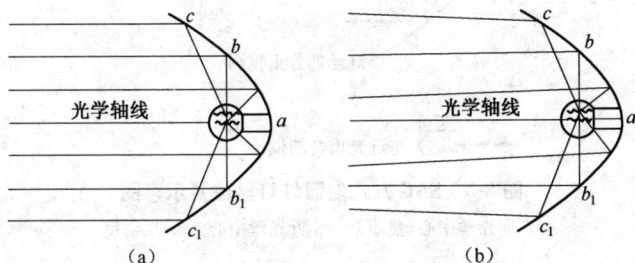

图 8-2　双丝灯泡工作原理

(a)远光灯丝工作　(b)近光灯丝工作

当接用远光灯丝时,灯泡光线由反射镜反射后,与光学轴线平行射向远方。当接用近光灯丝时,射到反射镜 bab_1 上的光线由反射镜反射后倾向路面,而射到反射镜 bc 和 b_1c_1(由焦点平面到端面)上的光线反射后倾向上方。由于倾向路面的光线占大部分,因而减小了对面车驾驶员的眩目作用。

美国 SAE(汽车工程师协会)方式的前照灯灯丝位置如图 8-3 所示,近光灯丝在位于焦点的远光灯丝的上方约 2mm 处,若面向散光镜看灯丝时,近光灯丝的中心向右侧偏移约 2~3mm。近光灯丝的偏位使反射镜的光与光轴形成偏角,通过散光镜后可按 SAE 规定计算小散光镜的组合。

从前面的配光光形倾向看,要使对面来车驾驶员眼部的亮度尽可能小,又要从前方行驶路线照明考虑,则配光结果接近远光。

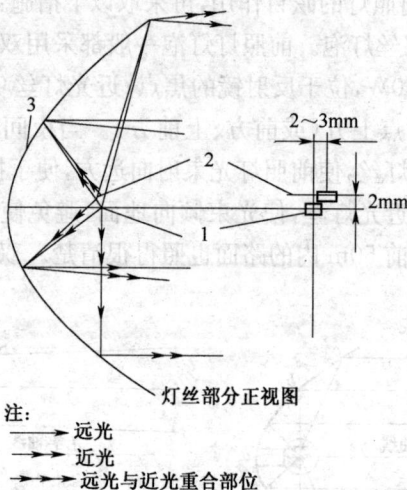

灯丝部分正视图

注：
⟶ 远光
⇉ 近光
⇶ 远光与近光重合部位

图 8-3　SAE 方式前照灯灯丝位置示意图
1. 远光丝中心(焦点)　2. 近光丝中心　3. 反射镜

因此,如只有双丝这一措施,实际在会车时,仍将本车对前方行驶路线的远方清晰性放在第一位。何况这种近光灯丝位于焦点上方的结构,射向上方的反射线也有一定的眩目作用。而且远光亮度愈亮,则变换近光时的远方照明就愈感觉暗(这与眼睛的生理适应性有关),驾驶时会产生不安全感觉。解决这一问题的方法,美国采取提高远方照明性的方法,普遍采用四灯式,装在同一高度。外侧二灯具有远光近光两个灯丝,近光灯丝位在焦点上,内侧两灯为单丝远光,位于焦点上。需要远光时,四个灯丝都亮。

(2)采用遮光罩。对于远光,前面介绍的两种方式差别不大,差别主要在对近光的配光。欧洲国家一般将重点放在进一步减少会车时的眩目上。

①遮光罩原理:远光灯丝置于反射镜焦点,近光灯线位于光轴上焦点的前方(接近散光镜一侧)并略高一点,在其下面有金属遮罩,由近光灯丝射向反射镜上部的光线,反射后倾向路面,而遮罩

阻隔了灯丝射向反射镜下半部的光线,这样就消除了向上方反射可能引起眩目的光线,如图 8-4 所示。

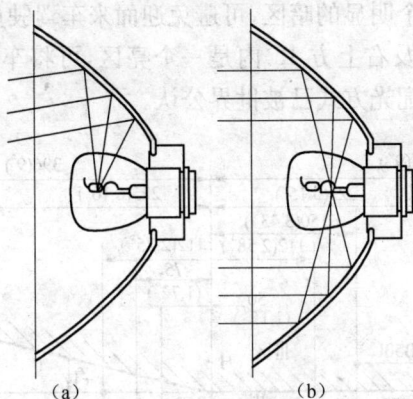

图 8-4　具有遮光罩的双丝灯泡
(a)远光灯丝工作　(b)近光灯丝工作

②ECE 采用的遮光罩:这种遮光罩做成左侧上方有与水平成 $15°$ 角的缺口,如图 8-5 所示。这样从近光灯丝发出的光除射向反射镜上方外,也射向左侧下方 $15°$ 内,使其有光,经反射镜反射形

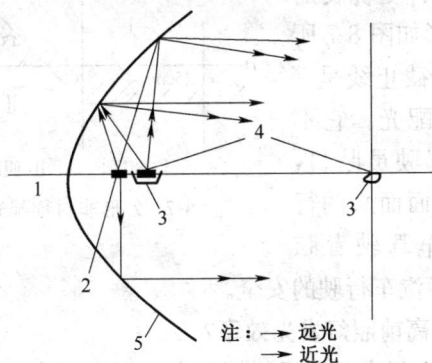

注:→　远光
　　→　近光

图 8-5　ECE 方式采用的遮光罩
1. 光轴　2. 远光灯丝(焦点)　3. 遮光罩(左上方有缺口)　4. 近光灯丝　5. 反射镜

成右侧上方 15°处内也有光,此光经散光镜的折射,获得非对称的明暗界限有清晰分割线的 ECE 方式近光配光图,如图 8-6 所示。上方区Ⅲ是一个明显的暗区,可避免迎面来车驾驶员的眩目,下方区域Ⅰ、Ⅱ、Ⅳ及右上方 15°内是一个亮区,可将车前和右方人行道照亮。这种配光方式已被世界公认。

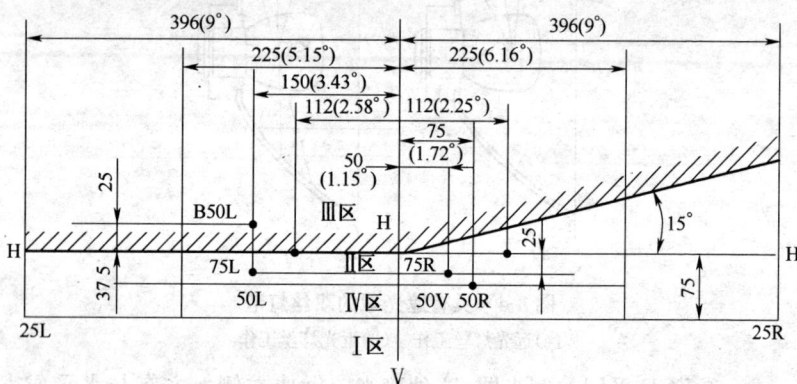

图 8-6 非对称近光配光图

③Z 形配光:近来,国外又发展了一种更优良的光形,其近光形如图 8-7 所示。由于明暗截止线呈 Z 形,故称 Z 形配光。它不仅可以防止驾驶员眩目,还可以防止迎面而来的行人和非机动车驾驶者眩目,更加保证了汽车行驶的安全。

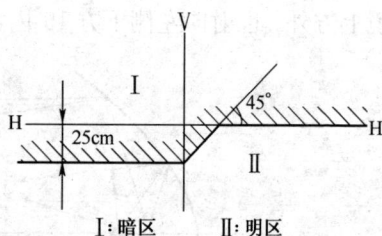

Ⅰ:暗区   Ⅱ:明区

图 8-7 Z 形非对称配光示意图

8. 如何提高前照灯发光效率?

采用多焦点复合曲面反射镜可大大提高近光灯的发光效率,抛物线反射镜和复合曲面反射镜的比较,后者的优点是:反射镜上下部分都可得到利用,其反射光均倾斜向下,即在 360°范围内利用了反射镜曲面的反射作用,而抛物面反射镜利用幅度为195°。应用多焦点复合曲面反射镜后,同样体积和同样的灯泡,光通量是抛物面反射镜的光通量的1.8倍,因此在解决眩目的同时车前近处照得十分清楚。这样,反射镜自身实现大部分配光任务,配光镜只需提供辅助功能,因而配光镜的倾斜角度可以加大,以满足日益提高的空气动力学的要求。

9. 前照灯的形状、类型有哪些?

(1)前照灯的形状。过去一直用圆形的前照灯。但从1975年以后采用矩形前照灯的汽车日益增加,如桑塔纳、帕萨特等均为矩形。矩形前照灯可降低汽车前脸的高度。

(2)前照灯类型。

①按照灯光组的结构分有封闭型和半封闭型两种。封闭型的结构特点是配光镜和反射镜合为一整体,形成灯泡,灯丝焊在反射镜底座上,其结构如图8-8所示,可做成充气型或卤素型。封闭型的好处是密封性能好,反射镜不会受到大气的污染,反射效率高,使用寿命长,但灯丝烧坏后需更换整个灯光组,成本较高。

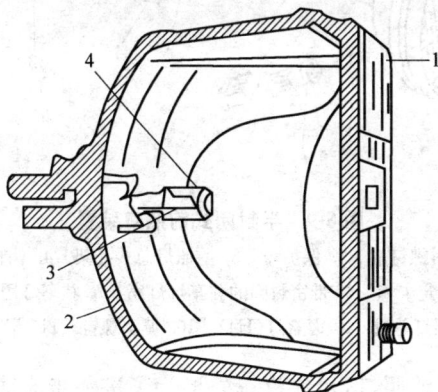

图8-8　封闭型前照灯
1. 配光镜　2. 封闭的灯芯壳　3. 灯丝　4. 充碘蒸气的内装灯泡

　　半封闭型前照灯的配光镜与反射镜用粘结剂等方法粘合使之不能脱开并密封,再装于灯壳内,灯泡的装拆可以从反射镜的后方进行,无须拆开光学组件,如图 8-9 所示。采用这种装置,汽车制造厂才能按需要生产任何式样的配光镜,以便改进汽车空气动力特性、燃料经济性和汽车造型。灯泡可以从反射镜后端装入,更换时只能拿灯泡的基座,切勿用手指触摸新灯泡的玻璃,否则,存留在灯泡的油污,不仅影响亮度,也会大大缩短灯泡的寿命。

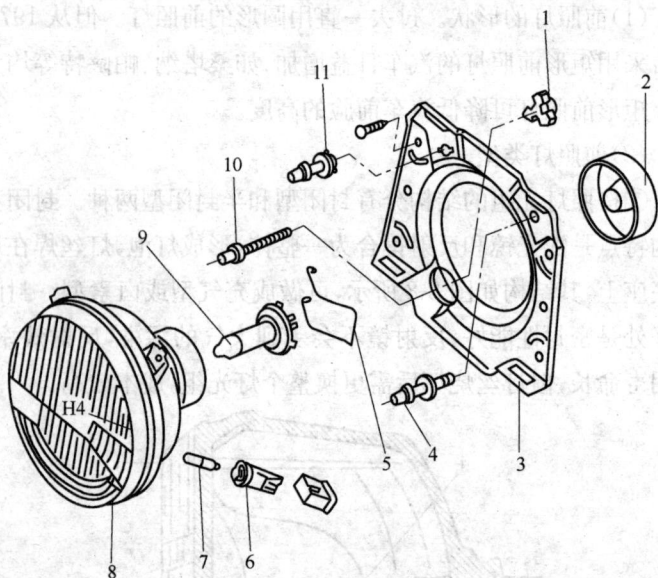

图 8-9　半封闭式前照灯装置

1. 塑料螺钉座　2. 保护盖　3. 前照灯总成托架　4. 调整螺钉
5. 固定卡箍　6. 带密封圈的驻车灯灯座　7. 驻车灯用灯泡
8. 前照灯总成　9. 卤素灯(H4)　10. 调整螺钉　11. 塑料支架

　　②内藏式前照灯:目前汽车外形为了进一步流线化,极力避免突出部分,因此有的汽车选用内藏式前照灯,将前照灯嵌在翼板内。这种前照灯与一般的内装式不同,不用前照灯时,便将它隐藏

在前照灯盖门后面,灯光开关拨到 Head 挡时,前照灯盖门开启。前照灯盖门可由电动机开闭,或由真空推杆起闭,先进汽车则由车身计算机控制。这样设计的目的主要是为了改善汽车的空气动力性和燃油经济性,并丰富轿车款式。

10. 前照灯电子控制装置是怎样工作的?

为了提高汽车夜间行驶的速度,确保行车安全,也为了停车、存车需要照明的方便并减轻驾驶员操作的疲劳,不少轿车都采用电子控制装置对前照灯进行自动控制,或由车身计算机进行直接控制。根据所要实现的控制功能,其电子装置有前照灯会车自动变光器、前照灯昏暗自动发光器和前照灯自动开灯/延时关灯系统等。

这些电子装置的基本结构大致相同,通常由光敏器件、电子控制电路、电磁继电器(执行机构)等组成。

(1)自动开灯/延时关灯系统。当环境亮度降低时(如当汽车白天通过山洞、森林道或忽然乌云密布天空昏暗等),该装置能自动点亮前照灯和外部照明灯。另外,当汽车停驶后,为驾驶人员下车离去提供一段照明时间,以免摸黑离开车辆。自动开灯/延时关灯系统包括以下部件:光电管和放大器单元、供电器继电器和延时调节器。该系统感受外界亮度的光电管装在仪表板里面。对于大多数系统,要自动模式起作用,灯光开关必须在 off 挡。

如图 8-10 所示,蓄电池 1 的电压经灯光开关 9 加至功率(供电)继电器 7 的常开触点上,此触点接至前照灯 10。蓄电池电压的另一路,经熔断丝加至功率(供电)继电器 7 的另一个常开触点,此触点接外部灯光 8。

为了开动自动开灯/延时关灯系统,光电管和放大器单元 5 必须收到来自点火开关 2 的电压。当环境亮度降低时,光电管内阻增大,当内阻增大到预定值时,光电管和放大器单元中的放大器被触发并激励供电继电器 7 线圈,使上述两个常开的触点闭合,从而点亮了前照灯 10 并通过线路 8 接通外部照明灯。

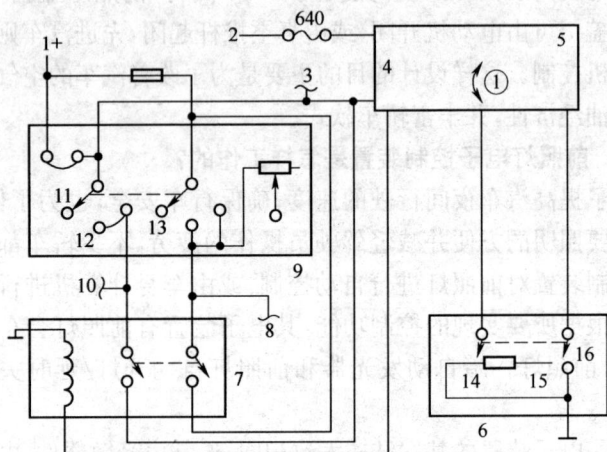

图 8-10 自动开灯/延时关灯系统原理图

1. 蓄电池 2. 点火开关在运行挡时 3. 往自动变光器 4. 光照调节器
5. 光电管和放大器单元 6. 延时调节器 7. 功率继电器
8. 接外部照明 9. 灯光开关 10. 远、近光继电器和前照灯
12. 前照灯 13. 驻车 14. 最小 15. 最大 16. 关断

有些系统,设置了延时调节部件 6,它是一个电位计,利用电位计发信号给光电管和放大器单元 5,要放大器单元接预定时间长短解除功率继电器 7 的激励,即驾驶员离车前可以有延时调节器 6 设定前照灯继续点亮多长时间。

(2)前照灯自动变光器。新型的前照灯自动变光系统利用固体电路模块与电磁继电器等控制远光/近光的变换,大多数系统由以下主要部位组成:对光的照射敏感的光电管和放大器单元、远/近光继电器、灵敏度调节器、变光开关和前照灯闪光超车继电器。前照灯自动变光器电路如图 8-11 所示,图中为变光开关 6 置于自动挡,光电器 18 未受到光线照射(未受迎面来车前照灯的照射)的情况。其中:

①光电管和放大器单元 18 常装在后视镜支架上,蓄电池正极通过接点 20 给该单元提供电源,自身搭铁。

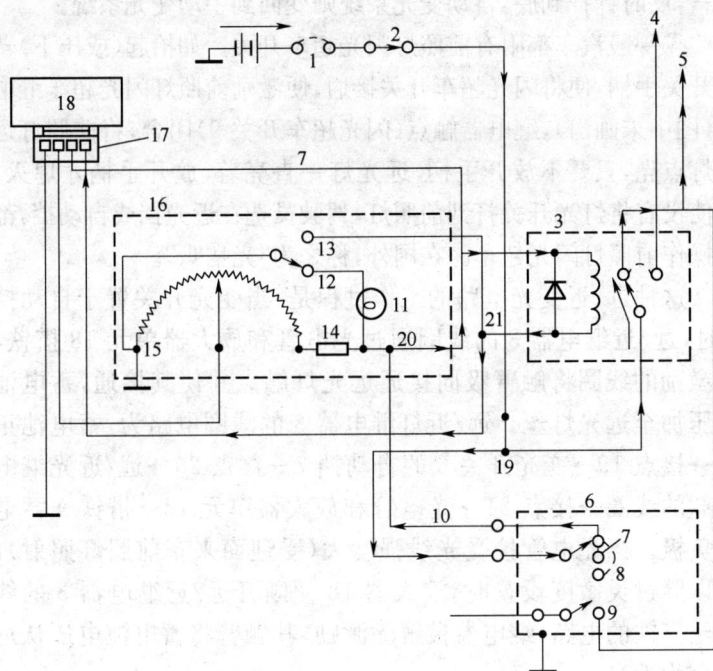

图 8-11 前照灯自动变光器电路

1. 22A 电路断电器 2. 灯光开关总成 3. 远/近继电器 4. 至近光

5. 至远光 6. 变光开关与闪光超车开关(点火开关置于运行时才起作用)

7. 自动挡 8. 近光挡 9. 闪光超车开关 10. 转向信号开关的变光部分

11. 指示灯 12. 接通 13. 关断 14. 阻值最大(灵敏度低)

15. 阻值最小(灵敏度高) 16. 灵敏度调节器 17. 芯插接件

18. 光电管和放大器单元 19、20、21. 接点 D. 钳位二极管

②远光/近光继电器 3 是一只单臂双位继电器,为防止瞬变电压损坏光电管和放大器,在继电器线圈两端跨接一支钳位二极管 D。

③灵敏度调节器 16 是一个电位计,装在灯光开关旁,或是开关的一部分。往灵敏度高方向调节,迎面汽车离得还远就变换近

光;若反时针拧到底,自动变光系统则变回到手动变光系统。

④一般汽车都附有前照灯闪光超车开关。如抬起(或压下)转向开关手柄,便将闪光超车开关接通,便激励前照灯闪光超车继电器(图中未画出),继电器触点(闪光超车开关 9)闭合,将前照灯远光灯点亮,只要不放开手柄,远光灯一直亮着,放开手柄才熄灭。即使没有将灯光开关打到前照灯,驾驶员选在近光挡或自动挡,都可操作前照灯闪光超车。在国外,称之为"光喇叭"。

这种远/近变光电路的工作过程是:当变光开关置于自动挡 7 时,远/近继电器 3 的线圈通过光电管和放大器单元 18 搭铁,被激励的线圈将触臂吸向接通远光灯触点并使其接通,蓄电池电压加至远光灯丝。远/近灯继电器 3 的线圈电路为:蓄电池正极→接点 19→变光开关 6 的自动挡 7→接点 20→远/近光继电器 3 的线圈→接点 21→光电管和放大器单元 18→搭铁→蓄电池负极。当光电管接受光线强度大(受迎面来车前照灯照射),足以胜过灵敏度设置时,放大器 18 便断开远/近继电器 3 的线圈至搭铁的电路,继电器被解除激励,其触臂将蓄电池电压从远光变为近光。

11. 检修或更换灯开关时,怎样识别各类灯线接头?

可根据电路图,按照各类线接头的颜色、号码进行识别。若不易分辨,也可参照下述方法识别。

(1)先找"电源"线头(火线头)。灯开关的电源线头号一般先经电流表然后从点火开关"电源"线头。

(2)按灯光分辨各灯线头。将各灯线接头分别与"电源"线头相触,按其接通的灯光进行分辨、识别。例如,其一线头与"电源"线头相触时小灯亮,那么该线头即为小灯线接头。

(3)与开关接线。将识别出的各灯线接头,参照原车电路图接线原则与 1 开关接线。

12. 怎样检修照明装置?

检查步骤:一般分为四步,一保险、二灯泡、三线路、四搭铁。

检查熔丝时,若无火,需向开关电路方向检查,有火时需检查灯泡。

分析说明:照明电路包括前照灯、小灯、尾灯、牌照灯和仪表灯等。汽车照明设备的数量因汽车的型号和用途的不同而各异。有的汽车装有近百个灯,从耗电量 0.27A 的微型指示灯到耗电超过 5A 的封闭式前照灯。无论是进口汽车还是国产汽车,照明电路按上述步骤检查都是容易解决的。除此之外,为便于维护,还应掌握新型汽车灯具的一些结构特点。例如新型汽车的前照灯多为封闭式,内装双丝灯泡,一根为远光灯丝,其功率较大,位于反射镜焦点上;另一根为近光灯丝,其功率较小,位于反射镜焦点的上方或前方。前照灯寿命短经常是由于电压过高所造成的,也可能是由于蓄电池电路接点松动或腐蚀及充电过度引起。这时应检查电压调节器。灯暗是由于电压低,低电压可能由于电路接头松动或腐蚀所致,也可能是蓄电池充电不足。

13. 前雾灯有什么特点?

在雾天、雨、雪或尘埃弥漫的道路条件下行车,前雾灯作为辅助照明,以其特殊的配光为行车提供安全。

在上述天气条件下,前照灯的照射光束会产生强烈的反射光,导致严重的眩目,驾驶员感到车前白茫茫的一片光亮,难以看清道路情况。这种反射光的强度随光波长度增加而减少,为此,国外把 H3(个别为 H1)卤素灯泡作为前雾灯光源。其配光性能、发光强度与前照灯的近光灯相近,形状有圆形和矩形两种。

桑塔纳轿车准备了左右对称的两只黄色或白色前雾灯,其结构为先进的多椭圆型或透镜型反射镜,如图 8-12 所示。采用透镜型雾灯可以得到清晰的明暗截止线,更宽阔的视野,在行车前方由近及远的均匀的照明。

雾灯的安装位置应尽可能低点,希望其光束呈左右细带状的光形分布,以免由于空气中的雾粒产生的光线乱散射而造成光膜现象,影响双方驾驶员的视野。雾灯一般安装在汽车保险杠上,或其上下两侧,并且与前照灯一样必须特别注意对光。

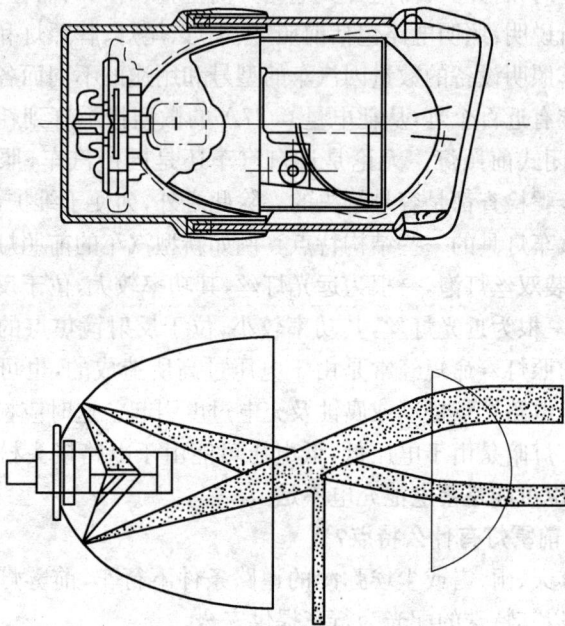

图 8-12   桑塔纳前雾灯结构及照明特点

14. 后雾灯有什么作用?

也是在天气恶劣条件下行驶时点亮,提醒后车司机注意保持车距,以免造成追尾撞车事故。按 ECE 法规,汽车后部安装一只或两只红色后雾灯并且其连接电路必须保证在前雾灯或前照灯接通时才能工作。轿车在车后安有一只后雾灯,与制动灯、停车灯等一起组成后组合灯。

15. 后尾灯的结构与作用是什么?

后尾灯是尾灯、转向灯、停车灯、倒车灯、制动灯的组合,如图 8-13 所示。桑塔纳轿车的尾灯兼作停车灯用。

常见故障及维修:当接通点火开关时,将灯光开关拨至 2 位,若某个前小灯或尾灯不亮,通常是灯泡损坏,更换即可。如遇某侧的前小灯和尾灯均不亮,可能是相应的熔断器烧坏,但少数情况是

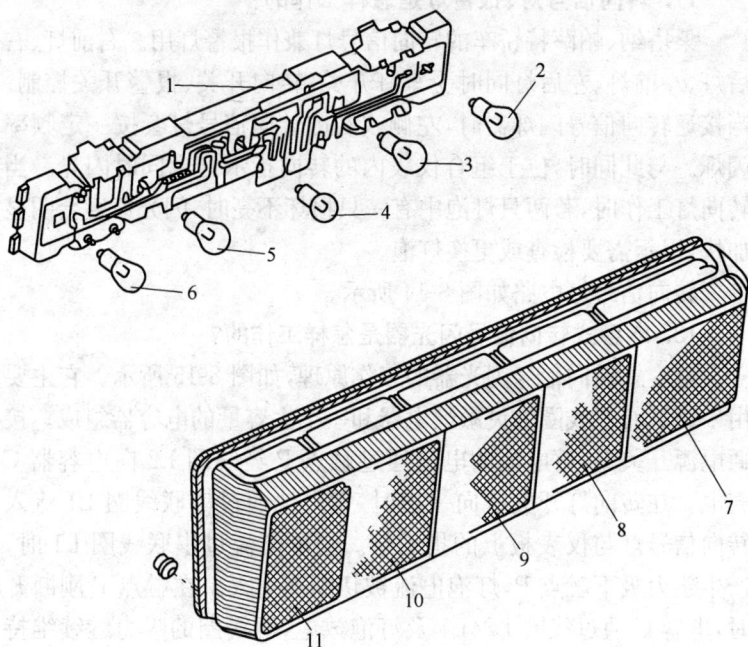

图8-13　后尾灯

1. 灯泡座架　2. 倒车灯泡　3. 后雾灯灯泡　4. 尾灯灯泡　5. 制动灯灯泡
6. 转向灯灯泡　7. 倒车灯　8. 后雾灯　9. 尾灯　10. 制动灯　11. 转向灯

开关损坏。如果接通点火开关,灯光开关处于2位时,前小灯与尾灯均正常,而断开点火开关,接通停车灯开关后灯均不亮,应检查停车灯开关。反之,则应检查灯光开关。

16. 行李箱灯是怎样工作的?

顶灯和行李箱照明灯,都是由30号线电源经熔丝供电。行李箱照明灯受安装在行李箱盖结合处的行李箱照明灯开关控制,打开行李箱时开关闭合,照明灯亮,关上行李箱则照明灯灭。当行李箱灯在行李箱盖打开时不亮,应检查灯泡、熔断器、灯泡与灯座的接触等。

17. 转向信号灯、报警灯是怎样工作的?

桑塔纳、帕萨特轿车的转向信号灯兼作报警灯用。右前灯、右后灯、左前灯、左后灯同时受车灯开关、转向开关、报警开关控制。当接通转向信号闪烁器时,左侧或右侧转向信号灯会按一定频率闪烁。与此同时,位于组合仪表内的转向指示灯也同时闪光。当转向灯工作时,若两只灯泡中有一只损坏不亮时,闪光速度会明显加快,以示需要检查或更换灯泡。

转向信号灯电路如图 8-14 所示。

18. 电容式转向信号闪光器是怎样工作的?

电容式转向信号闪光器的工作原理,如图 8-15 所示。它主要由一个具有双线圈的灵敏继电器和一个大容量的电容器组成。接通电源开关 K,蓄电池的电流通过触点 P 经线圈 L2 向电容器 C 充电。在转向灯开关拨向一边时,蓄电池通过串联线圈 L1 流入转向信号灯与仪表板上的指示灯。当电流流过串联线圈 L1 时,产生磁力吸下触点 P,灯泡电流被切断而熄灭。在触点 P 刚断开时,电容 C 通过线圈 L2、L1 及灯泡放电,两线圈的吸力继续维持触点 P 断开。放电电流消失后,在触点臂弹力的作用下触点 P 又处于闭合状态,在线圈 L2 中流入充电电流,在线圈 L1 中流过负载电流,由于两者电流方向相反,磁场互相抵消,触点 P 仍然闭合,灯泡继续点亮。当蓄电池的电流通过线圈 L2 向电容 C 充电终了时,其充电电流减小,两线圈产生的电磁力失去平衡,触点 P 又被吸开,灯泡熄灭。如此反复工作,转向信号灯即以一定的频率闪烁发光,以示车辆转弯的方向。

当某一转向信号灯泡断丝时,负载电流减半,线圈 L1 产生的电磁力变弱,触点 P 一直闭合,转向灯始终不灭,则表示转向信号闪光电路系统有故障。

19. 晶体管转向信号闪光器是怎样工作的?

晶体管转向信号闪光器性能稳定可靠,已被广泛采用,其工作原理如图 8-16 所示。当电流开关 2 接通时,电源通过电阻 R2、R6

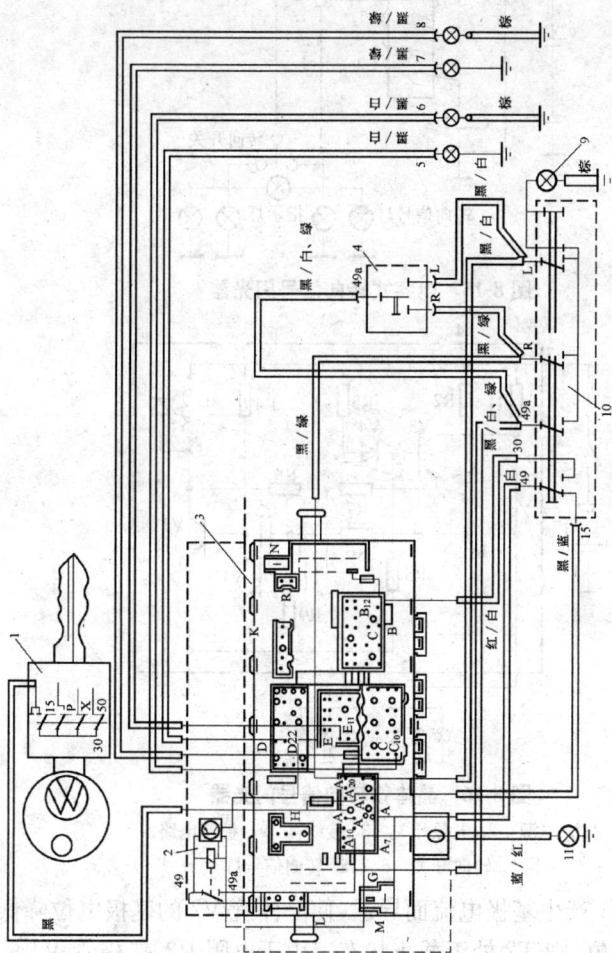

图 8-14 报警与转向灯接线图

1. 点火开关 2. 转向、报警灯继电器 3. 中央线路板 4. 转向灯开关 5. 前左转向灯 6. 后左转向灯
7. 前右转向灯 8. 后右转向灯 9. 报警闪光装置指示灯 10. 报警灯开关 11. 仪表板处转向灯指示灯

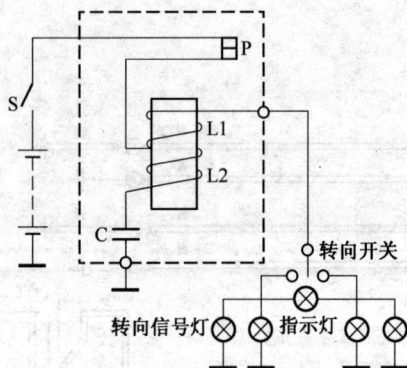

图 8-15　电容式转向信号闪光器

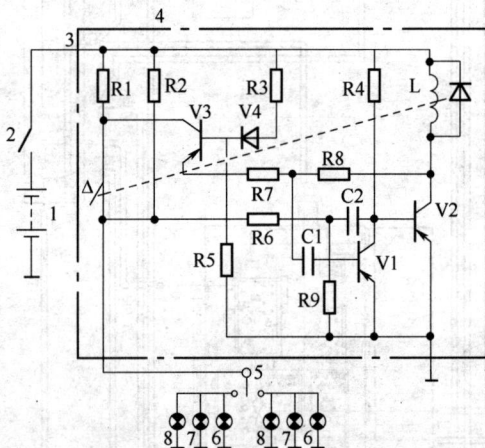

图 8-16　晶体管转向信号闪光器
1. 电源　2. 电源开关　3. 接线柱　4. 控制电路
5. 转向开关　6、7、8. 转向信号灯

使晶体管 V1 产生基极电流而导通,使晶体管 V2 的基极电位降低而接近地电位,则 T2 处于截止状态。由于电阻 R3、二极管 V4 的电压降,使 V3 的基极电位低于发射极电位则 V3 导通;通过电阻 R7 对电容 C1 充电,当电容 C1 充满电时,晶体管 V3 的集电极电位升高而使 V3 截止,拨动转向信号灯开关 5 到左边位置,由于信

号灯的电阻很小,使 V1 的基极接近地电位而截止,V2 的基极电位升高而导通,继电器线圈 L 通电,触点 K 闭合,电源通过检测电阻 R1 点亮转向信号灯及指示灯,电容器 C1 通过 R8、V2、R9 放电,V1 的基极电位变低,V1 继续截止。在电容器 C1 放电过程中,接至 V1 的基极电位逐渐升高,最终达到晶体管 V1 的导通电压时,电源通过电阻 R1、触点 K、电阻 R6 产生 V1 的基极电流,V1 导通,V2 的基极电位变低而截止,继电器线圈 L 断电,触点 K 断开,转向信号灯熄灭。当触点 K 断开时,V1 的基极经电阻 R6 及电阻值很小的信号灯接地,V1 截止而 V2 导通,继电器触点 K 闭合,转向信号灯又亮。重复上述过程,转向信号灯则以一定的频率闪烁发光,指示车辆转弯的方向。

20. 电子闪光器是怎样工作的?

电子闪光器可分为全部由晶体管组成的闪光器、由晶体管振荡电路加小型继电器组成的闪光器和由集成块加小型继电器组成的闪光器三种。目前国内采用全晶体管闪光器的很少,因为其成本较高,代替继电器的末级功率的压降较大,影响闪光器的技术指标。有继电器的闪光器因其衔接周期性地吸合和释放,发出有节奏的声响,作为闪光器的音响信号是一大优点,加之元件较小,成本较低,因此采用较多。

晶体管带继电器式闪光器的基本原理见图 8-17 所示。它主要由一个晶体管 V 所组成的开关电路和小型触点式继电器组成。当汽车右转弯时,接通开关 S、S2,右转向信号灯亮。电路由电池正极→电源开关 SW→接线柱 B→电阻 R1→继电器 J 的常闭触点 K→转向开关 S2→右转向信号灯→搭铁→回蓄电池负极。

当晶体管 V 导通时,其基极电流 Ib 向电容器 C 充电,充电电路由蓄电池正极→电源开关 SW→接线柱 B→V 的发射极 e、基极 b→电容 C→电阻 R3→转向灯信号灯开关 S2→右转向信号灯→搭铁回到蓄电池的负极。随着电容器 C 的两端电荷的积累,充电电流逐渐减小,晶体管 V 的集电极流 Ic 也随之减小,当此电流减

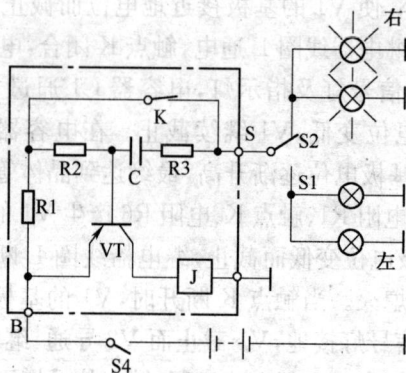

图 8-17　晶体管带继电器式闪光器

J. 继电器　K. 继电器触点　S. 转向开关

小到不足以维持继电器 J 衔铁的吸合而释放时,继电器 J 的闭合触点 K 又重新闭合,右转向信号灯再次发亮。这时电容器 C 则通过电阻 R2→继电器 J 常闭触点→电阻 R3 组成放电回路而进行放电,其放电电流在 R2 上的电压降为晶体管 V 提供反向偏压,加速了晶体管 V 的截止,使继电器触点保持闭合,从而延长了(或维持)右转向信号灯点亮的时间。

当电容器 C 接近放电终了时,R1 上的电压降又为晶体管 V 提供偏压而导通,继电器 J 线圈磁力使常闭触点 K 断开,右转向信号灯熄灭。

综上所述,随着电容器 C 的不断充电和放电,晶体管 V 不断导通和截止,控制着继电器 J 的常闭触点 K 不断打开与闭合,使转向信号灯发出闪光信号。同时,继电器 J 衔铁周期性地吸合与释放,发出有节奏的响声。

桑塔纳、帕萨特轿车装用的 JSG142 型闪光器,也是晶体管带继电器式闪光器。对其他 12V 电系的车辆也适用。当转向信号灯有一个损坏时,闪光器频率会明显加快,因此该闪光器也可做危险报警之用。

21. 电热丝式闪光器是怎样工作的?

电热丝式闪光器结构简单、成本低,但闪光频率不稳、寿命短、信号亮暗不够明显。其工作原理如图 8-18 所示。

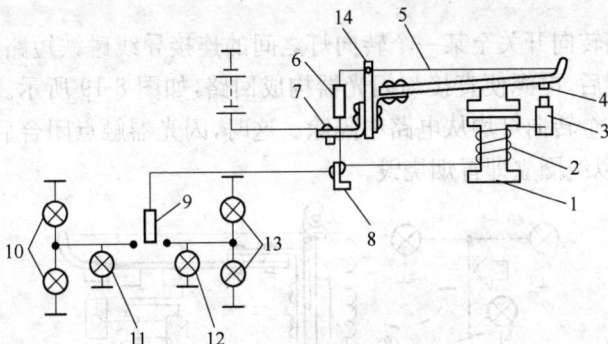

图 8-18　电热丝式闪光器

1. 铁心　2. 线圈　3. 固定触点　4. 活动触点　5. 镍铬丝　6. 附加电阻丝
7、8. 接线柱　9. 转向开关　10. 左(前、后)转向信号灯　11. 左转向指示灯
12. 右转向指示灯　13. 右(前、后)转向信号灯　14. 调节片

图中镍铬丝 5 具有较大的线膨胀系数,附加电阻 6 也由镍铬线制成。不工作时,活动触点 4 在镍铬丝 5 的拉紧下与固定触点 3 分开。当接通转向开关 9,电流经镍铬丝 5 和附加电阻 6 经转向信号形成回路。因电阻较大电流较小,转向信号灯不亮。经过短时间后,镍铬丝受热膨胀而伸长,使触点 3、4 闭合,将镍铬丝 5 和电阻 6 短路,线路中电阻小电流大,转向信号灯亮。镍铬丝因被短路逐渐冷却而收缩,又打开触点 3 与 4,转向信号灯又变暗。

如果坏了一只转向信号灯,在触点 3、4 分开时,与电阻 6 对比起来,因坏了一灯增加的电阻值可忽略不计,因此转向信号灯暗的时间可看作基本不变。当镍铬丝因通过电流加热伸长而使触点闭合时,电阻 6 与镍铬丝被短路,电路电流因少一分支的灯而减少,减少了线圈 2 对触点 3、4 的吸合力,因此镍铬丝所需冷却时间会短一些就可将触点拉开,即转向信号灯亮的时间减少了,因而总的闪动频率加快,提示转向信号灯有损坏。

22. 接通转向开关后闪光器为什么立即烧毁?

闪光器本身不是负载,而是一个间歇性的开关,因此它必须与转向灯串联使用而不能单独与电源构成回路,否则会造成损坏、烧毁。

当转向开关至某一个转向灯之间的连接导线碰铁短路时,开关接通后,电源便直接与闪光器构成回路,如图 8-19 所示。同一侧的三个转向灯均从电路中隔除。这时,闪光器触点闭合后无负载,所以线圈立即冒烟烧毁。

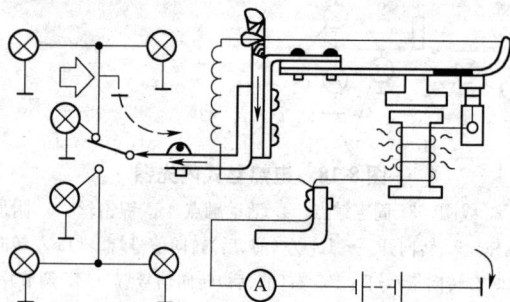

图 8-19　线路碰铁引起闪光器烧毁

出现上述故障时,必须先查清短路部位并予排除,然后才能换用新的闪光器。检查时,应拆下转向开关位于烧闪光器位置所接通的三个灯线接头,先确定短路发生在哪条灯线,然后再在该线路内确定短路部位。注意,判断闪光器本身是否良好时,应采用隔除法,如图 8-20a 所示,而不能用短路划火法,如图 8-20b 所示。

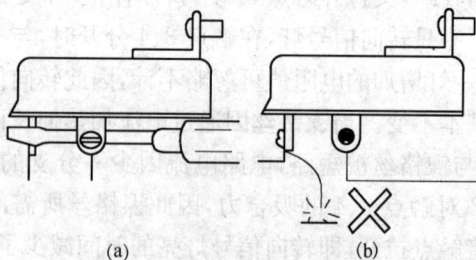

(a)　　　　　　　　(b)

图 8-20　判断闪光器好坏的方法

SD型热线电磁式闪光器,若只烧毁了线圈部分,可用 ϕ0.5mm玻璃丝包圆线绕47圈。

23. 使用闪光器应注意什么?

(1)闪光器应按规定的工作位置装在没有剧烈振动的地方。

(2)装用的灯泡负荷必须符合所选用的闪光器的规定,以保证闪光频率。

(3)使用电容式和晶体管式闪光器时,应注意搭铁极性。

(4)应注意防止转向灯回路(特别是灯座部分)发生短路,为此,在电源接线柱的引线中应接入适当的保险装置。

24. 怎样检查转向信号电路故障?

若拨动转向开关时,左、右灯均不亮,应首先检查熔断丝是否烧断,检查从熔断丝和闪光器这段电路的连接状态是否良好。若无导电,则可按下列顺序检查。

(1)检查闪光器是否工作良好。

①检查时,先拆下闪光器上的两根导线。

②将此两根导线短接。

③把转向开关接通,左、右有危险报警开关时可接通,这时若左、右灯全亮,则电路是好的,故障出在闪光器;若不亮,应判断是否开关有问题。

④把转向信号灯开关分别置于左、右转向位置。若灯亮,则说明开关电路是好的,否则,应进行下一步检查。

(2)检查开关各连接处和测试开关的整体导通情况。

(3)开关扳向左、右方时,灯亮灭次数不一样,应进行下列检查:

①检查有无不亮的灯,检查不亮灯的灯座和电线连接情况是否正常。若灯丝断,则更换灯泡。

②检查灯泡的亮度有无差异,若有差异,应把较暗的灯的各连接部位搭铁,灯座牢固连接。

③检查转向信号灯、停车灯、示宽灯或侧转向信号灯等有无连

接错误。

(4)若左、右灯亮灭次数不准确,其原因:

①比标准亮灭次数多,可能是灯泡功率大或闪光器损坏引起。

②比标准亮灭次数少时,可能是灯泡功率小或闪光器搭铁极性接反,也可能是闪光器或闪光开关损坏。

25. 为什么转向灯明亮不闪烁?

转向灯开在左位时,左转向信号灯和左转向指示灯出现正常亮度而不闪烁;转向灯开关在右位时,右转向信号灯和转向指示灯出现正常亮度而不闪烁。以上现象表示,闪光器继续触点烧结或无间隙。

26. 为什么转向灯闪烁快慢不一致?

打开左转向开关时,左转向信号灯和左转向指示灯灯光闪烁快,而打开右转向开关时,右转向信号灯和右转向指示灯闪烁慢,或右灯闪烁快而左灯闪烁慢。故障原因主要是:闪烁慢的电路各接线柱太脏,氧化物过多,搭铁不良;闪烁快与慢的灯泡功率不同。

27. 为什么接通转向开关时,左右两侧的转向灯同时闪烁?

转向灯电路,是将两后灯的搭铁线连在一起,然后再与车架的铁体相连接。当这条公用"地线"搭铁不良时,若接通右侧的转向灯电路,电源通往右后转向灯丝的电流便不能直接搭铁,而经过公用"地线"流至左后转向灯丝、再通过左前小灯的转向灯丝搭铁,因此,四个转向灯同时发亮闪烁,但光度明显差异(右前小灯亮而其余灯暗)。电路连接正常时,装在驾驶室内的转向指示灯亮度清晰,而发生上述故障时,则灯光很弱。

28. 为什么接通转向开关后,两个前小灯闪光且亮度不一?

这是因为闪光亮度正常一侧的前小灯的两根"火线"短路而引起。若左前小灯两"火线"短路而接通左侧转向灯时,由闪光器来的电流便一路经左前小灯转向灯丝(21 烛光)搭铁,另一路经两"火线"的短路处→前左小灯灯丝(6 烛光)→小灯过桥线→右小灯灯丝(6 烛光)→搭铁,因两电路成并联与闪光器相接,故均闪光,且烛光数大的左灯亮，而烛光数小的右灯暗。

29. 大小灯经常被烧毁是什么原因？

灯丝经常被烧，多半是发电机的端电压过高的缘故。

发电机电压越高，通过灯丝的电流越大，发热量越多，温度越高。所以灯丝很容易烧蚀熔断。因此，遇到这种情况时应及时调整节压器的弹簧拉力，适当降低发电机的端电压，以延长灯泡的使用寿命。

30. 在汽车电路中出现短路搭铁现象应怎样检查？

当接通开关时，熔丝立即熔断，说明开关所接用电设备的电路中有短路搭铁的地方。检查方法如下：

(1)若开关接通的只有某个用电设备，则说明发生短路搭铁处就在开关到这个用电设备之间的电路中。如图 8-21 所示。

确定具体发生短路搭铁的方法见图 8-21b、c，先从蓄电池正极引出一根火线，然后从用电设备一端开始，向开关方向按次序逐段拆开导线接头，每拆下一个线头，即用火线碰一下，见图 8-21b。若在 1 处碰火，用电器工作正常。若在 2 处碰火，见图 8-21c，会有"叭"的一声，并跳出火花，但用电器仍不工作，则短路搭铁处就发生在 1 与 2 之间的电路中，重新

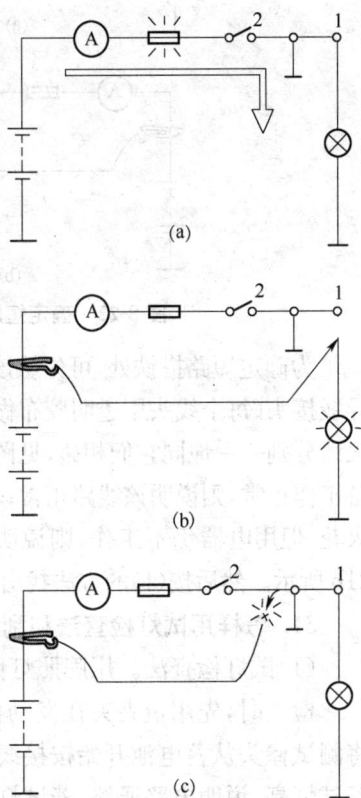

图 8-21　确定短路搭铁处的方法

做好绝缘。

（2）若开关接通的是多个用电设备，则说明其中某个用电设备的电路中有短路搭铁处，如图 8-22 所示。

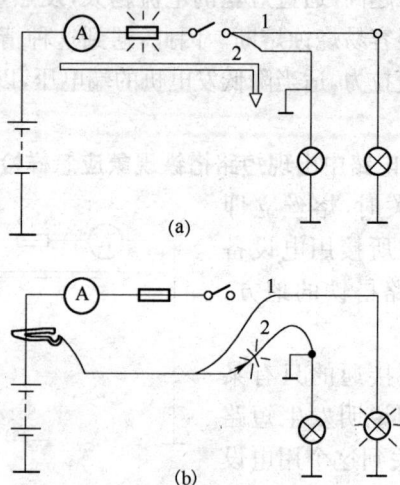

图 8-22 确定短路搭铁线路的方法

为确定短路搭铁处，可先从该开关上拆下烧保险所接通的全部导线接头（每个线头用透明胶布做好记号，以免弄错位置）。然后用火线分别一一地同它们相碰，见图 8-21b。若与 1 处相碰时，用电设备工作正常，则说明该线路正常；若与 2 处相碰时，"叭"的一声产生火花，但用电器仍不工作，则说明该电路中有短路搭铁处，如图 8-21b 所示。然后按（1）的方法找出电路出的具体的短路搭铁处。

31. 怎样用试灯检查法和刮火检查法检查电路断路？

（1）试灯检查法。用牌照灯做一个试灯，如图 8-23 所示。

检查时，先用鱼夹夹在发动机或车架上（搭铁），接通开关后，将测试棒头从蓄电池开始按接线顺序，逐段向用电设备方向检查，若试灯亮，说明电路通路，若试灯不亮，则说明电路断路，断路处在试灯亮与不亮之间的这段电路中。

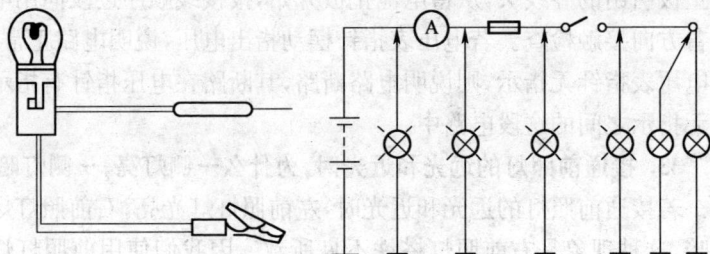

图 8-23 用试灯检查断路

(2)刮火检查法。用一根细导线使其一端依次与用电设备火线上各接线柱相接,用另一端头在发动机机体上瞬间刮火,出现火花的则电路畅通,无火花出现的电路即为断路,断路处在有火花与无火花之间的这段导线上。如图 8-24 所示。

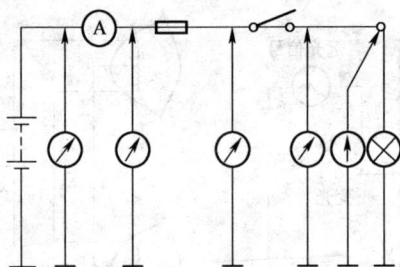

图 8-24 用刮火检查断路

使用这种方法时要严格注意,导线刮火时,刮碰发动机机体的时间应特别短,以免熔丝熔断。

32. 怎样用仪表检查法检查电路断路?

有一直流电压表或万用表(利用万用表时必须用电压挡,而且量程必须高于本车用电电压,否则会烧坏万用表。使用仪表检测电路应注意极性,即电压表的正极接电源正极,负极与电源负极相接,对于负极搭铁的汽车,仪表的负极应接到发动机或车架上)。使用直流电压表检查时,应把从电压表负极接线柱引出的导线接在发动机或车架上,再从正极引出一条导线。接通开关后,用电压表正极引出的导线头,从蓄电池正极开始,按接线顺序逐段向用电设备方向接触检查。若电压表指针摆动指出电压,说明电路正常;如电压表指针无指示,则说明电路断路,其断路在电压指针有指示与无指示之间的这段电路中。

33. 接通前照灯的远光和近光时,为什么一侧灯亮,一侧灯暗?

若接通前照灯的远光和近光时,左前照灯灯光亮,右前照灯灯光暗,这种现象是右前照灯搭铁不良所致。因我们使用前照灯灯泡是双丝的,一根灯丝是远光,另一根灯丝是近光,两根灯丝共用一条回路搭铁线。

如图 8-25 和图 8-26 所示,接通前照灯开关时,图中粗箭头表示流经左前照灯的电流通路,细箭头表示流经右前照灯的电流通路。

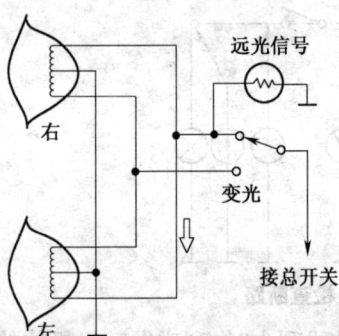

图 8-25　右前照灯搭铁不良,
接通远光的电路

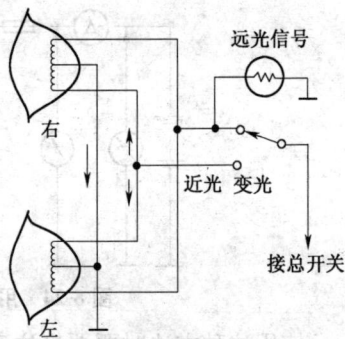

图 8-26　右前照灯搭铁不良,
接通近光的电路

接通远光开关时,如图 8-26 所示,电流经导线通过左前照灯远光灯丝后搭铁构成回路。

由于右前照灯搭铁不良,因而流经右前照灯远光灯丝的电流,只能通过右前照灯近光灯丝,再经过左前照灯的近光灯丝后搭铁构成回路。因此右前照灯的导线回路中电阻增大,电流减小,所以使右前照灯远光变暗。

当接通近光开关时,由于右前照灯搭铁不良,通过右前照灯近光灯丝的电流,只有经过右前照灯远光灯丝,再经导线通过左前照灯远光灯丝搭铁后构成回路。因此右前照灯近光电流只有通过三个灯丝才能构成回路。所以增大了电路中的电阻,减小了通过右前照灯的电流、右前照灯近光变暗。为解决这个故障,应仔细检查右前照灯的搭铁线,并清理干净接触处的锈蚀、污垢并接实,即可排除。

但一侧的前照灯灯泡用得过久应该更换,若继续用,也会出现前照灯一侧亮一侧暗的现象。或者两侧灯泡的功率不同或电压不同,属于用错灯泡也会出现前照灯一侧亮一侧暗的现象。

34. 换用真空灯时,怎样识别其搭铁极?

换用真空前照灯芯前,首先通过灯脚的玻璃看清粗细灯丝的插脚,粗灯丝为远光,细灯丝为近光,它们共用一条接地线(搭铁),剩余的一个插脚为搭铁极,安装时要认清灯的插脚,插错了灯不会亮。

35. 发电机警报灯是怎样工作的?

一旦打开点火开关,该灯即亮,发动机起动后,该灯熄灭。行驶中如该灯亮,说明电源系统有故障,应立即停车关机,检查发电机多楔传动带或V型传动带,如发现传动带断裂,则车辆切不可继续行驶,因此时冷却液泵不再工作,须立即更换传动带。如传动带未断裂,该警报灯仍亮,此时汽车仍可暂时应急行驶,但车上用电由蓄电池供给,应尽快进行检修。

36. 冷却液温度/液面警报灯是怎样工作的?

打开点火开关后,该灯闪亮数秒钟后熄灭。如果数秒钟后灯仍不熄灭,或行驶时,因冷却液温度过高,液面过低该灯闪亮,则必须立即停车,关闭发动机,检查冷却液面或检查散热器风扇熔丝,并加以处理。如该灯仍不熄灭,则需进一步检修。

37. 机油压力警报灯是怎样工作的?

打开点火开关后该灯即亮,起动后熄灭。起动后,若该灯仍不熄灭,或行驶时该灯闪亮,并且在发动机转速超过 200r/min 时,蜂鸣警报器发出警报声,则必须立即停车关机,检修处理。此警报灯不能代替液面高度的检查。

38. 电流表是怎样工作的?

目前汽车上表示蓄电池充放电和发电机工作是否正常多数用充电指示灯,但也有仍用电流表和电压表表示(或作为辅助表示)的。常规电流表有电磁式和动磁式两种,以电磁式电流表为例,其工作原理如图 8-27 所示。

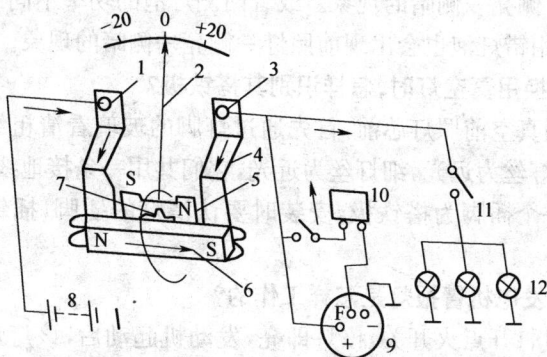

图 8-27　电磁式电流表

1.3. 接线柱　2. 指针　4. 黄铜板条　5. 软钢转子　6. 永久磁铁　7. 转轴
8. 蓄电池　9. 发电机　10. 调节器　11. 点火开关　12. 用电设备

电流表串接在充电电路中,用来指示蓄电池充电或放电的电流值。把它做成双向的,表盘的中间为"0",两旁各有读数 20(或30),并有"+"、"-"两个标记。发电机向蓄电池充电时,指示值为"+",蓄电池向用电设备放电时,指示值为"-"。

黄铜条 4 固定在绝缘底板上,两端与接线柱 1 和 3 相连,下面与永久磁铁 6 紧固,磁铁的内侧在转轴 7 上装有带指针 2 的工字形软钢转子 5。当没有电流通过电流表时,软钢转子 5 在永久磁铁的作用下被磁化,转子 5 磁化后的极性与永久磁铁的极性相反,因而两者互相吸引使指针保持在中间"0"的位置。

当蓄电池放电,电流表由接线柱 1 通过黄铜板条 4 流向接线柱 3 时,在它的周围便产生磁场,其方向可按右手定则判定,与永久磁铁的磁场方向相垂直,因此,产生了合成磁场,这个合成磁场磁力线的方向与永久磁铁磁力线方向成一个角度,因此,软钢转子就转到了合成磁场的方向,与软钢垂直的指针也一并偏移了一个角度。图 8-28 表示软钢转子和指针的偏转。图中 H_1 是永久磁铁磁场的作用力,H_2 是电流产生的磁场作用力,H_0 为合成磁场作用力。电流越大,它所产生磁场 H_2 越大,指针偏转 α 角也越大,并且指针指向负的一方。

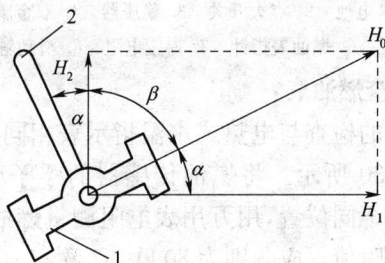

图 8-28　合力磁场与指针的偏转

1. 转钢转子　2. 指针

H_1:永久磁铁磁场作用力　H_2:电流产生磁场的作用力

H_0:合成磁场作用力　α:指针偏离垂直方向的角度

39. 电热式燃油表是怎样工作的?

燃油表的工作原理,如图 8-29 所示。接通点火开关 2,在油箱无油时,液位传感器浮子 9 处于最低位置,电流从蓄电池正极经点火开关 2、稳压器 3、燃油指示表加热电阻丝 5、液位传感器电阻 7、滑动触点 8、搭铁到电池负极。由于传感器电阻全部串入电路,通过燃油表加热线圈的电流很弱,双金属片 4 弯曲变形很小,指针停在缺油位置;当油箱的油量增加时,浮子 9 上漂,滑线电阻 7 上的滑动触点 8 移动,传感器电阻仅少部分串入电路,流入加热线圈 5 中的电流增大,双金属片被加热,弯曲变大而带动指针 6 向油箱油量增加的方向偏转,其偏转量随油箱储油液面的升高而增大。

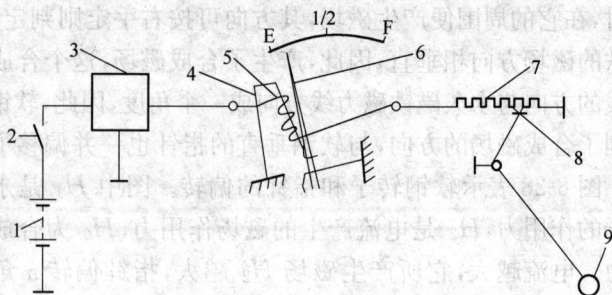

图 8-29　电热式燃油表

1. 蓄电池　2. 点火开关　3. 稳压器　4. 双金属片
5. 燃油表电阻　6. 燃油表指针　7. 厚膜电阻　8. 滑动触点　9. 浮子

40. 怎样检查燃油表?

燃油指示表的检查与电热式水温指示表相同;燃油表传感器的检查,如图 8-30 所示。将燃油传感器的浮子分别置于无油、1/2、充满油三种不同位置,用万用表电阻测量燃油传感器在上述三种位置时的电阻值。应分别为 80 欧、37 欧和 10 欧。

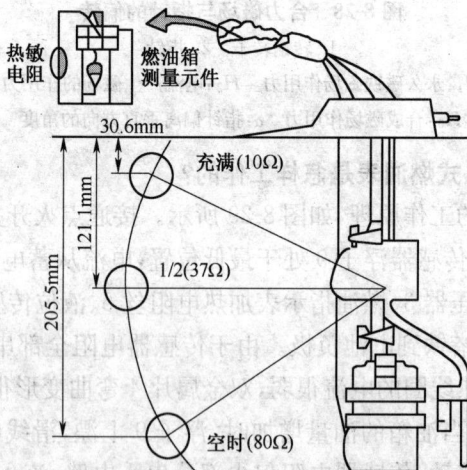

图 8-30　燃油传感器的检查

41. 水温表是怎样工作的?

如图 8-31 所示,为热敏电阻式水温表的结构示意图。它由热敏电阻温度传感器、电热双金属片水温指示表和触点振动式稳压器所组成。水温表中的热敏电阻片是热敏感元件,其电阻值随着温度的升高而显著变小。双金属片是由两种膨胀系数相差很大的金属压合而成的,当其受热温度升高时,双金属片会向着膨胀系数小的一边弯曲;温度下降时,它又会逐渐复原。

发动机水温较低时,温度传感器的热敏电阻的阻值变大,则电路中的平均电流变小,温度表中双金属片的挠曲变形小,温度表指针指向低温。发动机水温升高时,热敏电阻的电阻值变小,电路中的平均电流增大,电阻丝的发热量增加,双金属片的挠曲变形加大,水温表的指针向高温方向偏转。

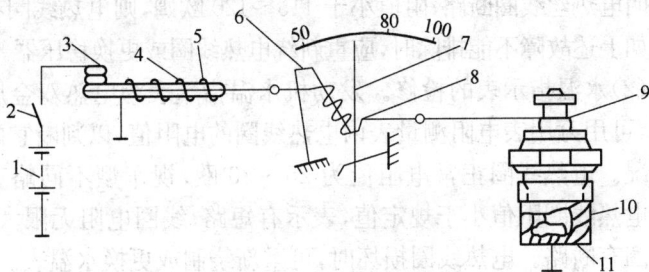

图 8-31　热敏电阻式水温表

1. 蓄电池　2. 点火开关　3. 稳压器触点　4.6 双金属片　5. 加热线圈
7. 指针　8. 加热电阻丝　9. 温度传感器　10. 传感器外壳　11. 热敏电阻

42. 怎样检修水温表?

(1)触点振动式稳压器的检修。为减小电源电压波动对仪表指示精度的影响,在仪表电路中接入触点稳压器,其结构如图 8-32 所示。

通常用万用表电阻检查其技术状况,将两表笔分别接触稳压器的 5 与 7 处,电阻值应为 0 欧;若电阻为无限,则触点不通,应用细砂布打磨清洁触点。用万用表两表笔跨接在稳压器的 6 与 3 处,其电

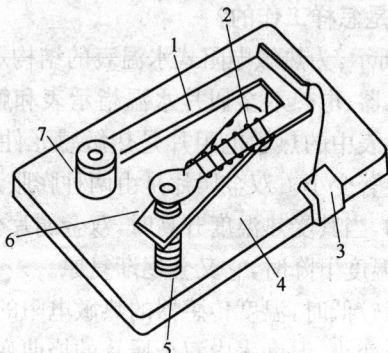

图 8-32 触点振动式稳压器
1. 双金属片 2. 电热线圈 3. 搭铁 4. 底板
5. 调整螺针 6. 触点 7. 铆钉

阻值约为 115~120 欧,随车型不同其值略有差别;如阻值无限大,则说明电热丝线圈断路;阻值小于 115~120 欧姆,则电热线圈有短路。如上述故障不能排除时,应重新绕电热线圈或更换稳压器。

(2)水温指示表的检修。发动机水温指示表为电热双金属片结构,可用万用表电阻测量表内电热线圈的电阻值,以判断它的技术状况。电热线圈正常电阻值为 25~30 欧,视车型不同略有差异。电热线圈阻值小于规定值,表示有短路;线圈电阻无限大,说明线圈有断路。电热线圈损坏时,可重新绕制或更换水温表。

(3)温度传感器的检查。温度传感器的核心部件是热敏电阻,其阻值随温度的不同而变化。检查时可将传感器置于温度可调的水中,用万用表电阻测量温度传感器在不同温度时的相应电阻值,依车型不同其阻值略有差别(见图 8-33 所示)

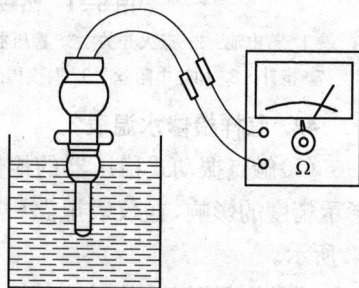

图 8-33 温度传感器的检查

燃油表、水温表的接线,如图 8-34 所示。

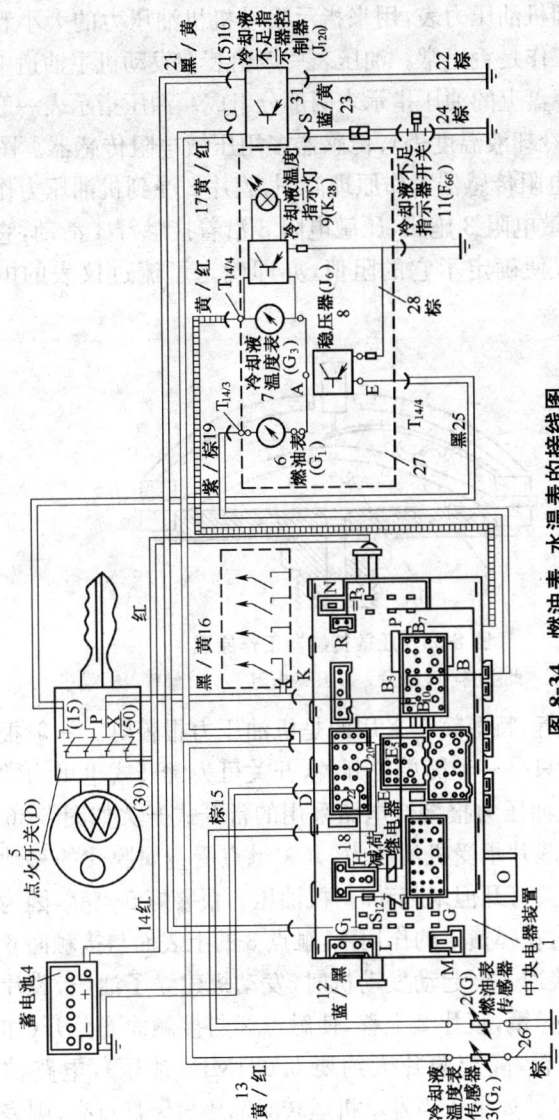

图 8-34　燃油表、水温表的接线图

1. 中央电气装置　2. 燃油表传感器 (G)　3. 冷却液温度表传感器 (G2)　4. 冷却液温度表传感器 (G2)　5. 点火开关 (D)　6. 燃油表
7. 冷却液温度 (G3)　8. 稳压器 (J6)　9. 冷却液温度指示灯 (K28)　10. 冷却液不足指示器控制器 (J120)
11. 冷却液不足指示器开关 (F66)　12. 蓝黑线　13. 黄红线　14. 红色线　15. 棕色线　16. 黑黄色线　17. 黄红色线
18. 中间继电器（减荷继电器）　19. 紫棕色线　20. 黄红色线　21. 黑黄色线　22. 蓝色线　23. 蓝色线　24. 棕色线
25. 黑色线　26. 黑色线　27. 仪表线路板　28. 棕色线

43. 机油压力指示系统是怎样工作的?

油压表即机油压力表,用来指示发动机机油压力的大小和发动机润滑系工作是否正常。油压表一般由装在发动机主油道中的传感器和仪表盘上的油压指示表两部分组成。油压指示表一般用双金属式(同冷却液温度表),传感器多用压敏电阻传感器。图 8-35 所示压敏电阻传感器工作原理简图,膜片 2 受到机油压力作用而拱起,对压敏电阻 3 施压,压敏电阻 3 沿着接触臂 4 滑动,它在接臂上的位置便确定了它的阻值,亦即确定了流过仪表的电流数值。

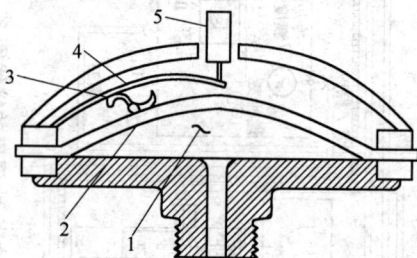

图 8-35　压敏传感器工作原理

1. 油压流入此空腔　2. 膜片　3. 压敏电阻　4. 接触臂　5. 端子

桑塔纳、帕萨特等轿车采用的是机油压力报警灯。一般报警灯用的传感器只是一个简单的开关,开关可为常开式也可为常闭式。大多数机油压力报警灯电路采用的常开式开关如图 8-36 所示。传感器的膜片承受机油压力,开关触点受金属膜片的移动控制。当点火开关打开但未起动时,机油压力报警灯 5 点亮,因为膜片未受到压力,在弹簧 4 的作用下,触点 3 的上表面与接触面 6 保持闭合,线路接通。当起动发动机时,发动机建立了油压,膜片承受油压而压紧弹簧,膜片 2 上移,使触点 3 与接触面 6 分开(如图 8-36 所示的位置,隆起膜片大约要 0.021MPa 油压),电路被切断,报警灯熄灭。如果正当发动机运转时油压报警灯点亮,则表示油压值低于 0.021MPa 的限值。

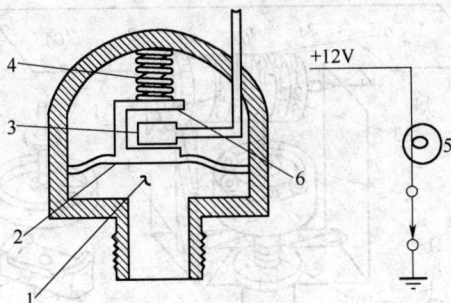

图 8-36 机油压力报警灯及传感器

1. 机油压力 2. 膜片 3. 触点 4. 弹簧
5. 机油压力报警灯 6. 膜片 2 与触点 3 的接触面

桑塔纳、帕萨特轿车机油压力指示比以上所述更完善一些,它由低压油压开关、高压油压开关、控制模块及机油压力指示灯组成。低压油压开关为常闭型,额定压力为 0.03MPa。当油压低于此值时,开关闭合,反之则打开。高压油压开关为常开型,其额定压力值为 0.18MPa,当油压高于 0.18MPa 时,开关闭合,反之,开关打开。

控制模块利用油压开关给的电信号,以及转速信号作为监测信号。当发生故障时,油压报警二极管显示,同时蜂鸣器发出报警声。当发动机怠速时,若油压小于 0.03MPa,发光二极管点亮;当发动机转速超过 2050r/min 时,如果油压小于 0.18MPa ,二极管闪亮 3s 后,蜂鸣器报警;转速下降到 2050r/min 以下时,蜂鸣器也保持报警,直到油压达到 0.18MPa 以上或关掉点火开关为止。

44. 里程表是怎样工作的?

车速里程表的构造如图 8-37 所示。车速里程表由车速表和里程表组成,其动力由变速器输出轴通过软轴传递。

车速表由主动轴、永久磁铁、铝罩、游丝、磁屏、指针轴和指针及刻度盘等组成。永久磁铁被铝罩罩住,相互间悬空。当汽车不行驶时,铝罩在游丝的作用下,使指针指向零位。变速器输出轴转

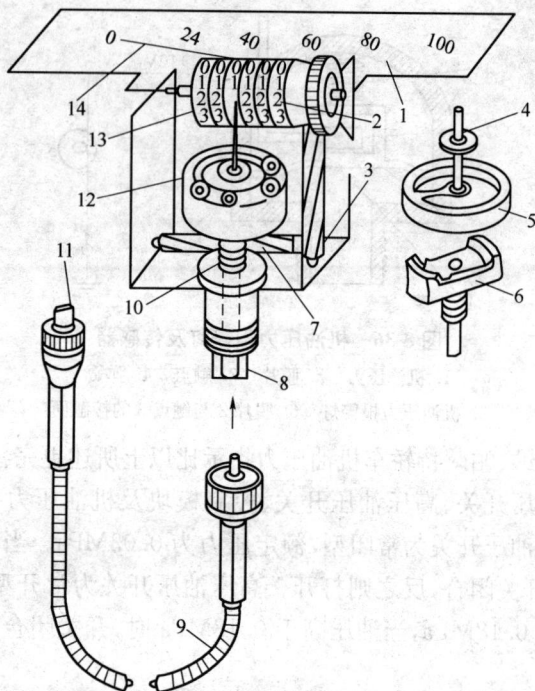

图 8-37 车速里程表

1. 刻度盘 2. 数字盘 3. 传动齿轮 4. 游丝
5. 铝罩 6. 永久磁铁 7. 蜗杆 8. 主动轴 9. 软轴
10. 蜗轮 11. 接变速器 12. 磁屏 13. 计数器 14. 指针

动时,主动轴带动永久磁铁旋转,磁力线在铝罩上产生涡流,建立了一个磁场,旋转的永久磁铁与这个磁场相互作用产生力矩,游丝的反作用转矩使指针平衡。车速越高,永久磁铁的旋转越快,铝罩上的涡流越大,它带动指针的偏转角越大,所指示的车速就越高。

里程表由三对蜗轮蜗杆和计数器组成,由主动轴驱动。汽车行驶时,主动轴通过三对蜗杆机构驱动里程表计数器。计数器为十进制,右边的一位数字转动一周后,左边的数字增加1。最右边的红色数字每转动一格表示汽车行驶 0.1km。

45. 怎样检修里程表工作指示不准?

机械式车速里程表不工作或指示不准故障的主要原因是:软轴间隙过大而脱落,传感器故障而引起指针不走,游丝损坏或被脏物阻卡而引起车速指示不准。查明原因后,可分别紧固、修复而排除。至于里程计数器,主要是软轴间隙过大而脱落、计数轮拨爪折断所致,应分别对症排除。

以上故障也可由软轴过分弯扭、软轴在轴套中转动不灵而引起,必须注意避免。

对于电子车速里程表而言,不工作的故障原因如下:传感器舌簧损坏,传感器与车速里程表连接线松动或脱落,车速里程表电路内部有短路、断路现象。其排除方法分别为更换传感器舌簧,检查并紧固传感器与车速里程表连接线,用专用仪器检修车速里程表电路。

指示不准的故障原因如下:传感器舌簧弹力不足,传感器塑料环损坏,传感器与车速里程表连接线接触不良,车速里程电路有虚焊、接触不良。其排除方法分别为更换传感器舌簧,更换传感器装于变速器输出轴上的塑料环,检查传感器与车速里程表连接线是否接触不良,检查车速里程表电路中是否有虚焊、接触不良之处,并给予修复。

46. 怎样检修转速表工作不正常?

转速表应检查其连接状况(包括电路板),参照图 8-38,可作以下检查修理:

(1)转速表背面有一个黑色三眼插座,检查其是否接触良好。

(2)检查仪表板上的印刷线路板是否完好。

(3)转速表背面的黑色三眼插座与印刷线路板相连接,三个插孔分别为:a、电源负极,b、电门开关"15"控制线,c、点火线圈"一端"。用万用表分别检查它们的状态。如果 a 插孔与电源负极接触不良,则应检查仪表板上白色 14 孔插座中棕色导线是否接地(仪表板上所有接地极汇合后,均由棕色导线引出,用电线胶布包

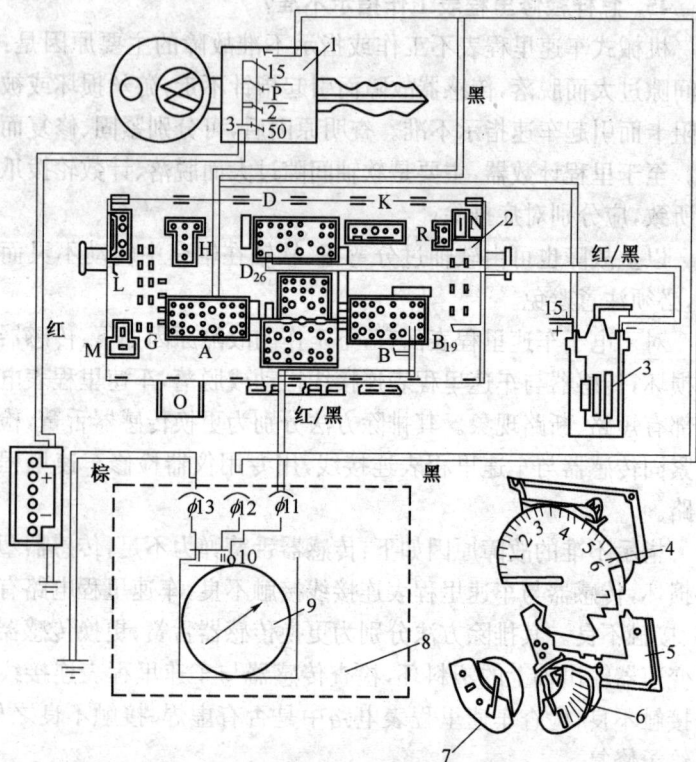

图 8-38　转速表接线图

扎,接在仪表板输出线路的接地极上)。如图 b 插孔当打开电门开关后无电压,则应检查仪表板上黑色插座孔 14 中的黑色导线是否有电源电压,因为仪表板上所有电源均由电门开关"15"端径黑色导线引入仪表板。如果 c 插孔与点火线圈"一"端接触不良或不通,则应检查仪表板上白色插座孔 14 中红/黑色导线是否与点火线圈"一"端接触良好。如果仍然接触不良或不通,则应检查中央线路板及其与 B 松脱,应认真检查,进行修理或更换。

47. 怎样检修燃油表指示不准?

(1)接通点火开关,无论油箱中存油多少,指针总指向 R(无油)位置。此时应注意观察水温表及其他警告灯,如不工作,则故障在点火开关至蓄电池之间;如果水温表和其他警告灯工作,则故障应在燃油传感器至指示表之间。这时可拆下传感器的导线作搭铁试验,如指示表工作,则故障发生在传感器内部或传感器搭铁不良;如果指针仍然不动,则故障在传感器导线或指示表上。根据查出的故障原因,按情况予以修复和排除。

(2)接通点火开关,无论油箱中存油多少,指针总在80(满箱)位置。

此时,首先拆下燃油传感器的导线接头,指针如果能够退回到R(无油)位置,则说明传感器短路;如果此时指针不退回,仍然在80(满箱)处,则说明传感器的导线搭铁。然后根据实际故障原因予以排除。

48. 怎样检修水温表指示不准或指针不动?

(1)发动机工作温度正常,而水温表指示数值不准确,通常是水温表电热线圈或传感器有故障。如果水温表指示数值高于水温时,则说明传感器工作失常;如果水温表指针指示数值偏低时,则说明水温表电热线圈短路。然后根据具体情况进行检修。

(2)接通点火开关,水温表指针偏斜到最高温度120℃处。这时应首先拔出传感器上的导线插头,如果水温表指针马上退回到低温处,则说明传感器失效;如果指针仍不动,则说明水温表与蓄电池之间导线搭铁。然后根据故障原因检修水温表,排除其故障,必要时应更换水温表。

(3)发动机工作时,水温表指针不动,或无论发动机水温高低,指针总指示低温50℃处。此时观察燃油表或其他警告灯,如不工作,则说明故障在点火开关至蓄电池之间;如果燃油表工作,则故障在水温表至水温传感器之间。此时应将传感器的导线插头拔去,并将此插头作瞬时搭铁试验,如果水温表工作,则故障在传感器内部;如果水温表指针仍不动,则故障在传感器的导线或指示表以内。然后查出故障确切原因并排除之。

49. 怎样检修机油压力低或无压力指示?

(1)机油压力低。检查排除方法:拆下机油传感器,做短时间的怠速运转,如果连接机油传感器的螺孔中没有机油流出,问题可能发生在油泵失效,集滤器或主油道及机油滤清器堵塞,曲轴箱内机油平面在危险界限以下,此项工作的进行应在修理厂完成。

(2)机油表失效。检查排除方法:拆下机油传感器上的导线,接通点火开关,把导线头瞬间搭铁,观察机油压力表,指针指向最大值,说明机油压力表正常,否则机油压力表失效,应更换。

(3)机油传感器失效。检查排除方法:拆下感应塞上的导线,接通点火开关,导线瞬间搭铁,机油压力表有指示值,说明机油传感器失效,应更换。

50. 桑塔纳轿车仪表板有哪些指示?

桑塔纳轿车仪表板如图 8-39 所示。因采用薄膜印刷线路板,

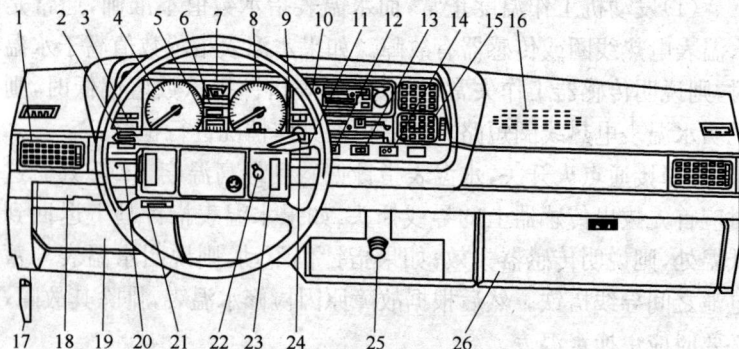

图 8-39　桑塔纳仪表板外观

1. 出风口　2. 灯光开关及仪表板照明调节器　3. 风门和制动信号灯
4. 速度表　5. 电子钟　6. 警告灯　7. 冷却液温度表
8. 带有汽油表的转速表　9. 暖风及通风或空调装置的鼓风机和控制杆
10. 收放机　11. 空格　12. 雾灯开关　13. 加热后风窗开关
14. 紧急灯开关　15. 出风口　16. 喇叭放音口　17. 发动机盖锁钩脱开手柄
18. 小杂物盒　19. 熔体保持壳　20. 转向信号及变光灯拨杆开关
21. 阻风门拉手　22. 转向器锁/点火开关　23. 喇叭
24. 风窗刮水器及洗窗装置拨杆　25. 点烟器　26. 杂物箱

容易发现和检查故障。仪表板上的主要仪表有：燃油表，发动机转速表；车速里程表；冷却液温度表；机油压力表等。此外仪表板上还有许多开关、指示灯和警告灯等。

51. 桑塔纳 2000 仪表板有哪些指示？

桑塔纳 2000 轿车仪表板上具有车速里程表、转速表、温度表、燃油表、时钟、动态油压报警、防冻液液位报警、高温报警、燃油不足报警和阻风门、停车制动、充电、后风窗加热除霜、远光指示和内照明等 21 种仪表和功能，采用电子仪表或电子控制的装置有 11 项。夜间显示采用导光装置、透过式标度盘和导光指针，照明清晰美观富有立体感（桑塔纳轿车采用反射式全表面照明、无立体感）。该组合仪表与桑塔纳轿车通用 31 种 57 件，如图 8-40 所示。

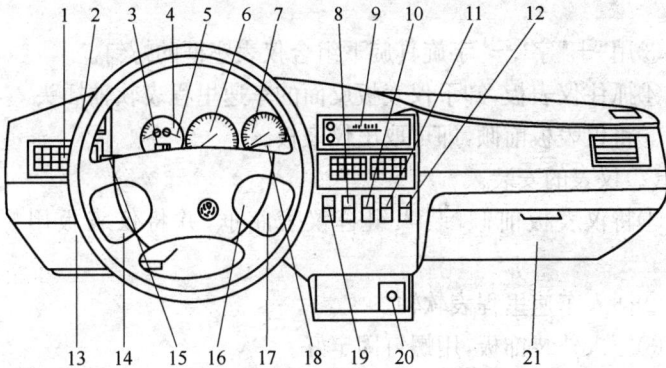

图 8-40　桑塔纳 2000 仪表板

1. 出风口　2. 灯光开关及仪表板照明调节器　3. 电子钟
4. 冷却液温度表和油量表　5. 信号灯/警告灯　6. 车速里程表
7. 转速表　8. 备用开关座　9. 收放机　10. 雾灯开关
11. 后窗加热开关　12. 危险报警闪光灯开关　13. 熔丝护板壳
14. 阻风门拉手　15. 转向信号及变光拨杆开关　16. 喇叭按钮
17. 转向器锁/点火开关　18. 风窗刮水器及洗窗装置拨杆开关
19. 空调装置开关　20. 点烟器　21. 杂物箱

52. 帕萨特仪表组合有什么功能？

帕萨特轿车有两种形式的组合仪表：在中档轿车中，组合仪表中带有转速表和数字钟或转速表和多功能显示装置;而高档车则带有转速表、多功能显示和导航显示。无论哪一种形式的组合仪表都由微机处理控制,并具有自诊断功能。当受监控的传感器或部件出现故障时,这些故障便以故障代码存储到故障存储器中,最多可同时存储 4 个故障代码。偶然性故障在连续 50 个起动过程不再出现时,就自动被清除。

53. 怎样拆装仪表板?

(1)首先必须关闭电门开关,卸下蓄电池的负极接地线,然后按下列步骤拆下仪表板。

①用"一"字旋具轻轻撬下仪表板装饰条。

②用"十"字"一"字旋具旋下组合外饰板上的螺钉,并取下外饰板。

③用"十"字"一"字旋具旋下组合仪表座框的螺钉。

④抓住仪表板,卸下仪表板反面的车速里程表软轴插头。

⑤将仪表板前倾,即可取出仪表板。

(2)仪表的安装。

①将仪表板前倾,装入组合仪表座框,并将仪表板用螺钉固定。

②插入车速里程表软轴。

③压入外装饰板,用螺钉固定好。

④压入装饰条。

54. 怎样维修帕萨特组合仪表?

(1)如需拆卸和安装组合仪表时,应先拆除蓄电池接线,对带有防盗窃编码的收放机必须查询编码。如果重新连接蓄电池的话,要根据修理操作指示和操作说明书检查车辆装备(无线电设备、时钟、电动窗升降机)。

(2)拆卸组合仪表。

①拆卸驾驶员侧的气囊装置。如图 8-41 所示,拧开六角螺栓(60N·m)2(每次拆卸后更换)。把转向盘 1 放在中间位置上(车

轮放正）。从转向柱中拨出转向盘。

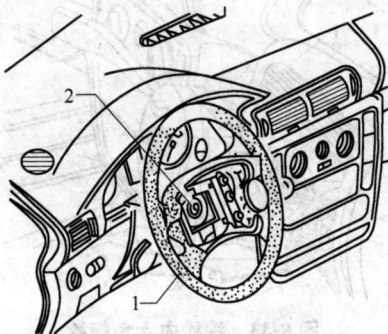

图 8-41　六角螺栓的拆卸

1. 转向盘　2. 六角螺栓

②把两个十字槽头螺钉拧开,拆除转向柱开关的罩盖。

③如图 8-42 所示,把 4 个十字槽螺钉(箭头)拧下。把内六角螺栓 1 拧下。拆开转向盘的高线度调整装置 2。拆除转向柱上开关的罩盖。

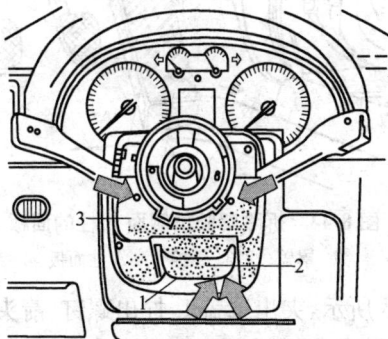

图 8-42　拧下十字槽螺钉

1. 六角螺栓　2. 调整装置　3. 开关面板

④如图 4-43 所示,拧松内六角螺栓 1。从转向柱开关中拨出插头(箭头)。拆除转向柱开关。

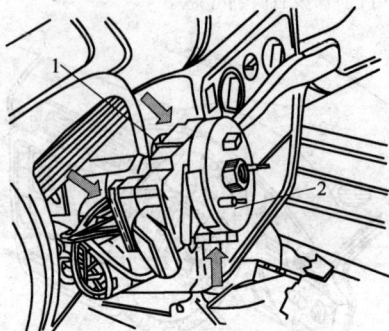

图 8-43　拧松内六角螺栓

1. 六角螺栓　2. 转向柱开关

　　⑤如图 4-44 所示,拉出罩盖 1,拧开螺栓 2 和 3。从车门压板中夹出和拆除下面的驾驶员侧而 A 柱的面板 4。

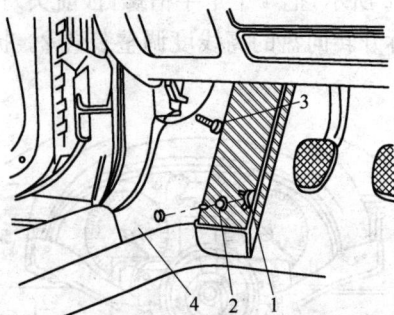

图 8-44　拆除驾驶员侧面 A 柱的面板

1. 罩盖　2、3. 螺栓　4. A 柱面板

　　⑥如图 4-45 所示,夹出罩盖 1,拧出螺钉(箭头)。拆除驾驶员侧的杂物箱 2。脱开前照灯开关 3 的插头连接和照明范围调节 4 的插头连接。

　　⑦向上移动护板,并用使用辅助工作(例如:螺母扳手手柄)夹紧。拆下 4 个螺钉,拧取下盖子。

　　⑧如图 8-46 所示,拧开两个螺钉;(箭头指向),取下组合仪

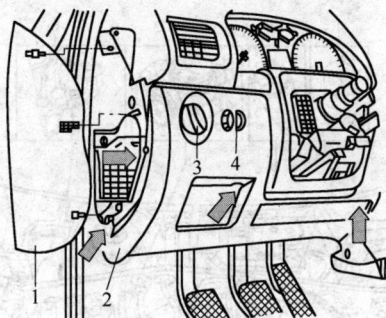

图 8-45　拆除驾驶员侧的杂物箱

1. 罩盖　2. 杂物箱　3. 开关插头　4. 调节插头

表,断开插头连接。

（3）安装仪表板:按与拆卸相反的顺序进行安装。

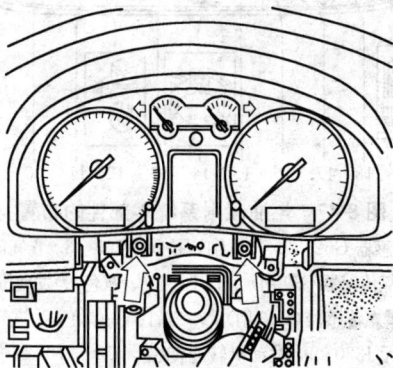

图 8-46　拧下螺钉

55. 怎样更换帕萨特传感器?

各传感器的位置如图 8-47。

56. 盆形电喇叭结构特点是怎样的?

盆形电喇叭的结构如图 8-48 所示。主要机件有螺旋管式电磁铁（包括铁心 9 和线圈 2）、衔铁 6、膜片 4、共鸣板 5、触点 7 及电容器（图中未画出）。膜片 4、共鸣板 5 及上铁心 3 固装在中心杆

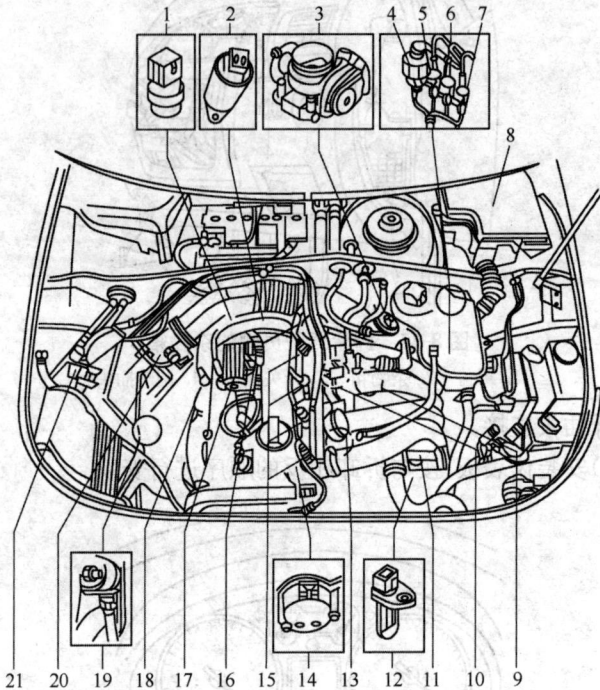

图 8-47　燃油喷射系统零部件的布置

1. 冷却液温度传感器 G62　2. 凸轮轴调整阀 N205　3. 节气门控制部件 J338

4. 四针插头(黑色,为氧传感器 G39 用)　5. 三针插头(灰色,为发动机转速传感器 G28 用)

6. 三针插头(绿色,为爆燃传感器 2G66 用)　7. 二针插头(黑色,为进气温度传感器 G42 用)

8. 发动机控制单元 J220　9. 发动机转速传感器 G28　10. 爆燃传感器 2(G66)

11. 进气支管转换阀 N156　12. 进气温度传感器 C42　13. 爆燃传感器 1(G61)

14. 霍尔传感器 G40　15. 喷油器 N30-N33　16. 燃油压力调节器

17. 点火线圈 N128(带功率终端 N122)　18. 氧传感器 G39(拧紧力矩 55N. M)

19. 搭铁线连接(在发动机支架右侧)　20. 空气流量计 G70

21. 活性炭罐电磁阀 N80(在空气滤清器上)

上。当按下按钮 10 时,电流由蓄电池正极→线圈 2→触点 7→按钮 10→搭铁回到蓄电池负极。电流流过线圈 2 产生电磁吸力,吸下衔铁 6,使上铁心 3 和下铁心 1 碰撞。同时衔铁底座压下活动触点臂,使触点 7 分开而切断电路,线圈 2 电流中断,电磁吸力消失,在膜片 4 的弹力作用下,衔铁又返回原位,触点闭合,电路重双接通。此后,上述过程反复进行,膜片 4 不断振动,引起喇叭里空气柱振动产生较低的基本频率声音,并激励与膜片一体的共鸣板 5 产生共鸣,从而发出比基频强得多且分布又较集中的谐音。在触点 7 间并联电容器或消弧电阻,当触点打开时,线圈产生的自感电流可对电容器充电或经灭弧电阻放掉,可使触点火花大大减少,起到保护触点的作用。这种消弧电阻的另一作用是,触点打开后能维护一定的弱磁场,减少触点再次闭合时重新磁场所需的时间。

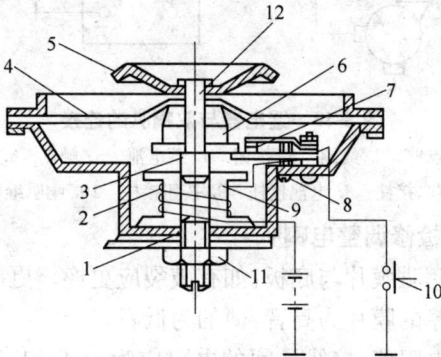

图 8-48　盆形电喇叭

1. 下铁心　2. 线圈　3. 上铁心　4. 膜片　5. 共鸣板　6. 衔铁　7. 触点
8. 调整螺钉　9. 铁心　10. 按钮　11. 锁紧螺母　12. 中心杆

57. 双音电喇叭结构特点是怎样的?

为了得到更加悦耳的声音,大多数汽车上都装备两个喇叭,它们互相并联,然后与喇叭开关串联接线。两个喇叭其中一个的音调应比另一个高。当汽车装用双音喇叭时,因为消耗电流较大(15A～20A),为保护按钮,常采用继电器,其构造与接线如图 8-49 所示。当按下按钮 3 时电流便流经线圈 2(因线圈 2 电阻很大,因此通过线圈 2 及按钮 3 的电流不大,保护了喇叭按钮)产生了电磁吸力,吸下触点臂 1、使触点 5 闭合而接通了喇叭电路。当松开按钮时,线圈2内电流被切断,磁力消失,触点在弹簧力作用下打开,切断了喇叭电路,使其停止发音。

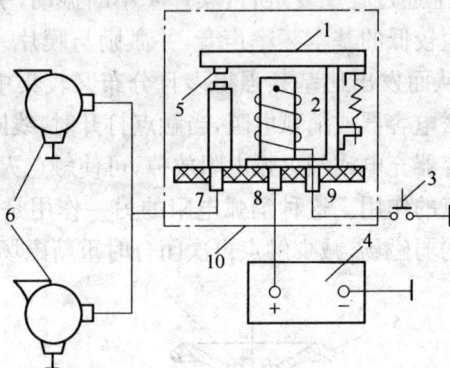

图 8-49　继电器与双喇叭的连接

1. 触点臂　2. 线圈　3. 按钮　4. 蓄电池　5. 触点　6. 喇叭
7. 喇叭接柱　8. 电池接柱　9. 按钮接柱　10. 喇叭继电器

58. 怎样检修调整电喇叭?

(1)检查喇叭膜片与底板:如有破裂应更换。更换双音电喇叭膜片时注意,厚的膜片为高音,薄的为低音。

(2)检查电阻值:接线柱间的电阻应为 $1.4\sim1.5\Omega$,接线柱与外壳应绝缘。

(3)解体后检修:断电触点表面应光滑、平整,上下触点应重合,其中心线偏移不超过 0.25mm;触点接触面积应不小于 80%,对烧蚀严重的触点,要用油石打磨,但触点厚度不得小于 0.3mm,否则应予更换。衔铁与铁心端面应平行,无弯斜现象。电容器 7 和灭弧电阻 6 性能应正常。

每次检修后,应对电喇叭的音质、音量进行调整:将电喇叭接在蓄电池上,电路中串联一个电流表。正常时,喇叭声音清脆洪亮无沙哑杂音,电流表指示值不超过最大值额定电流(一般为 6A)。

音调调整:先旋松下降铁心的锁紧螺母,用螺钉旋具旋动铁心,顺时针旋进,减小衔铁、铁心间隙可提高音调;反之则降低音调。但注意衔接、铁心间隙不能过大或过小,过小会发生撞击,过大则无声响。

音量调整:旋松音量调整螺母的锁紧螺母,增大触点间压力时,音量增大;反之音量减小。注意触点间的压力不能过大,以免造成触点电流过大、火花强,易烧蚀。

喇叭的固定方法对其发音量影响极大。为了使喇叭的声音正常,喇叭不能刚性安装,而应固定在缓冲支架上,应在喇叭与固定支架装有片状弹簧或橡皮垫。

59. 为什么按喇叭不响?

(1)喇叭按钮搭铁不良,应拆下按钮进行检查。

(2)喇叭接线松动,检查后拧紧即可。

(3)喇叭调整螺钉松动,应调整后紧固。

60. 为什么喇叭连响?

(1)继电器触点粘结,使喇叭电路常通,而不受按钮控制。

(2)按钮设在转向盘中心的轿车,当按钮内搭铁接盘倾斜或与机壳间隙过小时,虽已断开按钮,但搭铁接盘仍与机壳相触,电路不能切断。

(3)轿车在停放中,由于外界振动等影响,有时会造成按钮内接盘倾斜,自动接通喇叭电路,使喇叭常鸣。

发生上述故障时,应立即转动按钮,拆下接盘或拆下线路总保险,将喇叭电路切断,以免造成蓄电池过度放电和喇叭线圈烧毁。

61. 为什么喇叭声音低哑?

(1)蓄电池电量不足,但在发动机中速运转,发电机给蓄电池充电时,如果声音仍低哑,则故障在喇叭内部。

(2)喇叭触点已烧坏,应清洁触点并调整触点间隙。

(3)振动膜有裂缝,应更换振动膜或喇叭总成。

(4)喇叭各固定螺钉松动,应检查并拧紧。

62. 为什么按喇叭不响而发动机熄火?

(1)喇叭线圈有搭铁,应拆开修理。

(2)喇叭调整不当,使触点不能打开,应重新调整。

(3)喇叭调整不当,两触点臂之间短路,应检查两臂间的绝缘垫以后进行修理。

(4)电容器短路,应进行更换。

63. 桑塔纳 2000GSi 型轿车防盗装置是怎样的?

桑塔纳 2000GSi 型轿车装备了防盗器(如图 8-50 所示),主要是由带脉冲转发器的钥匙、读识线圈(D2)、防盗器电控单元(ECU,J362)、电动机电控单元(ECU,J220)及防盗器警告灯(LED,K117)等组成。其中,防盗器 ECU 安装在转向柱左边的支柱上,有可改变代码功能的发动机 ECU 安装在驾驶员腿的上方。

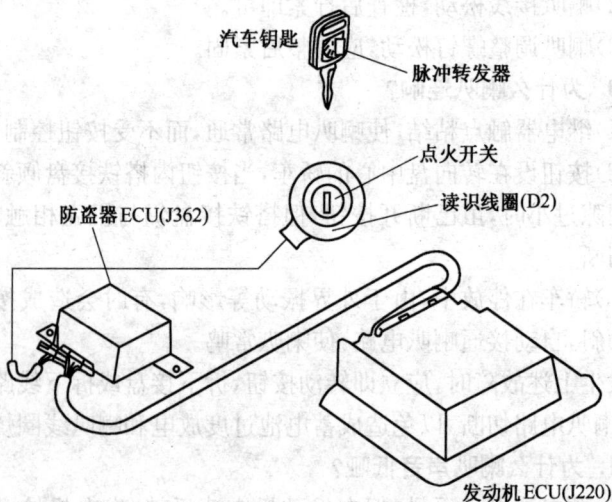

汽车钥匙
脉冲转发器
点火开关
读识线圈(D2)
防盗器ECU(J362)
发动机ECU(J220)

图 8-50　防盗器的组成

桑塔纳 2000GSi 型轿车防盗器上一种点火开关打开后开始工作的电子防盗装置。当钥匙上的转发器有问题时,发动机起动 2s 立即熄火,可以避免汽车被无权使用者开走。

64. 开关与组合开关是怎样的?

以桑塔纳轿车为例,其主要单独设置的开关布置如图 8-51 所示。这些开关有:灯光开关1及其上方的仪表板照明灯调节旋钮6(带滚花)、前雾灯与后雾灯开关3、后风窗加热器开关4和紧急灯光开关5。这些开关均集中在组合仪表板的下部,便于驾驶员操作。此外,单独设立的还有空调开关E和鼓风机开关D,如图8-52所示,它们的电路放在汽车空调系统中介绍。

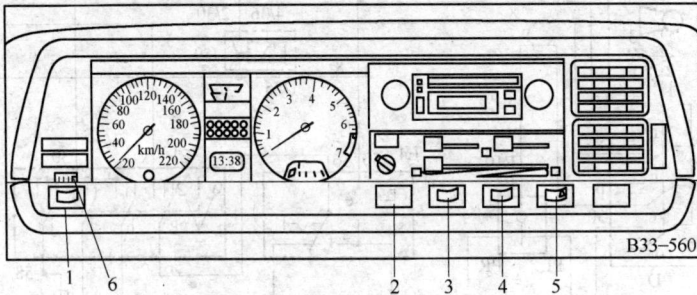

图 8-51　开关

1. 灯光开关　2. 空格　3. 雾灯与后雾灯开关
4. 后风窗加热器开关　5. 紧急灯光开关　6. 滚花旋钮(可调电阻)

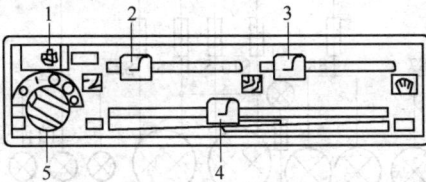

图 8-52　空调开关

1. 空调开关　2. 鼓风机开关　2、3. 空气分布选择开关　4. 温度选择开关

　　桑塔纳轿车单独开关的设置与帕萨特轿车大同小异。灯开关、后风窗加热器开关、雾灯/后雾灯开关设在仪表盘上,遇险警报灯开关设在转向盘上。

　　除了单独设置的开关,将其他的多种控制功能的数个开关组合在一个组合体中,通过下部的点火锁锁体,固定于转向盘下方的转向柱上,我们称其为转向柱组合开关。

65. 开关及开关电路是怎样的?

(1)车灯开关电路。车灯开关(含仪表板照明调节钮)电路如图 8-53 所示。车灯开关一控制停车灯、仪表照明灯,二挡控制前照灯近光。其电路原理如下:

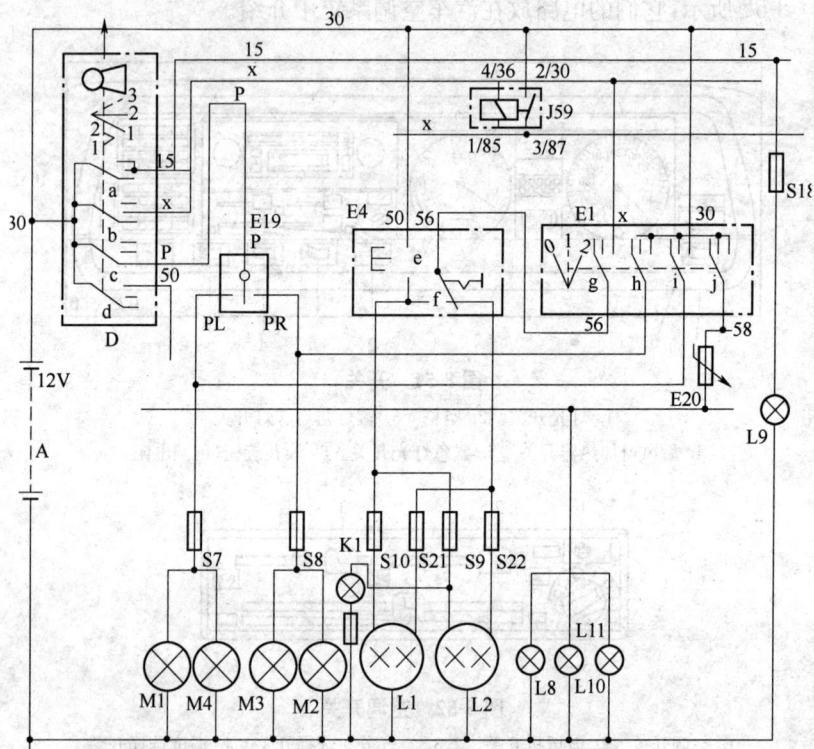

图 8-53　车灯开关电路

D. 点火开关　E19. 停车灯开关　E4. 变光和超车灯开关

E1. 车灯开关　E20. 仪表灯调光电阻　J59. 卸荷继电器(中间断电器)

M1. 左前停车灯　M4. 左后停车灯　M3. 右前停车灯　M2. 右后停车灯

L1. 左前照灯　L2. 右前照灯　L8. 时钟照明灯　L9. 车灯开关照明灯

L10、L11. 仪表灯　K1. 远光指示灯　S7、S8、S9、S10、S18、S21、S22. 熔丝

1)车灯开关 E1 置于 1,蓄电池火线 30(电源总线)经车灯开关

E1,使 E1 的 h、i、j 三条电路与电源总线 30 接通,三条平行电路是:

　　①右停车灯电路:电源总线 30→E1 开关的 h 挡→熔丝 S8→

$\left.\begin{array}{l}\text{M3 右前停车灯}\\\text{M3 右后停车灯}\end{array}\right\}$→搭铁→电源的负极

　　②左停车灯电路:电源总线 30→E1 开关的 i→熔丝 S7→

$\left.\begin{array}{l}\text{M1 左前停车灯}\\\text{M4 左后停车灯}\end{array}\right\}$→铁塔→电源的负极

　　③仪表、时钟照明电路:电源总线 30→E1 开关的 j→仪表灯

调光电阻 E20→$\left\{\begin{array}{l}\text{时钟照明灯 L8}\\\text{仪表灯 L10}\\\text{M4 左后停车灯}\end{array}\right.$→搭铁→电源的负极

　　这三条电路不经过点火开关 D,只要车灯开关 E1 置于 1 即可(车灯开关 E1 共有两挡,图示位置为空挡)

　　2)车灯开关 E1 置于 2,b、a 分别将电源总线 30 与 x 线、15 线接通,汽车进入工作状态。此时,g 与线 x 接通,前照灯才能工作。

　　①前照灯电路:电源总线 30→点火开关 D 的 b→线 X→E1 开关的 g→变光和超车灯开关 E4 的 f 挡→

$\left.\begin{array}{l}\text{熔丝 S22→左前照灯 L2 的近光灯}\\\text{熔丝 S21→右前照灯 L1 的近光灯}\end{array}\right)$→搭铁

　　左、右前照灯的近光灯均亮,同时停车灯、仪表照明灯继续点亮。

　　另外,点火开关 D 置于 2 挡或 3 挡,因 a 挡将电源总线 30 与 15 线接通,所以车灯开关照明灯 L9 一直亮着,为车灯开关 E1 照明,但不受 E1 的控制。

　　②车灯开关照明灯 L9 电路:电源总线→点火开关 D 的 a 挡→线 15→熔丝 S18→车灯开关照明灯 L9→搭铁。L9 装在车灯开关 E1 的按键上。

　　图 8-53 上的停车灯开关 E19、变光和超车灯开关 E4 的电路

将在组合开关中介绍。

(2) 后风窗加热器开关电路。如图 8-54 所示。当点火开关 D 置于 2 挡 b 挡时,将电源总线 30 与 X 线接通,卸荷断电器 J59 的线圈接通电,使 J59 的触点闭合,于是电源总线 30 与 X′接通。当后风窗加热器开关 E15(一位一挡)接通时,指示灯 K10 点亮,表示电热器 Z1(后风窗上的电阻丝)在工作。

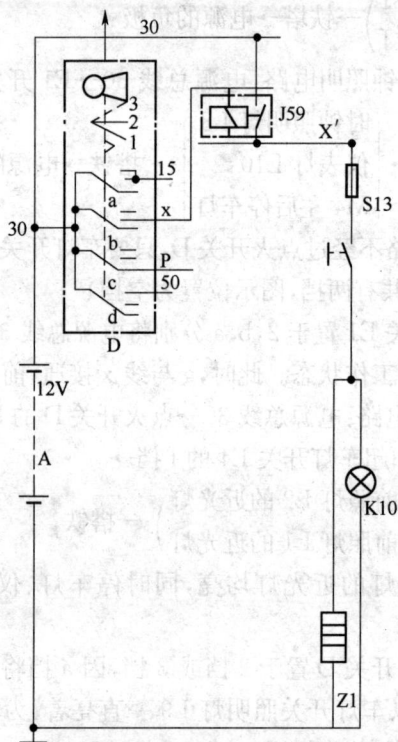

图 8-54 后风窗加热器开关电路

A. 蓄电池   D. 点火开关

后风窗加热器开关的电路:电源总线 30→点火开关 D 的 b 挡 →X 线→卸荷继电器 J59

触 点 → X′ 线 → 熔 丝 S13 → 开 关 E15 →

$\left(\begin{array}{l}\text{后风窗电热器指示灯 K10}\\\text{后风窗电热器 Z1}\end{array}\right)$→搭铁→电源的负极

(3)前雾灯/后雾灯开关电路。如图 8-55 所示，点火开关 D 置

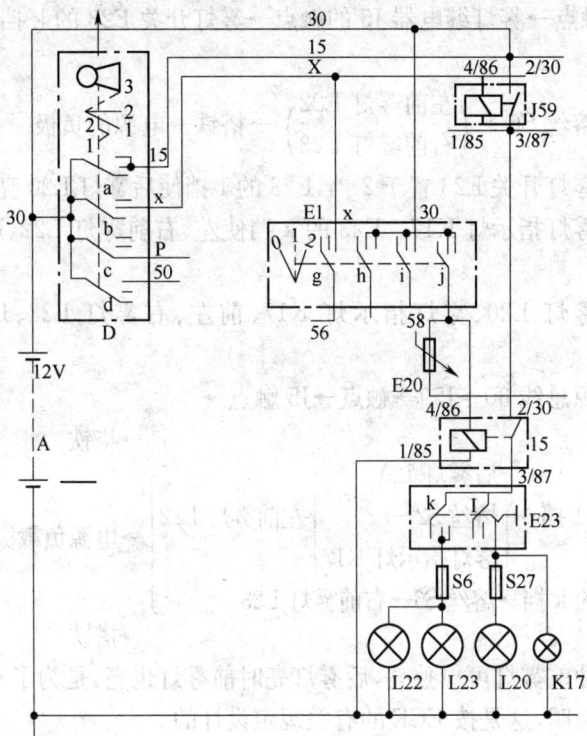

图 8-55　前后雾灯开关电路

A. 蓄电池　D. 点火开关　E1. 车灯开关　J59. 卸荷继电器
E20. 仪表灯调光电阻　J5. 雾灯继电器　E23. 前后雾灯开关
S6、S27. 熔丝　L22. 左前雾灯　L23. 右前雾灯　L20. 后雾灯
K17. 雾灯指示灯　a、b、c、d. 点火开关 D 的四挡
g、h、i、j. 车灯开关 E1 的四挡　k、l. 雾灯开关 E23 的二挡

于 2,卸荷继电器 J59 触点闭合。车灯开关 E1 置于 1 挡,J 挡使雾灯继电器 J5 的线圈与电源总线 30 接通,其触点闭合。

1)雾开关 E23(二位二挡)置于 1 挡,E23 的 k 挡使左、右前雾灯 L22、L23 亮。

前左、右雾灯 L22、L23 的电路:电源总线 30→卸荷继电器 J59 的触点→雾灯继电器 J5 的触点→雾灯开关 E23 的 k 挡

$$\rightarrow 熔丝\ S6 \rightarrow \begin{pmatrix} 左前雾灯\ L22 \\ 右前雾灯\ L23 \end{pmatrix} \rightarrow 搭铁 \rightarrow 电源的负极$$

2)雾灯开关 E23 置于 2 挡,E23 的 1 挡使后雾灯 L20 亮,同时点亮了雾灯指示灯 K17。E23 的 k 挡使左、右前雾灯 L22、L23 继续亮。

后雾灯 L20、雾灯指示灯 K17、前左、右雾灯 L22、L23 的电路:

电源总线 30→J59→触点→J5 触点→

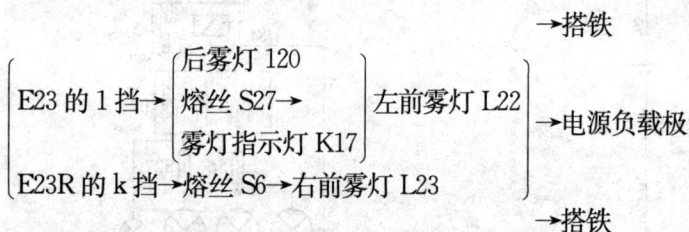

$$\begin{bmatrix} E23\ 的\ 1\ 挡 \rightarrow \begin{cases} 后雾灯\ 120 \\ 熔丝\ S27 \rightarrow \\ 雾灯指示灯\ K17 \end{cases} 左前雾灯\ L22 \\ E23R\ 的\ k\ 挡 \rightarrow 熔丝\ S6 \rightarrow 右前雾灯\ L23 \end{bmatrix} \begin{array}{l} \rightarrow 搭铁 \\ \\ \rightarrow 电源负载极 \\ \\ \rightarrow 搭铁 \end{array}$$

这种前雾灯可单独亮,后雾灯亮时前雾灯也亮,是为了确保前雾灯的照明,这是按 ECE 的有关规定设计的。

现将车灯开关电路与雾灯开关电路放在一起,其配合工作情况如图 8-56 所示。

汽车起动后,点火开关 D 置于 2 挡(工作挡),如车灯开关 E1 置于 1 挡,雾灯开关 E23 置 1 挡,则前左、右雾灯 L22、L23 可与左前、后停车灯 M1、M4 及右前、后停车灯 M3、M2 一起工作;如车灯开关 E1 置于 2 挡,雾灯还可和左右前照灯 L1、L2 的近光灯同

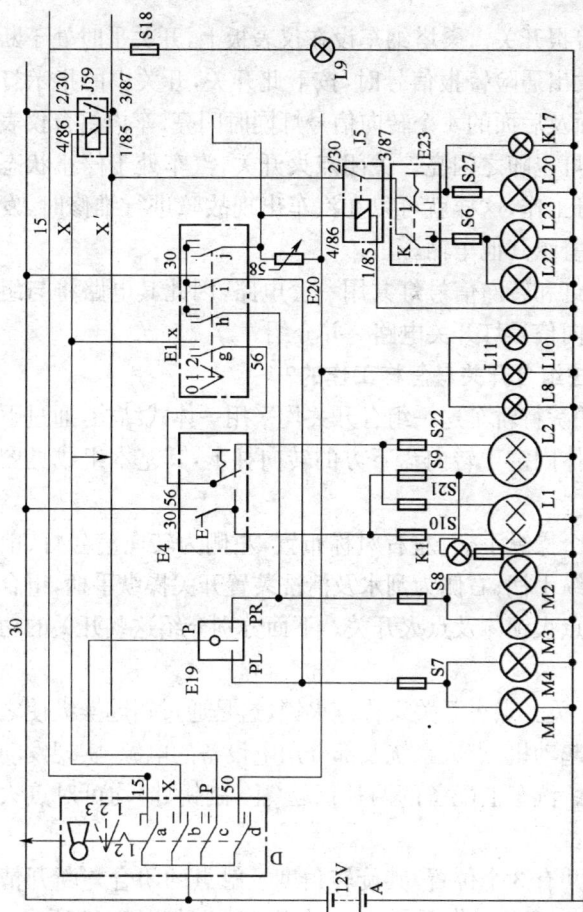

图 8-56　车灯开关与雾灯开关电路

A. 蓄电池　D. 点火开关　E19. 停车灯开关　E4. 变光和遮车灯开关　J59. 卸荷继电器　E1. 车灯开关
M1、M4. 左前、后停车灯　M2、M3. 右前、后停车灯　L1. 左前照灯　L2. 右前照灯　L8. 时钟照明灯　L10、L11. 仪表灯
L22、L23. 前左、右雾灯　K1. 远光指示灯　K17. 雾灯指示灯　E23. 雾灯开关　J5. 雾灯继电器
E20. 仪表灯调光电阻　L9. 车灯开关照明灯　S7、S8、S9、S10、S18、S22. 熔丝

时工作;如变光和超车开关 E4 合上,雾灯还可和前照灯 L1、L2 的远光灯和远光指示灯 K1 一起工作(详见组开关电路)。当能见度很差,雾灯开关 E23 应置 2 挡,使后雾灯 L20 也亮,共同保证雪、雾天的照明。

(4)遇险警报开关。桑塔纳车设在仪表板上,开关平时处于断开状态,当要发出遇险警报信号时,按下此开关,开关中的指示灯闪亮,汽车前面及后面的 4 个转向信号灯同时闪亮,车内组合仪表中的转向指示灯也随之闪亮。关闭点火开关,汽车处于停止状态下,该开关仍可工作,这样就可以在汽车出现故障进行维修时,发出警报信号以警示其他车辆。

遇险警报灯和转向信号灯共用一套电路,因此其电路将与组合开关中的转向信号灯开关电路一并介绍。

66. 转向柱组合开关是怎样工作的?

桑塔纳、帕萨特轿车这一组合开关均采用一体式结构,通过下部的点火锁锁体固定于转向盘下方的转向柱上,其基本组成见图 8-57 所示。

它共有两个操纵手柄,左右对称布置,左侧为转向信号灯、前照灯变光等操纵手柄;右侧为刮水及清洗装置开关操纵手柄,组合开关的下方为点火锁体及点火开关。下面分别介绍这些开关的功能及其操纵。

(1)点火开关。点火开关又称点火锁,这是通过钥匙操纵使之开关触点接通起动机、点火系统及部分用电设备的电源,实现发动机的正常运转。汽车上配备的两种钥匙(主、副钥匙)均可对点火开关进行操纵。

点火开关共有 3 个位置,其旋转角度及触点的闭合与断开情况如图 8-58 点火开关工作图所示,点火开关电路如图 8-59 所示。

①点火开关置于位置 1,点火开关处于关闭状态,汽车转向盘被锁死,具有防盗功能。此时电源总线 30 与 P 线接通,操作停车开关 E19,可使 M1、M4 或 M3、M2 等停车灯亮,与点火钥匙是否

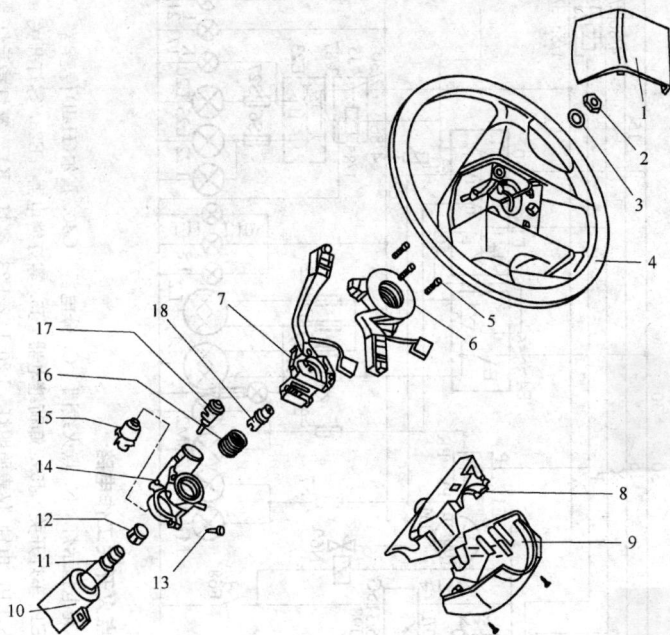

图 8-57　转向柱组合开关的基本组成

1. 带有喇叭按钮的罩盖　2. 螺母　3. 垫圈　4. 转向盘　5. 转向柱开关的固定螺栓
6. 转向信号灯开关　7. 刮水器开关　8. 上护罩　9. 下护罩　10. 套管　11. 转向
轴　12. 支撑环　13. 转向锁外壳固定螺钉　14. 转向锁外壳　15. 点火开关
16. 锁芯　17. 弹簧　18. 多齿接头轴套

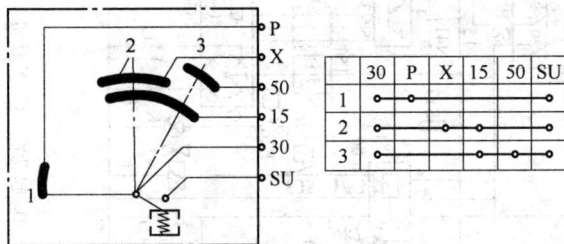

	30	P	X	15	50	SU
1		○				
2	○			○		
3	○		○	○	○	

图 8-58　点火开关工作图

位置1. 关闭点火开关、锁止转向盘 位置　2. 接通点火开关位置
3. 起动发动机　30. 接蓄电池　P. 接停车灯电源　X. 接卸荷工作电源
15. 接点火电源线　50. 接起动电源　SU. 接蜂鸣器电源

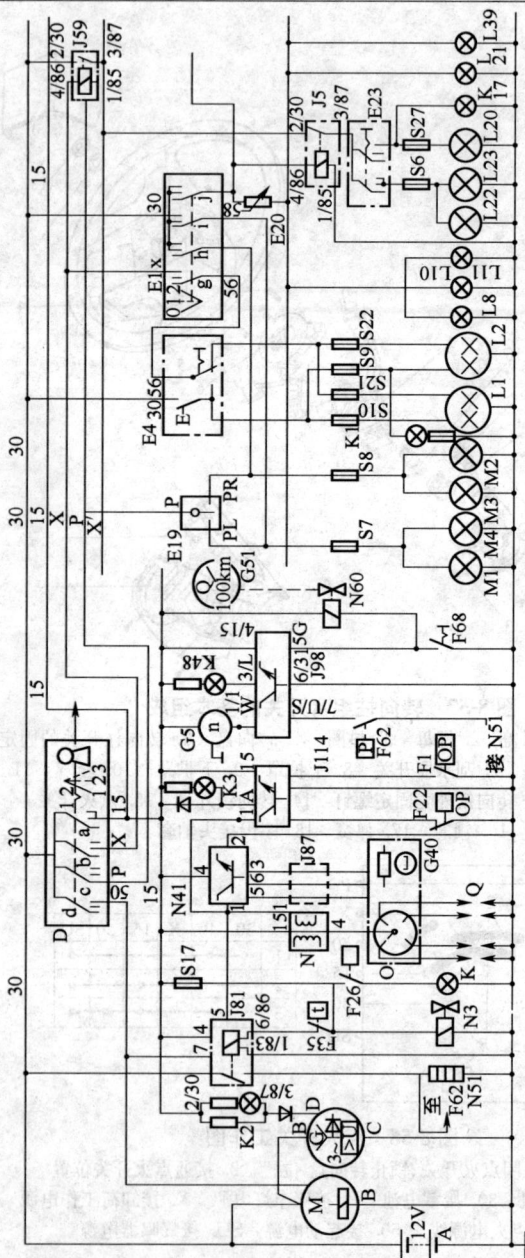

图 8-59 点火开关工作电路

A. 蓄电池 B. 起动机 C. 发动机 D. 点火开关 K2. 充电指示灯 N. 点火线圈 G40. 霍尔（Hall）传感器 O. 分电器 E19. 火花塞 E4. 变光灯开关 E1. 停车灯开关 J59. 卸荷继电器 J5. 雾灯继电器 E23. 雾灯开关 Q. 火花塞 M1~M4. 停车灯 L1、L2. 前照灯 K1. 远光指示灯 L8、L10. 电钎、仪表照明灯 L20、L22、L23. 雾灯 K17. 雾灯指示灯拔下无关。如将点火钥匙插入则使线 30 与 SU 端接通,蜂鸣器可工作(图 8-59 未画出)。

②点火开关置于位置 3,电源总线 30 与 50、15、SU 线接通,与 P、X 线切断。30 与 50 接通,使起动机 B 运转起动 发动机;30 与 15 接通,使点火系统(含点火线圈 N、分电器 O、霍尔传感器 G40 和火花塞 Q)工作;适时地给发动机点火。因 P 线失电,停车灯 M1-M4 不能工作(车灯开关 E1 未工作时);因 X 线失电,车灯开关 E1 的 2g 挡失电,前照灯 L1、L2 的近光灯不能工作,同时卸荷继电器 J59 的线圈失电,使其触点打开而使 X′线也失电;X′线失电,使雾灯继电器 J5 触点断电,前、后雾灯均不工作。这样就将前照灯、雾灯等耗电大的用电设备关掉,达到了卸荷的目的,以满足起动时需要瞬间大电流输入起动机的需要。发动机起动后,进入工作循环,应立即松开点火开关,使其回到位置 2,切断起动机的电流的,起动机驱动齿轮退回。

③点火开关置于位置 2,起动后,松开点火开关钥匙,点火开关则自动反时针旋转回到位置 2,这是工作挡。这时 P 线失电,而 15、X、SU 三线得电。15 线得电,点火系统继续工作;X 线得电,卸荷继电器 J59 工作;X′得电,前照灯、雾灯等投入工作,以满足夜间行驶的需要。

如果一次起动未能成功;若想再次起动,必须先将钥匙拧回到位置 1,间隔 30s 后,拧到位置 3,重新起动。

在点火开关内部还装有防止重复起动的装置。在正常行驶状况下,若误操作将钥匙从位置 2 转向位置 3,只能稍稍转过一个角度就被卡住了,从而使 30 线和 50 线触点不能接通。由于起动机电源无法接通起动机,也就避免了损坏起动机和发动机飞轮。

(2)转向信号灯开关与变光开关工作电路。由一操纵手柄控制,手柄在转向盘的左下方,共有六项功能。操作方法如图 8-60 所示。

①转向信号灯开关与变光开关的操纵。手柄上拨,右转向信号灯闪亮,下压手柄,左转向信号灯闪亮,组合仪表中的绿色转向指示灯也同时闪亮。通过弯道后,打转向盘复位时,操纵手柄也自动复位,转向信号灯、转向指示灯自动熄灭。转向信号灯开关电路如图 8-61 所示。

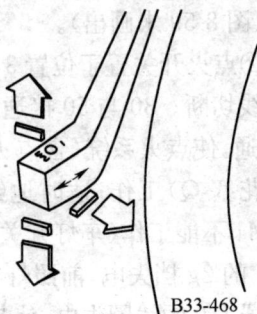

B33-468

图 8-60　转向信号变光开关

当点火开关 D 接通 2 挡,闪光器 J2 线圈有电流(30→15'→S19→J2 线圈→经电阻 G 搭铁),使 J2 触点闭合,当转向灯开关 E2 向左结合时,左前后转向信号灯 M5、M6 亮,这时转向指示灯 K5 被短路;当闪光器 J2 活动触点臂因通电升温而张开时,M5、M6 灯灭,来自线 15' 和熔丝 S16 的电流经转向指示灯 K5 和闪光继电器电阻 G 而搭铁,K5 点亮;待 J2 活动触点臂因断电降温而恢复与触点接触时,M5、M6 又亮,K5 又被短路而熄灭。转向信号灯与转向指示灯均在闪烁,但其亮灭不同步,相间进行。

②遇险警报灯开关。遇险警报灯开关电路与转向信号灯开关电路组合在一起。点火开关 D、转向信号灯开关 E2 可在任何位置,只要合上遇险警报灯开关 E3(一位四挡),E3 上的 m 挡经熔丝 S4 与电源线 30 接上,电流由线 30 经熔丝 S4 给闪光器 J2 的线圈充电,使 J2 触点闭合,通过 E3 的 n 挡经固定接片 q,将电流传给 O 挡与 P 挡。电流经 O 挡流向左边的前、后转向灯信号灯 M5、M6,电流经 P 挡流向右边的前、后转向信号灯 M7、M8,使前后四只转向灯全亮,此时报警指示灯 K6 也亮(亮度不够)。当闪光器 J2 活动触点臂因受热伸长使触点张开时,M5-M8 四灯全灭,警报指示灯 K6 点亮。灯灭后,活动触点臂因不通电而冷却收缩,同时继电器线圈再次通电,又将活动臂触点吸合,使 M5-M8 四灯重新

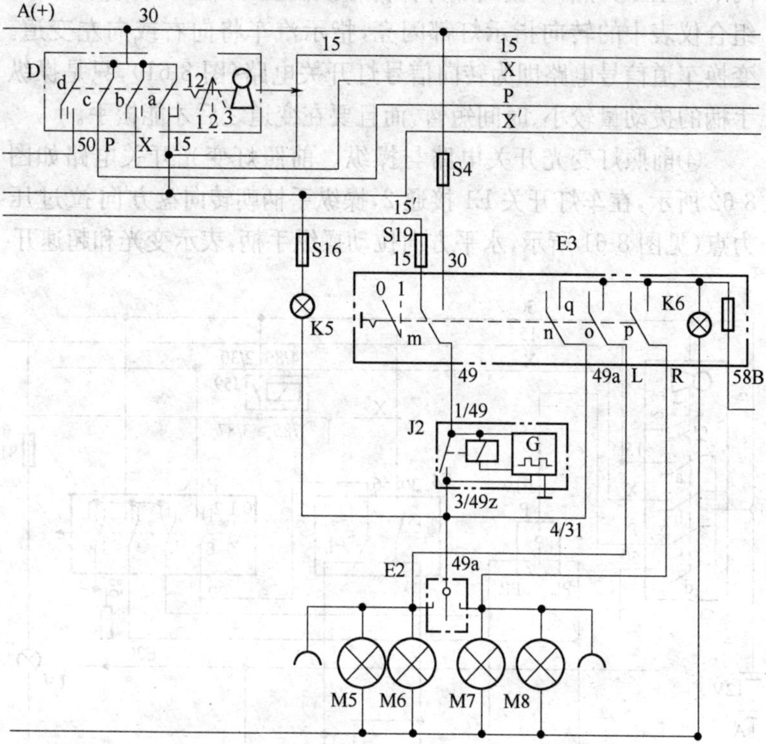

图 8-61　转向信号灯与遇险警报灯开关电路

A. 蓄电池　　D. 点火开关　　K5. 转向指示灯(仪表盘上)

E3. 遇险警报灯开关　　K6. 遇险闪光器指示灯(在遇险警报灯开前 E3 上)

J2. 闪光器　　E2. 转向信号灯开关　　M5、M6. 左前、后转向信号灯

M7、M8. 右前、后转向信号灯　　30. 电源总线　　15. X、P.电源分线

S4、S16、S9. 熔丝　　m,n,o,p-E3 的四挡　　q. E3 的固定接触片

发亮,如此不断反复,使 M5-M8 与 K5、K6 不断交替闪烁,说明此车遇有紧急情况。警报指示灯 K6 一般装在遇险开关 E3 上。从电路上可知,当点火开关 D 切断,汽车停车时,只要操纵 E3,从电源线 30 直接来电,该系统可独立运行。

③变换车道信号的开关。如图 8-60 所示,将操纵手柄向上或

向下移至压力点,不拨到底并保持在该位置,相应的转向信号灯和组合仪表中的转向指示灯都闪亮,指示汽车将向右或向左变道。变换车道信号电路即为转向信号灯开关电路(图 8-61),只是操纵手柄的拨动量较小、时间短暂,而且要在变道之后才能松手。

④前照灯变光开关电路与操纵。前照灯变光开关电路如图 8-62 所示,在车灯开关 E1 接通 2,操纵手柄朝转向盘方向拉过压力点(见图 8-61 所示,水平方向拉动操纵手柄,表示变光和超速开

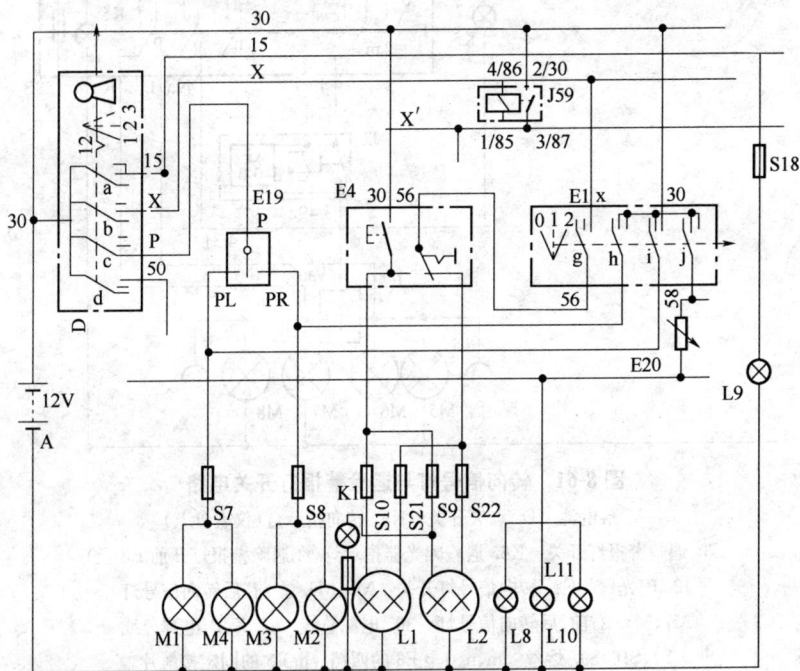

图 8-62　前照灯变光开关电路

D. 点火开关　E19. 停车灯开关　E4. 变光和超车灯开关　E1. 车灯开关
E20. 仪表灯调光电阻　J59. 卸荷继电器　M1、M4. 左前、后停车灯
M3、M2. 右前、后停车灯　L1、L2. 左、右前照灯
L8. 时钟照明灯　S7、S10、S18、S21、S22. 熔丝

关合上），即可进行近/远光变换，组合仪表中的远光指示灯 K1 也同时点亮。

如车灯开关电路所述，当点火开关 D 在 2，电源线 30 与线 X 接通，车灯开关 E1 在 2 时，前照灯的近光灯点亮。如需变远光，将变光和超速开关 E4 按下，电源线 30 通过 E4 上的 e 挡接通左前照灯 L1 与右前照灯 L2 中的远光灯，同时远光指示灯 K1 发亮。E4 中的 f 挡因右移而直接搭铁，切断了前照灯近光灯的电路，近光灯灭。

⑤前照灯闪光超速。在车灯开关 E1 未接合（点火开关也可以不接合）情况下，将左操纵手柄朝转向盘 8 方向拉过压力点又放开，来回几次（见图 8-62 所示前照灯变光开关电路，操纵多次，方法相同），远光灯和远光指示灯都在闪动，此为该车进行超速行驶的告示，在国外又名"光喇叭"。

⑥停车灯开关及其电路。只有在点火开关关闭，电源线 30 与 P 线接通之后，停车灯开关 E19 的单挡闸向右或向左结合（左操纵手柄向上抬或向下压），停车灯 M1-M4 可以分别点亮工作。在夜间，汽车停在路边，作指示用。其手柄动作及开关电路分别见图 8-60 和 8-62 所示。

（3）风窗刮水和洗窗系统开关电路及手柄的操纵。这个操纵手柄在转向盘的右下方，有多项功能。其具体功能与工作原理下面将同刮水器和清洗装置一并介绍。

67. 刮水器的构造和工作原理是怎样的？

典型的电动式刮水器如图 8-63 所示，它主要由刮水电动机和一套传动机构组成。电动机电枢轴端的蜗杆驱动安装在摇臂 6 上的蜗轮 4，摇臂 6 转动使拉杆 7 往复运动，从而带动刮水片 1 左右摆动。蜗杆蜗轮机构有降低速度、增大力矩的作用，因为驱动橡胶刮水片在风窗玻璃表面摩擦需要很大的动力。

电动式刮水器有高、低两种工作速度。从直流电动机工作原理分析可知，电动机的转速与电源电压成正比，与电枢电阻电压

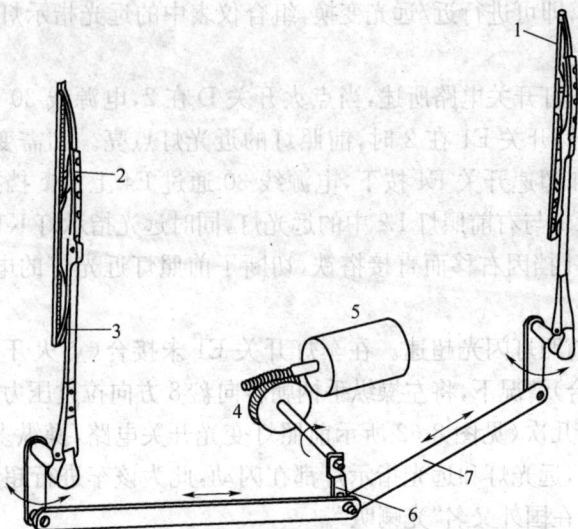

图 8-63　电动式刮水器

1. 刮水片　2. 铰接式刮水片托　3. 刮水臂
4. 蜗杆、蜗轮　5. 电动机　6. 摇臂　7. 拉杆

降、磁通和两电刷间串联的导体数成反比。汽车上常采用改变磁通或两电刷串联的导体数,对直流电动机转速进行变速。此外,还要求刮水器工作后能随时自动复位,以免影响驾驶员的视线和前风窗玻璃的美观。刮水器电动机的结构如图 8-64 所示。

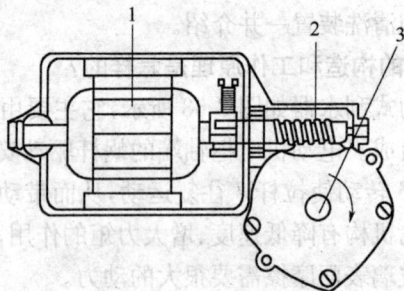

图 8-64　刮水器电动机

1. 永磁直流电动机　2. 蜗轮、蜗杆减速器　3. 输出轴(驱动刮水器)

（1）永磁直流电动机的变速。目前刮水器电动机多采用永磁式，这种电动机的优点是结构简单、体积小、重量轻、省电、可靠性强。它的磁极为铁氧体永久磁铁，因为其磁场强弱是不能改变的，为了改变工作速度可采用三刷式电动机。图 8-65 所示是三刷式电动机的示意图。

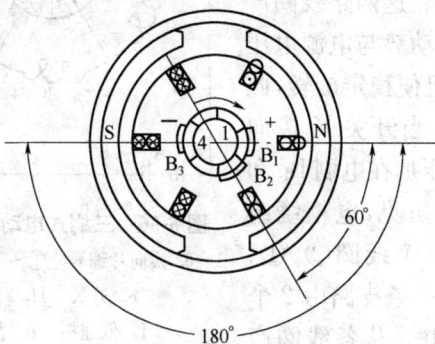

图 8-65　三刷式电动机示意图

N、S. 磁铁的北极与南极　　B1、B2、B3. 电刷

电刷 B3 为高、低速公用，电刷 B1 用于低速，与电刷 B1 位置相差 60°处有一个用于高速的电刷 B2。电枢绕组采用对称叠绕式。

三刷电动机是利用三个电刷来改变正负电刷之间串联的线圈数实现变速的。即在电动机外加电压 U 不变的情况下，改变电动机产生反电动势 e 的大小，达到变化电动机转速的目的。其原理是，直流电动机工作时，在电枢内同时产生反电动势 e，其方向与电枢电流的方向相反，要使电枢旋转，U 必须大于 e(U > e)。当电枢转速 n 上升时，反电动势也相应上升，只有当外加电压 U 几乎等于反电动势 e（忽略电枢绕组的内部电压降）时，电机的转速才趋于稳定。

三刷电动机旋转时，电枢绕组所产生的反电动势方向如图 8-66 所示。图上所标的"＋"、"－"代表该线圈产生的反电动势 e 的方向。当开关 K 拨向 L 时，电源电压 U 加在 B_1 和 B_3 之间，在电刷 B_1 和 B_3 之间有两条并联支路，一条支路由线圈①、⑥、⑤串联，另一条支路由线圈②、③、④串联。这两路线圈产生的全部反电动势与电源电压平衡后，电动机便稳定旋转，此时转速较低。当开关 K 拨向 H 时，电源电压加在电刷 B_1 和 B_3 之间，由图可见，电枢绕组一条支路由 4 个线圈②、①、⑥、⑤串联，另一条支路由 2 个线圈③、④串联。从各线圈产

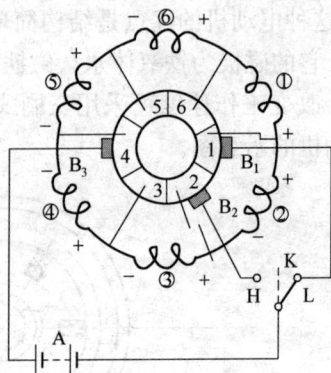

图 8-66　三刷式电动机变速原理
1～6. 换向片编号　①～⑥. 线圈组编号
K. 开关　H. 高速挡
L. 低速挡　A. 蓄电池

生的反电动势方向上可看出，线圈②与线圈①、⑥、⑤的反电动势方向相反，互相抵消后，每个支路均有 2 个线圈的反电动势与电源电压平衡，因而转速升高。可见两电刷间（能产生反电动势）的导体数减小，就会使电动机转速升高，因此改变导入电流的电刷就改变了电刷间有效导体的数目，从而达到电动机变速的目的。

　　(2)刮水器的自动复位装置。刮水器是通过驱动齿轮的复位而被带动复位的。自动复位装置的结构如图 8-67 所示。

　　在直流电动机减速器的蜗轮 8（由尼龙制成，其轴驱动刮水器）上，嵌有铜环，铜环分成两个部分，其中面积较大的一片 9 与电机的外壳相连接（搭铁）；触点臂 3、5 用磷铜片或其他弹性材料制成，其端部分铆有触点 4、6。由于触点臂 3、5 具有弹性，因此当蜗轮 8 转动时，触点 4、6 与蜗轮 8 的端面（含铜环 7、9）保持接触。当电源开关接通，刮水器开关置于"Ⅰ"挡（低速挡）时，电流从蓄电池正极→电源总开关 1→熔断丝 2→电刷 B3→电枢绕组→电刷 B1→接线柱②→接触片 12→接线柱③→搭铁回到蓄电池负极，形

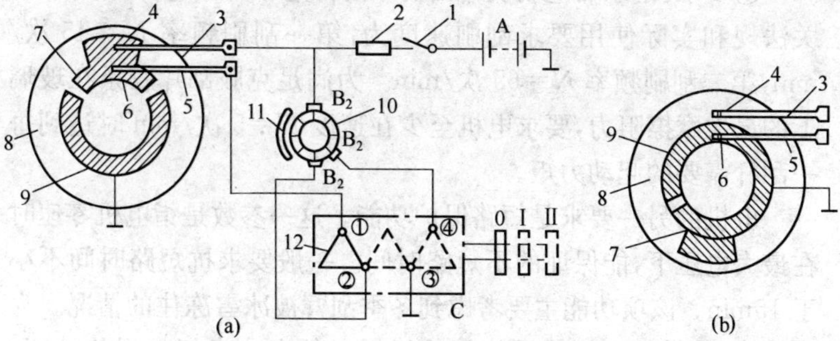

图 8-67　三刷电动机自动复位装置
1. 电源总开关　2. 熔断丝　3、5. 触点臂　4、6. 触点　7、9. 铜环
8. 蜗轮　10. 电枢　11. 永久磁铁　12. 接触片
A. 蓄电池　B1、B2、B3. 电刷　C. 刮水器开关

成回路，电动机以低速运转。当刮水器开关拉到"Ⅱ"挡（高速挡）时，电流从蓄电池正极→电源总开关 1→熔断丝 2→电刷 B_3→电枢绕组→电刷 B_3→接线柱④→接触片 12→接线柱③→搭铁回到蓄电池负极，形成回路，电动机以高速运转。当刮水器开关推到"0"挡（关闭）时，如刮水器的橡皮刷没有停到规定的位置，由于触点 6 与铜环 9 接通，如图 8-67(b)所示。电流将继续流入电枢。此时电流从蓄电池正极→电源总开关 1→熔断丝 2→电刷 B_3→电枢→电刷 B_1→接线柱②→接触片 12→接线柱 1→触点臂 5→触点 6→铜环 9→搭铁回到蓄电池负极、形成电路，电动机以低速运转直至蜗轮旋转到如图 8-67(a)所示的规定位置，触点 4 和触点 6 通过铜环 7 接通，由于电枢转动时的惯性，电机不能立即停下来，因而电动机以发电机运行而发电。因为电枢绕组产生的反电动势方向与外加电压方向相反，所以电流从电刷 B_3→经触点臂 3→触点 4→铜环 7→触点 6→触点臂 5→接线柱①→接触片 12→接线柱②→电刷 B_1，形成回路，产生制动力矩，电机迅速停止转动，使橡皮刷复位到风窗玻璃的下部。

（3）轿车用刮水器的主要要求和功能。

①要求:刮水器电动机输出功率的标定和一般电动机不同,有关法规和实际使用要求刮刷速度为:第一刮刷频率 $N=45$ 次/min,第二刮刷频率 $N=65$ 次/min。为满足克服刮片胶条在玻璃上的最大摩擦阻力,要求电机至少在速度 $N=5$ 次/min 时达到每一刮杆需要的起动力矩。

电机的另一要求是短路保护功能。这一参数是指电机零速时在最大电压下,能保证的不短路时间。一般要求抗短路时间不小于 15min。该项功能主要考虑到冬季刮臂被冰雪冻住的情况。为满足该项指标,电机线圈绕组绝缘层必须有非常好的耐热性能。满足该项指标的另一种方法是,在线圈绕组中增加一只热效自动断开开关,当绕组温度上升到一定值时,热效开关断开并切断绕组中的电流,达到保护电机的目的。此外,为了获得平稳的运转,对传动机构的结构材料也有相应的要求。

②功能:要求刮水器装置能在各种天气和环境条件下,准确可靠地工作,使前风窗玻璃清洁透明,以保证行车的安全性。常用的刮水器都有数种工作模式。

除了快速与慢速两种工作频率外,有些车型还增加了间歇刮水方式和瞬时刮水方式。间隙刮水是为适应汽车在毛毛细雨或雾天行驶时,如刮水器按一般方式刮试,风窗玻璃上的微量水分和灰尘就会形成一个发黏的表面,因此不仅不能将风窗玻璃刮试干净,相反还会使玻璃模糊不清,影响驾驶员的视线。为此,在一些轿车上加装了电子间歇系统,在这种天气行驶时,开动间歇刮水开关,刮水器每动作一次,用时 2-4s,停止 3-6s。另外,瞬时刮水方式是为擦拭前窗玻璃上临时溅上去的水滴而设计的。

68. 洗涤器的构造和工作原理是怎样的?

轿车用的洗窗装置放在发动机舱内,一般都是由电动泵(微型永磁直流电动机和离心式水泵组成)、喷嘴、储液罐及水管等部分组成,如图 8-68 所示。轿车一般储液罐容量为 4.0L,加清洗及专用的防冻清洗剂。电动泵的结构如图 8-69 所示。

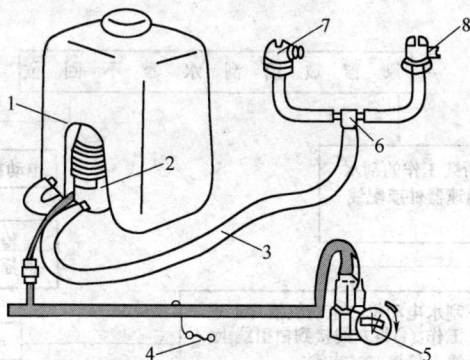

图 8-68 风窗玻璃洗涤器

1. 储液罐 2. 电动泵 3. 软管 4. 熔断器
5. 刮水器、洗涤器开关 6. 三通接头 7、8. 喷嘴

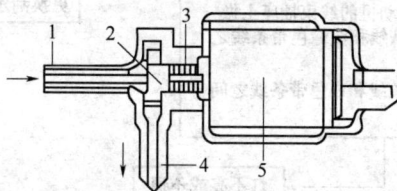

图 8-69 电动泵总成

1. 进水口 2. 叶轮 3. 泵体 4. 出水口 5. 永磁式电机

69. 为什么刮水器不回位?

(1)故障现象。刮水器不回位或不规则回位。

(2)故障原因。

①调速器件与配线束连接不紧。

②电动机上的摇臂松动。

③电动机轴损坏。

④电动机和仪表板开关之间的线束连接不正常。

⑤转向柱上的开关损坏。

(3)故障排除方法。该故障的检测及排除方法按图 8-70

进行。

```
                    ┌─────────────────────────┐
                    │ 风 窗 玻 璃 刮 水 器 不 回 位 │
                    └─────────────────────────┘
         ┌──────────────────────┘        └──────────┐
┌─────────────────────┐              ┌────────────────────┐
│ 如果装有断续工作的刮水  │              │   电动机不规则回位    │
│ 器,要确保调速器件或配线 │              └────────────────────┘
│ 束连接紧固           │                         │
└─────────────────────┘              ┌────────────────────┐
         │                           │  检查电动机上       │
         │                           │  的摇臂是否松动     │
         │                           └────────────────────┘
┌───────────────────────────┐                  │
│ 拆下刮水电动机在电动机插片上进 │        ┌────────────────────┐
│ 行以下工作:①将灰线接到白引线上;│────────│    电动机轴损坏      │
│ ②给蓝线直接接12V电源        │        └────────────────────┘
└───────────────────────────┘
    ┌───────────┘         └───────────┐
┌───────────┐                    ┌───────────┐
│  回位正常  │                    │   不回位   │
└───────────┘                    └───────────┘
    │                                 │
┌───────────────────────────┐  ┌────────────────────┐
│ 接通点火开关,把刮水器开关转到断 │  │   更换刮水器电动机   │
│ 开(停),在连接电动机的线束插座上做 │  └────────────────────┘
│ 以下工作:在搭铁线和淡绿色带条线之 │
│ 间接测试灯                   │
│   检查棕黄色带条线和白色带条线之间 │
│   的连通柱                   │
└───────────────────────────┘
                 │
           ┌───────────┐
           │ 灯不亮或不通 │
           └───────────┘
                 │
    ┌──────────────────────────────┐
    │ 复查电动机和仪表板开关之间线束的各接线处 │
    └──────────────────────────────┘
    ┌───────────────┘        └───────────────┐
┌───────────────┐                    ┌───────────────┐
│  线束连接不正常  │                    │   线束连接正常   │
└───────────────┘                    └───────────────┘
        │                                   │
┌───────────────┐                    ┌───────────────┐
│  修理线束的接头  │                    │  更换转向柱上的开关 │
└───────────────┘                    └───────────────┘
```

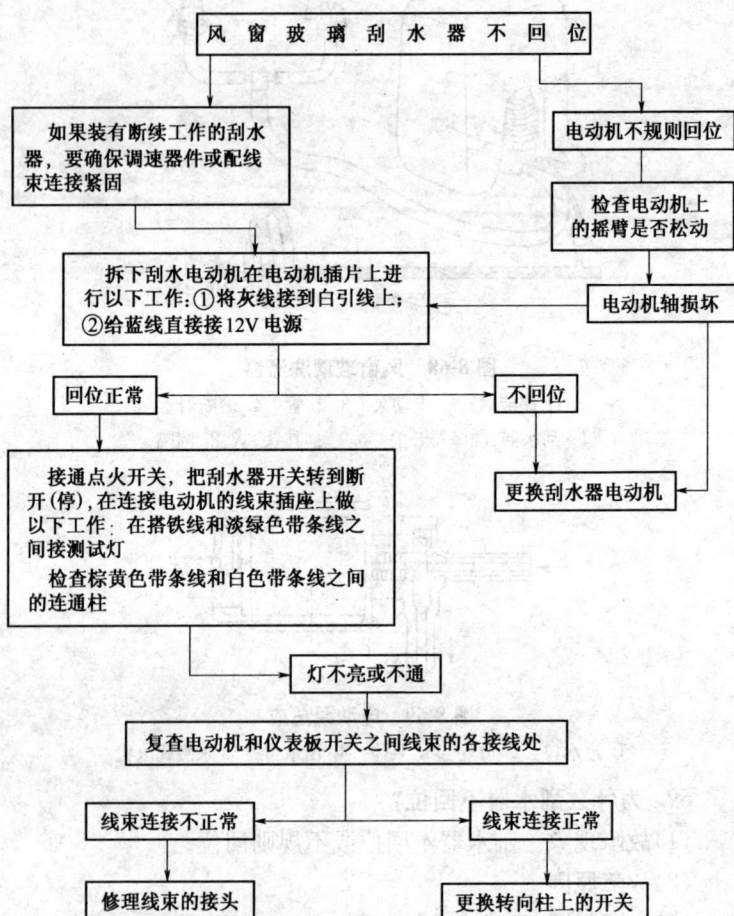

图 8-70 刮水器不回位的故障诊断与排除步骤

70. 为什么刮水器不工作?

(1)故障现象。打开刮水器开关后,刮水器不动。

(2)故障原因。

①刮水器电路熔丝熔断。

②刮水器电动机故障。

③刮水器开关故障。

④配线或接地故障。

（3）排除方法。

1）更换熔丝 更换方法如图 8-71 和 8-72。

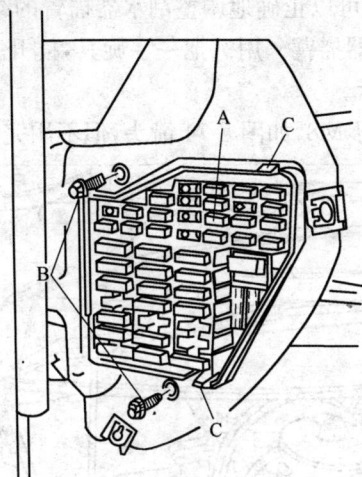

图 8-71 熔丝的更换

A. 熔丝　B. 固定螺钉　C. 定位装置

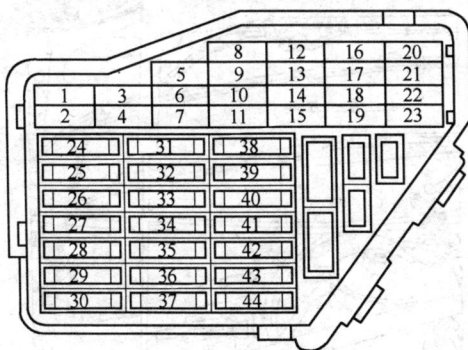

图 8-72 熔丝的分布

2)检修或更换刮水器电动机。

①拆卸前风窗玻璃刮水器电动机。为了能够拆卸带有连杆和刮水器电机框架,必须拆卸刮水器摇臂和风道。此外,在散热器左边处拆开控制单元的保护臂,并且向前压。

在拆卸刮水器摇臂之前,应确保刮水器电机在停止位置,只有这样,在安装时才可以正确地调整刮水器摇臂的终端偏差。

a. 拆卸刮水器摇臂。用一把一字旋具,撬开并移开黑色的罩盖,如图 8-73 所示。

拧松六角螺母 M8,如图 8-74 箭头,但不用完全旋出。

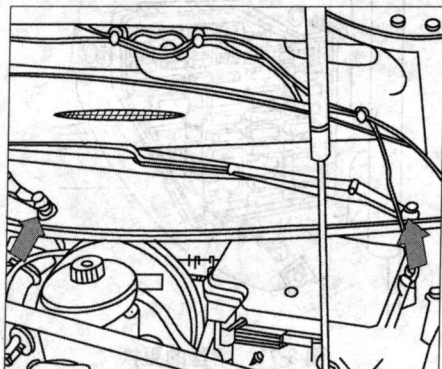

图 8-73　拆卸刮水器摇臂(一)

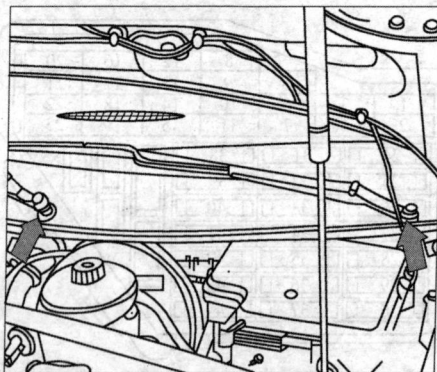

图 8-74　拆卸刮水器摇臂(二)

稍微移动刮水器摇臂，一直到它们松动时为止。

完全旋出六角螺母，并且把刮水器摇臂取下来。

b. 拆卸风道。风道是安置在正面玻璃板边缘上，并用使用两个钢板卡钉和一个十字槽头螺钉固定的。

向前拔出左边的钢板卡板，如图 8-75 箭头所示。

向前拔出中间的钢板卡板，如图 8-76 箭头所示。

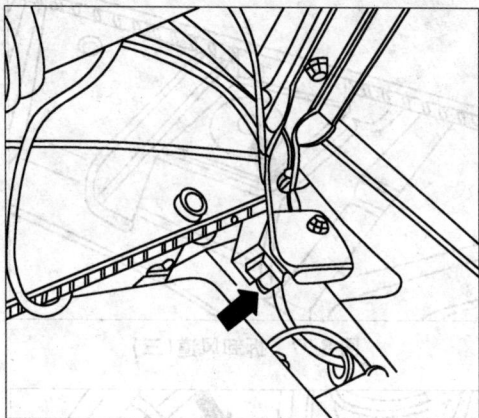

图 8-75　拆卸风道(一)

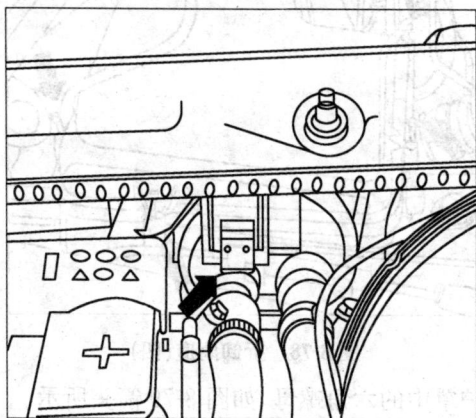

图 8-76　拆卸风道(二)

旋出十字槽头螺钉,如图 8-77 箭头所示同,并且谨慎地向上以杠杆移开风道。

为了能够拆除控制单元保护罩的盖子,必须旋出自攻螺钉,如图 8-78 箭头所示。

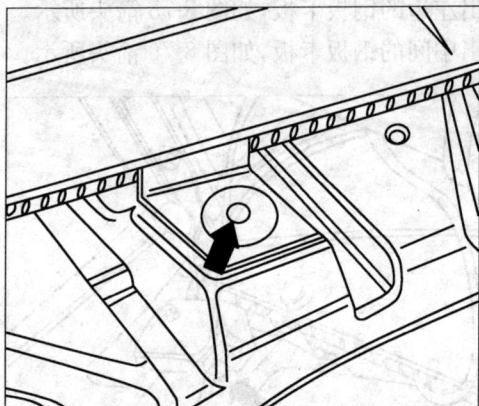

图 8-77 拆卸风道(三)

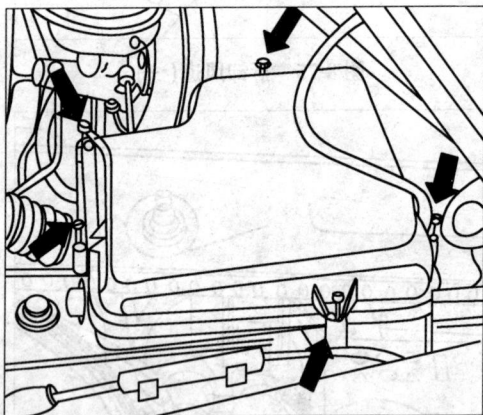

图 8-78 拆卸风道(四)

拧开保护罩中的六角螺母,如图 8-79 箭头所示。

拧开保护罩中的六角螺母,如图 8-80 箭头所示。

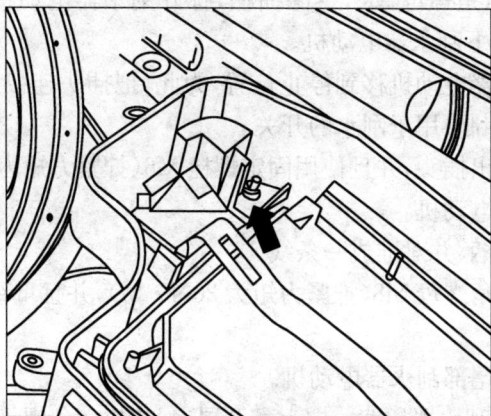

图 8-79 拆卸风道（五）

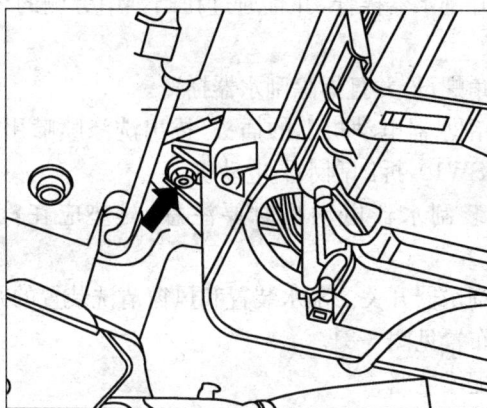

图 8-80 拆卸风道（六）

从橡胶支座中取出保护罩，并前旋压保护罩。

c. 拆卸带有连杆和刮水器电机的刮水器框架。拔出刮水器电动机上的插头，旋出六角螺栓 M6，并且拆下垫圈，此时，完整地取出刮水器框架。

从刮器框架中拆卸和安装刮水电机。使用大的一字旋具撬出连杆,拆下六角螺母 M8,拆除曲柄,拧开刮水器电动机的三个固定螺 M6,拆下刮水器电动机。

将刮水器电动机移到停止位置,为此,把插头连接上,并且短促地操作(控制)用于刮水的开关。

重新拔出插头,并且使用固定螺栓 M6(拧紧力矩为 8N·M),固定刮水器电动机。

装上曲柄,并对准成一条线。

拧紧六角螺母 M8(拧紧力矩为 20N·M),并且重新把拉杆旋压到曲柄上。

②拆卸尾部刮水器电动机。

a. 拆卸刮水器摇臂。向上翻开罩盖,拧松六角螺母 SW13,把尾部刮水器拆掉。

向上翻开刮水器摇臂,并且通过在圆锥中旁侧的运动拧松刮水器摇臂。

旋出六角螺母,并且拆除刮水器摇臂。

b. 拔出刮水器电动机上的插头,拔出洗涤喷嘴用的软管,旋出六角螺母 SW10,拆卸刮水器电动机。

c. 在安装刮水器电动机时要注意,衬垫应在汽车尾部玻璃中。

③更换刮水器开关。刮水装置和风窗清洗装置的开关及多功能显示器的布置见图 8-81。

④检修配线电路。

71. 为什么洗涤器不工作?

(1)故障现象。电动机不运转,或电动机运转但不能抽液或抽液不够。

(2)故障原因。

①电动机引线连错。

②电动机不转。

③熔丝烧断。

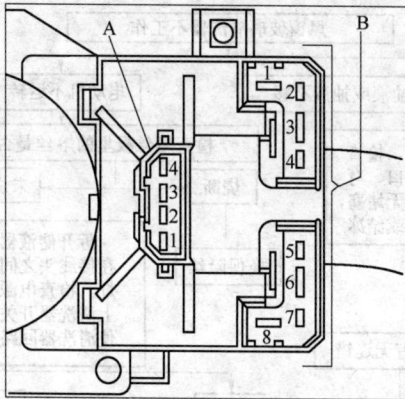

图 8-81　刮水装置和风窗清洗装置的开关及多功能显示器的布置

A. 插头(4 针)：1. MFA 调用按钮(右边)　2. MFA 调用按钮(左边)

3. MFA 的调用按钮(接线柱 31)　4. MFA 安全开关(复位)　B. 插头(8 针)：

1. 风窗刮水器开关(接线柱 31)　4. MFA 安全开关(复位)

4. 风扇刮水器开关(接线柱 53C)　5. 风窗刮水器(后风窗刮水器)

6. 风窗刮水器开关(接线柱 53b)　7. 风窗刮水器开关(间歇操作)

8. 风窗刮水器开关(接线柱 53a)

④配线束搭铁不良。

⑤清洗器开关损坏。

(3)故障排除方法。该故障的检测及排除方法可按图 8-82 进行。

72. 前风窗清洁装置开关电路是怎样工作的?

国产轿车前风窗清洁装置电路基本相同,由蓄电池、点火开关、卸荷继电器、刮水器电机、洗涤器电机、组合开关中的刮水器开关与洗涤器开关(简称刮洗器开关)、间隙控制器等组成,间歇控制器由小型继电器和电子元件组成。刮水器和洗涤器操纵手柄(在转向盘右后方)的操作。刮水器、洗涤器开关的电路工作原理如图 8-83 所示。

刮水器、洗涤器的工作过程如下：

```
                    ┌──────────────────────┐
                    │    风窗玻璃清洗器不工作    │
                    └──────────────────────┘
           ┌──────────────────┐      ┌──────────────┐
           │ 电动机运转但不能抽液或抽液不够 │      │  电动机不运转  │
           └──────────────────┘      └──────────────┘
      ┌──────────────────┐        ┌──────────────────────┐
      │ 检查储液罐液面,检查  │        │  检查熔丝板里的熔丝是否烧断  │
      │ 清洗器软管有无裂口、弯 │        └──────────────────────┘
      │ 折,检查软管中有无堵塞, │      ┌────────┐          ┌────────┐
      │ 检查喷口有无脏污或结冰 │      │  烧断  │          │  未烧断  │
      └──────────────────┘      └────────┘          └────────┘
              ┌──────┐                            ┌──────────────────┐
              │ 正常 │                            │ 拆开储液器的配线束插头, │
              └──────┘          ┌────────┐        │ 在接线头之间连接一个测试 │
      ┌──────────────────┐      │  换保险丝  │        │ 灯,检查电源是否接通。合 │
      │  检查电动机引线有无连错  │      └────────┘        │ 上清洗器开关和点火开关, │
      └──────────────────┘                            │ 使清洗器回路通电     │
     ┌──────┐                                        └──────────────────┘
     │ 接错 │      ┌──────┐      ┌────────┐          ┌────────┐
     └──────┘      │ 正常 │      │  灯亮  │          │  灯不亮  │
   ┌────────┐      └──────┘      └────────┘          └────────┘
   │ 改正接错 │              ┌──────────────────┐    ┌──────────────────┐
   └────────┘              │ 重将插头插入电动机,  │    │  检查配线束搭铁是  │
   ┌────────┐              │ 检查连接是否插紧    │    │ 否可靠或刮水器清洗  │
   │ 电动机不转 │              └──────────────────┘    │ 器开关是否损坏    │
   └────────┘                                        └──────────────────┘
              ┌──────────────────────┐
              │   更换风窗玻璃清洗泵总成    │
              └──────────────────────┘
```

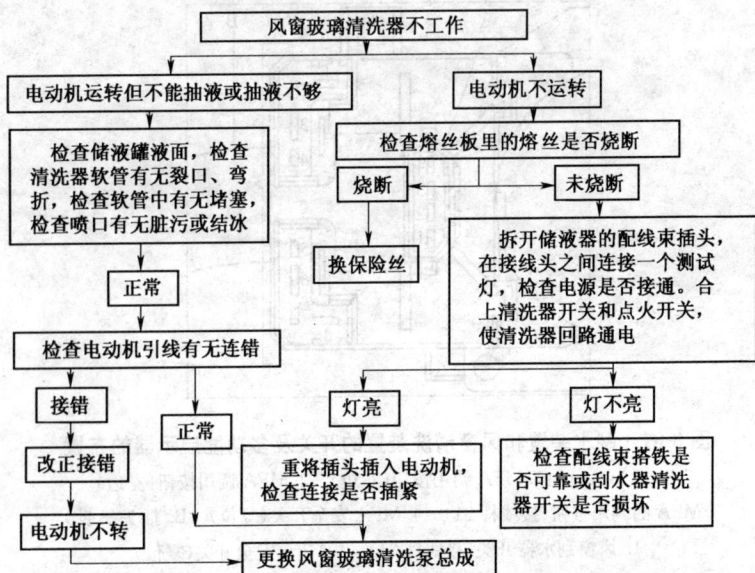

图 8-82　清洗器不工作的故障诊断与排除步骤

　　首先将点火开关转到 ON 位置,使卸荷继电器 6 的线圈工作,其触点闭合,为前风窗清洁装置工作提供电源。

　　(1)刮水器慢速工作电路。将刮水器操纵手柄推动至 1 挡处,其电路(见图 8-83,刮洗器开关 2 内"1"点工作)为:蓄电池正极→卸荷继电器 6 触点→熔丝 5→刮洗器开关 2(内部 53a→53)→刮水器电机 53 电刷→电枢绕组→31 电刷→蓄电池负极,因正、负电刷之间串联的线圈数最多,所以刮水器以慢速工作。操纵手柄需手动复位。

　　(2)刮水器快速工作复位。将操纵手柄推动至位置 2 挡处,刮洗器开关内部将 53a 与 53b 连上,其电路为:蓄电池正极→卸荷继电器 6 的触点→熔丝 5→刮洗器开关 2(内部 53a→53b)→刮水器电机 53b 电刷→电枢绕组→31 电刷回蓄电池负极。因正、负电刷之间串联的线圈数较最多时为少,所以刮水器以快速工作。操纵

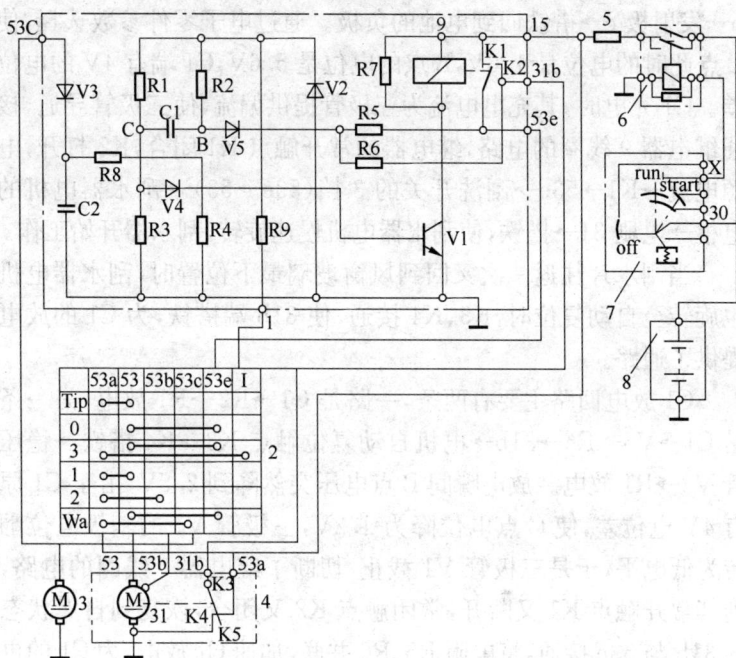

图 8-83 刮水器、洗涤器开关电路

1. 间歇控制器 2. 刮水器及洗涤器(刮洗器)开关 3. 洗涤器电机

4. 刮水器电机 5. 熔丝 6. 卸荷继电器 7. 点火开关 8. 蓄电池

9. 继电器 Wa. 洗涤开关 53、31. 正负电刷 53b. 第三电刷

手柄仍需手动复位。

(3)刮水器间歇工作电路。将操纵手柄往回移于位置 3 挡处，刮水开关内部 53 与 53e 连接，53a 与 I 点连接，刮水器进入间歇刮水方式。间歇刮水的功能需要由刮洗器开关 2、洗涤器电机 3、刮水器电机 4 和间歇控制器 1 共同工作才能完成。间歇控制器的工作原理是：当刮洗器开关放在 3 挡(间歇)，电源经熔断器 5→刮洗器开关 53a 端→刮洗器开关内部 3 挡→间歇控制器的"I"端，C1 被充电。C1 充电电路是：蓄电池正极→熔断器 5→刮洗器开关

(53a→Ⅰ)→间歇控制器"Ⅰ"端→R9→R2→C1→V4→V1 的基极 b→发射极 e→搭铁回到电池的负极。通过电子零件参数选择,使 C 点此时的电位是 1.6V,B 点的电位是 5.6V,C1 端有 4V 的电位 差。C1 充电时,其充电电流为三极管提供偏流,使三极管导通,接 通继电器 9 线圈的电路,继电器的常开触点 K1 闭合,K2 打开,电 源电流→K1→53e→刮洗开关的 3 挡(53e→53)→刮水器电机的 电枢→电刷 31→搭铁,使刮水器电机慢速旋转,刮水器开始工作。

当刮水片往返一次又回到风窗玻璃最下位置时,刮水器电机 也旋转至自动复位时,K3、K4 接通,使 31b 端搭铁,为 C1 的放电 提供了通路。

C1 放电回路主要有两条,一路是 C1→R2→R1 放电,另一条 是 C1→V5→R6→31b→电机自动复位触点 K3→K4 搭铁→稳压 管 V2→R1 放电。放电瞬间 B 点电压突然降到 2.8V,由于 C1 原 有 4V 电位差,使 C 点电位降为-1.2V,三极管 V1 的基极电位翻 转为低电平,于是三极管 V1 截止,切断了继电器 9 线圈的电路, 则其常开触点 K1 又断开,常闭触点 K2 又闭合,恢复到自然状态 的 31b 与 53e 接通,将电阻 R5、R6 并联,加速 C1 放电,为 C1 的再 充电作准备。

随着 C1 放电时间的增加,C 点电位逐渐升高,当 C 点电位接 近 2V 时,三极管 V1 又导通,C1 又恢复为充电状态。

可见,只要刮洗器开关 2 置于间歇挡(3 挡),电源便接入间隙 控制器 1 的"Ⅰ"端,C1 就会不间断地充、放电,三极管 V1 就会导 通、截止反复翻转,使继电器 9 反复接通与断开,刮水器电机电路 也反复接通与断开,如此形成了间歇刮水的工作状态,直到断开刮 洗器开关 2。

(4)瞬时(点动)刮水方式。将操纵手柄推至位置 1 挡前的压 力点,刮洗器开关内部 53a 与 53 连接,刮水器以慢速方式工作(见 慢速刮水方式电路),松开操纵手柄后,手柄自动回到初始位置,刮 水器也自动复位。

（5）清洗装置工作电路。将操纵手柄朝转向盘方向拉动（见图8-83向后的箭头）并保持在此位置，清洗工作将一直进行，同时刮水器也将以第1挡慢速方式工作，松开手柄，手柄就自动复位，清洗装置即刻停止工作。刮水器还将工作4s后便自动停止工作并复位。

①当操纵手柄拉到Wa洗涤位置（见图8-83），触点53a与53c闭合，这时两电路同时被接通；

a. 蓄电池正极→卸荷继电器6触点→熔丝5→刮洗器开关Wa挡（触点53a→53c）→洗涤器电机3→蓄电池负极。于是洗涤器电机3工作，向前风窗玻璃喷水。

b. 接通了刮水器慢速工作电路，其过程是先给电容器C2充电，充电电路：蓄电池正极→卸荷继电器6触点→经熔丝5→刮洗器开关Wa（触点53a→53c）→间歇控制器1的接线端53c→二极管VD1→电容器C2→蓄电池负极。

随着电容器C2充电的同时，电阻R8与电阻R4电路中的电流由小变大，因此，在电阻R4上产生的电压降也就由小变大，待其电压降升至2V时，三极管V1导通，继电器9工作，K1触点闭合，刮水器电机慢速工作电路被接通。其电路是由蓄电池正极→卸荷继电器6触点→熔丝5→间歇控制器1接柱15→K1→接线柱53e→刮洗器开关2（53e→53）→刮水器电机53电刷→31电刷回到蓄电池负极。也即在洗涤器先喷水后，再让刮水器电机慢速工作，进行前风窗的洗刮。

②当松开操纵手柄，刮水器开关自动回到0位置，洗涤器电机3停止工作。这时间歇控制器中电容器C2开始放电，电流由电容C2正极→电阻R8→R4→电容器C2负极。

待放电在电阻R4上的电压降等于−1.2V时（时间约4s），三极管V1截止，间歇控制器中的继电器触点K1打开，刮水器电机停止工作。

③由上述分析可以看出：

a. 使用洗涤器时，刮水器也工作，但是先喷水再刮水，防止前风窗玻璃上没有水而干刮,刮伤玻璃。

b. 在停止洗涤器工作后,刮水器也停止工作,但洗涤器停止大约 4s 后再停刮水器,这样可以把前风窗玻璃上的水滴刮干。

73. 电动摇窗机是怎样工作的?

桑塔纳 2000GSi 型轿车采用可使车门玻璃自动升降的电动摇窗机,如图 8-84 所示。直流永磁电动机接通额定电压后,转轴输出转矩,经蜗轮蜗杆减速后,再由缓冲联轴器传递到卷丝筒,带动卷丝筒旋转,使钢丝强拉动安装在玻璃托架上的滑动支架在导轨中上下运动,达到使车门玻璃升降的目的。

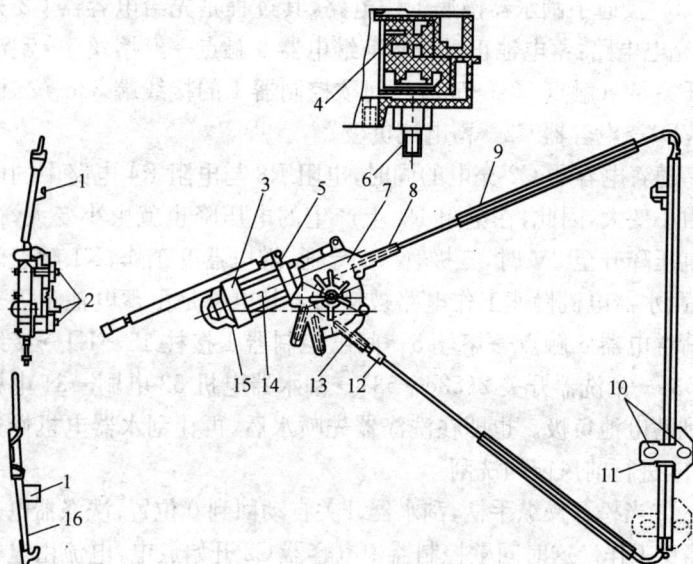

图 8-84　电动摇窗机

1. 支架安装位置　2. 电动机安装位置　3. 固定架
4. 联轴缓冲器　5. 电动机 6. 卷丝筒盖板　8. 调整弹簧
9. 绳索结构　10. 玻璃安装位置　11. 滑动支架
12. 弹簧套筒　13. 安装缓冲器　14. 铭牌　15. 均压机　16. 支架结构

电动摇窗机的组合控制开关,位于仪表板下方,前排左、右座椅之间的中央通道面板上。将点火开关钥匙置于"ON"位置,通过它可方便地控制4扇车门窗的升降,后排座位的乘客可使用左右后门上的按键开关进行操作。

组合开关的4个白色按键开关分别控制各自相应的车门窗口玻璃升降,中间黄色开关为锁定开关,按下此开关,后门的玻璃升降开关就失去作用。驾驶员门的操作与其他门有所不同,只需点一下下降键,车门玻璃即可下降到底;如需中途停下,点一下上升键即可。由于延时继电器的作用。点火开关钥匙处于"OFF"后50s内,车门玻璃开关仍可起作用。

桑塔纳2000GSi型轿车电动摇窗机常见故障与排除如表8-1所示。

表8-1 电动摇窗机常见故障与排除

故障现象	原　　　因	排　除　方　法
电动摇窗机不工作	(1)电动摇窗机开关损坏 (2)熔丝熔断 (3)连接导线断路 (4)电动机损坏	(1)修理或更换 (2)更换 (3)修理或更换 (4)更换
电动摇窗机工作时有异常响声	(1)电动摇窗机安装时没调整好 (2)卷丝筒内钢丝绳跳槽 (3)滑动支架内的传动钢丝夹转动 (4)电动机盖板或固定架与玻璃碰擦	(1)重新调整摇窗机装螺钉 (2)重新调整卷丝筒内的钢丝绳位置 (3)检查安装支架弧面是否正确 (4)重新调整
电动机工作正常,摇窗机不工作	(1)钢丝绳折断 (2)滑动支架折断或传动钢丝夹转动	(1)更换钢丝绳 (2)重新铆接钢丝夹
电动摇窗机工作时发卡,阻力大	(1)导轨凹部有异部 (2)导轨损坏或变形 (3)电动机损坏 (4)钢丝绳腐蚀、磨损	(1)清除异物 (2)修理或更换 (3)更换 (4)修理或更换

74. 怎样拆装电动玻璃升降器?

电动玻璃升降器的接线插头的分离与连接。如图 8-85 所示,分离时抓住插头(2 孔)1 的两侧向后拉,将其从插头外壳(3 孔)2 中拉出。接线插头连接时,只要将插头 1 从后向里推至定位处即可。

(1)电动玻璃升降器的分解(一)。如图 8-86 所示,

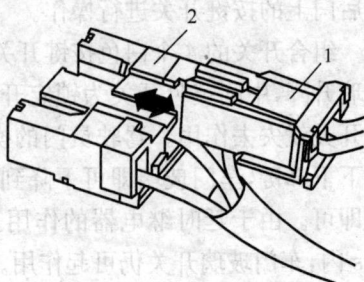

图 8-85 电动玻璃升降器接线插头的分离与连接
1. 插头(2孔) 2. 插头外壳(3孔)

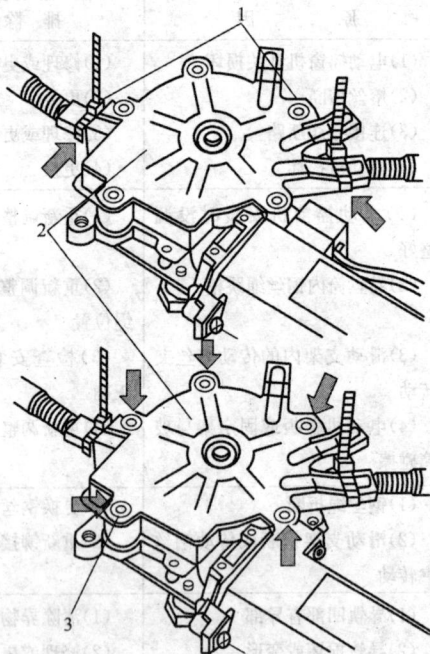

图 8-86 电动玻璃升降器的分解(一)
1. 扎带 2. 驱动器盖 3. 螺钉

用扎带 1 将驱动器盖 2 和塑料轴承盖在两个钢绳出口处(箭头所指)连接固定(保险装置朝向凸起处),将驱动器盖 2 固定,拧出螺钉 3(箭头处)。整个修理过程中,均不允许去掉扎带 1,否则不可能修复。

(2)电动玻璃升降器的分解(二)。如图 8-87 所示,拆下驱动器盖 1 时,让驱动器 1 与驱动器壳 2 相互间稍微倾斜,用手将盘绳滚筒(在驱动器盖 1 内)沿箭头方向从驱动器壳 2 中拉出,不要损伤密封面。

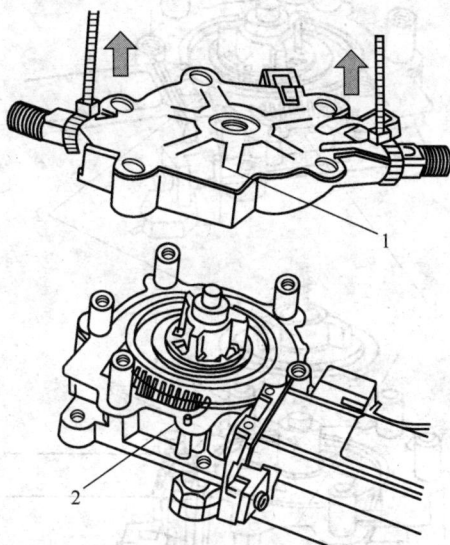

图 8-87 电动玻璃升降器的分解(二)

1. 驱动器盖 2. 驱动器壳

(3)电动玻璃升降器的组装(一)。如图 8-88 所示,更换新的驱动器时,沿箭头方向从新驱动器上将防尘和防止运输损伤防护盖 3 拉下,注意保证法兰密封垫和 3 扇支架成形件 2 在驱动器壳 1 上(保持表面清洁,使用专用油脂,不允许粘上灰尘和污物)。将 3 扇支架成形件 2 沿箭头方向从驱动轴 4 上拉出,橡胶成形垫 5

必须留在驱动器壳体 1 中。

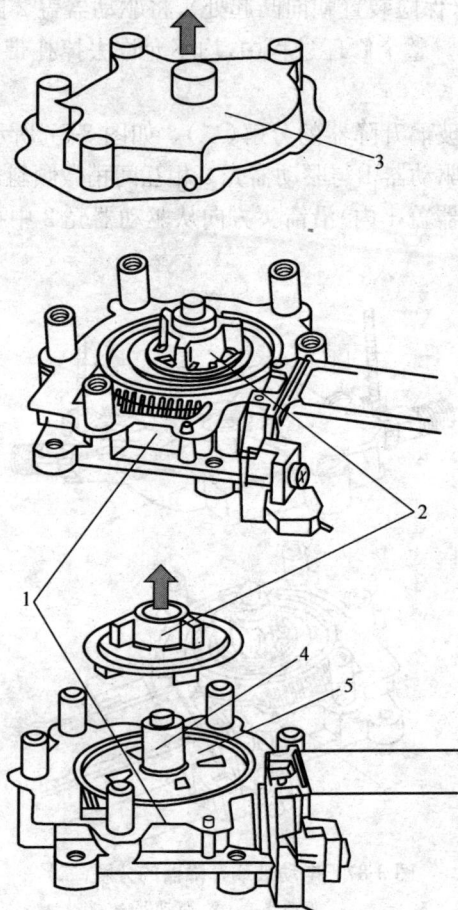

图 8-88　电动玻璃升降器的组装（一）

1. 驱动器壳体　2.3 扇支架成形件　3. 防护盖　4. 驱动轴　5. 橡胶成形垫

　　（4）电动玻璃升降器的组装（二）。如图 8-89 所示，将 3 扇支架成形件 1 放入在驱动器盖 2 内的盘绳滚筒 3 内，3 个缓冲件必须小心放入盘绳滚筒 3 的空缺处，电动玻璃升降器驱动壳 4 沿箭头方向与盘绳滚筒 3 相结合。3 扇支架成形件 1 的 4 个卡鼻与驱动器壳体 4 中的橡胶成形垫的空缺必须对齐。安装时,法兰密封垫 5 和驱动器壳体 4 中的齿轮,必要时可涂一层油脂,防止其掉出来。驱动器壳体 4 与盘绳滚筒 3 相接合,但不能相互接触,可稍微移动夹子 6 改变橡胶成形垫的位置,以达到相互配合(不得过度拧紧调整螺钉而使上部接触。)

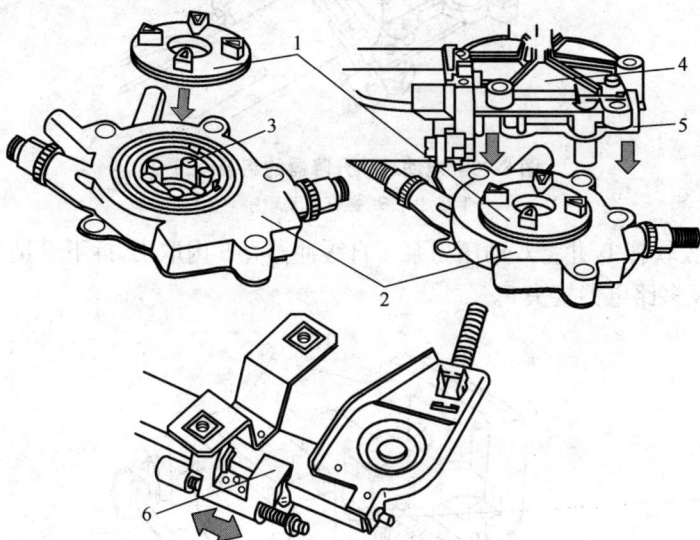

图 8-89 电动玻璃升降器的组装(二)
1. 3 扇支架成形件　2. 驱动器盖　3. 盘绳滚筒　4. 驱动壳体
5. 密封垫　6. 夹子

(5)电动玻璃升降器的组装(三)。如图 8-90 所示,按图中规定顺序拧紧螺钉(力矩 3N・m)。将车门玻璃程式降器安装到定位支架上之前,需进行功能检测,并割掉多余扎带(防止产生刮磨噪声)。

75. 怎样拆装中央门锁?

双动压力泵的拆卸与安装。如图 8-91 所示,从车身后部拆下

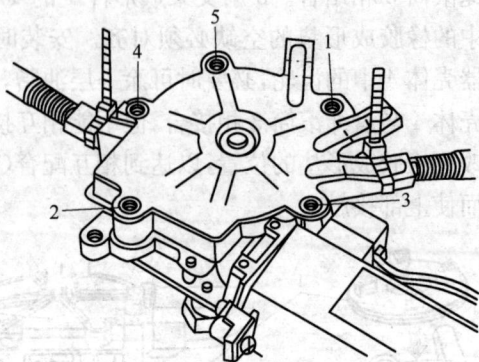

图 8-90　电动玻璃升降器的组装(三)

1、2、3、4、5. 螺钉旋紧顺序

橡胶软管 1,并将双动压力泵 4 自缓冲器壳 5 内取出,拆下管接头 2 及多路电器接头 3。

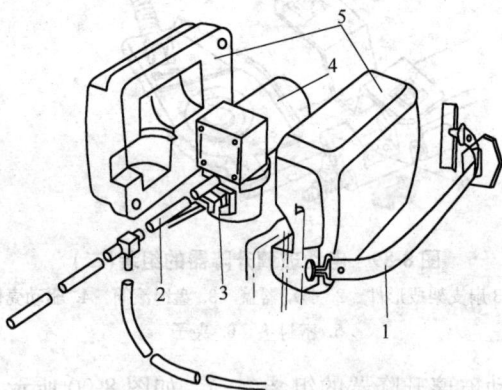

图 8-91　双动压力泵的拆卸与安装

1. 橡胶软管　2. 管接头　3. 多路电器接头　4. 双动压力泵　5. 缓冲器壳

　　(1)左前门控制开关元件的拆卸与安装。如图 8-92 所示,拆下车门装饰板及保护薄膜,拧下紧固螺钉 1(箭头所示),拔下多路电器接头 4,并拆下控制元件 2 上与门锁 3 之间的连接杆 5。

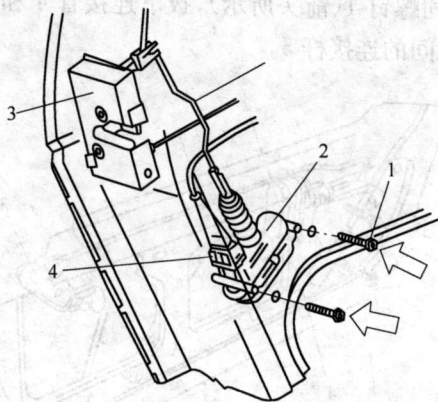

图 8-92　左前门控制开关元件的拆卸与安装

1. 螺钉　2. 左前门控制开关元件　3. 门锁　4. 多路电器接头　5. 连接杆

（2）后门锁控制元件的拆卸与安装。如图 8-93 所示，拆下车门装饰板及门护板，拧下紧固螺钉 1（箭头所示），拔下连接管 4 和锁控制元件 2 与锁 3 之间的连接杆 5。

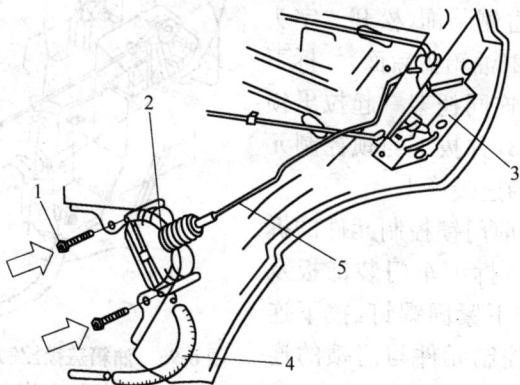

图 8-93　后门锁控制元件的拆卸与安装

1. 螺钉　2. 后门锁控制元件　3. 门锁　4. 连接管　5. 连接杆

（3）尾门锁控制元件拆卸与安装。如图 8-94 所示，拆下尾门装饰,拧下紧固螺钉1(箭头所示),拔下连接管4和锁控制元件2与后门锁3之间的连接杆5。

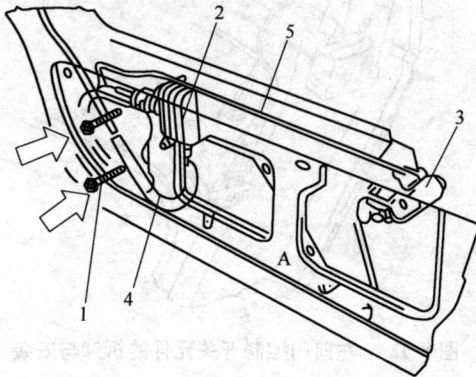

图 8-94　尾门锁控制元件的拆卸与安装

1. 螺钉　2. 尾门锁控制元件　3. 后门锁　4. 连接管　5. 连接杆

(4)油箱盖锁控制元件的拆卸与安装。如图8-95所示,拆下行李舱盖右侧装饰,松开二字头螺钉1和2(油箱盖后面)。拆下连接杆5,连同托架一起拉出锁控制元件3,并拔下与锁控制元件3相连的连接管4。

(5)右前门锁控制元件的拆卸与安装。拆下车门装饰板及门护板,拧下紧固螺钉,拔下连接管和锁控制元件与门锁的连接杆。

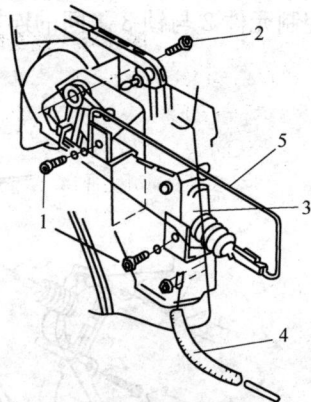

图 8-95　油箱盖锁控制元件的拆卸与安装

1. 螺钉　2. 螺钉
3. 油箱盖锁控制元件
4. 连接管　5. 连接杆

76. 汽车防盗装置是怎样的?

在世界各国,汽车被盗现象均很严重。据统计,美国每26

秒钟便有一辆汽车被盗。因此,汽车制造厂计划逐步将防盗系统作为选装件或标准装备用在汽车上。防盗系统的通用部件包括:电子控制模块、车门开关、行李箱锁体开关、发动机罩开关、禁止起动机起动继电器、喇叭继电器、报警器等。在汽车上的布置如图8-96所示。

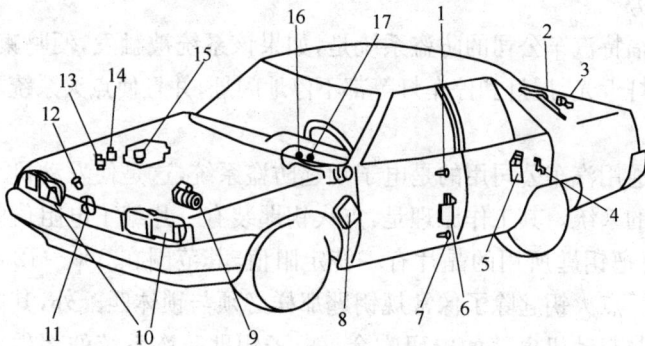

图8-96　汽车防盗系统的典型部件

1. 前车门锁体解锁开关　2. 行李箱盖开关　3. 行李箱锁体解锁开关
4. 后车门开关　5. 后车门门锁制动器开关　6. 前车门门锁制动器开关
7. 车门开关　8. 电子控制模块　9. 起动机　10. 前照灯　11. 报警喇叭
12. 发动机罩开关　13. 禁止起动机起动继电器　14. 喇叭继电器
15. 前照灯继电器　16. 警戒灯　17. 点火开关

防盗系统是设计成用音响报警和使点火系统不能点火等威慑手段吓跑行窃者的防卫系统。该系统要起作用必须首先处于戒备状态,关了点火开关,锁好所有车门,便完成了戒备,可以随时探测非法的潜入。当驾驶员关上车门后,警戒灯16点亮约30s,表示系统随时可以起作用;若警戒灯不闪亮,则表示必有某扇门未关好。

电子控制模块8监控所有开关。如果车门或行李箱被撬或者锁体被转动,控制模块便起动防盗系统,系统便发出音响报警和灯光闪烁,待定时器到时间后,音响和灯光才平息,系统自动处于戒备状态。

　　有些防盗系统采用了超声传输器,如有人欲从车门或车窗潜入,就会使超声场变化,控制模块就会收到变化信号。如潜入者进入警戒距离以内,超声传感器便触发报警器,防盗系统便发出音响报警。超声传感器可以安放于汽车内部的某个部位,如驾驶员的车座旁。

　　福特汽车公司的防盗系统是,如果该系统被触发,便鸣喇叭,前照灯近光、尾灯和停车灯等都不停地闪烁,并且使点火系统不能工作。

　　通用汽车公司用的是电子钥匙防盗系统,这是使发动机不能起动的系统。其工作原理是:点火钥匙装有一片编了电阻值的晶片,每把钥匙所用的晶片有一特定阻值,其范围在 $380\sim12300\Omega$ 之间。点火钥匙除了像常规钥匙那样必须与锁体匹配外,其电码还要与起动机电路的电码吻合。电子钥匙防盗系统的部件如图8-97所示。

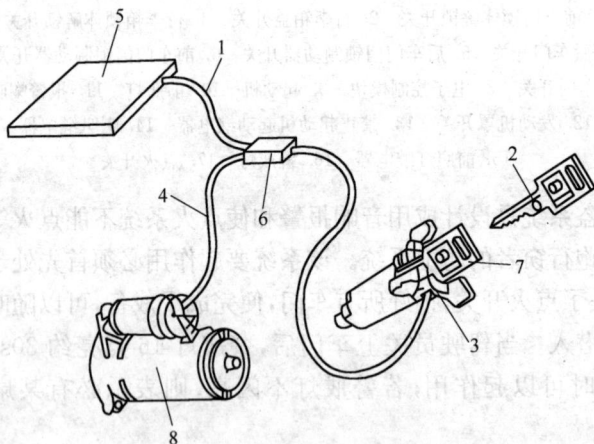

图8-97　电子钥匙防盗系统的部件

1. 至 ECM 的频率链路　2. 电阻晶片　3. 电阻检测触头　4. 电磁开关馈电线
5. 发动机控制组件(ECM)　6. 电子钥匙(解码器)模块　7. 点火锁　8. 起动机

当点火钥匙插入锁体时,晶片与电阻检测触头接触。当锁体转到 Start(起动)挡时,蓄电池电压便送至解码器模块,钥匙晶片的电阻值也送至解码器模块。钥匙的电阻值与存储的电阻值比较,如果一致,起动继电器便被激励,从而接通起动机电路并发信号给 ECM,ECM 起动燃油输送。

若钥匙晶片的电阻值与存储的电阻值不一致,解码器便禁止起动发动机 2-4min。虽然锁体已经转到起始位置,发动机仍然不能起动,因为起动继电器得不到激励。

电子钥匙是由个人自动保密系统派生出来的。

77. 怎样排除车速里程表故障?

车速里程表的故障与排除见表 8-2。

表 8-2　车速里程表的故障与排除

故障现象	产生原因	排除方法
车速表和里程表指针均不动	(1)主轴减速机构中的蜗杆或蜗轮损坏使软轴不转 (2)软轴或软管断裂 (3)主轴处缺油或氧化而卡住不动 (4)表失灵	(1)更换新零件 (2)更换软轴或软管 (3)清除污物或加润滑油 (4)更换仪表
车速表走动,指针跳动不准而里程表正常	(1)指针轴磨损或已断 (2)轴向间隙过大 (3)速度盘与磁铁相碰 (4)游丝失效或调整不当	(1)更换新轴 (2)调整位置 (3)调整位置 (4)换游丝或重新调整
车速表和里程表指示值失准	(1)永久磁铁的磁性衰减或消失,游丝折断或弹性衰减 (2)里程表的蜗轮,蜗杆磨损	(1)充磁 (2)更换
车速表走而里程表不走	自车速表驱动轴至计数轴之间的任何一对减速蜗轮磨损而打滑	配换新蜗轮蜗杆
里程表走而车速表不走	(1)金属速率盘或指针卡住 (2)磁铁失效	(1)调整 (2)进行充磁

78. 怎样排除水温表故障？

水温表的故障与排除见表 8-3。

表 8-3　水温表的故障与排除

故障现象	故障判断	故障原因	排除方法
接通电源后，指示表指针不动或指示数值偏高	察看电流表（断电器触点闭合）；示值为"0"	蓄电池至点火开关正极连接线柱一段公用电路断路	接通
	用电流表放电 3A 时，将指示表正极接线柱搭铁试火：若无火花	点火开关至指示表连线断脱	更换导线
	若有火花再将传感器接线柱搭铁：指针仍不动	指示表电热线圈损坏或指示表至传感器之间连线断脱	更换指示表或导线
	指针迅速转动	传感器损坏或搭铁不良	修理或更换传感器
接通电源后，指针指示数值偏低	将传感器接线柱上的连接拆除，进行断路试验：若指针仍指到最低值	指示表与传感器之间连接有搭铁	修理或更换导线
	若指针转至高温	传感器内部有搭铁	更换传感器
指针指示数值不正确、失准		指示表与传感器未正确配套指示表或传感器性能不良（如电热线圈烧坏造成短路或传感器的热敏电阻衰老变质）	必须配套检查或更换

79. 怎样排除燃油表故障？

燃油表的故障与排除见表 8-4。

表 8-4 燃油表的故障与排除

故障现象	故障判断	故障原因	排除方法
接通电源,指针不动,无论存油量多少示值总为"0"	察看电流表和油压表:示值均为"0"	指示表电源线断脱	接好
	油压表指示正常	燃油表内部断路或接触不良	更换或修理
	拆下指示表接线柱的导线将其搭铁试火: 有火花	指示仪表接线柱的导线接反	重新接好
	无火花	右线圈烧断或指示表至传感器间导线搭铁	更换指示表或导线
无论存油量多少示值总为"1"或偏高	用螺钉旋具将传感器接线柱与油箱短接: 若指针仍指在"1"	指示表接线柱至传感器之间的连线断脱	重新接好
	若指针转动至"0"	传感器可变电阻损坏,滑片与可变电阻接触不良,滑动触点臂折断	更换或调整
指示表指针大幅度摆动 指示表示值失准		线头松动,搭铁不良	紧固螺母搭铁良好
		传感器滑片与电阻接触不良或中间电阻磨断	拆下传感器清洁、调整接触面或更换传感器
		仪表未配套,使用性能不良	正确配套
		传感器浮子使用过久,防油能力差失去规定浮力,激烈振动,使柱杆弯曲	更换

80. 怎样排除机油压力及警报灯故障?

机油油压及油压警报灯的故障与排除见表 8-5 。

表8-5   机油油压开关及油压警报灯的故障与排除

故障现象	故障原因	排除方法
怠速时油压警报灯亮	(1)机油过少	(1)补充机油
	(2)机油黏度太稀	(2)更换机油
	(3)机油滤清器堵塞	(3)修复
	(4)曲轴及连杆轴承磨损过大	(4)更换
	(5)机油泵损坏	(5)更换
	(6)机油泵限压阀卡在开启位置	(6)更换
	(7)低压机油开关损坏	(7)更换
	(8)线路故障	(8)修复
2000r/min时警报灯亮	(1)机油泵磨损	(1)更换
	(2)机油滤清器堵塞	(2)修复
	(3)气缸体的油道堵塞	(3)修复
	(4)曲轴与连杆轴承间隙过大	(4)更换
	(5)线路故障	(5)修复
	(6)高压油压开关损坏	(6)更换

81. 怎样检查桑塔纳轿车仪表板?

(1)发动机转速表线路的检查。如图8-98所示,依次检查下列各项:

①检查仪表板8上白色插座 $\phi13$ 的棕色导线是否接地良好。

②检查仪表板8上的黑色插座 $\phi12$ 的黑色导线的电压是否正常。

③检查仪表板8上白色插座 $\phi11$ 中红/黑色导线是否与点火线圈3的接线柱"—"端接触良好。如果接触不良或不通,则应检查中央线路板(中央电气装置)2上的插座B19、D26接触是否良好,导线红/黑与点火线圈"+"端是否接触良好。

如果上述检查结果全部正常,故障可能在转速表9本身,其主要毛病为表内连接导线松脱,应认真检查或更换、修理。

导线连接处松脱,应重新拧紧。连接处接触不良,应在接头处除污去锈。发现接头损坏,应进行修理或更换。

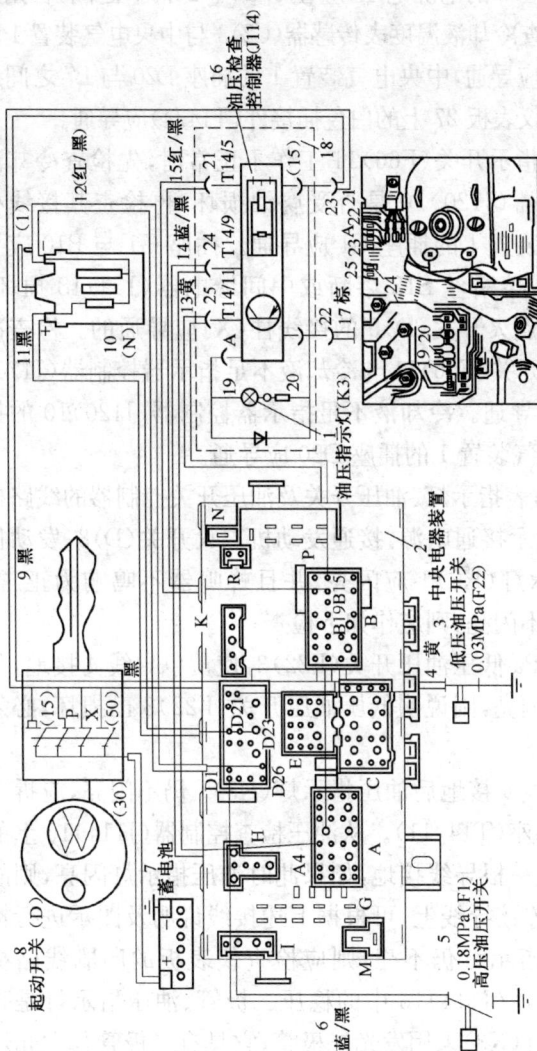

图 8-98　机油压力指示系统的线路

1. 油压指示灯　2. 中央电气装置　3. 低压油压开关(F22)　4. 黄色线　5. 高压油压开关(F1)　6. 蓝黑线　7. 蓄电池　8. 点火开关(D)　9. 黑色线　10. 点火线圈(N)　11. 黑线　12. 红黑线　13. 黄色线　14. 蓝黑线　15. 黑红线　16. 油压检查控制器(J114)　17. 棕色线　18. 仪表线路板　19、20. 接机油压力指示灯　21. 油压检查控制器接线片(T14/5)　22. 油压检查控制器接线片(T14/11)　23. 油压检查控制器接线片　24. 油压检查控制器接线片(T14/9)　25. 油压检查控制器接线片(T14/11)

(2)冷却液温度表及传感器线路的检查。水温表工作不正常时,检查稳压器(J6)8 的电源电压,应在 9.5V～10.5V 之间,否则应更换稳压器。检查冷却液温度表传感器(C2)3 与中央电气装置 1 的插座 D20 的导线应导通,中央电气装置 1 的插座 D20 与 B7 之间应导通,插座 B7 与仪表板 27 上的白色插接件(T14/4)应导通。

冷却液不足指示开关(F66)11 工作不正常时,先检查冷却液不足指示器控制器(J120)10 是否受腐蚀损坏,再检查其接线柱(15)与中央电气装置 1 的插座 C1 应导通。插座 G1 与 B10 应导通,若不导通表示熔断丝 S12 熔断或中间继电器(J59)18 损坏。检查插座 B10 与点火开关(D)5 的接线柱(X)应导通的。检查冷却液不足指示器开关(F66)11 与冷却液不足指示器控制器(J120)10 的接线柱 S 应导通。冷却液不足指示器控制器(J120)10 的接线柱 G 与中央电气装置 1 的插座 D20 应导通。

(3)机油压力表指示灯、油压开关及油压开关控制器的线路检查。如图 8-98 所示接通电源,接通发动机点火开关(D)8,发动机不工作,油压指示灯(K3)1 应闪亮,并且蜂鸣器不鸣响为正常。如果油压提示灯不闪亮,则应作如下检查:

拔下 0.03MPa 低压油压开关(F22)3,使黄色导线 4 接地,如果指示灯(K3)1 闪亮,则说明低压油压开关(F22)3 已损坏,必须更换。

如果黄色导线 4 接地后油压指示灯(K3)1 仍不闪亮,应拆下仪表板 18 上的插座(T14/11)。从油压检查控制器(J114)16 上的接线片 25 直接引一根导线接地,如果此时油压指示灯闪亮,则故障可能在中间的连接导线上,可根据上述接线说明及图示进行检查。但如果油压指示灯仍不亮,则应检查仪表板的印刷线路板 18、油压检查控制器(J114)16 中的稳压二极管、油压指示灯是否良好。油压指示灯(K3)采用发光二极管,它具有二极管与发光灯珠双重作用。当正向电压大于 1.7V 时,便能闪亮。若发光二极管检查良好,则故障在油压控制器(J114)16 上,必须予以更换。

检查油压指示灯与蜂鸣器的工作情况。当发动机熄火,接通点火开关(D)8时,油压指示灯(K3)1(红色)应亮,蜂鸣器应不响;当发动机转速低于2000r/min时,拔下低压油压开关(F22)3(黄色)的导线4并使之搭铁时,灯1应闪红光,蜂鸣器应不响;当发动机转速高于2000r/min,拔下高压油开关(F1)5(蓝/黑)的导线6(不能搭铁)时,灯1闪红光,蜂鸣器也响,否则应进行下列试验:

发动机低速于2000r/min时,油压指示灯(K3)1应熄灭,但拔下低压油开关的黄色导线4然后接地,油压指示灯应闪亮,而蜂鸣器不鸣响,这样为正常。

当发动机转速低于2000r/min时,油压指示灯若闪亮,则应在发动机油压正常的前提下检查低压油压开关3,是否油压低于0.03MPa时此开关仍闭合。如果仍处于闭合状态,必须更换低压油压开关3。若油压低于0.03MPa低压油压开关3未闭合,则应检查高压油压开关(F1)5是否正常,连接导线是否正常。

拔下低压油压开关的黄色导线4并接地,油压指示灯1若不闪亮,检查方法同前所述。如果此时蜂鸣器响,一般情况下故障在油压控制器(J114)16上。

接通点火开关8,发动机转速于2000r/min时,油压指示灯1不闪亮,蜂鸣器不鸣响,并且拔下高压油压开关蓝黑色导线6时,油压指示灯1闪亮,蜂鸣器发出声响,这样才算正常。

如果转速高于2000r/min时,并未拔下高压油压开关上的连接导线6,油压指示灯(K3)1闪亮,蜂鸣器鸣响。在发动机油压正常的前提下,应检查低压油压开关的(F22)3是否已打开,若它仍处于闭合状态,则应当更换低压油压开关3。检查高压油压开关5是否仍打开,如果高压油压开关5已闭合,则应更换高压油压开关5。如果高压、低压油压开关均为正常,应拆下仪表板18,从油压控制器接线片24处直接引出一根导线接地。若油压高于0.18MPa如果此时油压指示灯1仍闪亮,蜂鸣器仍作响,故障便可能在油压控制器(J114)16上,应检查、更换之。如果此时油压指示灯 1 不闪亮,蜂鸣器也不鸣响,则应检查自油压控制器接线片 24 至高压油压开关(F1)5 蓝/黑色导线 14、6 之间是否有断路现象。

如果转速高于 2000r/min,拔下高压油压开关蓝/黑色导线 6,使之接地,若蜂鸣器不鸣响,应检查仪表板油压控制器插座 21 上是否有来自点火线圈(N)10"1"极的发动机转速信号。若有信号输出,则故障在油压控制器(J114)16 上,应检查或更换。如果没有信号输入,则应检查自油压控制器插座 21 至点火线圈"1"极接线柱之间是否有断路或接触不良之处。

(4)燃油表和燃油表传感器的线路检查。如图 8-33 所示,当发现燃油表不工作时,检查如下:

①燃油表(G1)6 与传感器(G2)信号输出端之间的连接导线出现断路或接触不良,可用万用表检查。发现此种情况应立刻排除,或更正或更换。

②传感器(G)内部损坏,造成断路,进行修理或更换。

③稳压器(J6)损坏,这时必须更换。可用电压表测量燃油表(G1)6 电源处的电压是否在 9.5～10.5V 之间。如果电压不在额定范围内,应检查或更换稳压器(J6)8,并检查电源线路、稳压器(J6)8 的输入端(E)(T14/14)与点火开关(D)5 的接线柱(15)应导通。如电压在额定范围内,则应检查、修理或更换燃油表(G1)6。

82. 怎样拆卸组合开关与风窗刮水器开关?

(1)组合开关与前风窗刮水器开关的拆卸。如图 8-99 所示,撬下罩盖 1,旋下螺母 2,取下转向盘 4,旋下转向柱开关的固定螺栓 5,拔下转向柱开关的插头。拆下上护罩 8 及下护罩 9,取下多齿接头轴套 18 后,取下转向信号灯开关 6、刮水器开关 7。在点火开关外壳 14 上标记的孔 20 处($a=12mm$ $b=10mm$)用钻头的背面压限位弹簧,并拉出锁芯 16。点火开关外壳 14 的孔 20(直径约 3mm)通到锁芯 16 的限位弹簧可用手摸到(孔深约 3mm),旋下螺钉 13,取下点火开关外壳 14,旋下螺钉 19,从点火开关外壳 14 上取下点火开关15。

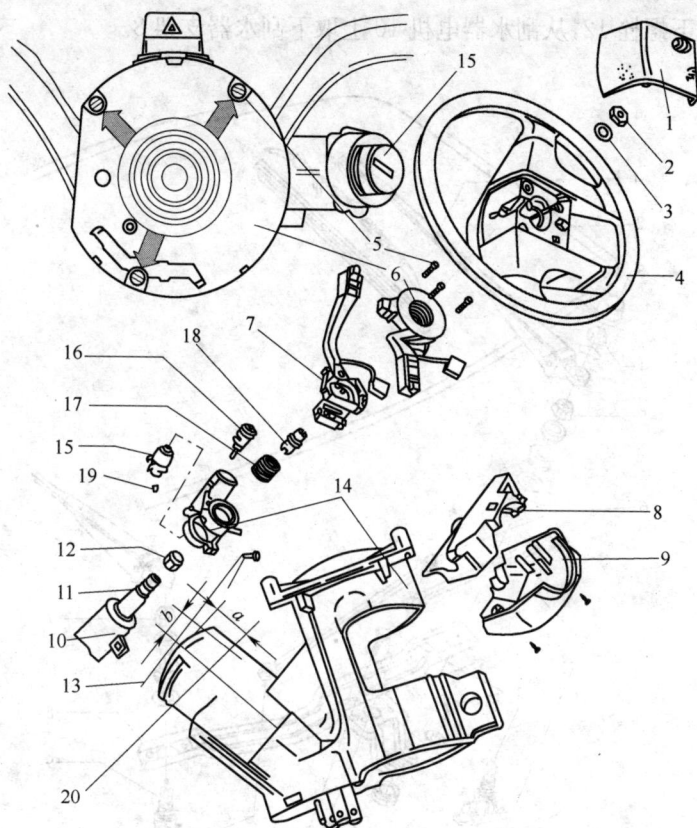

图 8-99 组合开关与前风窗刮水器开关的拆卸

1. 带有喇叭按钮的罩盖 2. 六角螺母(40N·m) 3. 垫圈 4. 转向盘

5. 转向柱开关的固定螺栓 6. 转向信号灯开关 7. 刮水器开关 8. 上护罩

9. 下护罩 10. 套管 11. 转向柱 12. 支撑环

13. 点火开关外壳固定螺钉(10N·m) 14. 点火开关外壳

15. 点火开关 16. 锁芯 17. 弹簧 18. 多齿接头轴套

19. 螺钉 20. 点火开关外壳上的孔

(2)前风窗刮水器的拆卸。如图8-100所示,掀起防护盖3,旋下螺母4,取下刮水器臂1。旋下螺母5和7,从刮水器支架8上取下刮水器轴颈9。从刮水器电机10上的曲柄11上取下连摆杆6。旋下螺栓12,从刮水器电机10上取下刮水器支架8。

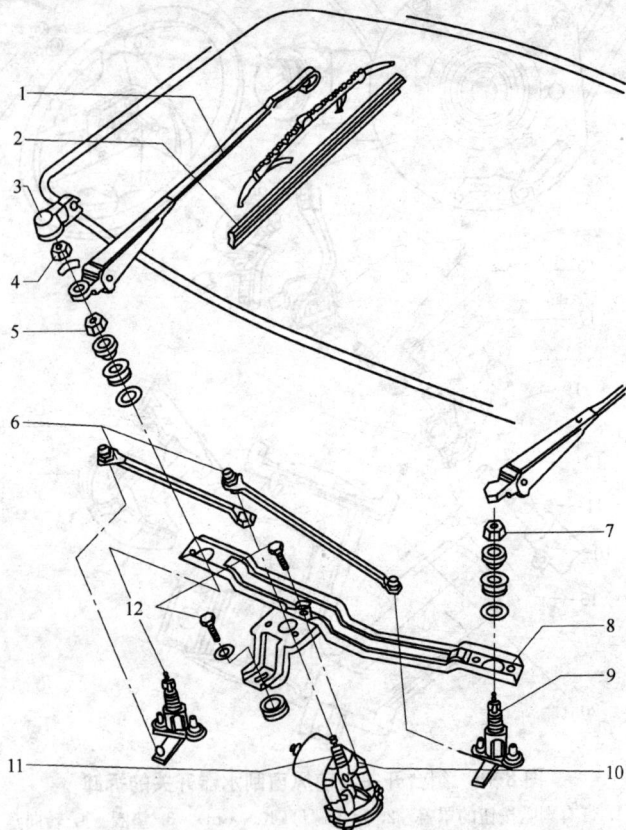

图8-100　前风窗刮水器的拆卸

1. 刮水器臂　2. 刮水器橡胶片　3. 防护盖　4. 螺母(9N·m)
5. 螺母(7N·m)　6. 连摆杆　7. 螺母(7N·m)　8. 刮水器支架
9. 刮水器轴颈　10. 刮水器电机　11. 曲柄　12. 螺栓

　　(3)后风窗刮水器和清洗器的拆卸。如图 8-101 所示,掀起保护盖 2,旋下螺母 3,取下刮水器臂 1。旋下螺母 5 及螺栓 13,从车上取下刮水器轴 11,取下连杆 10。旋下螺母 14,取下曲柄 8。旋下螺栓 15,取下后刮水器电机 9。旋下螺钉 16,取下储液罐 7。从储液罐 7 上取下洗涤泵 6。从车上取下喷嘴 4。

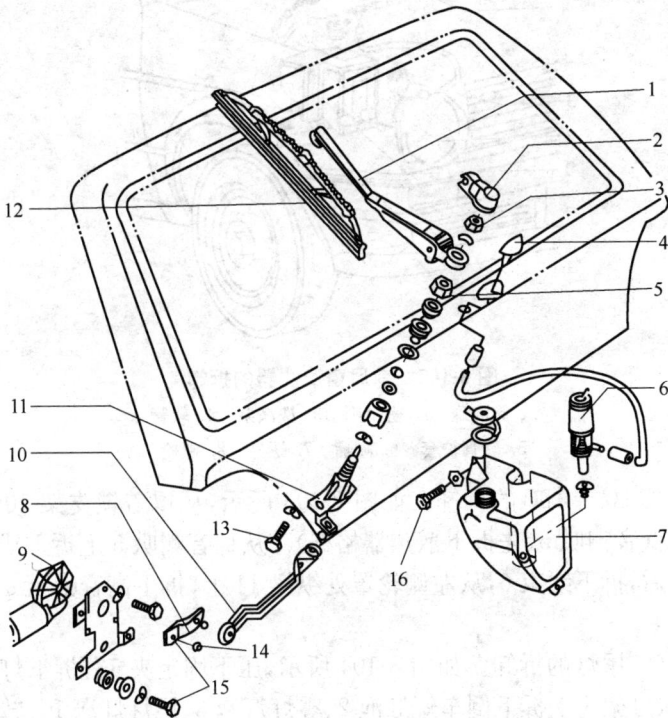

图 8-101　后风窗刮水器和清洗器的拆卸

1. 刮水器臂　2. 保护盖　3. 螺母(9N·m)　4. 喷嘴　5. 螺母(7N·m)
6. 洗涤泵　7. 储液罐　8. 曲柄　9. 后刮水器电机　10. 连杆　11. 刮水器轴
12. 刮水器橡胶条　13. 螺栓　14. 螺母　15. 螺栓　16. 螺钉

　　(4)前风窗清洗器的拆卸。如图 8-102 所示,旋下螺母 7 和螺栓 8,取下储液罐 1。从罐 1 上取下洗涤泵 3,从车上取下喷嘴 6。

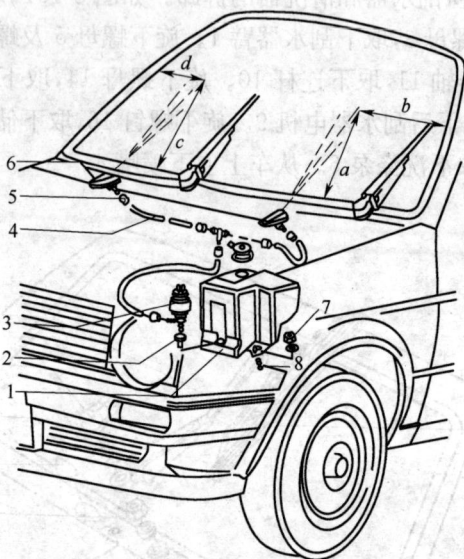

图 8-102　前风窗清洗器的拆卸
1. 储液罐　2. 密封圈　3. 洗涤泵　4. 软管
5. 软管护套　6. 喷嘴　7. 螺母　8. 螺栓

　　(5)双音喇叭的拆卸。如图 8-103 所示,从罩盖锁支架 10 上拆下低音喇叭 5(先拆下散热器格栅)。从低音喇叭 5 上拆下线束夹 4 后,拆下线束 6,从左侧轮罩处纵梁 11 上,拆下高音喇叭 9 和线束 8。

　　(6)尾灯的拆卸。如图 8-104 所示,压下固定夹 13,拆下灯架 1。从灯架 1 上拆下倒车灯灯泡 2、雾灯灯泡 3、尾灯灯泡 10、转向灯灯泡 11、制动灯灯泡 12。旋下螺母 14,取下尾灯灯罩(包括转向灯玻璃 5、倒车灯玻璃 6、雾灯玻璃 7、尾灯玻璃 8、制动灯玻璃 9)。注意,拆灯泡时要将灯泡向灯座方向压下,然后再向左旋转取出灯泡。

83. 怎样安装组合开关与风窗刮水器开关?

　　组合开关与前风窗刮水器开关的安装按与拆卸相反的顺序进

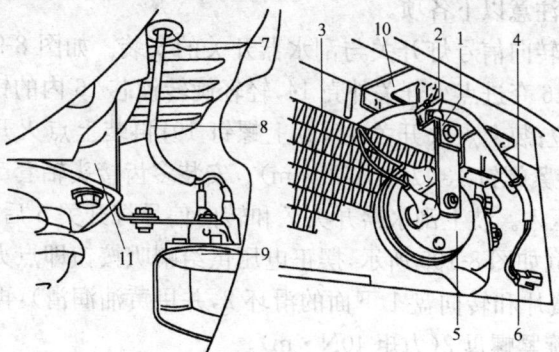

图 8-103 双音喇叭的拆卸

1. 低音喇叭支架　2. 线束扎带　3. 冷凝器　4. 线束夹　5. 低音喇叭

6. 线束(到 2 孔插接件,左前照灯处)　7. 线束护套

8. 线束(到 2 孔插接件,左前照灯处)　9. 高音喇叭

10. 罩盖锁支架　11. 左侧轮罩处纵梁

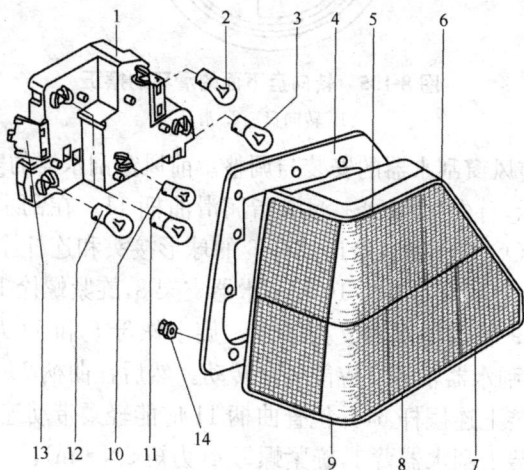

图 8-104 尾灯的拆卸

1. 灯架　2. 倒车灯灯泡(12V,21W)　3. 雾灯用白炽灯(12V,21W)　4. 密封垫

5. 转向灯玻璃　6. 倒车灯玻璃　7. 雾灯玻璃　8. 尾灯玻璃　9. 制动灯玻璃

10. 尾灯灯泡(12V,5W)　11. 转向灯灯泡(12V,21W)

12. 制动灯灯泡(12V,21W)　13. 固定夹　14. 螺母

行,但须注意以下各项。

(1)转向信号灯开关与刮水器开关的安装。如图 8-99 所示,将锁芯 16 夺进点火开关外壳 14,轻轻旋转锁芯 16 内的钥匙直到挡销到位;装上点火开关 15,旋上螺钉 19;再装上点火开关外壳 14 后,旋紧螺钉 13(力矩 10N·m)。安装多齿接头轴套 18 时,要用螺母压入。装上刮水器开关 7 和转向信号灯开关 6 后,旋紧固定螺栓 5(如图 8-105 所示,摆正电压供给喇叭按钮即点火开关上面的弹簧片和转向盘 1 下面的滑环 2,并用黄油润滑),再装上转向盘 4,旋紧螺母 2(力矩 40N·m)。

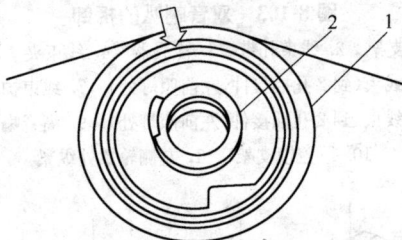

图 8-105　转向盘下面的滑环的摆正
1. 转向盘　2. 滑环

(2)前风窗刮水器的安装与调整。前风窗刮水器的安装,如图 8-100 所示,首先用 MOS_2 润滑脂润滑曲柄 11。在刮水器轴颈 9 上涂上 MOS_2 润滑油,给连摆杆 6 的球形接头和连杆涂上 MOS_2 润滑油,装上刮水器电机 10 和刮水器支架 8,旋紧螺栓 12,并将刮水器轴颈 9 装到刮水器支架 8 上。旋上螺母 5 和 7(力矩 7N·m)。检查刮水器轴颈 9 应能灵活转动。然后在曲柄 11 和刮水器轴颈 9 上装上连摆杆 6,并检查曲柄 11 应能轻柔带动连摆杆 6 运动。最后装上刮水器臂 1,旋紧螺母 4(力矩 9N·m)。

前风窗刮水器的调整。如图 8-106 所示,松开刮水器固定螺母,将前刮水器的刮片 1 转动到下方,此时与前风窗玻璃封条的距离,左边 $a=55mm$,右边 $b=59mm$。同时让曲柄 2 保持在与水平线夹角 4 度的位置上后,旋紧刮水器固定螺母(力矩 9N·m)。

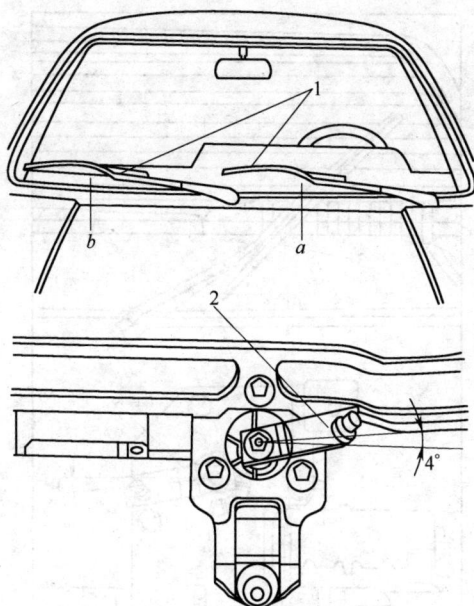

图 8-106　前风窗刮水器的调整

前风窗刮水器压力的检查。如图 8-107 所示,用弹簧秤 1 检查刮水器臂 2 的压力应在 330±30g。

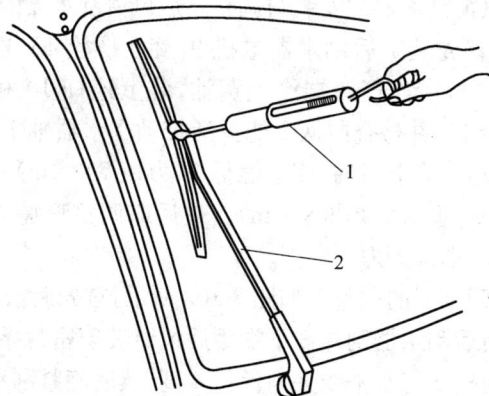

图 8-107　前风窗刮水器压力检查

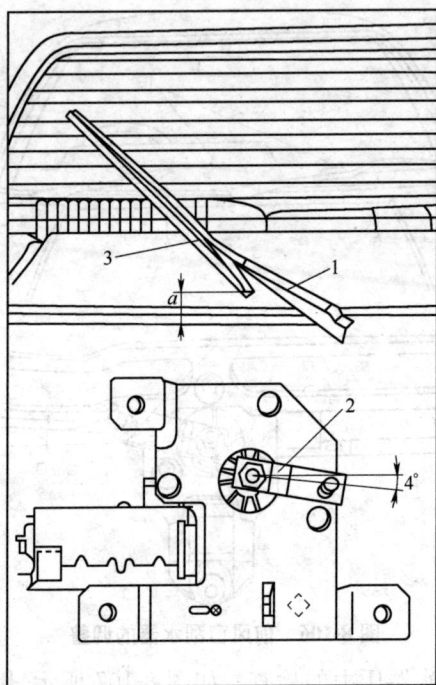

图 8-108　后风窗刮水器的调整

　　(3)后风窗刮水器的安装与调整。后风窗刮水器的安装,如图
8-101 所示,首先装上后刮水器电机 9,旋上螺栓 15,再装上曲柄
8,旋紧螺母 14,在连杆两端涂上黄油,装上连杆 10 和刮水器轴
11,旋上螺栓 13,并检查曲柄 8 能灵活带动刮水器轴 11 转动。然
后在刮水器轴上涂上黄油,旋上螺母 5(力矩 7N·m)。装上刮水
器臂 1,旋上螺母 3(力矩 9N·m)。最后应调整喷嘴 4 喷射区间
应在刮水器活动范围内。

　　后风窗刮水器的调整。如图 8-108 所示,首先旋松刮水器臂 1
固定螺母,使后刮水器刮片 3 下端距后风窗玻璃密封条 $a=15$mm
处,同时使曲柄 2 与水平线夹角保持 4 度,然后旋紧刮水器臂 1 固
定螺母(力矩 9N·m)。

（4）前风窗清洗器的安装与调整。如图 8-102 所示,安装好喷嘴 6 后,使其喷射的位置调整在 $a=345mm$, $b=300mm$, $c=320mm$, $d=420mm$ 处。

（5）前照灯的安装与调整。如图 8-109 所示,正确调整和使用前照灯是十分重要的。虽然前照灯本身的配光性能是良好的,但装车后还需要调整灯光。按配光性能规定,经细致调整后才能保证夜间行车安全。

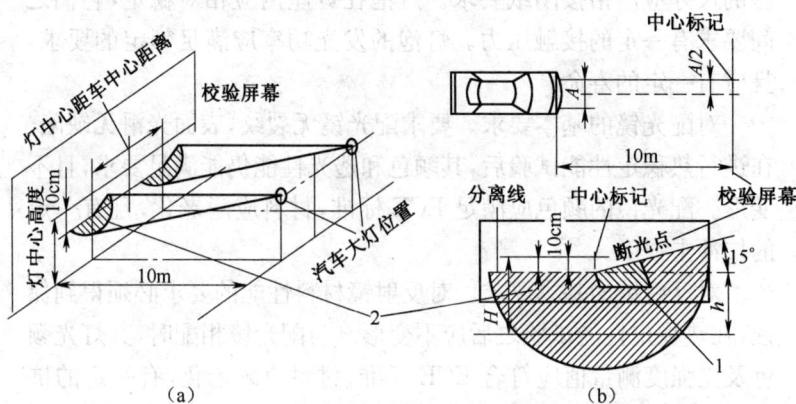

(a)　　　　(b)

图 8-109　前照灯的灯光调整

1. 近光光束的强光区　2. 明暗区边界

A. 两前照灯之间距离 $e=100mm$　H. 前照灯中心高度　h. 灯光明暗截止线高度

根据 ECE 法规要求,前照灯的灯光调整应以调整近光的配光性能为准,具体调整如下:

首先,汽车轮胎气压正常,并将被调整灯光的汽车和校验屏幕垂直停放在平坦的路面上,使灯的配光镜表面距校验屏幕 10m,如图 8-109a 所示。

调整灯光高度调节螺钉,前座坐一人或配重物 70kg;使灯光明暗截止线与校验屏幕上的分离线重合,明暗截止线的拐点与中心标记重合,如图 8-109b 所示;

在灯光调整时,应单个进行,在调整一个前照灯的灯光时,要把另一个前照灯遮盖住,或者拔掉熔断丝;

远光光束的强光点必须落在中心标记上,近光的明暗区边界2中的光束的强光区1要落在中心重线的右边;

灯光明暗区边界分离线离地高度为 h 应比灯中心高度线 H 低 100mm。

(6)后尾灯安装的要求。对灯泡、灯座的基本要求。灯泡、灯座的尺寸应严格按图纸要求。灯泡在灯座内应相对稳定,它们之间要求有一定的接触压力。灯泡的发光功率应满足额定的要求,且应有一定的寿命。

对配光镜的基本要求。要求配光镜无裂纹,表面光滑无缺陷。在进行热稳定性能试验后,其颜色和透光性能仍能满足要求,且不变形。配光镜的颜色应满足 ECE 标准,材料应耐老化,且有一定的抗冲击强度。

对反射镜的基本要求。对反射镜材料性能的要求必须得到保证,在热稳定性能试验之后应不变形。与配光镜相配时,其灯光颜色及光强度测量值应符合 ECE 标准,材料应耐老化,有一定的抗冲击强度。

对于整体式的后组合灯具,还要进行防水的密封性能试验,试验后不得在反射镜面上有水珠存在。此外需要进行耐腐蚀性能试验、抗振性能试验、铰接翻转试验、冲击性能试验以及防尘试验等。在这些试验之后,要对其配光性能进行测试和外观检验。

84. 怎样检查组合开关与前风窗刮水器开关?

(1)电气元件的检查。点火开关的检查。如图 8-110 所示,用万用表电阻1×Ω 挡,检查点火开关在各位时各接线柱接通状况,应符合图中要求。

组合开关的检查。如图 8-111 所示,用万用表电阻 1×Ω 挡,检查组合开关在各挡位时各接线挂接通状况,应符合图中要求。

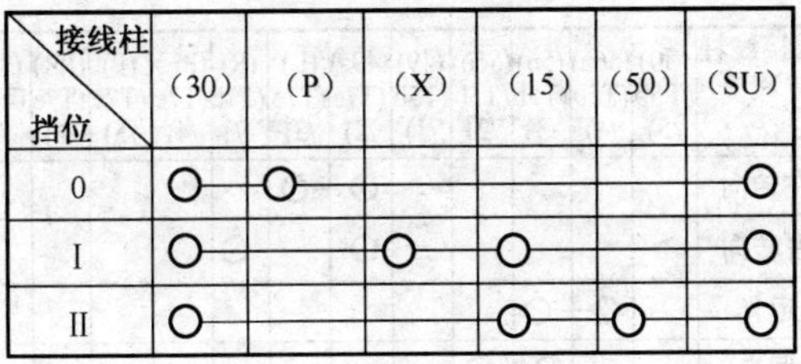

接线柱 挡位	(30)	(P)	(X)	(15)	(50)	(SU)
0	○—	—○				○
I	○		○—	—○		○
II	○		○—	—○	○	○

图 8-110　点火开关的检查

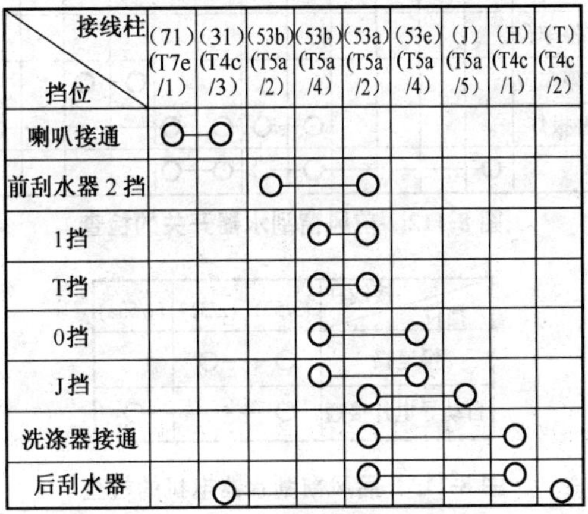

接线柱 挡位	(71) (T7e /1)	(31) (T4c /3)	(53b) (T5a /2)	(53b) (T5a /4)	(53a) (T5a /2)	(53e) (T5a /4)	(J) (T5a /5)	(H) (T4c /1)	(T) (T4c /2)
喇叭接通	○—	—○							
前刮水器2挡			○—		—○				
1挡				○—	—○				
T挡				○					
0挡				○—		—○			
J挡				○		○—	—○		
洗涤器接通				○—				—○	
后刮水器			○—						—○

图 8-111　组合开关的检查

前风窗刮水器开关的检查。如图 8-112 所示,用万用表电阻 $1\times\Omega$ 挡,检查前风窗刮水器开关在各挡位时各接线柱接通状况,应符合图中要求。

后风窗刮水器电机的检查。如图 8-113 所示,用万用表电阻 $1\times\Omega$ 挡,检查后风窗刮水器电机在各挡位时各接线柱接通状况,应符合图中要求。

电喇叭的检查。如图 8-114 所示,在低音喇叭和高音喇叭的每个喇叭的两接线柱上接上蓄电池 2 的正极,接线柱(1)接蓄电池 2 负极,在电路上串联一个电流表 3。正常情况电喇叭发音应清脆、洪亮、无沙哑杂音,消耗电流不超过 10A,若喇叭耗电量过大或声音不正常时,应予调整或更换。

接线柱＼挡位	(30)(T5b/5)	(56a)(T5b/4)	(56)(T5b/3)	(56b)(T5b/2)	(49)(T5b/1)	(49a)(T7e/2)	(L)(T7e/3)	(R)(T7e/7)	(PL)(T7e/4)	(P)(T7e/5)	(PR)(T7e/6)	(15)(T4e/4)
左转向						○	○					
右转向						○		○				
远光		○	○									
近光			○	○								
远光闪亮	○	○										
右停车位												
左停车位										○	○	
警报灯						○	○		○	○		○
	○				○		○					

图 8-112　前风窗刮水器开关的检查

接线柱＼挡位	(3/53)	(2/31)	(1/53a)
慢速挡	○	○	
自动导电片接通	○		○

图 8-113　后风窗刮水器电机的检查

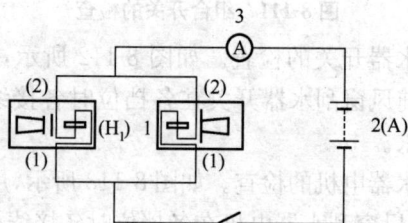

图 8-114　电喇叭的检查
1. 电喇叭(H₁)　2. 蓄电池(A)　3. 电流表

　　前照灯的检查。如图 8-115 所示,用蓄电池的负极接线柱(31),当用蓄电池正极接其他不同的接线柱时应满足点亮图中灯光的要求。

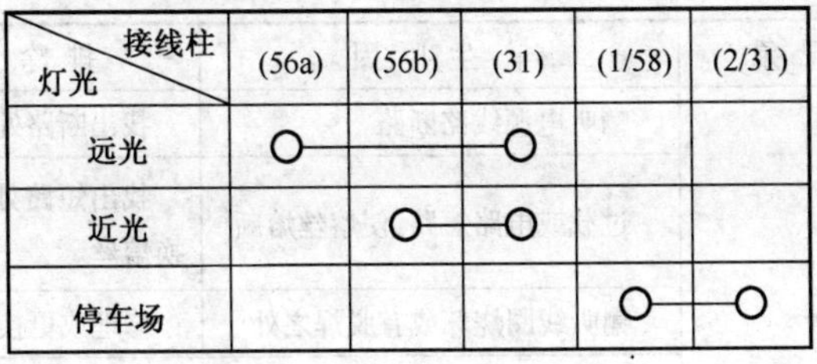

接线柱 灯光	(56a)	(56b)	(31)	(1/58)	(2/31)
远光	○——	——	——○		
近光		○——	——○		
停车场				○——	——○

图 8-115　前照灯的检查

尾灯的检查。如图 8-116 所示，用蓄电池的负极接灯光接线柱(31)，当用蓄电池正极接其他不同的接线柱时，应满足点亮图中灯光的要求。

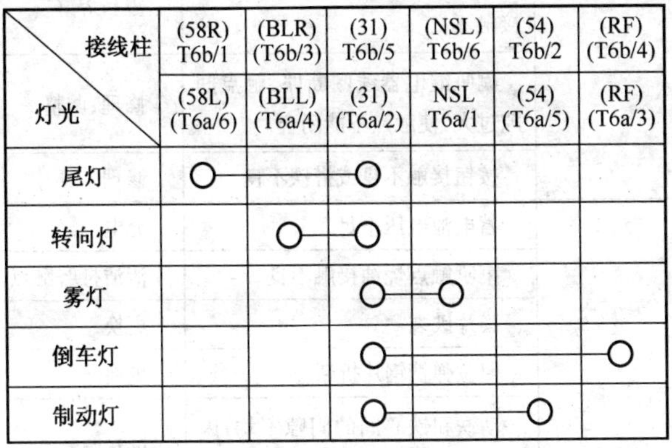

接线柱 灯光	(58R) T6b/1 (58L) (T6a/6)	(BLR) (T6b/3) (BLL) (T6a/4)	(31) T6b/5 (31) (T6a/2)	(NSL) T6b/6 NSL T6a/1	(54) T6b/2 (54) (T6a/5)	(RF) (T6b/4) (RF) (T6a/3)
尾灯	○——|——|——○					
转向灯		○——|——○				
雾灯			○——|——○			
倒车灯			○——|——|——|——○			
制动灯			○——|——|——○			

图 8-116　尾灯的检查

(2)电路的检查。

①组合开关电路的检查。当出现故障时可从后向前检查。

②刮水器开关、喇叭与洗涤泵的电路检查。当出现故障时，可以从后向前检查。

85. 怎样排除组合开关和前风窗刮水器开关故障?

喇叭的故障与排除见表 8-6。灯光系统的故障与排除方法见表 8-7。刮水器的故障及排除方法见表 8-8。

表 8-6 喇叭的故障与排除

故 障 现 象	产 生 原 因	排 除 方 法
按下喇叭按钮,喇叭不响	喇叭电源线路断路	找出断路处,重新接好
	过载或电路短路,使熔丝熔断	找出短路处,排除后更换熔丝
	喇叭线圈烧坏或有脱焊之处	修理或更换
	喇叭触点烧蚀或触点不闭合	打磨触点,重新调整
	喇叭导线端头与转向机间的接线管脱开	插紧
	导线在转向机轴管内扭断	更换导线
	喇叭线到按钮上的焊头脱落或接触不良	重新焊好
	喇叭继电器线圈断路、触点间隙过大,使触点不能闭合	修理、调整
	按钮接触不良或搭铁不良	修理
喇叭声音沙哑	蓄电池电压不足	充电
	喇叭触点烧蚀接触不良	清洁打磨触点
	膜片破裂	更换
	回位弹簧钢片折断	更换
	动铁和铁心间的间隙不均,因歪斜发生碰撞	重新调整
	喇叭固定螺钉松动	紧固
	喇叭筒破裂	更换
按下按钮,喇叭不响,只发"嗒"一声,但耗电量过大	调整不当,使喇叭触点不能打开	重新调整
	喇叭触点间短路	拆开触点固定螺钉,更换绝缘垫使其正常
	电容器或灭弧电阻短路	更换

表 8-7　灯光系统的故障与排除方法

故障现象	产生原因	排除方法
接通灯开关时,熔断器立即跳开,或熔丝立即熔断	线路中有短路处	找出短路处加以绝缘
灯泡经常烧坏	调节器(节压器)调整不当或失调使电压过高	重新调节
所有的灯均不亮	车灯开关前电源线路断路或短路 熔丝熔断 灯开关双金属片触点接触不良,不闭合或灯开关损坏	找出故障处,排除 修理
前照灯灯光暗淡	电压过低(蓄电池电量不足或发电机有故障) 配光镜或反射镜上积有灰尘 接头松动或锈蚀使电阻增大	对蓄电池充电、检修发电机 拆开前照灯进行清洁 扭紧、清除锈蚀
变光时有一前照灯不亮	灯丝烧断 接线板到灯泡的导线断路 灯泡与灯座接触不良	更换灯泡 检查并接通 清除污垢,使接触良好
接通前照灯远光或近光时,右前照灯亮而左前照明显发暗	左前照灯搭铁不良 左前照灯配光镜或反射镜上积有灰尘 左前照灯泡玻璃表面发黑 接头松动或锈蚀使电阻增大	使搭铁良好 拆开前照灯进行清除 更换灯泡 扭紧、清除锈蚀
两只小灯均不亮	车灯开关到小灯接线板的导线断路 灯丝烧断	重新接好 更换灯泡
一只小灯不亮	小灯接线板到小灯的导线断路 灯丝烧断 搭铁不良	重新接好 更换灯泡 使搭铁良好
后灯不亮	线路中有断路处 灯丝烧断 搭铁不良	重新接好 更换灯泡 使搭铁良好
制动灯不亮	线路中有断路 制动灯开关失灵 灯丝烧断 搭铁不良	重新接好 修理或更换 更换灯 搭铁良好

续表 8-7

故 障 现 象	产 生 原 因	排 除 方 法
转向灯不闪烁	电源→闪光继电器→转向开关的电源线路中断路 闪光继电器损坏 转向开关损坏	重新接好 修理或更换 修理或更换
左转向时闪光正常而右转向时闪光变快	右转向灯瓦数小 右转向灯中有一只灯泡烧坏或线路中有接触不良处	按规定安装灯泡、更换灯泡,使搭铁良好
右转向时,转向灯闪烁正常,但左转向时前面两个小灯均微弱发光	左小灯搭铁不良(采用双丝灯泡时)	使搭铁良好
接通转向开关,闪光继电器立即烧坏	转向开关至某一转向灯之间的线路中有短路搭铁处	找出搭铁处重新绝缘

表 8-8　刮水器的故障及排除方法

故 障 现 象	产 生 原 因	排 除 方 法
电动机不转动	熔丝烧断 导线松动或接触不良 刮水器开关损坏或接触不良 电刷磨损或夹住 电枢线圈烧坏或减速器齿轮损坏 线圈接头松脱 转子卡死	更换 检修 检修或更换 按前述直流电机检修或更换
刮水器动作迟缓	电压过低或开关接触不良 刮片和玻璃的接触面脏污 电动机轴承和减速器齿轮润滑不良 电刷接触不良或弹簧过软	检修 清洁 加注润滑油 更换电刷或弹簧

续表 8-8

故 障 现 象	产 生 原 因	排 除 方 法
开关断开后,电动机仍转动	开关或接线短路	检修或更换
	自动停位器触点烧坏	用砂纸修整或更换
开关断开时,电动机立即停止,刮片停止位置不当	自动停位器搭铁不良	检修
	停位器触点污染或接触不良	清洁触点
	自动停位器停止位置不当	调整
刮水器摇臂有不正常响声	连杆机构扭曲	修理或更换
	接头磨损	
刮水效果不良	刮片磨损或变硬	更换刮片
	玻璃上有油垢	用浓肥皂水洗净玻璃

86. 怎样检查整车电路中电器元件损坏?

整车电路中如有部分电器元件损坏,可先判明故障元件可能属于哪些系统,是电源系统还是点火系统,是照明系统还是报警系统,等等。然后用分检法或替代法找出故障元件。

87. 怎样检查整车电路断路?

若电器元件并无损坏,熔丝也未熔断,而电器不工作,这就要检查整车电路是否有断路。

断路故障的原因:线头脱落、连接处接触不良、开关失效、插头松动、导线折断、应该搭铁年不搭铁等。

故障检查方法:利用试灯或万用表检查导线和线路各连接接头,判定各点是否有电。灯亮表示该点有电,不亮则无电,断路点在有电和无电之间。

88. 怎样检查整车电路短路?

如接通开关,熔丝即熔断或者导线发热、烧焦,就要检查整车电路是否存在短路。

短路故障原因:导线绝缘损坏、电器导线零件漏电、线头脱落与车身接触等。

故障检查方法:将试灯串在故障电路中,接通电路开关后,试灯不亮,说明短路点在电源和试灯之间,如果试灯亮,则说明短路点在试灯至负载之间。从负载开始,沿着线路逐点向试灯侧拆线检查。

89. 怎样检查整车电路接触不良?

电器不能正常工作,如灯光发暗或电流较大的电路中有发热和烧蚀现象,就应检查整车电路中是否存在有接触不良。

接触不良的原因:线头连接不牢、焊接不良、插头松动等。

故障检查方法:用导线与待检查接触处并联,如果灯光亮度增大,则说明该处接触不良。断开电路开关,用万用表测量接触处电阻,按其数值大小,也可查明故障所在。

上海桑塔纳轿车电路中,用电设备多、耗电大,每条线路的电压降又非常接近,因此不准另装其他用电器,以免超过负荷并使原有电器工作不正常。

为了对整车检修提供方便,特将整车电路线束示意图列举于后。

右前部线束示意图 8-117 所示。

左前部线束示意图,如图 8-118 所示。

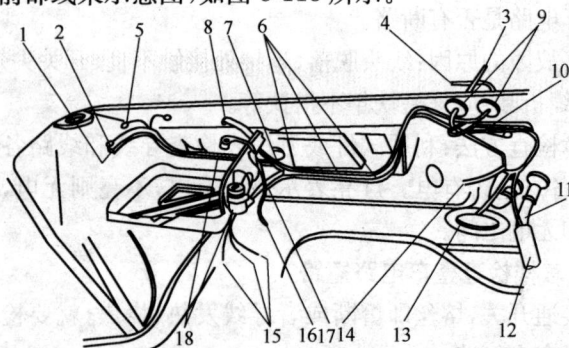

图 8-117　右前部线束

1. 至发动机电线　2. 至起动机电线　3. 至刮水器电机电线　4. 至点火开关电线
5. 至发动机电线　6. 线束夹箍　7. 线束套管　8. 蓄电池　9. 线束套管　10. 线束夹箍
11. 线束套管　12. 至左前部线束　13. 至冷却液报警开关电线　14. 至制动液开关电线
15. 至电机电线　16. 至变速箱电线　17. 地线板　18. 线束夹箍

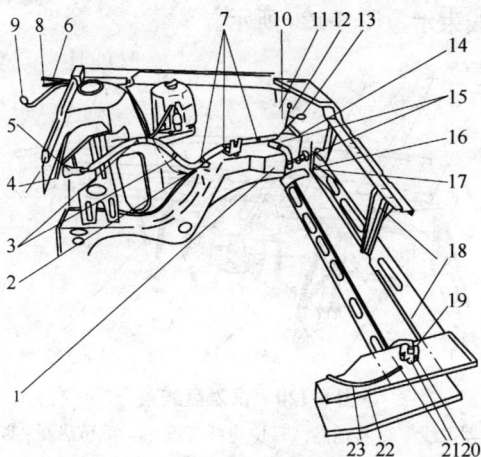

图 8-118 左前部线束

1. 至发动机散热风扇电线 2. 至热敏开关电线 3. 电线夹箍 4. 至蓄电池电线 5. 电线套管 6. 发动机盖拉索 7. 电线夹箍 8. 风窗清洗装置软管 9. 水槽孔 10. 电线夹箍 11. 转向灯电线 12. 侧灯接头 13. 雾灯电线 14. 至冷却风扇电机电线 15. 电线夹箍 16. 接头 17. 热敏开关 18. 前照灯接头 19. 转向灯接头 20. 电线夹箍（白色） 21. 电线夹箍（蓝色） 22. 至侧面转向电线 23. 至喇叭电线

仪表板线束示意图，如图 8-119 所示。

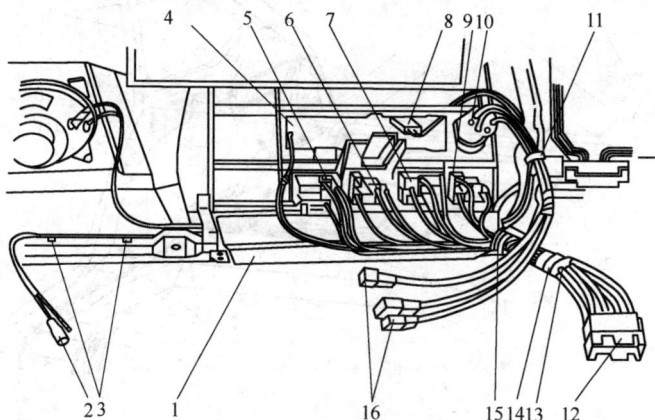

图 8-119 仪表板线束

1. 绝缘板 2. 箱灯接头 3. 黏性带 4. 收放机接头 5. 雾灯开关 6. 后风窗加热开关 7. 报警灯开关 8. 罩壳至扬声器接头 9. 自动停/起开关 10. 至新鲜空气鼓风机开关 11. 电线夹箍 12. 仪表盘线束接头 13. 接地点 14. 黏性带 15. 电线夹箍 16. 接头

仪表盘线束示意图 8-120 所示。

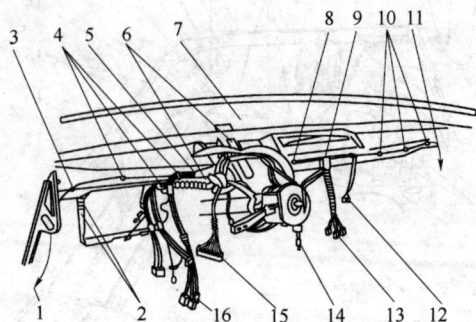

图 8-120　仪表盘线束

1. 左侧扬声器电线　2. 接地点　3、4. 电线夹箍　5. 毛毡热圈　6. 电线夹箍
7. 塑料泡沫管　8、9、10、11. 电线夹箍　12. 至右侧扬声器电线
13. 点烟器接头　14. 收放机接头　15. 线　16. 灯光开关接头

发动机后部线束示意图,如图 8-121 所示。

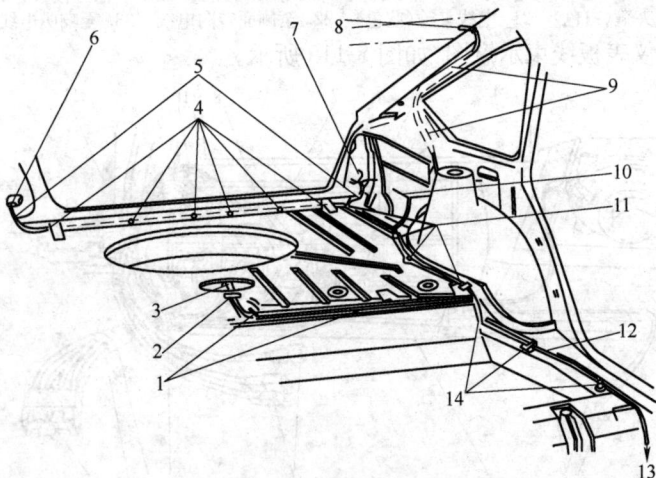

图 8-121　后部线束

1. 电线夹箍　2. 密封条　3. 燃油表传感器接头　4、5. 电线夹箍　6. 右尾灯接头
7. 左尾灯接头　8. 牌照灯和后风窗加热线束　9. 塑料泡沫管　10. 接行李箱灯
11. 电线夹箍　12. 后线束　13. 至断电器板/保险盒电线　14. 电线夹箍

第九章　空调装置故障诊断与检修

1. 轿车空调系统由哪些部分组成？

轿车空调系统按其功能可分为制冷系统、加热系统、通风与空气净化系统和控制系统等几个主要组成部分。

(1)制冷系统。采用蒸汽压缩式制冷原理，对车内空气进行冷却。

(2)加热系统。采用热水式加热装置，利用发动机冷却水给车内空气加热，在冬天还可以给前风挡玻璃除霜、除雾。

(3)通风装置。离心式鼓风机对车内空气进行置换，以达到制冷、加热及通风的功效。通风装置除鼓风机外，还有滤清器、进风口、风道及出风口。

(4)空气净化系统。主要是指装在通风入口处的灰尘滤清器。

(5)操纵控制系统。该系统主要由电气组件、真空机构和操纵机构组成。一方面对制冷系统、加热系统的温度和压力进行控制并进行安全保护，同时对车内空气温度、风量及出风方向进行控制。

2. 空调系统在轿车上布置形式是怎样的？

目前轿车空调都是整体冷暖组合式，其特点是能将冷风和暖气根据需要并按适当的比例混合在一起。空气调节为再热混合式调节形式，这种形式是把经过冷却降温除湿后的空气再小幅度提高温度，以进一步降低湿度，达到使人舒服的程度。这种再加热型的轿车空调，要求制冷系统有较大的冷却能力，以便加大空气的预冷深度，为再加热储备冷量。

空调系统中，将蒸发器、暖风散热器、离心式风机、操纵机构、进风罩和壳体等组装在一起叫空调器总成，布置在车内仪表板下方，如图 9-1 所示。暖风与空调系统在车上的布置如图 9-2 所示。

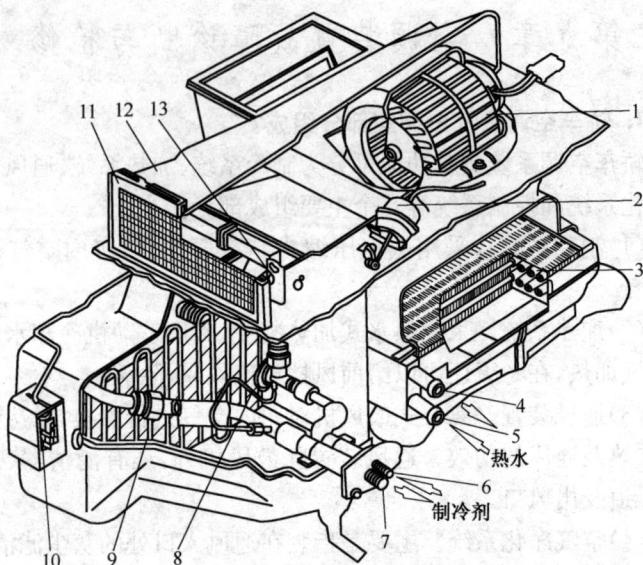

图 9-1　空调器总成

1. 鼓风机　2. 真空阀　3. 加热器芯　4. 出水口　5. 进水口
6. 制冷剂进口　7. 制冷剂出口　8. 膨胀阀　9. 蒸发器芯
10. 温控开关　11. 进风罩滤网　12. 进风罩　13. 环境温度开关

3. 什么是制冷与蒸发制冷?

所谓"制冷",就是用人工的方法把热量从制冷对象中取出,使其温度下降。在汽车空调中,制冷的对象是炎热夏季轿车座厢内的空气,如将其中的热量取出,温度就会下降,人就舒适了。但是热量只能从高温自动地流向低温,因而制冷的关键在于人工建立一个冷源(即低温区)。因为液体的汽化过程需要吸收汽化潜热,即汽化时要寻求热源,而车厢内的高温空气刚好可以充当热源。不过这个汽化的液体在常压下的沸点必须低于车厢内的温度,也就是要用低沸点物质作制冷剂。这种用制冷剂吸收汽化潜热而使周围空气致冷的方法称为蒸发制冷。

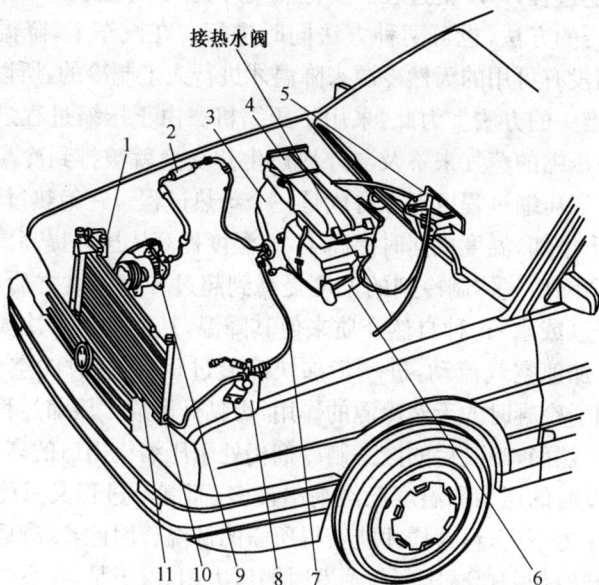

图 9-2 空调系统在车上的布置
1."D"管 2."S"管 3.蒸发箱 4.进风罩
5.暖风与空调控制装置 6.加热器 7."L"管 8.储液干燥器
9.空调压缩机 10."C"管 11.冷凝器

4. 什么是蒸发制冷循环和制冷剂循环?

为了不断地制冷,必须不断重复蒸发制冷的过程,即需要维持蒸发制冷循环。由于蒸发制冷利用的是制冷剂的汽化过程,因此制冷剂一旦从液态变成了汽态,就基本失去了制冷的能力。对制冷剂又不能采取蒸发完就放掉,再提供新的制冷剂的办法,因此必须解决制冷剂的循环使用问题。

要重复使用制冷剂,必须使制冷剂在一个封闭的系统内运行,在系统中增加其他环节来回收已经蒸发成了气态的制冷剂,因此制冷剂的循环使用是蒸发制冷循环的前提。由于物质的"气—液"互相转化的过程是可逆的,制冷时,用的是汽化过程,回收时,则要

用

好

利用其逆过程，即冷凝过程。要把蒸气冷凝回归为液态，可采用降温或加压的方法，也可两种方法同时进行。在汽车上，降温行不通，因为没有可用的天然冷源来降温才进行人工制冷的，所以增加压力是唯一的方法。为此，采用了压缩机。由于压缩过程进行得很快，被压缩的蒸气来不及与外界产生热交换就被排到冷凝器中去了，所以压缩过程可近似看成是一个绝热过程。在绝热过程中，不仅压力增加，温度也同时提高了，而温度提高比压力提高更有价值。当压缩后气体制冷剂的温度提高到超过环境温度之后，就可利用空气（或水）这种自然介质来使其降温，从而加快了冷凝过程（用风扇加速空气流动，进一步加快冷凝过程）。这时的空气（或水）起到了冷凝时的天然冷源的作用，可见升温成了压缩过程的主要目标。然而，冷凝后的液态制冷剂仍处于压缩机出口的高压中，它比蒸发时的压力和温度已经高出许多，而制冷过程又只能在低的蒸发压力下进行，这样才能获得所需的低温。因此，冷凝后的高压液体制冷剂需要减压到与蒸发时的压力相等，于是，在系统中采用了膨胀阀（通过节流而减压）。这样制冷剂就可重新进行蒸发制冷，完成制冷循环，制冷剂也得到了循环使用。

5. 蒸发制冷循环是怎样的？

蒸发制冷循环可分为四个过程，它们是：蒸发、压缩、冷凝、减压。与此相应的部件为蒸发器、压缩机、冷凝器及膨胀阀（或称减压阀节流装置）。系统内发生相变的低沸点液态物质称为制冷循环中的制冷剂。图 9-3 所示是制冷循环示意图，图中 Q_1 为冷凝器散出的热量，Q_2 为蒸发器吸收的热量，也即制冷量，A 为压缩机所消耗的功。

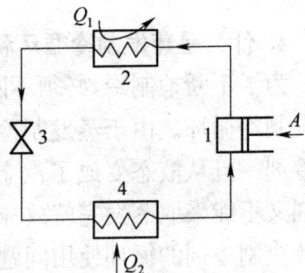

图9-3　制冷循环示意图

1. 压缩机　2. 冷凝器
3. 减压阀　4. 蒸发器

6. 空调对制冷剂有什么要求？

制冷剂的种类很多。目前全世界都统一使用 ASHRAHE（美国采暖、制冷及空调工程师协会）的制冷剂编号系统，在编号之前一律冠以 R（Refrigerating 制冷）字头。原来使用最普遍，而现在国外已被禁用，国内在十年内也将禁用的 R12 及其主要替代物 R134a（捷达 5V 发动机用）都属于卤代烃类，即常称的"氟利昂"，R12 叫二氯二氟甲烷，R134a 叫四氟乙烷。采用 R12 作为制冷剂的原因是它具有无毒、无味、不燃烧、与空气混合不爆炸等安全上的显著优点。R12 的沸点为－29.8℃，冷凝压力低，便于采用空气和水这样的天然冷却介质，特别是它与制冷压缩机的矿物性润滑油（又称冷冻机油）具有良好的互溶性，使得它能以"油-气"混合运行的方式来保证活塞在气缸中的正常工作。但 1974 年科学家发现，R12 这种含氯氟利昂中的氯元素对大气臭氧分子有破坏和消耗作用，因此被禁止使用。

制冷剂 R134a（四氟乙烷）中不含氯元素，对大气臭氧层没有破坏作用。它的沸点为－26.2℃，一般说来，沸点相近，则热力特性相当，因此符合制冷剂的基本条件。由于性能上与 R12 仍存在差异，因此制冷系统要有些相应的变化。变动之一是需要增加输出冷量，这必然要求增加输入功率和改善冷凝条件等等，在此不详述。用 R134a 替代 R12 最大难题是 R134a 与现有矿物性的冷冻机油不溶合。现已开发出人工合成油，这种合成油虽与 R134a 能够溶合，但还存在性能、价格等方面的问题。使用时严禁把 R134a 制冷剂及其相配的人工合成润滑油直接充灌到清洗后的原 R12 空调制冷系统中，而需对制冷系统的设计作一些改变才能应用。

7. 空调压缩机的结构与工作原理是怎样的？

压缩机的作用是将在蒸发器中吸收热量蒸发的低压低温（约 0.15～0.3MPa，1℃～4℃）制冷剂气体吸入进来，经过绝热压缩后，变为高温高压（约 1.3～1.5MPa，70℃）的气体，然后送入冷凝器。

为了借用汽车发动机的动力，压缩机必须布置在发动机舱内。

舱内空间小,机件很多,要求压缩机的结构紧凑、体积小巧,因此采用占据空间较小的圆筒形。活塞式或柱塞式压缩机是技术最成熟的结构,故目前轿车空调压缩机以活塞式或柱塞式为主。由于外壳要圆形,就以旋转的斜盘代替曲轴,各气缸也沿圆周等距分布,并与圆筒形壳体轴线平行。以下两种结构型式均符合这种基本布局。

(1)摇盘式压缩机。如图9-4所示,SD508压缩机其性能参数列于表9-1中。

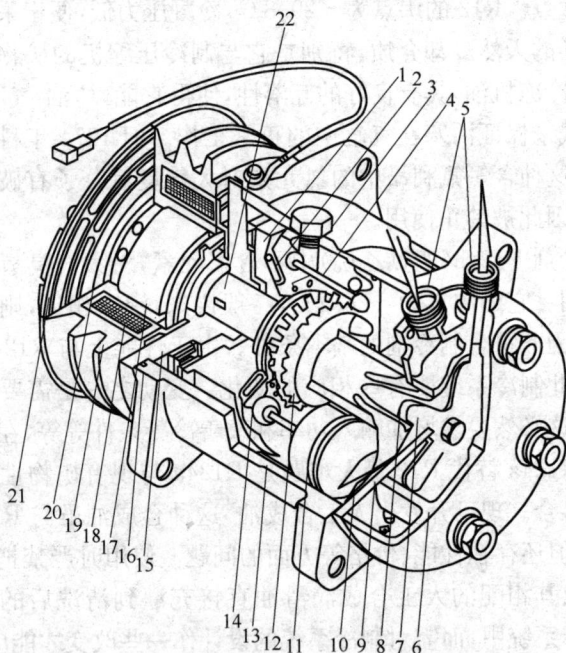

图9-4　SD508摇盘式压缩机

1. 旋转斜盘　2. 止推轴承　3. 注油塞　4. 连杆　5. 进出接口　6. 头盖
7. 限位板　8. 排气阀片　9. 阀板　10. 吸气阀片　11. 活塞　12. 固定锥齿轮
13. 缸体　14. 装有锥齿轮的行星盘(摇盘)　15. 前盖　16. 密封圈
17. 轴承　18. 线圈　19. V带轮　20. 电磁离合器　21. 吸盘　22. 主轴

表 9-1　SD508 压缩机性能参数表

项　　目	参　　数	项　　目	参　　数
结构型式	摇盘式	制冷剂	R～12
气缸直径(mm)	35	额定制冷量(W)	4419
活塞行程(mm)	28.5	功率消耗(kW)	2.5
气缸数	5	电压(V)	12
排量(cm³/r)	138	额定功率(W)	43
冷冻机油(cm³)	135±15	电磁离合器质量(kg)	2.4
压缩机质量(kg)	4.6		

　　压缩机运动部件的润滑是靠飞溅和制冷剂本身含油进行的。压缩机工作时,由于斜盘的旋转摆动,将冷冻机油带起溅到各处。此外,由于制冷剂与油具有互溶性,使制冷剂在流入压缩机时,已携带部分冷冻机油用以润滑压缩机内部的运动机件。

　　此种压缩机属活塞式,仍保留连杆,连杆两端均采用球头,一端铰连在活塞的承窝中,另一端铰连在一斜置的摇盘 14 上,使摇盘的摆动和活塞的移动协调而不发生干涉。摇盘用钢球作支撑中心(未画出),并用一对固定圆锥齿轮 12 来限制摇盘的运动,这种铰连方式决定了该盘只能摇,不能转,因此得名摇盘式压缩机。为了推动摇盘 14 作周期性的摇动,以顺序实现每个缸的吸气(连同膨胀)和排气(连同压缩)过程,就必须在摇盘 14 的背面再加一旋转斜盘 1。摇盘 14 只摇动不转动,斜盘 1 只转动不串动,活塞就按摇盘定位往复运动。两盘中间隔以止推轴承,旋转斜盘 1 与主轴 22 固结为主动盘,摇盘为被动盘。压缩机设有进、排气阀片,气缸均位于一侧,缸数通常为奇数。主轴转一圈,通过旋转斜盘推动摇盘作一次往复摇动,与摇盘连接的每个气缸都完成了一次工作循环的四个过程。工作原理见图 9-5 所示。其中图 9-5a 表示上缸压缩、排气终了,下缸吸气、膨胀终了;图 9-5b 表示 180°后,上缸吸气、膨胀终了,下缸压缩、排气终了。

　　SD7V16 的变排量压缩机,其结构如图 9-6 所示。表 9-2 列出了它的性能参数。变排量压缩机是随制冷负荷的变化而无级改变

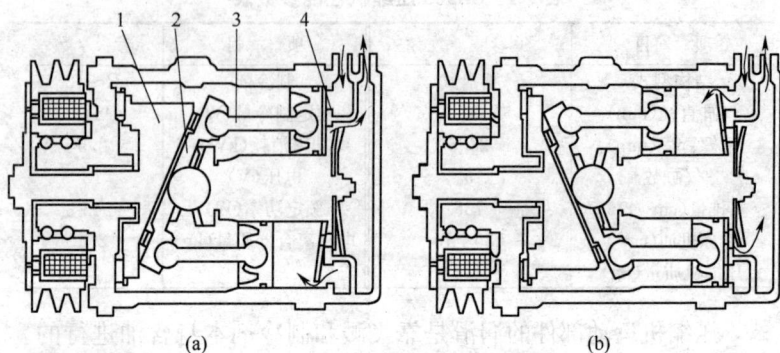

图 9-5　摇盘式压缩机工作原理

1. 旋转斜盘　2. 摇盘　3. 连杆　4. 活塞

压缩机的排量,它的工作原理如图 9-7 所示。

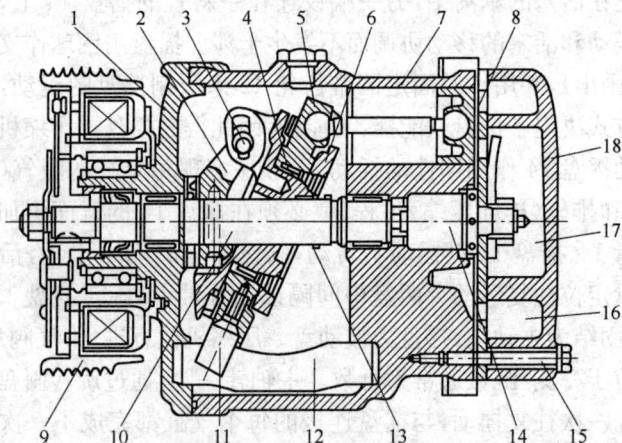

图 9-6　SD7V16 变排量压缩机

1. 前缸盖　2. 三角转子　3. 销钉　4. 凸轮盘　5. 斜盘　6. 平衡环

7. 缸体　8. 阀板　9. 电磁离合器　10. 主轴　11. 滑块　12. 导轨

13. 回位弹簧　14. 控制阀　15. 缸盖螺栓　16. 低压腔

17. 高压腔　18. 后缸盖

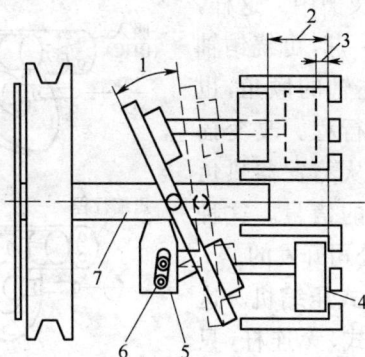

图 9-7　变排量压缩机工作原理

1. 摇盘斜角的变化　2. 长行程（制冷剂排出量大）

3. 短行程（制冷剂排出量小）

4. 固定的上止点　5. 驱动耳　6. 传动销轴　7. 主轴

表 9-2　SD7V16 变排量压缩机性能参数表

项　　目	参　　数
结构形式	摇盘式
气缸数	7
气缸直径(mm)	29.3
活塞行程(mm)	
max	34.2
min	2.2
排量(cm³)	
max	161.3
min	10.4
允许最高瞬时转速(r/min)	8000
允许最高连续转速(r/min)	7000
制冷剂	R134a
冷冻机油量(cm³)	115±15
电磁离合器质量(kg)	2.2
额定电压(V)	12
额定功率(W)	48

主轴 7 上有一带长孔的驱动耳 5，旋转斜盘上的销轴轴颈 6

插入该驱动耳的长槽中。这样，旋转斜盘与摇盘一起，可绕销轴摆动，改变其与主轴的倾角，也就改变了活塞的行程。改变摇盘斜度的动力是从蒸发器热负荷的变化中提取的信号。这种结构是美国通用公司开发的。

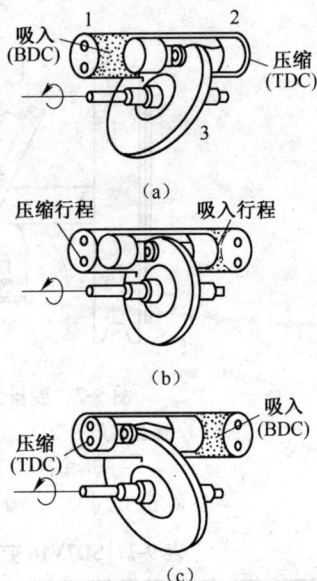

图 9-8　旋转斜盘式压缩机的
工作原理(以前缸为准)
(a)进气到下止点　(b)压缩行程
(c)压缩到上止点。
1. 前缸　2. 后缸　3. 旋转斜盘

(2)旋转斜盘式压缩机。这种压缩机为柱塞式，无连杆，只有一个旋转的斜盘。它的气缸分布在两侧，彼此相互贯通，相对的两气缸为同一缸孔，如图 9-8 所示。柱塞两侧连为一体，但作用是双向的。斜盘切入到柱塞中部的缺口内，以旋转的方式直接推动两侧紧贴在斜盘光滑表面上的球靴，球靴则在斜盘表面上保持滑动接触，使柱塞产生直线运动，当一侧的气缸压缩排气的同时，另一侧的气缸便吸气膨胀。此种结构型式的特点是缸数多、行程小，缸数为偶数。

8. 冷凝器的作用是什么?

从压缩机出来的高温高压($70℃$,$1.3\sim1.4MPa$)的制冷剂气体，进入冷凝器后，与环境温度进行热交换，放出热量，进行冷却和冷凝，变为制冷液体。空气把制冷剂在蒸发器中所吸收的热量，和压缩机作功所产生的热量，同时吸收并传到环境空气中。冷凝器常见有三种结构形式。第一种为管片式，如图 9-9 所示，由于其体积和重量指标都较落后，在轿车空调上已很少使用。第二种为管带式，如图 9-10 所示，目前很多轿车的 R12 空调系统采用这种结构。它是由异形多孔扁管及波形散热带焊接而成的,也有的波形带直接从扁管上制出。

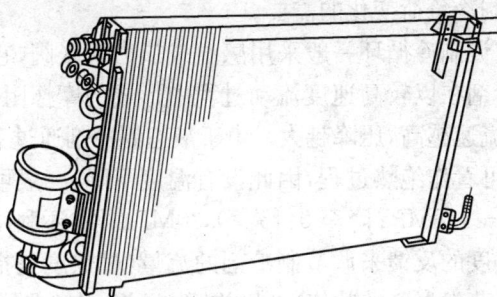

图 9-9 管片式冷凝器

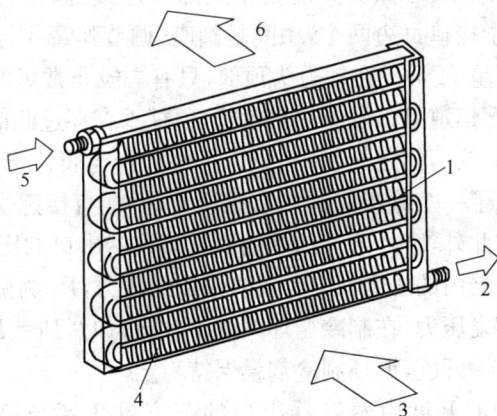

图 9-10 管带式冷凝器

1. 管子 2. 到储液干燥器 3. 冷空气 4. 散热片 5. 来自压缩机 6. 热空气

9. 节流装置的作用是什么?

节流装置即膨胀阀,也称节流阀,它是组成汽车空调制冷系统的主要部件,安装在蒸发器入口前,是制冷循环高压和低压之间的分界点。

在膨胀阀前,制冷剂是高压液体;在膨胀阀后,正常情况下制冷剂是低压低饱和液体。膨胀阀的作用,一是将高压制冷剂液体节流减压,由冷凝压力降至蒸发压力;二是自动调节制冷剂的流量,以适应制冷负荷变化的需要。

汽车空调制冷循环一般采用感温式热力膨胀阀,它通过节流组件对制冷剂在以较高速度流动过程中形成的摩擦阻力,使制冷压力下降,流速越高,压降越大。由于液态制冷剂通过节流间隙的时间很短,可看作绝热过程,因此没有温度下降,一般可将制冷剂压力从 1.4~1.8MPa 降至 0.15~0.30MPa。它还利用蒸发器出口蒸汽过热度的反馈来调节制冷剂的流量(过热度是指系统的实际温度高于蒸发温度的数值)。目前轿车上使用较多的是 H 型热力膨胀阀,它将感温和节流两大作用集中于一体,其结构如图 9-11 所示。该阀采用管子直接和相关部件连接,阀体材料为铝合金,四个管子接口每边两个,中间是阀座、调节弹簧 8 与顶杆 4,阀体内的信道呈 H 形。在动力头顶部,只有一段非常短的焊死了的充灌管,上部信道是蒸发器的出口管,顶杆垂直穿过此信道。将顶杆加工成中空状,使之与膜腔相通,再将顶杆与膜片铆死,于是顶杆本身就成了一个藏于阀体内有感温包,并能直接感受蒸发器出口的温度。此外,膜片下方承受的就是蒸发器出口的压力。设 P_f 为感温传感器内的压力,P_s 为调节弹簧的压力,P_e 为蒸发器出口的制冷剂蒸发压力,在制冷循环系统正常运行时,$P_f = P_e + P_s$,针阀稳定在某一开度,循环制冷剂量保持稳定。

膨胀阀的开度由蒸发器出口的蒸汽过热度来控制。制冷负荷变大,使蒸发器制冷剂不足,制冷剂提前蒸发,蒸发器出口处制冷剂蒸汽的过热度增大,感温包被加热,包内制冷剂的饱和压力升高到超过阀体内弹簧与蒸发器内制冷剂二者的压力和时,膜片向下压,顶杆下移,把针阀向下顶开,阀孔开大,蒸发器内进液量增大。相反,制冷负荷变小时,蒸发器出口处冷剂蒸发过热度减小,感温包内制冷剂压力减小,针阀开度相应变小,进液量也减小。

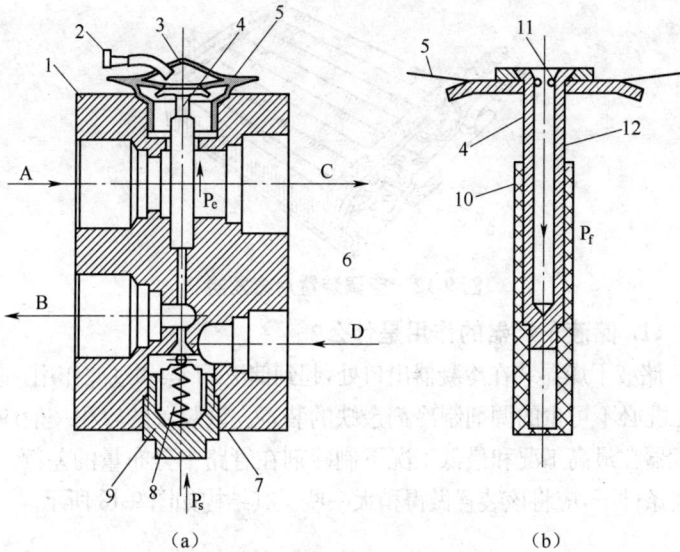

图 9-11　膨胀阀结构简图

(a)结构简图　　(b)局部放大图

1. 阀体　2. 充灌管　3. 动力头　4. 顶杆(兼感温包)　5. 膜片
6. 传动杆　7. 球阀　8. 弹簧　9. 弹簧座　10. 塑料套　11. 挡油环
12. 储液腔　A. 蒸发器来　B. 去蒸发器　C. 去压缩机　D. 来冷凝器

10. 蒸发器的作用是什么?

蒸发器的作用是将经过节流装置减低了压力的制冷液,在蒸发器中吸收车室内的热量蒸发为制冷剂气体,再进入压缩机中进行循环,使车厢内空气放出热量而降温。

汽车空调装置中采用的蒸发器有三种结构。一种为管片式,其结构与管片式冷凝器相同;第二种为管带式,其结构与管带式冷凝器相同;第三种为层叠式,其结构为冲压出许多凸起的铝板组合而成,每一对铝板中间焊有波形散热带,见图 9-1 中的零件 9。这种型式具有结构紧凑、效率高等优点。空调装置采用铝管、铝片式结构,如图 9-12 所示。

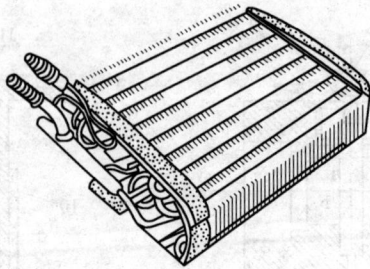

图 9-12   空调装置用蒸发器

11. 储液干燥器的作用是什么?

储液干燥器装在冷凝器出口处,起到储液、干燥和过滤作用,是变化工况必不可少的调剂制冷剂余缺的装置。该装置的容积一般应是蒸发器在最高工况和最低工况下制冷剂在管路中分布量的差额。在可能条件下,应将该装置做得稍大一些。其结构如图 9-13 所示。

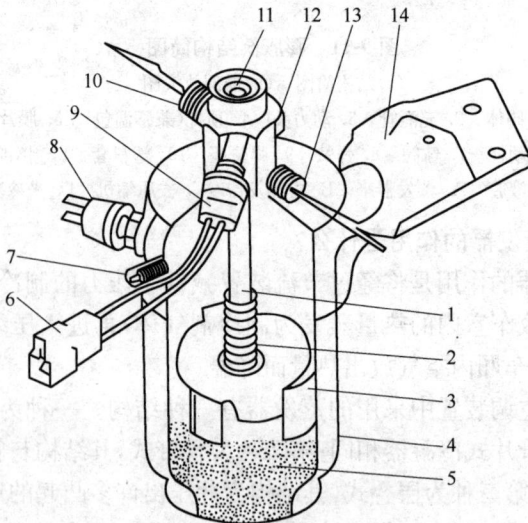

图 9-13   储液干燥器

1. 输液管   2. 弹簧   3. 压板   4. 罐体   5. 干燥剂   6. 接插件   7. 充气阀
8. 低压开关   9. 高压开关   10. 出口   11. 观察窗   12. 易熔塞   13. 进口   14. 支架

　　储液干燥器用金属细目滤网滤去制冷系统内可能残存的固体颗粒,以及压缩机在运动过程中产生的积炭和润滑油的变质物,以免堵塞节流元损坏压缩机。干燥剂是用来吸附冷却剂内水分用的,因为制冷剂在生产过程中很难将其中所含水分清除得很干净,而且制冷系统在抽真空时不彻底,也会将水分残留在系统中。对于蒸发温度低于 0℃ 的制冷系统,如果制冷剂中含有水分,则在节流减压后容易形成"冰堵",堵塞制冷剂的信道,使制冷系统不能运行。干燥剂 5,是一种微孔球状颗粒,名为分子筛。图中易熔塞 12,在制冷剂温度为 103℃～110℃ 时熔化,将制冷剂泄出,以保护系统。

12. 风机的作用是什么?

　　风机常见有两种结构形式,即离心式和轴流式,如图 9-14 所示。

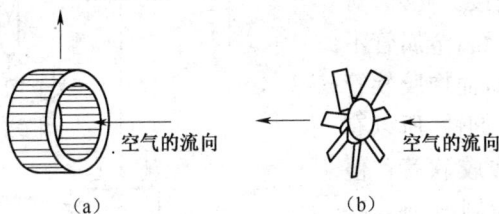

图 9-14　风机的结构原理
(a)离心式　(b)轴流式

　　(1)离心式风机。装在蒸发器的内侧,将车内温度较高的空气吹向蒸发器,经过热交换,变成冷风送入车厢内,由此不断地循环,使车厢内降温。其工作原理如图 9-14a 所示,箭头表示空气的流向,当叶轮旋转时,空气由与旋转轴平行的方向吸进,向着旋转轴垂直的方向,即离心力作用的方向吹出。离心式风机的体积较小,可直接安装在电动机的轴上。

　　(2)轴流式风机(风扇)。轴流式风机装在冷凝器和散热器的内侧,其功用是将冷凝器和散热器中散发出来的热量送到大气中,其工作原理如图 9-14b 所示。当叶轮旋转时,空气在叶轮的鼓动下,沿着轴向方向流动,从而使冷凝器和散热器的热量很快地散去。轴流式风机的结构比较简单,风量较大,适用于冷凝器和散热器的散热。

13. 制冷剂管路是怎样连接的?

制冷剂管路将系统中各总成连成一个封闭的系统。

由于发动机工作时会产生振动,安装在发动机上的压缩机也随之振动,因此,与压缩机进、排气接头相连的管路都采用橡胶管连接。此外,对于复杂的管路,金属管不易满足要求,而橡胶软管有很好的柔韧性,所以有时也采用橡胶软管。但橡胶管作为制冷剂管路的缺点是易泄漏,因此要尽量少用。

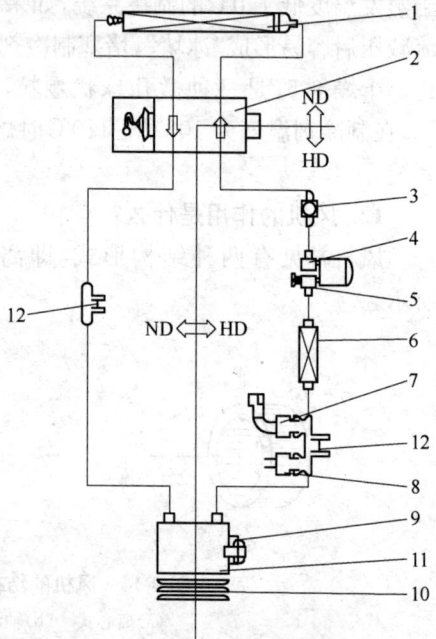

图 9-15　R12 制冷系统示意图

1. 蒸发器　2. 膨胀阀　3. 视液镜　4. 储液干燥器
5. 易熔塞　6. 冷凝器　7. 高压开关　8. 低压开关
9. 螺栓　10. 电磁离合器　11. 压缩机　12. 充注阀

制冷装置的各个部件连接在一起组成制冷系统,图 9-15、9-16 分别是 R12 制冷系统和 R134a 制冷系统的示意图。

14. 采暖装置是怎样供暖的?

采暖装置是汽车空调系统的重要组成部分。轿车上一般都采用非独立式采暖装置,它利用发动机工作时冷却水的余热(80℃~95℃的热水)为车内提供暖气,因此也称作水暖式暖气装置。它具

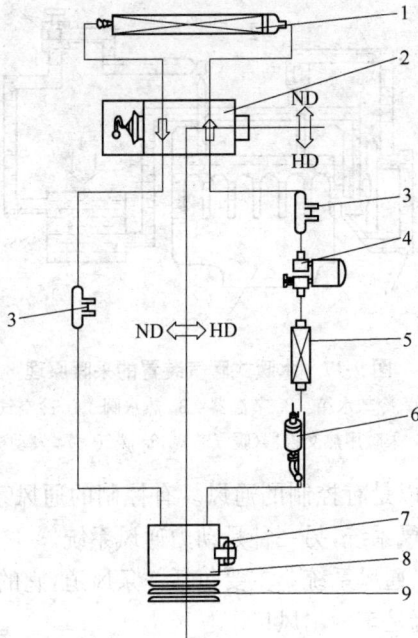

图 9-16　R134a 制冷系统示意图

1. 蒸发器　2. 膨胀阀　3. 充注阀　4. 储液干燥器　5. 冷凝器
6. 三档压力开关　7. 螺栓　8. 压缩机　9. 电磁离合器

有结构简单、成本低、不耗能、操作维修方便等优点,虽采暖量小,
但对轿车来说足以满足车内供暖的需要。其缺点是采暖量受汽车
发动机运转工况影响较大。

图 9-17 所示为水暖式暖气装置的采暖原理。发动机水套内
的冷却水,经热水管和热水阀 3 进入采暖装置的热交换器(暖气
芯)5,使其温度升高,当空气吹过热交换器时,空气便被加热成暖
气后送于车内。

15. 通风系统与空气净化是怎样工作的?

为了健康和舒适,必须不断有新鲜空气进入车厢,以取代车内
含烟尘的空气,这种取代过程叫通风。通风可以是自然通风(如打

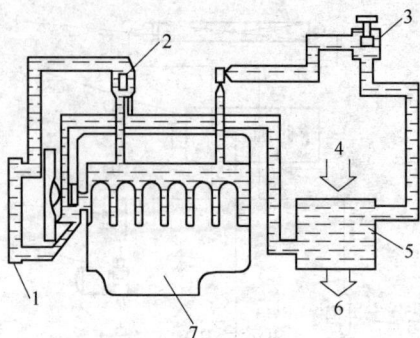

图 9-17　水暖式暖气装置的采暖原理
1. 冷却水箱　2. 节温器　3. 热水阀　4. 冷空气
5. 采暖用热交换器(暖气芯)　6. 暖气　7. 发动机

开车窗),也可以是有控制的通风。有控制的通风系统有两种,一种是迎面风通风系统,另一种是动力通风系统。

(1)迎面风通风系统。主要包括一条风道,它的一端是车外空气进口,另一端是车内出风口。

(2)动力通风系统。由于迎面风系统在汽车缓慢移动或静止时,车厢内很少空气流动,为克服这一缺点,加装一个风机就形成了动力通风系统,这样可使车厢内空气经常保持新鲜。

(3)冷暖混合式通风。现代轿车上不仅采用动力通风,而且采用冷暖混合式通风。从结构上看,将鼓风机、蒸发器和加热器等组成一空调器(见图 9-1 所示),加上控制阀门、风道和一个可连续调节的混合阀门,就形成了冷暖混合式通风装置。

在动力通风系统或冷暖混合式通风装置中,在风道的进口装有进风罩滤网(见图 9-1 中的零件 11),可起到一些空气净化的作用。有空调系统的轿车,一般前面三种通风方式均存在,按不同气候需要而操纵使用。

16. 空调继电器是怎样工作的?

空调电气设备中,流过鼓风机、电磁离合器等的电流如果都由空调开关直接控制,会因电流过大而使触点烧蚀,因此装设了空调继电器。这样,使通过空调开关的小电流接通继电器电磁线圈,再由电磁线圈去吸合或断开较大的电流,其线路如图 9-18 所示。

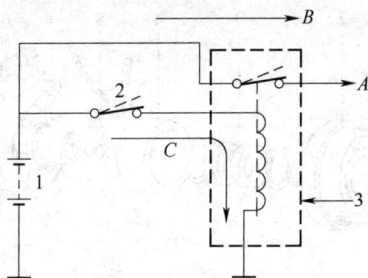

图 9-18　空调继电器

1. 蓄电池　2. 空调开关　3. 继电器
A. 接用电设备　B. 大电流　C. 小电流

17. 电磁离合器是怎样工作的?

空调设备中的压缩机是发动机通过电磁离合器来驱动的。电磁离合器可以根据需要接通和断开发动机与压缩机之间的动力传递。电磁离合器是汽车空调调控系统中最重要的部件,一般受低压开关、温控器(防霜开关)、空调 A/C 开关和环境开关的控制。轿车空调压缩机是通过三级压力开关、外界温度开关和水温开关控制的,当系统发生故障,不能满足空调系统的工作条件时,就切断电磁离合器,使压缩机停止运转。

(1)电磁离合器的结构。电磁离合器一般安装在压缩机前端,是压缩机总成的一部分,其结构原理如图 9-19 所示。它主要由主动皮带轮 2、从动压力板 1 及电磁线圈 4 组成。主动皮带轮由发动机曲轴带动,并由压缩机主轴轴承支撑,从动压力板通过半圆键与压缩机主轴连接,而电磁线圈则装在皮带轮壳内压缩机前端盖上。电磁线圈不通电时,在三只片簧的作用下,使从动压力板与皮带轮外端面之间保持一定的间隙(约 0.4～1.0mm),皮带轮在曲轴皮带带动下空转,压缩机不工作;当电磁线圈通电时,在皮带轮外端面产生很强的电磁吸力,将从动压力板紧紧地吸在皮带轮端面上,皮带轮便通过压盘带动压缩机主轴一起转动而使压缩机工作。

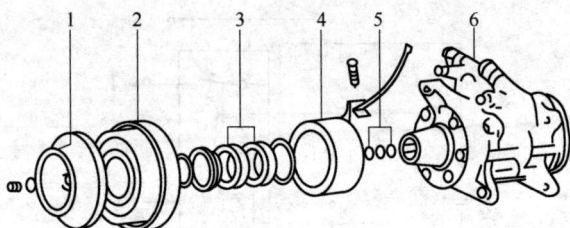

(a)

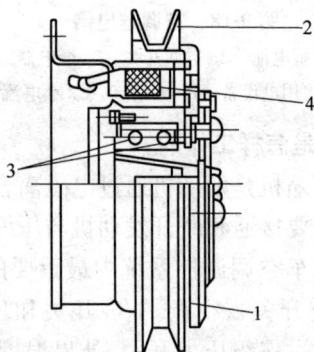

(b)

图 9-19　电磁离合器的结构

(a)零件图　(b)组装图

1. 从动压力板　2. 主动皮带轮　3. 轴承
4. 电磁线圈　5. 调整垫片　6. 压缩机

(2)低压开关。低压开关也称制冷剂泄漏检测开关。低压开关不是安装在制冷循环低压回路,而是安装在冷凝器与压缩机出口(或与膨胀阀)之间的高压区(参见图 9-15 中低压开关 8 的位置)。当系统高压侧压力过低时,它才起作用。当制冷系统泄漏或其他原因使制冷剂严重不足时,这时即使打开空调开关,因低压开关不吸合,电磁离合器也不会接合。
低压开关的构造如图 9-20 所示。

　　轿车当此处压力低于 0.22MPa
(表压)时,低压开关即切断电磁离合
器;高于 0.22MPa 时,接合电磁离
合器。

　　(3)防霜开关。防霜开关又称蒸
发器温控器。为了防止蒸发器表面
的冷凝水(除除湿水)结冰结霜而堵
塞蒸发器换热翅片间的空气通道,蒸
发器表面的温度应控制在 1℃～4℃

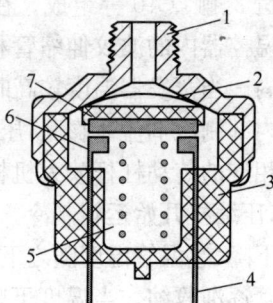

图 9-20　低压开关

1. 接头　2. 膜片　3. 外壳
4. 接线柱　5. 弹簧
6. 固定触点　7. 活动触点

范围之内。温控器的作用就是根据蒸发器表面温度的高低,接通
和断开电磁离合器电路,控制压缩机的转或停,而使蒸发器表面的
温度保持在上述温度范围之内。常用的温控器有机械波纹管式和
热敏电阻式空调系统。

　　①机械波纹管式温控器:图 9-21 所示是这种温控器的工作原
理及外形图。它主要由感温管 4、波纹伸缩管 5、温度调节凸轮 7、

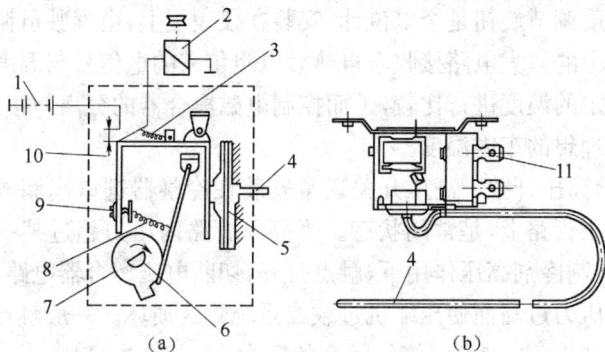

(a)　　　　　　　　(b)

图 9-21　机械波纹管式温控器

(a)原理图　(b)外形图

1. 蓄电池　2. 电磁离合器　3. 弹簧　4. 感温管　5. 波纹伸缩管
6. 转轴　7. 温度调节凸轮　8. 弹簧　9. 调整螺钉　10. 触点　11. 接线插头

弹簧3、触点10等组成。在感温管内充有制冷剂饱和液体,一端与温控器内的波纹伸缩管相连通,另一端则插入蒸发器的盘管翅片内。当蒸发器温度较高时,插在其上的感温管温度也较高,因而其内部制冷剂流体膨胀,压力相应较高而波纹伸缩管伸长,推动与它相连的传动杠杆放大机构使触点闭合,于是电磁离合器通电接合,压缩机开始运转制冷。压缩机工作一段时间后,蒸发器温度开始下降,感温管温度随之下降,其内部制冷压力也下降而使波纹伸缩管逐渐收缩。当温度下降到低于 1.5℃时(调定值),波纹伸缩管的收缩量通过与它相连的传动杠杆放大机构使触点断开,电磁离合器断电,压缩机停止运转。系统停止制冷而使蒸发器温度上升,当高于 1.5℃时,又接通压缩机电磁离合器,使压缩机工作。旋动温度调节凸轮可改变弹簧的预紧力,就可改变蒸发器的温度控制范围。

②热敏式电子温控器:利用安装在蒸发器出口侧的热敏电阻传感温度变化,将温度的变化变成电信号,经集成电路放大,同选定的蒸发器出口侧温度相比较而控制电磁离合器,使压缩机开始运转或停止。这种控制器由温度传感器、温度调节旋钮和放大电路组成。

温度调节旋钮是个电位计,安装在仪表板上,由驾驶员调整设定。图中的放大电路接收来自热敏电阻传来的电信号与温度调节旋钮调定的温度进行比较,进而控制电磁离合器的分离与接合,以保持较理想的车内温度。

(4)高压开关。高压开关通常安装在冷凝器进口或储液干燥器的高压管路上,是常闭状态。当高压管路内压力超过某一规定值时,在制冷剂高压作用下,触点打开,切断电磁离合器电路,防止因系统压力过高而使压缩机过载或系统管路损坏。一般触点断开压力为 2.1~3.0MPa,恢复闭合的压力为 1.6~1.9MPa。

(5)环境温度开关。环境温度开关安装在灰尘滤清器附近,见图 9-1 上的部件 13。当外界温度≤5℃时,环境温度开关切断压缩机电磁离合器,使制冷系统不工作。

（6）三挡压力开关。三挡压力开关仅用于 R134a 制冷剂系统,也安装在压缩机到冷凝器的管路上。此开关有三个值,当压力低于 0.22MPa 及高于 3.2MPa 时,切断压缩机电磁离合器;当压力值在两者之间时,电磁离合器吸合;当压力大于 1.6MPa 时,冷却风扇以高转速运转.

18. 鼓风机是怎样控制的?

鼓风机变速开关装在仪表板上,一般有四挡(如桑塔纳)。通过在电动机电枢回路中串入的电阻值的不同,使鼓风机以四种不同的转速运转。调速电阻见图 9-22 所示。

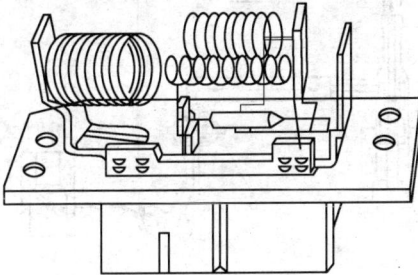

图 9-22　鼓风机调速电阻总成

19. 冷凝器(散热器)风扇电机是怎样控制的?

（1）双温开关。双温开关安装在冷凝器风扇旁,根据发动机冷却液温度自动控制风扇的运转。当冷却液温度高于 105℃时,使冷却风扇以高转速运转;当冷却液温度低于 105℃,高于 95℃时,使冷却风扇以低转速运转;冷却液温度低于 95℃时,冷却风扇不运转。

（2）高压开关。高压开关一般装在冷凝器进口管路上,控制冷凝器冷却风扇的高速挡电路。当冷凝压力超过某一规定值时,自动接通风扇高速挡电路,使冷却风扇高速运转,以加强冷凝器的冷却能力,降低冷凝温度和压力;当冷凝压力低于规定值时,自动断开冷却风扇高速挡电路。这种开关一般为常开型。

由上述可知,冷却风扇电机是受双温开关和高压开关双重控制的。前已提及,在 R134a 系统中,对电磁离合器控制的三向开关中,有一个功能是控制冷却风扇的。

20. 发动机转速控制是怎样工作的?

(1)急速提升装置。此装置用在装化油器的发动机上。它的作用是当发动机在急速工况带动空调压缩机时,为保持稳定运转,适当加大化油器的节气门开度。其工作原理如图9-23所示。

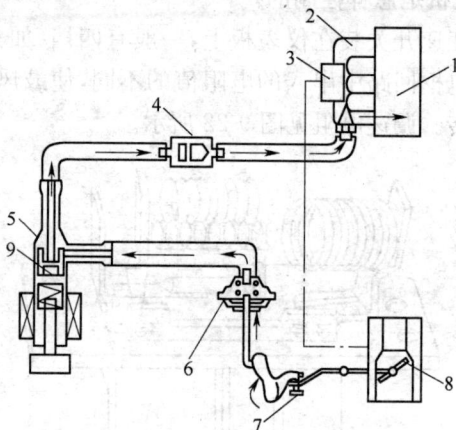

图 9-23　急速提升装置工作原理
1. 发动机　2. 进气支管　3. 化油器　4. 阻尼阀　5. 真空电磁阀
6. 真空促动器　7. 速度调节螺钉　8. 化油器节气门　9. 阀门

急速提升装置由真空促动器6、真空电磁阀5、阻尼阀4及真空胶管等组成。当空调开关 A/C 接通时,也接通了真空电磁阀5的电路,电磁力克服弹簧力将阀门9吸下,打开了真空促动器6与进气支管的真空信道,在真空吸力的作用下,真空促动器膜片上移,通过拉杆使节气门开大一个角度,以维持发动机稳定运转。节气门转动的角度可由调节螺钉7进行调节。

(2)计算机控制。对于采用电控汽油喷射发动机的车型,其空调信号、空调压缩机信号、车速信号均由传感器输入到电子控制单元,经控制单元处理后,再输出到相应的执行组件(如控制继电器的触点),来控制发动机转速和其他空调部件的工作。

21. 桑塔纳轿车空调电路是怎样的?

汽车空调电路的作用是将各个空调控制装置连接起来,完成操作和各种调控功能。各种车型的控制电路虽不尽相同,但有些共同特点。现以上海桑塔纳(LX、GX、GX5 型)轿车为例,其空调系统电路原理如图 9-24 所示。

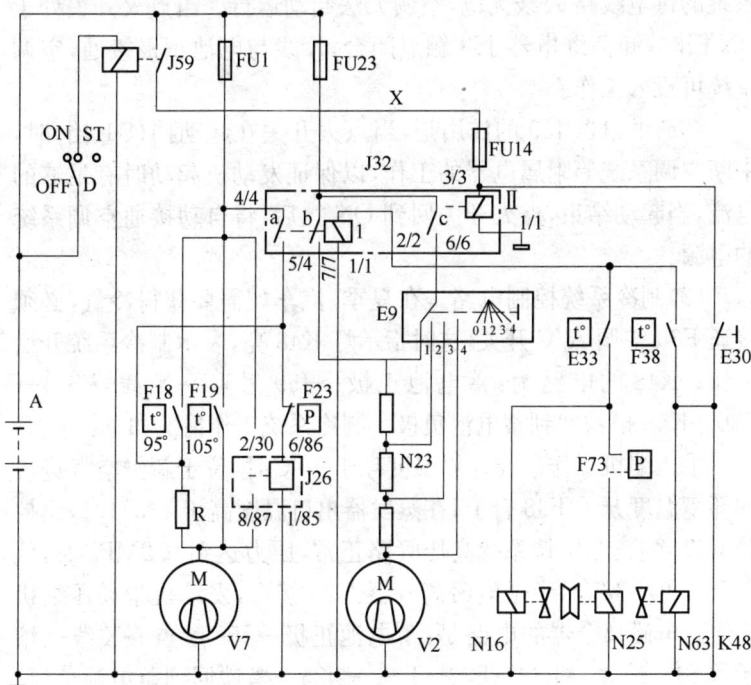

图 9-24　桑塔纳轿车空调系统电路

A. 蓄电池　D. 点火开关　J59. 卸荷继电器　S1、S14、S23. 熔断丝　J32. 空调主继电器
E9. 鼓风机开关　E33. 蒸发器温控器　F38. 环境温度开关　E30. 空调 A/C 开关
F18、F19. 冷凝器冷却风扇温控开关　F23. 高压开关(15bar)
J26. 冷凝器冷却风扇继电器　N23. 鼓风机调速电阻　F73. 低压开关(0.2MPa)
V7. 冷凝器冷却风扇电机　V2. 鼓风机电机　N16. 怠速提升电磁阀　N25. 电磁
离合器　N63. 新鲜空气翻板电磁阀　K48-空调 A/C 开关指示灯;
a、b、c. 空调主继电器 J32 的三对触点　Ⅰ、Ⅱ. 空调主继电器 J32 的两个线圈

空调系统电路主要由电源电路、制冷系统控制电路、冷凝器风扇电机及鼓风机控制电路等组成。

(1)电源电路。由蓄电池 A、点火开关 D、卸荷继电器 J59 以及熔断丝 S1、S14、S23 和空调主继电器 J32 组成。当点火开关 D 处于 OFF 挡或 ST 挡时,卸荷继电器线圈不通电,触点断开,空调系统的供电线路 X 线无电,空调无法起动运行。当点火开关处于 ON 挡时,卸荷继电器 J59 触点闭合,X 线与电池正极接通,空调系统可投入工作。

卸荷继电器 J59 的作用是,当点火开关在起动挡(ST 挡)时,中断空调系统等附属电器的工作,以保证发动机起动时有足够的电流,当起动结束,点火开关回到 ON 挡后,将自动接通空调系统的电源。

(2)制冷系统控制电路。在夏季,汽车如需要获得冷气,必须接通 E30 空调 A/C 开关,这时指示灯 K48 亮,表示制冷系统开始工作。K48 的电路为:蓄电池正极→J59 触点→X 线→S14→E30→K48 搭铁回到蓄电池负极。制冷系统工作情况如下:

①压缩机工作。在外界温度高于 10℃时,位于新鲜空气进口的环境温度开关 F38 合上;在蒸发器出口温度高于 1.5℃时,温控器 E33 接合;当空调系统高压管路正常,压力达到 0.2MPa 时,低压开关 F73 接合,于是电磁离合器 N25 接合,发动机带动压缩机工作。电磁离合器的电路是:蓄电池正极→J59 触点→X 线→熔断丝 S14→E30→F38→E33→F73→N25→搭铁回到蓄电池负极。当制冷剂高压侧压力低于 0.2MPa 时(表示制冷剂严重不足),F73 触点断开,压缩机就停止运转。

②新鲜空气翻板电磁阀 N63 工作。N63 工作后,关闭新鲜空气进口,车内空气被鼓风机强制鼓吹,通过蒸发器总成的空气信道,被制冷剂吸热汽化而降温,以获得冷气。N63 从 E30 处得电,通过 N63 搭铁回到蓄电池负极。

③怠速提升电磁阀 N16 工作。位于化油器内的 N16 接通,加

大怠速时节气门的开度,满足驱动空调机并保持发动机转速稳定的需要。N16 的电路是,从 E30 得电→F38→E33→N16→搭铁回到蓄电池负极。

(3)冷凝器风扇电机及鼓风机控制电路。

①冷凝器风扇电机的控制。当合上空调开关 E30,环境温度开关 F38 也达到闭合条件(高于 10℃)时,空调主继电器 J32 的 I 线圈有电,触点 a、b 均闭合。其中 a 触点用于控制冷凝器冷却风扇继电路 J26,高压开关 F23 串联在 J26 与 a 触点之间。当制冷系统高压侧压力低于 1.5MPa 时,F23 触点断开,电阻 R 串联在冷却风扇电机 V7 的供电回路中,V7 以低速运转。J32 的 I 线的圈的电路是:蓄电池正极→J59 触点→X 线→熔断丝 S14→E30→F38→J32 的 I 线圈→搭铁→蓄电池负极。V7 低速运转的电路是:蓄电池正极→熔断丝 S1→J32 的触点 a→电阻 R→冷却风扇电机 V7→搭铁回到蓄电极负极。当制冷系统高压侧压力高于 1.5MPa 时,高压开关 F23 触点接通,使继电器 J26 线圈通电,使其触点闭合,电阻 R 被短路,V7 以高速运转,加强冷凝器与散热器的冷却强度。此时冷却风扇电机 V7 的电路是:蓄电池正极→熔断丝 S1→J26 触点→V7→搭铁回到蓄电池负极。由图上还可见,如冷却水温度超过 105℃,F19 合上,V7 也以高速运转,水温低于 95℃时,F18 打开,V7 不转。当冷却水 95℃>t<105℃时,F18 合上,V7 的电路中串上电阻 R,以低速运转。

②鼓风机控制电路。鼓风机有制冷、加热及通风等数种功能,所以它有两条控制电路:

a. 鼓风机运转:只要 E30 合上,继电器 J32 的线圈 I 通电,a、b 触点合上,其中 b 触点接通了鼓风电机电路,电路是:蓄电池正极→熔断丝 S23→b 触点→鼓风机调速电阻 N23 的全部电阻→鼓风电机 V2→搭铁回到蓄电池负极。因为串入电阻值大,所以 V2 以低速运转。此时 V2 与 E30 同时接通,不需操纵鼓风机开关 E9 就可工作,这是为了及时保证必要的空气流过蒸发器表面,以免该表面因温度过低而结冰或冻坏蒸发器。

b. 鼓风机的调速:点火开关 D 放在 ON 挡,J32 的线圈Ⅱ通电,C 点闭合,这时操纵鼓风机开关 E9,就可改变鼓风电机 V2 的转速,以进行制冷、强制通风送出暖气。此时,空调开关 E30 根据需要可接合,也可断开。

E9 是一个五挡开关,其串联分挡电阻 N23 使 V2 有四种不同的转速,O 位为空挡,4 挡为直接挡,此时 V2 转速最高。其电路为:蓄电池正极→熔断丝 S23→J32 中触点 C→鼓风机开关 E9→调速电阻 N23→鼓风电机 V2→搭铁回到蓄电池负极。

22. 怎样日常保养空调系统?

日常保养是外观目测的常规检查,是巡视性的,发现问题应及时排除。日常保养项目如下:

(1)检查冷凝器翅片上是否有污泥、杂物,必要时予以清洗、修整。

(2)检查制冷系统管路是否与其他零件相碰,各接头处有否制冷剂泄漏及油迹。必要时予以检修。

(3)检查制冷系统管路和电路接头处是否牢靠。

(4)检查压缩机驱动三角皮带的张紧度是否合适,必要时予以调整。

(5)检查压缩机进、排气口管子的温差是否正常,由制冷系统排出的冷风来判断制冷量是否正常。

(6)从储液干燥器视液玻璃处观察制冷剂量是否充足,如图 9-25 所示。

23. 使用空调季节前后怎样检查维护?

(1)使用季节前的检查和维护。

①检查冷凝器、蒸发器的表面清洁度,如积灰太多应予清洗,然后用压缩空气吹干。

②检查各开关、控制组件的性能是否可靠。

③开机运转,通过液视镜检查氟利昂量。

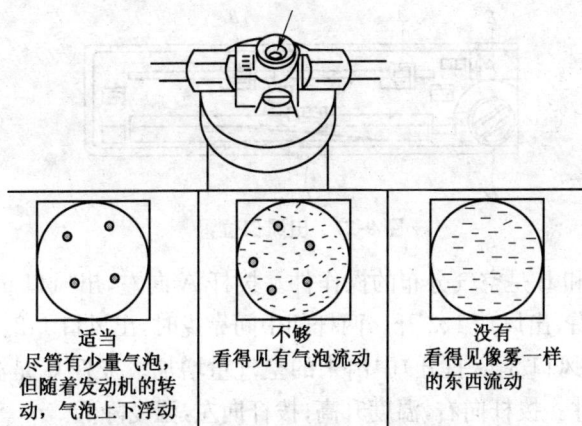

适当	不够	没有
尽管有少量气泡，但随着发动机的转动，气泡上下浮动	看得见有气泡流动	看得见像雾一样的东西流动

图 9-25　在储液干燥器检视窗观察制冷剂量

（2）使用季节结束时的检查和保养。

①用检漏仪检漏，如泄漏，应进行修理，然后按规定充氟。

②检查离合器皮带轮的轴承是否有异响。

③严禁在使用季节结束后，将压缩机 V 带拆下，但可以稍稍地松弛皮带。

④检查压缩机的油量，必要时给予补充。

24. 怎样操作暖风和通风开关？

控制杆和出风口位置如图 9-26 和图 9-27 所示。

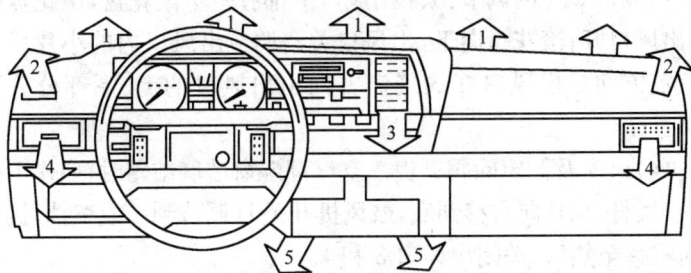

图 9-26　控制杆

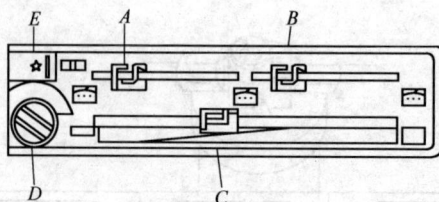

图 9-27　出风口位置

拨杆 A 和 B 是空气分布的操作件。拨杆 A 向左,出风口 5 开;拨杆 B 向右,出风口 1、2 开。两杆朝中间靠拢时,出风口 1、2、5 均关闭,从出风口 3、4(打开)中出来的空气量增加。拨杆 C 是温度选择操作件。拨杆向右,温度升高;拨杆向左,温度降低。

25. 怎样操作空调器?

(1)鼓风机开关 D。鼓风机有四挡速度,加上空调开关 A/C,鼓风共有五挡。当合上 A/C 开关,尽管旋钮处于"0"位置,鼓风机仍会缓慢地转动。

(2)开关-E 空调。当 A/C 开关合上,在开关上有个信号灯发亮。

(3)空调装置的出风口。未经加热的新鲜空气和冷气均可从出风口送出,出风口 1、2、4、5 还可送暖气。出风口 1、2、5 的打开与关闭由拨杆 A 和 B 操纵。

出风口 3、4 的调节:3、4 出风口上都有一个滚花盘,滚花盘向上,出风口开;滚花盘向下,出风口关。调节出风口内的小片可改变气流方向。出风口 3 的气流方向由出风口的上、下部分分别调节。

(4)风窗及侧窗除霜。由于空气潮湿窗玻璃结霜时,应作下列调节:拨杆 A、B 向右移到底,鼓风机开关 D 调节到二或三挡,拨杆 C 向右移至热区,关闭出风口 3 和 4。

(5)车内快速取暖。拨杆 A 推到左端,拨杆 B、C 推到右端,出风口 3 打开,出风口 4 关闭,鼓风机开关 D 调节到二挡。

26. 怎样诊断和排除空调器无制冷作用的故障?

(1)故障原因。

①驱动 V 带太松或 V 带断裂,不能带动压缩机工作。

②制冷系统严重泄漏,由于低压保护开关作用使压缩机不能起动。

③压缩机轴承烧坏。

(2)故障判断方法。

①将手指用 50N 力按压 V 带,V 带的挠度大于 10mm,则 V 带在带轮上打滑或 V 带断裂。

②用支管压力计检查系统压力,高低压力表读数为零,管路破裂或易熔安全塞易熔金熔掉,管路接头处有油渍,用电子测漏仪检查有泄漏。

③检查电器部分正常,制冷剂未漏光,而曲轴不能转动。

(3)故障排除措施。

①拆掉带轮的调整垫片 1~2 片,张紧 V 带或更换 V 带。

②更换破裂管道或易熔安全塞,修补泄漏部位,拧紧泄漏管接头。

③更换轴承,按规定加润滑油或更换压缩机。

27. 怎样判断空调故障?

在对空调装置进行修理或更换零部件之前应当了解是何种原因降低了制冷或加热效果,确定问题是出在空调器、加热系统及其零部件,还是出在送风系统中。

一般说来,汽车用正常的公路车速行驶时,空调系统制冷效果最高。在拥挤的城市交通条件下,制冷效果有所降低,特别是在气温较高的时候。当发现制冷效果逐步降低时,记住首先应检查一下冷凝器和散热器(水箱)翅片的情况,其中任何一个部件因灰尘、外界脏物或昆虫堵塞等因素而引起气流受阻,都会影响空调和发动机冷却系统性能。装有保护屏的车辆,可能妨碍气流向散热器和冷凝器。

　　在气温较高的季节,使用空调系统时,将会发现发动机冷却液温度有所升高。这是正常现象。不要怀疑是否空调出现问题。

28. 维修空调时注意事项有哪些?

　　(1)安全注意事项。

　　①氟利昂12(简称 R-12)的蒸发潜热大,碰到皮肤、眼睛会夺取大量热量而蒸发,从而冻伤人体。因此操作时要严加注意,避免直接接触制冷剂,最好戴眼镜。一旦接触到了,要马上用大量冷水冲洗,用清洁的凡士林涂在皮肤上,并到医院治疗,千万不可用手乱搓。

　　②由于 R-12 无色无臭,不易被人察觉,但排到大气中会使大气中的氧气浓度下降,使人窒息,所以修理制冷系统要在通风非常良好的地方进行。

　　③R-12 气体碰到明火会产生有毒光气,使用时要注意不可接触到火源。

　　④为了避免爆炸的危险,不允许在空调管路或部件附近焊接或用热蒸汽清洗。在一些情况下充灌制冷剂时,需要用热水对制冷剂容器加热,但此时热水的温度不得超过 52℃。

　　⑤向汽车制冷系统内充灌制冷剂时,在低压端不能加注液态制冷剂,而从高压端加注制冷剂时,不能开动压缩机。

　　(2)维修注意事项。

　　①在排放系统制冷剂前,不要打开或松开系统连接头。在松开接头时,如果明显存在残余压力,在打开接头之前,让它泄漏掉。

　　②系统拆开调换部件或者通过泄漏排空,在充灌制冷剂之前,必须抽真空。

　　③如果不盖好冷冻油容器的盖,冷冻机油将从大气中吸收水分。故只有到准备使用时,才应打开冷冻油容器盖。

　　④在装配制冷剂管路时避免折死弯,管路的位置应远离排气或任何有尖利边缘的部件。

29. 怎样排放空调制冷剂?

在压缩机拆卸时,可以使用维修阀与制冷系隔绝,单独进行操作,其他部件拆卸之前必须将制冷剂放掉。排放时不能让制冷剂迅速排放,以免系统里的冷冻机油会被制冷剂一起带出,排放时要轻轻打开两个维修阀到中间位置(如图 9-28 所示),让制冷剂慢慢放出。

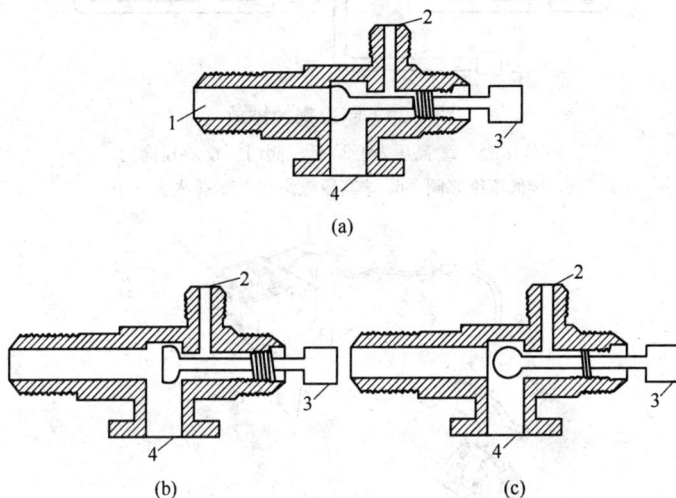

(a)

(b)　　　　(c)

图 9-28　压缩机维修阀

(a)压缩机与系统隔离位置　(b)压缩机正常工作位置

(c)测量制冷系统压力位置

1. 与制冷系的接口　2. 压力表接口　3. 阀杆　4. 与压缩机接口

如图 9-29 所示,在两维修阀上接上高压与低压复合表,慢慢打开高压阀门 4 和低压阀门 3,让制冷剂从管 7 中放入大气。

30. 怎样拆卸制冷系统管路与真空管路?

制冷系统管路的拆卸。如图 9-30 所示,拆下压缩机 3 与冷凝器 5 的连接制冷软管 2、压缩机 3 与蒸发箱 12 的连接制冷软管 1、冷凝器 5 与储液器 7 的制冷软管 6、储液器 7 与膨胀箱 13 的制冷

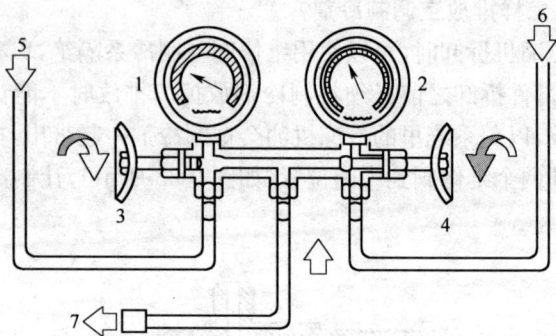

图 9-29   制冷剂的排放

1. 低压表 2. 高压表 3. 低压阀门 4. 高压阀门
5. 接低压维修阀 6. 接高压维修阀 7. 排入大气中

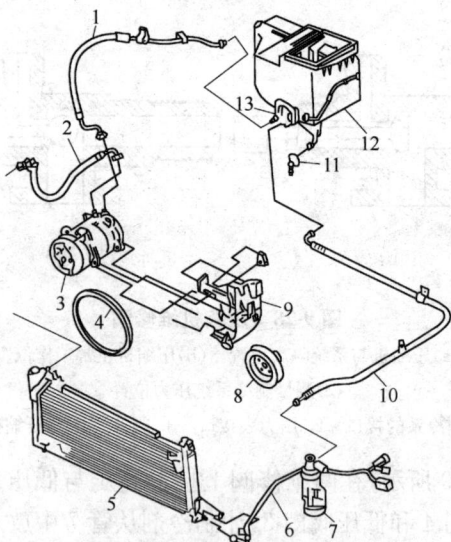

图 9-30   制冷系统管路的拆卸

1. 制冷软管 2. 制冷软管 3. 压缩机 4. 传动皮带 5. 冷凝器
6. 制冷软管 7. 储液器 8. 皮带轮 9. 压缩机支架
10. 制冷软管 11. 蒸发器放水阀 12. 蒸发箱 13. 膨胀阀

软管10。旋下软管连接螺母时要使用两个扳手，以免损坏软管，如图9-31所示。

真空管路的拆卸。如图9-32所示，从新鲜空气与循环空气真空阀10上拆下黑白色真空管4，从除霜与下出风口真空阀11上拆下黑红色真空管，从中央风门真空阀12上拆下黑色真空管。

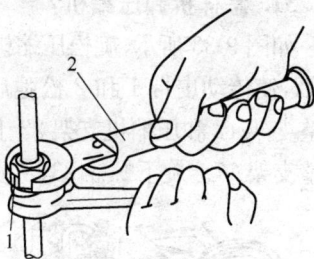

图 9-31　制冷软管连接螺母的拆卸

1. 制冷软管连接螺母　2. 扳手

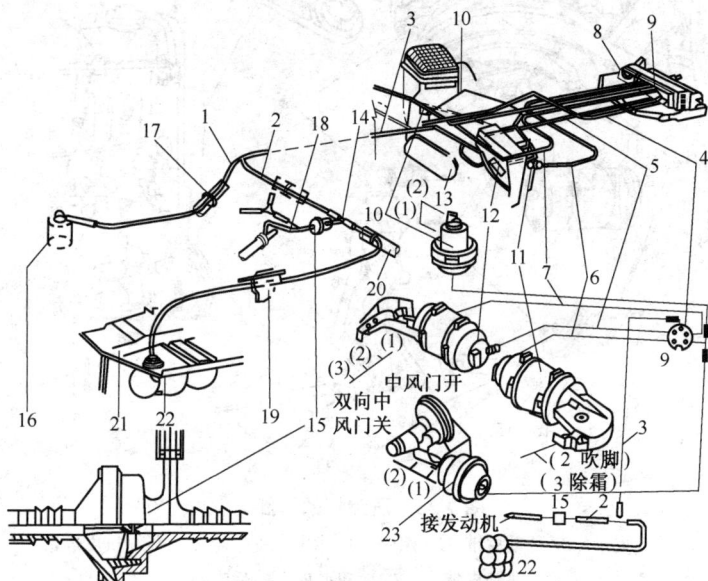

图 9-32　风门真空控制器的构造

1. 黄色真空管　2. 黑色真空管　3. 黑色或黄色真空管　4. 黑白色真空管

5. 黑黄色真空管　6. 黑红色真空管　7. 黑绿色真空管

8. 空调装置调节器(调整控制机构)　9. 风头插座

10. 新鲜空气与循环空气真空阀　11. 除霜与下出风口真空阀

12. 中央风门真空阀　13. 横隔板　14. 三通管　15. 单向阀　16. 单向阀

17. 设置在制冷管路旁　18. 通向吸气管　19. 轮罩　20. 靠近电线束布置

21. 蓄电池上护板　22. 真空储存器　23. 暖风水阀真空阀

31. 怎样拆卸压缩机?

如图 9-33 所示,旋松压缩机调整支架 17 上的螺母 13 和调整螺栓 12,使传动皮带 1 和 2 松弛后摘下。旋下螺栓 14、15、9、3 后,从调整支架 17 和压缩机支架 22 上取下压缩机 11。旋下螺栓 16,取下调整支架 17。旋下螺栓 23,从发动机上取下压缩机支架 22。

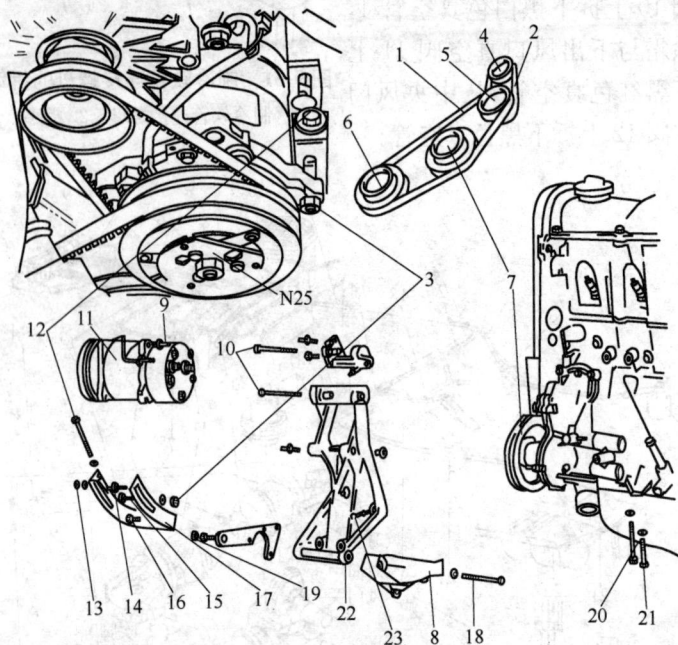

图 9-33   压缩机的拆卸

1. 传动皮带   2. 传动皮带   3. 螺栓   4. 发电机皮带轮   5. 压缩机皮带轮
6. 曲轴皮带轮   7. 冷却水泵   8. 后支架

9. 圆柱头螺栓(带弹性垫圈,M10×100)(35N·m)   10. 六角螺栓   11. 压缩机
12. 六角螺栓(带垫片,M8×90)   13. 六角螺母(M8 带弹性垫圈)   14. 凸缘螺栓(M8)

15. 圆柱头内六角螺栓(M8×30)   16. 六角螺栓 35N·m(M8×18)   17. 调整支架

18. 六角螺栓(M8×120)   19. 自锁螺母(M8)(30N·m)

20. 六角螺栓(M8×85)(30N·m)   21. 六角螺栓(M8×45)(30N·m)

22. 压缩机支架   23. 六角螺栓(M8×65 带弹性垫圈)(30N·m)

32. 怎样拆卸冷凝器?

如图 9-34 所示,松开螺母 8 及螺栓 6,从固定架 12 上摘下冷凝器芯体 1 的卡子 13,取下冷凝器芯体 1。

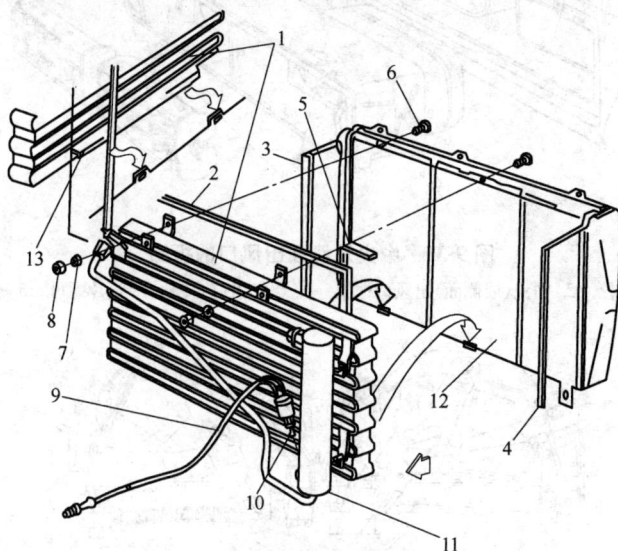

图 9-34 冷凝器的拆卸

1. 冷凝器芯体　2、3、4、5-密封条　6. 螺栓　7. 垫片　8. 螺母

9. 高压开关　10. 密封圈　11. 消音器　12. 固定架　13. 芯体上的卡子

中央出风口及侧面出风口的拆卸。如图 9-35 所示,取出空气出口叶栅 3 后,旋下固定螺栓 1,从仪表板 5 上取下中央(或侧面)出风口框架 2。

33. 怎样拆卸暖风及新鲜空气调节器?

如图 9-36 所示,拨下鼓风机开关手柄 9、温度滑键 5 和功能滑键 6,取出空调控制板 7。旋下螺钉 10,从暖风和新鲜空气调节器 4 上拆下中央风门拉索 1、下出风口与除霜控制风门拉索 2 和温度风门拉索 3,并穿过仪表板断面的中出风口调节器。

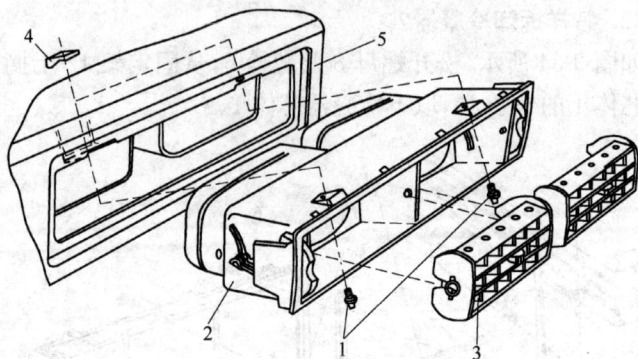

图 9-35　中央及侧面出风口的拆卸

1. 固定螺栓　2. 中央(或侧面)出风口框架　3. 空气出口叶栅　4. 簧片螺母　5. 仪表板

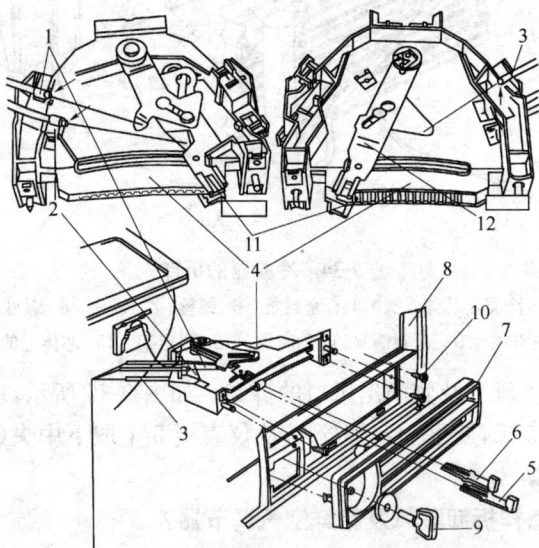

图 9-36　暖风与新鲜空气调节器的拆卸

1. 中央风门拉索(黑色长)　2. 下出风口与除霜控制风门拉索(黑色短)

3. 温度风门拉索(蓝色)　4. 暖风和新鲜空气调节器　5. 温度滑键

6. 功能滑键　7. 空调控制板　8. 仪表板　9. 鼓风机开关手柄

10. 螺钉　11. 功能滑键手柄　12. 温度滑键手柄

34. 怎样拆卸暖风分配箱？

如图 9-37 所示，从发动机舱后隔板 20 上，取下热交换器连接支管 4，旋下螺钉 15，取下地板风道 16。旋下螺母 17、18、19，在组装状态下，拆出暖风分配箱 9、出风口 10、11、13、14 及带连接拉索的调节器 8。

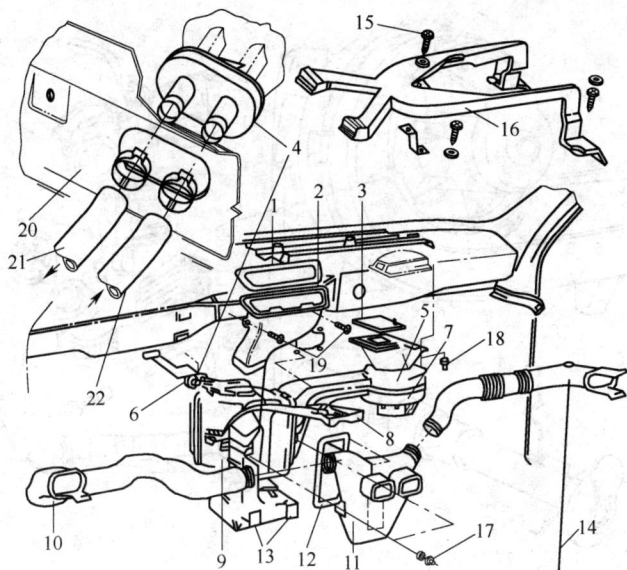

图 9-37　暖风分配箱的拆卸

1. 密封垫　2. 车窗除霜出风风道　3. 密封垫　4. 热交换器连接支管
5. 风道　6. 密封垫　7. 新鲜空气鼓风机　8. 暖风和新鲜空气调节器
9. 暖风分配箱　10. 左风道　11. 左、中、右出风口空气分配　12. 密封垫
13. 下出风口　14. 右风道　15. 螺钉　16. 地板风道　17、18、19. 螺母
20. 发动机舱后隔板　21. 出水口　22. 进水口

35. 怎样拆卸鼓风机？

如图 9-38，从暖风分配箱（图 9-37 件 9）上拆下蒸发器前壳体 1 和后壳体 4，从蒸发器壳体上拆下新鲜空气进风道 8，从新鲜空

气进风道8上拆下新鲜空气与循环空气真空阀12。旋下螺钉18,取下鼓风机壳体13。分开蒸发器前壳体1和后壳体4,取出蒸发器14、蒸发器温度开关(E33)11。拆下鼓风机(V2)15时要小心拆下支撑簧片17,并按箭头方向旋转新鲜鼓风机15,用内六角扳手(M14)19,旋转45°后拔出。

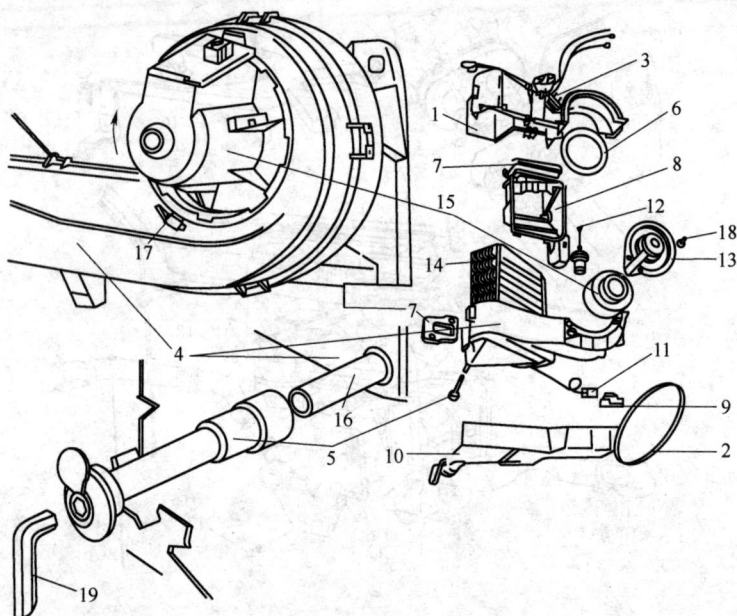

图9-38　鼓风机的拆卸

1. 蒸发器前壳体　2. 紧固带　3. 鼓风机串联电阻(N23)　4. 蒸发器后壳体
5. 放水阀　6. 吸气环　7. 防水密封垫　8. 新鲜空气进风道　9. 帽　10. 盖板
11. 蒸发器温度开关(E33)　12. 新鲜空气与循环空气真空阀　13. 鼓风机壳体
14. 蒸发器　15. 鼓风机(V2)　16. 装放水阀的凸台　17. 支撑簧片　18. 螺钉
19. 内六角扳手(M14)

36. 怎样拆卸热交换器?

如图9-39所示,拉开热交换器4的支撑簧片,旋下螺钉22,取出热交换器 4。摘下温度门拉索 13、中央风门拉索 18、下出风口及除霜门拉索 21 后,拆下温度风门手柄 9、中央风门手柄 10、下出风口与除霜门手柄 11。旋下螺钉 23,分开暖风分配箱上、下壳体 8 和 7,取出温度风门 2、中央风门 5 和下出风口与除霜控制风门 6。

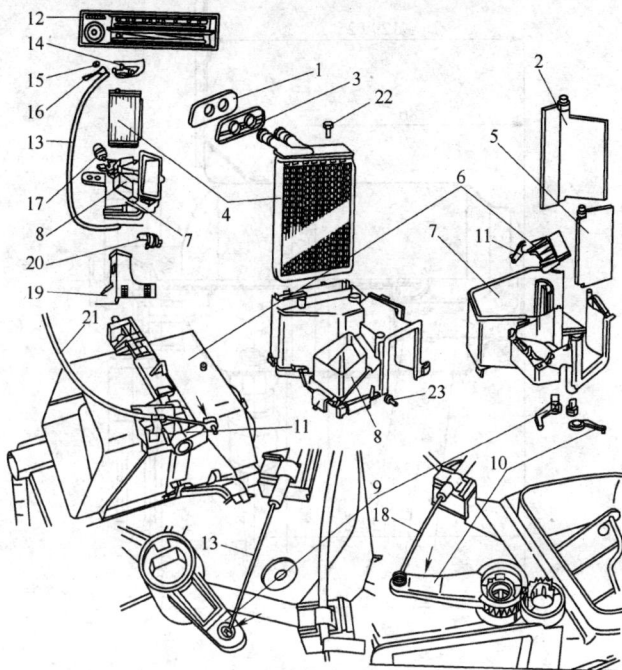

图 9-39　热交换器的拆卸

1. 密封垫　2. 温度风门　3. 热交换器护板　4. 热交换器

5. 用手中、侧出风口的中央风门　6. 下出风口与除霜控制风门

7. 暖风分配箱下壳体　8. 暖风分配箱上壳体　9. 温度风门手柄

10. 中央风门手柄　11. 下出风口与除霜门手柄　12. 空调控制板

13. 温度门拉索(蓝色)　14. 空调装置调节控制器　15. 鼓风机开关(E9)

16. 真空软管　17. 下出风口及除霜门真空阀　18. 中央风门拉索(黑色长)

19. 下出风口　20. 中央风门双真空阀　21. 下出风口及除霜门拉索(黑色短)

22. 螺钉　23. 螺钉

37. 怎样拆卸储液器?

如图 9-40 所示,拆下的储液器应在出入口塞上保护塞,以免干燥剂 6 吸入水分。

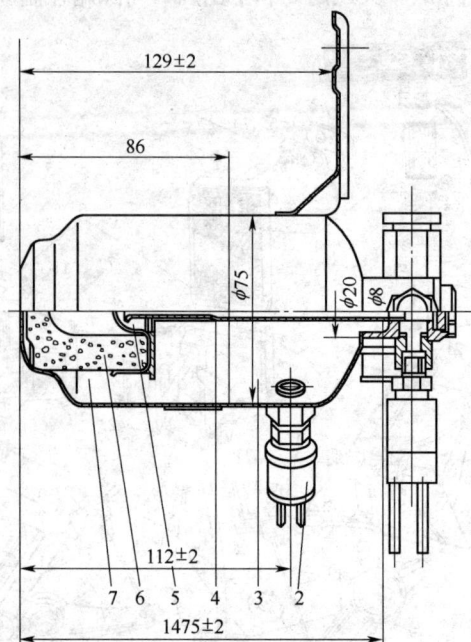

图 9-40 多用储液器的拆卸
1. 高压开关 2. 低压开关 3. 上体 4. 输液管
5. 滤网 6. 干燥剂 7. 下体

38. 怎样分解压缩机?

压缩机的分解,如图 9-41 所示。

(1)电磁离合器前板固定螺母的拆卸。如图 9-42 所示,用专用工具 1 上的两个柱销插入电磁离合器前板 2 上的任意两个螺孔内,固定住离合器前板 2,用扳手 3 旋下前板固定螺母 4。

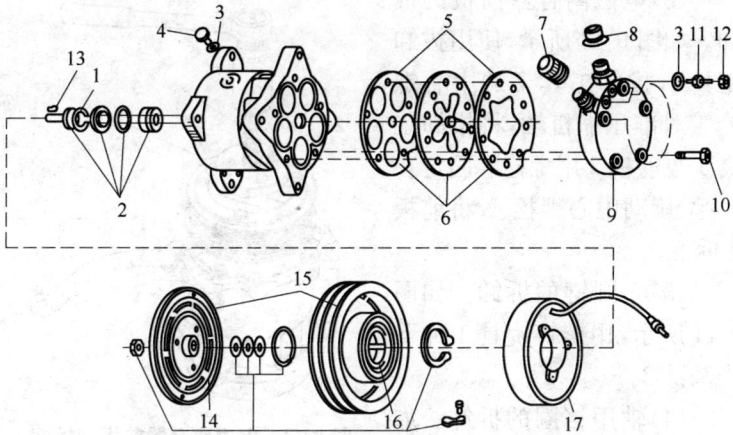

图 9-41　压缩机分解图

1. 孔用弹性挡圈　2. 带毡环密封组件　3. 用于加油塞和维修气口的 O 形圈

4. 加油塞　5. 缸盖和阀板垫片　6. 带垫片的阀板组件　7. 吸气口护帽

8. 排气口护帽　9. 缸盖　10. 缸盖螺钉　11. 维修气口

12. 维修气口帽盖　13. 轴键　14. 离合器　15. 皮带轮　16. 轴承　17. 磁力线圈

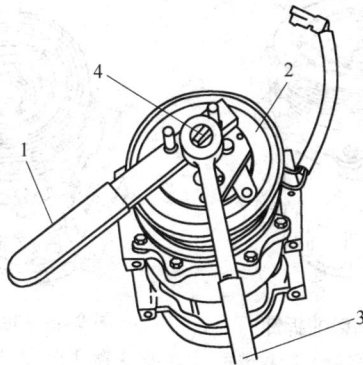

图 9-42　电磁离合器前板固定螺母的拆卸

1. 专用工具　2. 电磁离合器前板　3. 扳手　4. 螺母

(2)电磁离合器前板的拆卸。如图 9-43 所示,使用拔卸工具 1,拔卸工具 1 的中心螺栓 4 对准压缩机轴,将拔卸工具 1 与前板 2 用螺栓 3 固定在一起,旋动中心螺栓 4,将前板 2 拆下。

(3)半圆键的拆卸。如图 9-44 所示,用螺钉旋具 1 冲下半圆键 2。

(4)轴用挡圈的拆卸。如图 9-45 所示,用尖嘴钳子 1 拆下轴用挡圈 2。

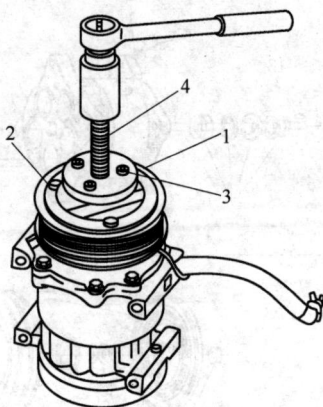

图 9-43　电磁离合器前板的拆卸
1. 拔卸工具　2. 前板　3. 螺栓
4. 拔卸工具的中心螺栓

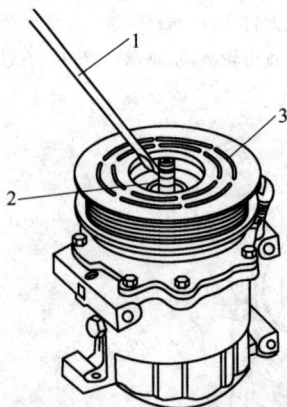

图 9-44　半圆键的拆卸
1. 螺钉旋具　2. 半圆键　3. 权带轮

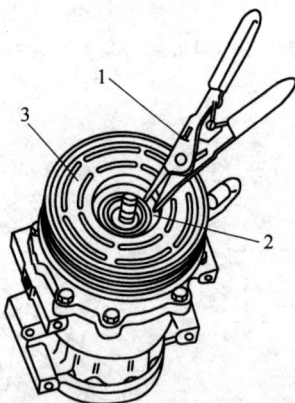

图 9-45　轴用挡圈的拆卸
1. 尖嘴钳子　2. 轴用挡圈　3. 皮带轮

(5)皮带轮的拆卸。如图 9-46 所示,将皮带轮拆卸工具的夹爪 1 放入皮带轮 2 内孔的槽中,再用护轴器 3 套在压缩机轴上,在

夹爪1上装上拔卸器4,用螺栓5将两者固定在一起,让拔卸器4
的中心螺栓5顶住护轴器3,用扳手6旋动中心螺栓5,从压缩机
前缸盖上拆下皮带轮2。

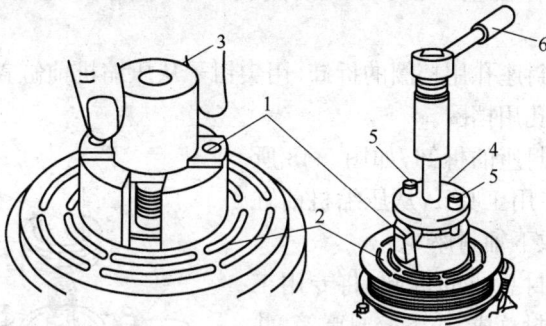

图9-46　皮带轮的拆卸

1. 夹爪　2. 皮带轮　3. 护轴器　4. 拔卸器　5. 螺栓　6. 扳手

(6)电磁线圈的拆卸。如图9-47所示,松开电磁线圈1的引
线5的夹子2,用尖嘴钳子3拆下轴用挡圈4,取下电磁线圈1。

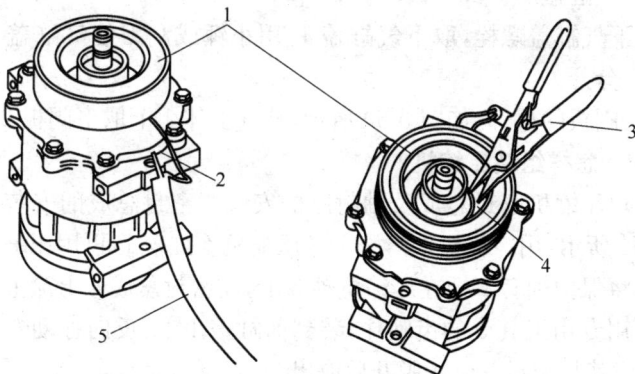

图9-47　电磁线圈的拆卸

1. 电磁线圈　2. 引线夹子　3. 尖嘴钳子　4. 轴用挡圈　5. 引线

(7)压缩机轴封的拆卸。

①毡环的拆卸,用尖嘴钳子的头部插进毡环从金属保持器的2个孔中,提出毡环。

②离合器垫片的拆卸,使用钩子和小旋具,取下离合器垫片。

③轴封座孔用挡圈的拆卸,用尖钳子从压缩机前缸盖上取出轴封座的孔用挡圈。

④轴封座的拆卸,如图9-48所示,使用专用工具1,从压缩机前缸盖2上,取下轴封座3。

⑤密封总成的拆卸,将专用工具插入密封总成,压下密封弹簧,并拧转工具,直到与密封架上的槽口啮上,用工具从前缸盖上提出密封总成。

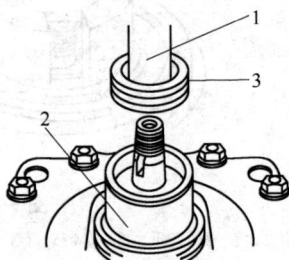

图9-48　轴封座的拆卸
1. 专用工具　2. 前缸盖　3. 轴封座

(8)气缸盖及阀板的拆卸。

①气缸盖的拆卸,如图9-49所示,旋下气缸盖螺栓,取下气缸盖1,用小锤或刮刀使气缸盖1与阀板2分开。

②阀板的拆卸,如图9-50所示,从气缸体1上取下阀板2。

39. 怎样组装压缩机?

(1)压缩机密封总成及轴封座的安装。密封总成的安装。如图9-51所示,用冷冻机油清洗干净压缩机前缸盖1,再用压缩空气吹干,将保护轴套2插在压缩机轴3上,在密封总成4上涂上压缩机油,用专用工具5的齿啮住,装到前缸盖1上,反向拧动专用工具5,使其与密封总成4脱开后取出。

轴封座的安装。如图9-52所示,在轴封座1上涂上干净的压缩机油,在装入O形圈6后,用工具2压入压缩机前缸盖3上与密封总成接触后,装上孔用挡圈4。

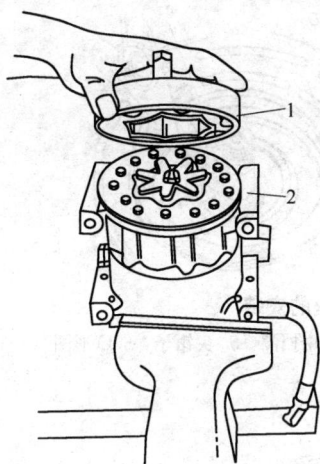

图 9-49　气缸盖的拆卸

1. 气缸盖　2. 阀板

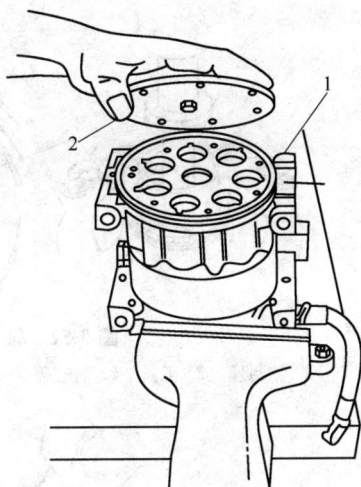

图 9-50　阀板的拆卸

1. 气缸体　2. 阀板

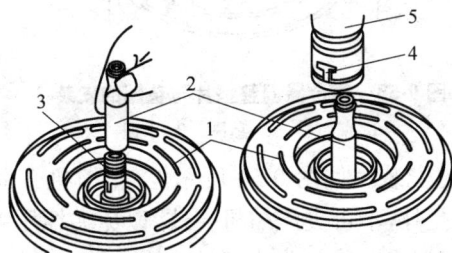

图 9-51　密封总成的安装

1. 前缸盖　2. 保护轴套　3. 压缩机轴　4. 密封总成　5. 专用工具

　　离合器调整垫片与毡圈的安装。如图 9-53 所示,在前缸盖 1 上装上离合器调整片后,装上新毡圈 2,用木槌 3 垂直敲入。

　　(2)电磁离合器的安装。

　　①电磁线圈的安装。如图 9-47 所示,装上电磁线圈 1,用轴用挡圈 4 固定住,线圈引线 5 用夹子 2 固定住。

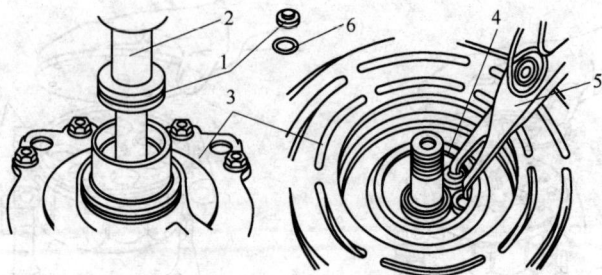

图 9-52　轴封座的安装

1. 轴封座　2. 工具　3. 前缸盖　4. 孔用挡圈　5. 尖钳子　6. O形圈

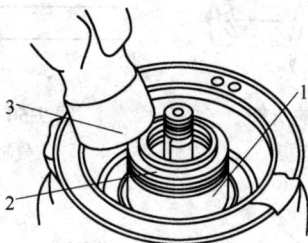

图 9-53　离合器调整垫片与毡圈的安装

1. 前缸盖　2. 毡圈　3. 木槌

②皮带轮的安装。如图 9-54 所示,将压缩机 1 固定在台钳上,只能夹安装孔耳,不可夹压缩机壳体,以免夹坏压缩机。将皮带轮 2 对准压缩机前缸盖 3,先将工具 4 的圆环 5 放入皮带轮 2 的轴承腔,使圆环 5 的外缘与轴承的内圈接触上,打入工具 4,防止歪斜直到将皮带轮 2 压到位后,再装上轴用挡圈 6。

③前板的安装。如图 9-55 所示,在装上离合器垫片、半圆键后,对准压缩机轴键,装上护轴套 1,将前板 2 敲到轴上,直到接触到离合器垫片为止。旋上螺母 3(力矩 37N·m),用塞尺 4 检查前板 2 与皮带轮 5 的间隙,应在 0.45～0.75mm,若达不到,应用离合器垫片调整。

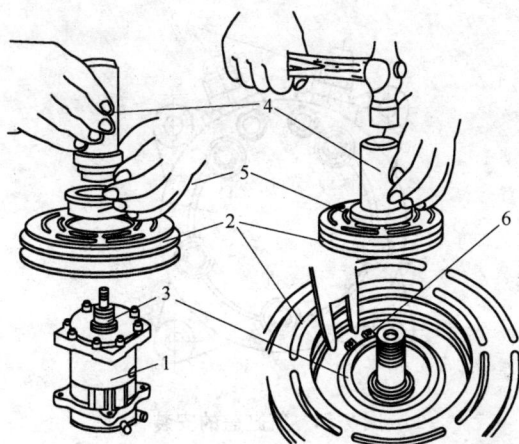

图 9-54 皮带轮的安装

1. 压缩机壳体 2. 皮带轮 3. 前缸盖
4. 工具 5. 工具的圆环 6. 轴用挡圈

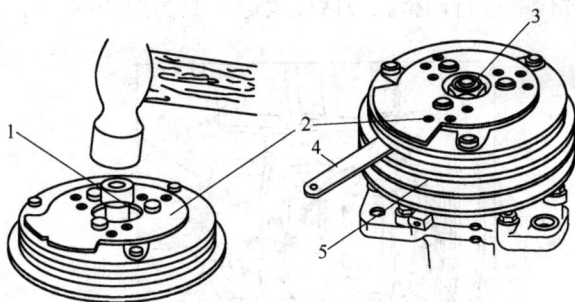

图 9-55 前板的安装

1. 护轴套 2. 前板 3. 螺母 4. 塞尺 5. 皮带轮

(3)气缸盖的安装。如图 9-56 所示,使用新的密封垫,在密封垫上涂上压缩机油,装上阀板时要与气缸体上定位销孔、油孔对正,最后装上气缸盖 1,按图示顺序旋紧螺栓(力矩 33N·m),旋上吸、排气软管接头 2(力矩 27N·m)。

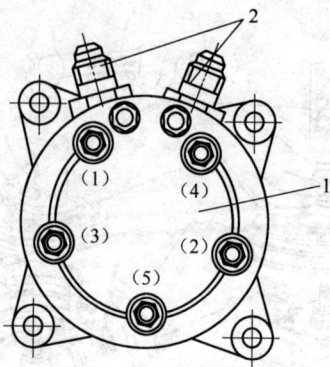

图 9-56 气缸盖的安装
1. 气缸盖 2. 吸、排气软管接头

40. 怎样安装压缩机?

如图 9-57 所示,将压缩机 3 装到发动机上。装上传动皮带 4,调整传动皮带 4 的挠度,当施加 50N 的力时,挠度应为 5~10mm。可用调整螺栓 2 进行调整。最后旋紧螺栓 1(力矩 35N·m)。

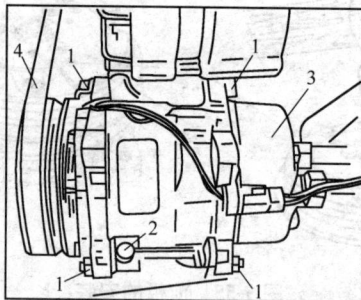

图 9-57 压缩机的安装
1. 螺栓 2. 调整螺钉 3. 压缩机 4. 传动皮带

41. 怎样安装蒸发器与鼓风机?

如图 9-38 所示,蒸发器温度开关(E33)11 的传感器插入深度为 330mm,放水阀 5 安装时应向下倾斜,新鲜空气与循环空气的真空阀 12 当在新鲜空气通道开起状态下,拉杆插入深度为 68mm。安装新鲜空气鼓风机壳体 13 时,注意标志(＋/－),配合表面用硅橡胶树脂涂抹。

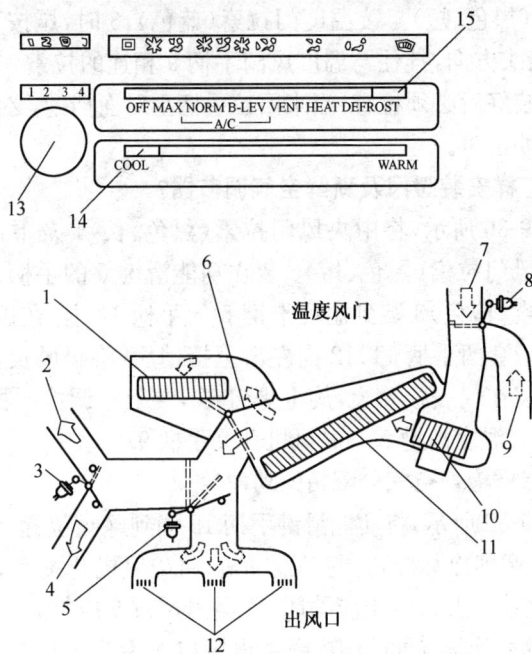

图 9-58 空气分配箱功能的检查

1. 热交换器 2. 除霜出风口 3. 除霜与下出风口真空阀 4. 下出风口
5. 中央风门双向真空阀 6. 温度风门 7. 新鲜空气进口
8. 新鲜空气与循环空气真空阀 9. 循环空气进口 10. 新鲜空气鼓风机
11. 蒸发器 12. 中央出风口 13. 鼓风机开关手柄 14. 温度滑键 15. 功能滑键

42. 怎样安装暖气分配箱?

如图 9-39 所示,安装热交换器 4 时,若簧片不能进入热交换器4的孔中,可用两个板式螺钉22将交换器4拧紧在壳体上。将中央风门拉索(黑色长拉索)18装在中央风门手柄10上时,按箭头方向,压按手柄10,挂住与中央风门手柄相连的拉索18(黑色、长)。安装出风口与除霜控制风拉索(黑色、短)21时,按箭头方向,压按手柄11的同时,挂住与下出风口与除霜控制手柄11相连的接索21(黑色、短)。装温度门拉索(蓝色)13时,压按手柄9的同时,按箭头方向,挂住与温度风门手柄9相连的拉索13(蓝色)。所有风门装好后必须检查:当来回拉手柄至对面挡销,必须能听到有风门的冲击声。

43. 怎样安装暖风及新鲜空气调节器?

如图9-36所示,将中央风门拉索(黑色、长)1及下出风口与除霜控制风门拉索(黑色、短)2装在功能滑键6的手柄11上,将温度门拉索(蓝色)3装到温度滑键5的手柄12上,在挡销处(箭头),紧固护套两手柄11、12向左滑至挡销后,将暖风及新鲜空气调节器4装在仪表板8上,旋上螺钉10,装上空调控制板7,装上功能滑键6、温度滑键5和鼓风机开关手柄9。

44. 怎样检查空气分配箱的功能?

如图9-58所示,将功能滑键手柄15调到除霜位置,将温度滑键手柄14调到冷却位置,起动发动机,将鼓风机开关手柄13以4挡运转,此时下出风口4应关闭,除霜出风口2应打开,温度风门6应关闭热交换器1的信道,中央出风口也为关闭状态。继续调整功能滑键的位置时,各出风口的状态应满足要求,否则应调整各风门拉索的位置,若使用真空阀开起风门时,应按图9-58检查风门真空阀在功能滑键各挡位置时的真空或通气状态。

45. 怎样检查暖风?

如图9-59所示,将功能滑键1调到"HEAT"(加热)位置将温度滑键2调到"WARM"(温暖)位置,将鼓风机开关手柄3放在4挡位置上,起动发动机,当左右移动温度滑键2到两端时可听见温度风门4有双向冲击声,必要时调整开关行程。当移动温度滑键

2 至冷风位置时,不能加热空气,否则表示温度风门不能关闭热交换器通道,调整温度风门拉索。

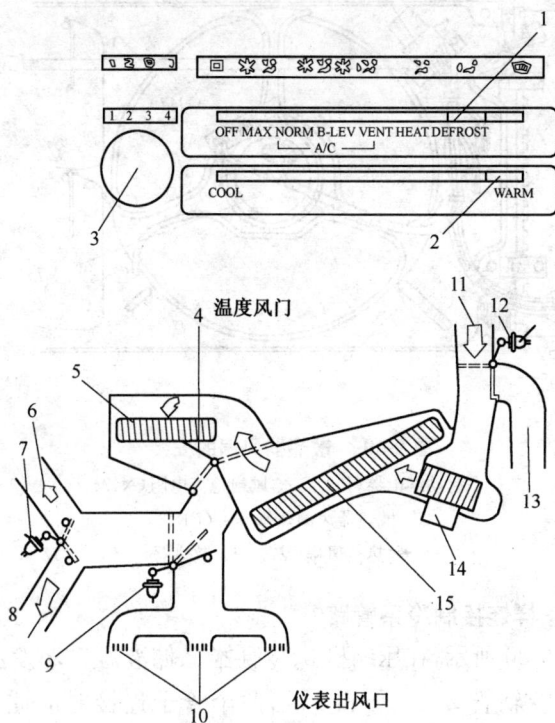

图 9-59 暖风状态的检查

1. 功能滑键 2. 温度滑键 3. 鼓风机开关手柄 4. 温度风门
5. 热交换器 6. 除霜出风口 7. 下出风口与除霜出风口真空阀
8. 下出风口 9. 中央出风口真空阀 10. 中央出风口 11. 蒸发器
12. 新鲜空气循环空气真空阀 13. 循环空气进口 14. 鼓风机 15. 新鲜空气进口

46. 怎样安装散热器风扇?

如图 9-60 所示,在散热器 5 上旋上散热器风扇热敏开关(F18)3(力矩 15N·m),装上起动继电器(J69)1,在散热器风扇(V7)4 上装上风扇稳流电阻(N47)2。

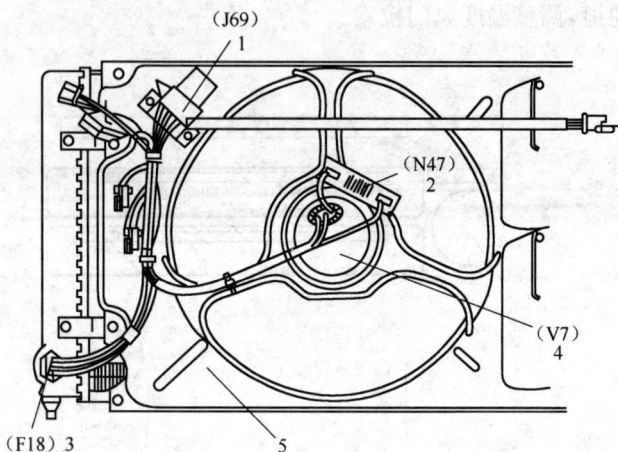

图 9-60　散热器风扇的安装

1. 起动继电器(J69)　2. 风扇稳流电阻(N47)

3. 散热器风扇热敏开关(F18)

4. 散热器风扇(V7)　5. 散热器

47. 怎样连接制冷系管路?

如图 9-30 所示,在压缩机 3、冷凝器 5、储液器 7、蒸发器 12 之间接上制冷软管 2、6、10 和 1,当两个管子连接时应注意以下事项:

如图 9-61 所示,在有凸起的管子 2 上应装上 O 形圈 1 并使 O 形圈 1 靠近凸起部,当管接头 3 旋入螺母 4 中时,要注意 O 形圈 1 应在管接头 3 与凸起之间,管接头 3 不应使管子外部造成损伤 5。旋紧螺母 4 时必须使用两个扳手,如图 9-32 所示。

如图 9-62 所示,管子连接有三种情况:硬管与硬管连接;软管与软管连接;软管与硬管连接,管接头 1 和螺母 2 的旋紧力矩应符合表 9-3 的要求。

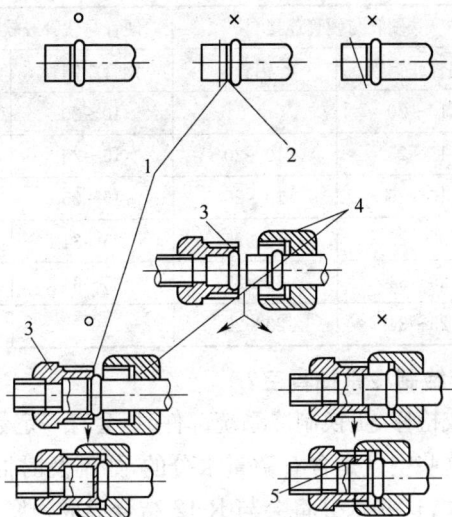

图 9-61　管子的连接

1. O 形圈　2. 有凸起的管子　3. 管接头

4. 螺母　5. 损伤处

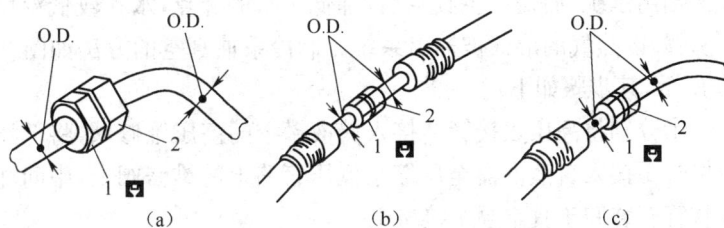

图 9-62　管子连接的旋紧力矩

OD 管子外径　（a）硬管与硬管连接　（b）软管与软管连接

（c）软管与硬管连接

1. 管接头　2. 螺母

表 9-3　制冷系管子连接扭矩　　　　(N·m)

管子外径 (O.D.)	硬管与硬管连接		硬管与软管或软管与软管连接	
	钢管或铜管	铝管	钢管或铜管	铝管
6	10~20		10~20	
8	15~25	10~20	15~25	10~20
10	15~25	10~20	15~25	10~20
12	20~29	15~25	25~34	20~30
16	25~34	20~29	25~34	20~30
19	25~34	20~29		

48. 怎样给制冷系抽真空?

在安装或检修、更换制冷系统部件时,会有一定数量的空气进入系统中。这些空气是含有微量水分的,如不及时抽真空将水分从系统中除去,这些水分将会与 R-12 结合形成强腐蚀性物质,损害制冷系统。此外,这些水还可能在膨胀阀的通道上结冰,这不仅会妨碍制冷剂的流动,降低制冷效果,严重时,还会导致冷凝器压力急剧升高,造成系统管道的爆裂。因此在安装、检修后或在系统未注入制冷剂之前,都应对系统进行抽真空。抽真空并不能把水直接抽出系统,而是产生真空后,降低了水的沸点,水在较低温度下沸腾,以蒸气的形式被抽出系统。制冷系抽真空的方法如图 9-63 所示,其步骤如下:

①分别将高压表接管 2 接入储液罐上的高压维修阀,将低压表接管 1 接入自蒸发器至压缩泵低压管路上的维修阀上,中间注入软管安装腔于真空泵 7 接口上。

②起动真空泵 7,打开高、低压压力表的手动阀 5 和 6。

③系统抽真空,使真空度达 105Pa(低压表 3 指示)。抽真空时间 5~10min,若达不到该真空值,应关闭高、低压两侧手动阀 5 和 6,停止抽真空,检查泄漏处。

④关闭高、低压压力表的手动阀 5 和 6。

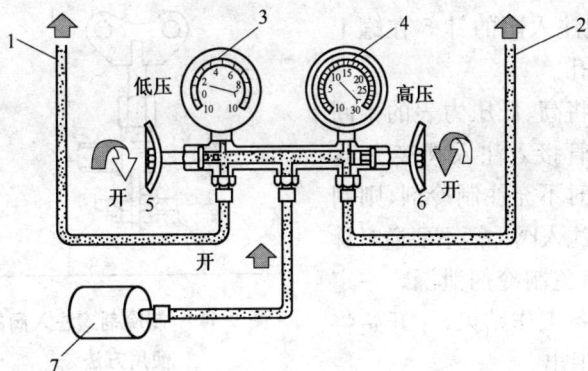

图 9-63　制冷系的抽真空
1. 接低压维修阀的接管　2. 接高压维修阀的接管　3. 低压表
4. 高压表　5. 低压手动阀　6. 高压手动阀　7. 真空泵

⑤静止 5min,观察压力表 3 指示。若真空度下降,则表明有渗漏处,应排除之,可用检漏仪查找泄漏处。若系统正常,可继续下面步骤。

⑥继续抽真空 20~25min。

⑦关闭高低压压力表的两个手动阀 5 和 6,停止抽真空。从真空泵 7 的接口拆下中间注入软管,抽真空结束,准备充注制冷剂。

49. 怎样灌注制冷剂?

(1)制冷剂罐注入阀使用方法如图 9-64 所示,其步骤如下:

①将制冷剂罐注入阀手柄 1 逆时针旋转,直至阀针 5 完全缩回为止。

②逆时针方向旋转板状螺母(圆盘)3,使其升到最高位置。

③让制冷剂罐注入阀 2 的板状螺母与制冷剂罐螺栓结合,使注入阀 2 固定在制冷剂罐上。

④顺时针方向用手充分拧紧制冷剂罐注入阀 2 的板状螺母 3。

⑤顺时针旋转注入阀手柄1,使注入阀的针5在罐上打开小孔。

⑥将高、低压力表的中间注入软管接入注入阀接头4,如果一时不充注制冷剂,则制冷剂罐注入阀手柄不要逆时针退出,以免制冷剂泄漏。一定要到准备工作结束,才开始将顶针5退出。

(2)制冷剂的灌注方法如图9-65所示,其步骤如下:

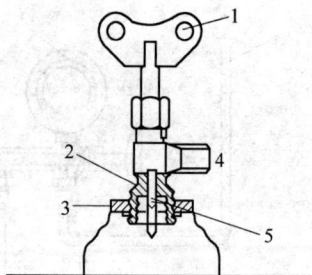

图 9-64　制冷剂罐注入阀的使用方法

1. 手柄　2. 制冷剂罐注入阀
3. 板状螺母　4. 注入阀接头　5. 阀针

①确认无渗漏之后,将制冷剂罐注入阀2连接在制冷剂罐1上。

②将高、低压力表的中间注入软管安装在注入阀2的接口上,然后顺时针拧紧注入阀2的手柄,使注入阀上的顶针在制冷剂罐1上顶开一小孔。

③逆时针旋松注入阀2手柄,使顶针退出,制冷剂进入中间注入软管,这时不能开低压手动阀3和高压手动阀4。

④拧松高低压组合表中间管的螺母,当看到白色制冷剂气体外溢并听到嘶嘶声,排出中间管的空气后,再旋紧中间管螺母。

⑤如图9-65a旋开高压手动阀4,此时可将制冷剂罐1倒立,使制冷剂以液态注入制冷系统,此时切忌打开空调系统,以防止反倒灌,每次应灌入制冷剂200g以上。加注后用手转动压缩机若干次。

⑥如图9-65b关上高压手动阀4,打开低压手动阀3,让制冷剂以气态形式进入制冷系,从低压手动阀3注入的制冷剂必须是气态,若为液态,会对压缩机造成液击现象,损坏压缩机。控制低压表在$2.8×10^5$Pa以下。

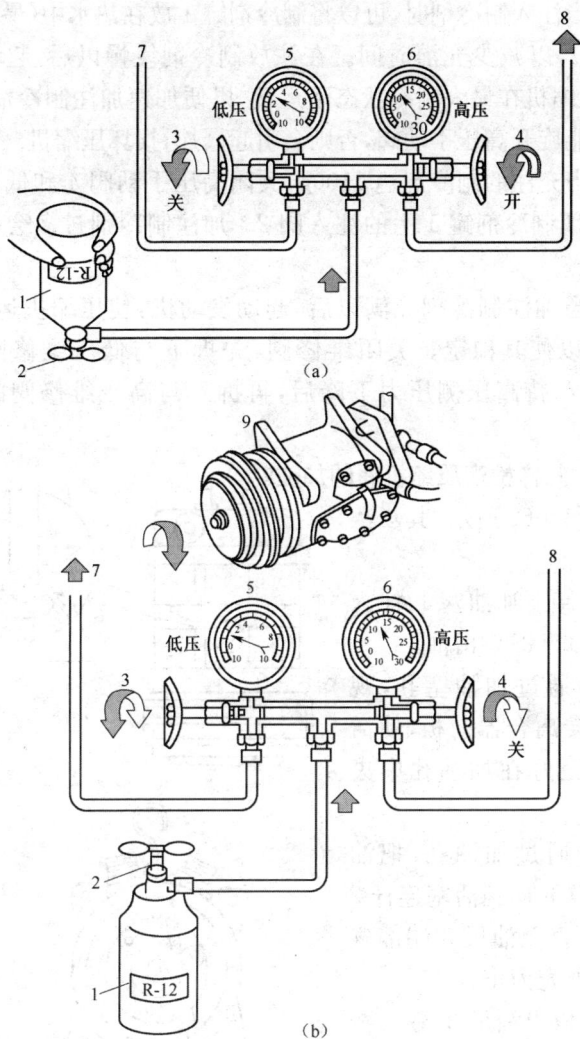

（a）

（b）

图 9-65　制冷剂的灌注

1. 制冷剂罐　2. 注入阀　3. 低压手动阀　4. 高压手动阀　5. 低压表
6. 高压表　7. 接低压维修阀软管　8. 接高压维修阀软管　9. 压缩机

⑦当注入制冷剂时,可以将制冷剂罐1放在热水中(最高温度为52℃),以减少充灌时间。在注放制冷剂缓慢以后,起动发动机,使压缩机在最大制冷状态下运转,以便加速加注制冷剂,此时绝对不能旋开高压手动阀,否则会引起爆炸,损坏压缩机。

⑧当充注的制冷剂达1100g,关闭高压手动阀4和低压手动阀3,关闭制冷剂罐1上的注入阀2。加注制冷剂过多会使压力过高。

⑨当加注制冷剂充满以后,起动发动机,使压缩机运转5～10min,以使其稳定。关闭维修阀,先拆下与低压维修阀的连接软管7,待高压侧压力下降后,再拆下与高压维修阀的连接软管8。

50. 怎样检查压缩机油的加注?

如图9-66所示,其步骤如下:

(1)卸下加油塞1,注入SUNISO 5GS润滑油。

(2)通过加油塞孔,观看并旋转离合器前板,使活塞连杆正好在加油孔中央位置。

(3)通过加油孔,把油位指示器3插到活塞连杆2的右边,直至油尺3端部碰到压缩外壳为止。

(4)取出油尺3,数一数润滑油所覆盖的刻度(沟纹)数,当加油合适时,压缩机内油面应在油尺的4～6格之间。

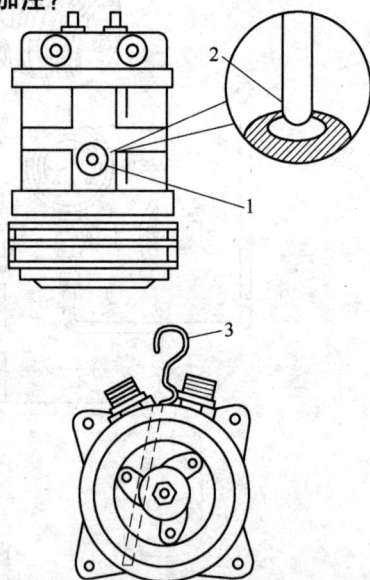

图9-66　压缩机油的加注与检查
1. 加油塞　2. 活塞连杆
3. 油位指示器(油尺)

51. 怎样检查制冷管路泄漏?

用卤素检查制冷管路的泄漏。如图 9-67 所示,卤素检漏灯为一丙烷燃烧喷灯,转动调整柄 14,使丙烷从丙烷槽 16 的喷孔 10 喷出,与泄漏的制冷剂从吸入管 3 吸入后相遇,在点火机 9 的孔内点燃,喷灯的火焰根据泄漏的多少改变颜色。用调整柄 14 将火焰调整得尽量小一些,火焰愈小对制冷剂漏气愈灵敏。把吸入管 3 放在检漏部位,当使用酒精时,火焰颜色浅绿色时为少量泄漏,深绿色时为大量泄漏;当使用丙烷时,火焰颜色浅蓝色时为少量泄漏,紫色时为大量泄漏。

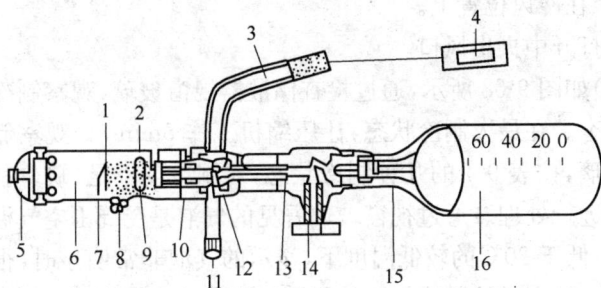

图 9-67　用卤素检漏灯检查制冷管路泄漏

1. 焰的上限　2. 焰的下限　3. 吸入管　4. 粗滤器　5. 盖　6. 焰筒
7. 焰环　8. 焰环螺钉　9. 点火机　10. 喷孔　11. 座　12. 喷嘴
13. 阀体　14. 阀调整柄　15. 史拉特阀　16. 丙烷槽

用电子测漏仪检查制冷管路的泄漏。将电子测漏仪电源插头插在电源上,将测头放在距测试点 3mm 处缓慢移动(30mm/s),若发生感应现象,说明该处有泄漏。若制冷管路的管接头有泄漏应更换 O 形圈。

52. 怎样试验空调的性能?

(1)检验条件:

①冷凝器和散热器干净,必要时应喷洗清洁。

②正确调整温度风门行程。

③冷凝器和散热器导气管布置整齐。

④蒸发器的壳内不能吸入空气。

⑤试验(检查)和测量工作其间,汽车不能放在太阳照射的户外。

⑥低压开关(F73)应能控制电磁离合器的电压,否则应把车辆开到空调定点维修服务站检查维修。

(2)各开关调整位置:

①新鲜空气鼓风机为4挡。

②上操纵开关(功能滑键)在最大制冷位置上;下操纵开关(温度滑键)在冷风位置上。

③打开中央出风口。

(3)如图9-68所示,通过检查储液器视窗玻璃,观察制冷剂的工作状态。在最大制冷状态,让压缩机工作5min后,观察储液器视窗玻璃,按表9-4的几种制冷状态,对制冷剂不足、缺少和过多的情况进行处理。通过视窗玻璃看见的气泡是受周围空气温度影响的,在低于20℃的较低温度下,显示的气泡非常明显时,很有可能需加注较大量的制冷剂。如果按照视窗玻璃加注制冷剂,当气

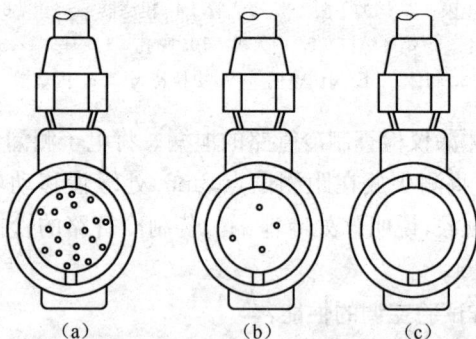

(a)　　　　(b)　　　　(c)

图9-68　储液器视窗玻璃观察图

(a)几乎没有制冷剂　(b)制冷剂不足　(c)制冷剂合适或过多

温超过 20℃时,需要再检查(因在较高温度下气泡容易显出)。当干燥滤网被阻塞时,即使在冷媒数量正常的情况下,气泡会出现,这是因为干燥滤网的出口管路变得非常冷的缘故。

表 9-4 通过检查储液器玻璃观察制冷剂的工作状态

制冷剂数量 检查项目	几乎没有	不 足	合 适	过 多
高压和低压管路的温度	在高压和低压之间温度几乎没有差别	高压边温暖,低压边较冷	高压边热,低压边冷	高压边异常热
观察玻璃内的状态	气泡连续不断地流动,气泡将消失或类似轻雾流动,那么,冷媒几乎没有了。如图 9-68a 所示	气泡在 1~2s 时间间隔内屡次出现,如图 9-68b 所示	在发动机转速增高或降低时,几乎半透明的气泡可能出现,在这两种状况之间,不存在明显差异,如图 9-68c 所示	看不见气泡
冷却系统的压力	高压边异常低	高压和低压的压力稍微低	高压和低压的压力正常	高压和低压的压力异常高
修理	立即停止压缩机工作并实施全面检查	检查气体的泄漏,按需进行修理,并加足冷媒		从低压侧的辅助阀排放冷媒

53. 怎样检查压缩机?

(1)阀板的检查。如图 9-69 所示,在阀板 1 上装有吸气阀与排气阀,检查阀片与阀板的平整与密封性,清理干净阀板 1 的密封材料。更换新的密封垫 2 及 3。

(2)电磁线圈的检查。如图 9-70 所示,在电磁线圈 1 上接上蓄电池 2 和电流表 3,当合上开关 4 时,电流应在 3.6~4.2A,否则表示电磁线圈短路或断路,应更换。

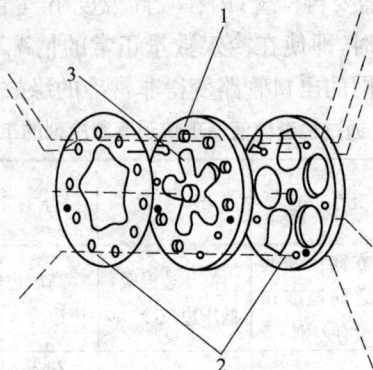

图 9-69　阀板的检查

1. 阀板　2、3. 密封垫

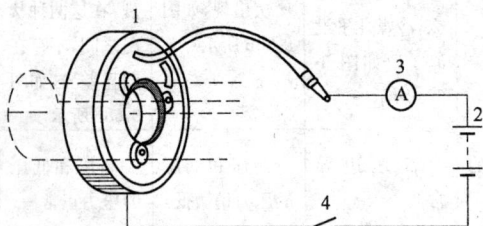

图 9-70　电磁线圈的检查

1. 电磁线圈　2. 蓄电池　3. 电流表　4. 开关

(3)密封总成与轴封座的检查。检查密封总成的接触面的磨损与损坏情况,检查轴封座与密封总成接触面的磨损与损坏情况,检查轴封座与 O 形圈接触面 4 的磨损与损坏情况。

(4)前板的检查。检查前板与皮带轮的接触面的烧蚀、损坏与磨损情况,若引起打滑严重时应更换。

(5)皮带轮的检查。检查皮带轮与前板的接触面的烧蚀、损坏与磨损情况,若引起打滑时应更换。

54. 怎样检查制冷系?

(1)冷凝器的检查。冷凝器外表面应保持清洁,不要使用高压水冲洗,以免使散热片翘曲。检查冷凝器有无泄漏,若补焊时,要使用氩弧焊,补焊前要放尽冷凝器中的制冷剂。

(2)储液器的检查。如图 9-40 所示,若发现蒸发器有结冰时,应更换储液器中的干燥剂 6,检查滤网 5 的损坏情况。

(3)高压开关与低压开关的检查。如图 9-71 所示,在高低压复合表 4 上接上手动压力泵 1、低压开关 3(接在低压端)、高压开关 2(接在高压端)。当压力达到 300kPa,低压开关 3 上的电路应开始闭合(电阻为 0);当压力超过$(15.8\pm1.7)\times10^5$Pa 时,高压开关 2 上的电路应开始闭合(电阻为 0);当压力降至$(13.35\pm1.7)\times10^5$Pa 时,高压开关 2 上的电路应断开;当压力降至 200kPa 时低压开关 3 的电路应断开。

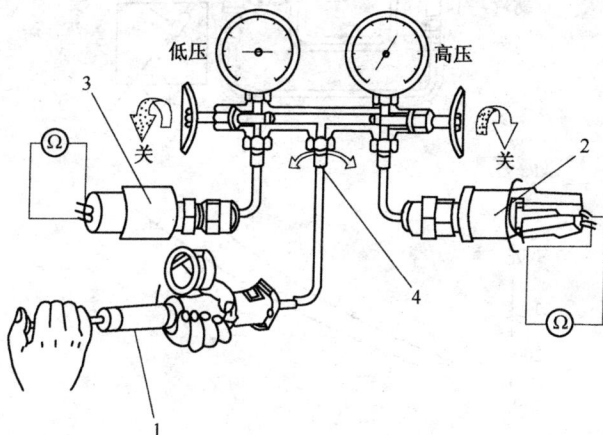

图 9-71　高压开关与低压开关的检查
1. 手动压力泵　2. 高压开关　3. 低压开关　4. 高低压复合表

(4)检查所有制冷系的软管是否损坏。当导致泄漏时,均应更换。

(5)蒸发器的检查。如图 9-38 所示,蒸发器 14 的表面应清理干净,清理时不要损坏温度开关的感温毛细管,出水阀 5 要保持畅通。绝不要用水清洗内部。

(6)膨胀阀的检查。如图 9-72 所示,将膨胀阀 2 装在高压与低压复合表 1 上,并注入制冷剂 3。将膨胀阀 2 的毛细管 4 放入水箱 5 中,打开高压端手柄(H1),使高压表指针在 490kPa 上,使制冷剂通过膨胀阀 2 变为气体排出,观察水温的变化(横坐标)与高压表上的读数(纵坐标)。两数值的交点应落在图 9-72b 的两曲线之间,否则应更换膨胀阀。

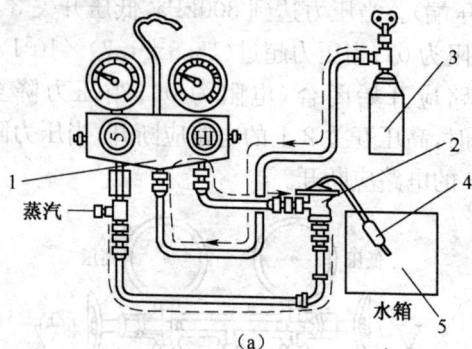

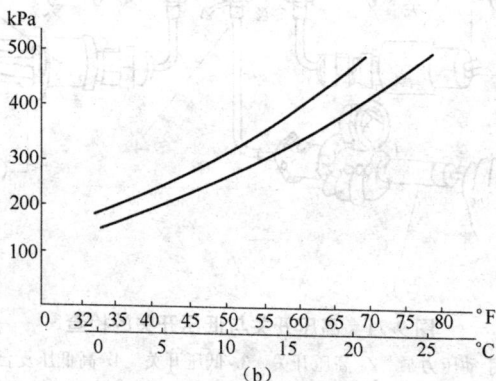

图 9-72　膨胀阀的检查
1. 高压与低压复合表　2. 膨胀阀　3. 制冷剂　4. 感温毛细管　5. 水箱
(a)膨胀阀测试图　(b)水温与高压表压力的关系图

(7)蒸发器温度开关的检查。如图 9-73 所示,将蒸发器温度开关的毛细管放在有冰块的水箱 3 中,用电阻计 2 测量。当水温低于0℃时,蒸发器温度开关1的电路应断开,当水温高于2℃时,蒸发器温度开关1的电路应接通。

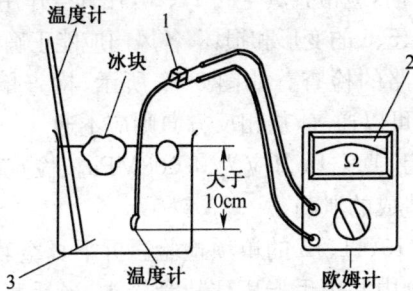

图9-73 蒸发器温度开关的检查

1. 蒸发器温度开关 2. 电阻计 3. 水箱

55. 怎样检查采暖与通风系?

(1)鼓风机串联电阻的检查。如图9-74所示,按箭头3方向压下连接板夹子4,打开连接板5,用电阻计检查电阻1应为3.3Ω,电阻2应为0.8Ω。无电阻串联时,鼓风机电机圈应能导通。

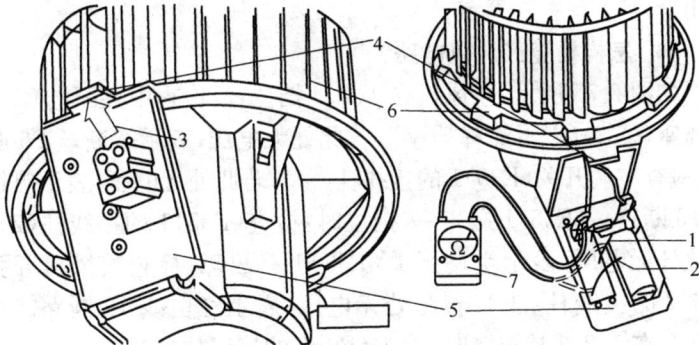

图9-74 鼓风机串联电阻的检查

1. 电阻 2. 电阻 3. 箭头 4. 连接板夹子
5. 连接板 6. 鼓风机风机 7. 欧姆表

(2)暖风分配箱的检查。如图9-39所示,检查热交换器4表面应清洁,内部应无堵塞,可以用水清洗,有泄漏时应补焊。检查各拉索13、18、21应能滑动自如,应在拉索线上涂上润滑脂。若使用真空阀17、20时,应检查真空阀17、20,在真空作用时应能灵活动作。检查风门2、5、6的变形和损坏,各风门应能正确关闭和开启。

(3)真空管路的检查。如图9-32所示,检查单向阀15的作用,从一个方向可以通气,从相反方向则应不通气。用手动真空泵检查单向阀开启,真空压力应为0.008MPa。检查真空管路应无老化或破损而造成的泄漏。

(4)真空阀10、11、12的单项检验。拆下真空软管,把真空阀的活塞杆压入阀内并用手指压住软管接头,当活塞杆在真空阀内时,仍有真空存在,则表示(真空阀)一切正常。

(5)检验调整控制机构操纵开关的位置与真空管档位的关系,应符合要求。当表中所给出的挡位位置有一项没达到时,即表明空调调整控制机构损坏(假设真空供给和真空管均正常)。

(6)散热器风扇热敏开关的检查。如图9-60所示,检查散热器风扇热敏开关(F18)3接线柱(+)与(1)之间在温度84~97℃时闭合。

56. 怎样检查鼓风机电路?

如图9-75所示,鼓风机在1、2、3挡位置:检查中央配电盒17的插座(Q/2)(以下简称插座),若此处无电压,表示熔断丝S6断路;检查空调开关(E35)1的接线柱(+),若此处无电压,表示黑红线16断路。(E35)1在2~7挡位时:检查(E35)1的接线柱(2),若此处无电压,表示空调开关(E35)1有故障;检查鼓风机开关(E9)7的接线柱(+),若此处无电压,表示红白线19断路。当(E9)7在1、2、3挡位置时:检查(E9)7的接线柱(1)、(2)、(3),若此处无电压,表示(E9)7有故障。当(E9)7在1挡时:检查鼓风机串联电阻(N23)9的接线柱(1),若此处无电压,表示白色线20断路。当(E9)7在2挡时:检查(N23)9的接线柱(2),若此处无电压,表示黄黑线21断路。当(E9)7在3挡时:检查(N23)9的接线

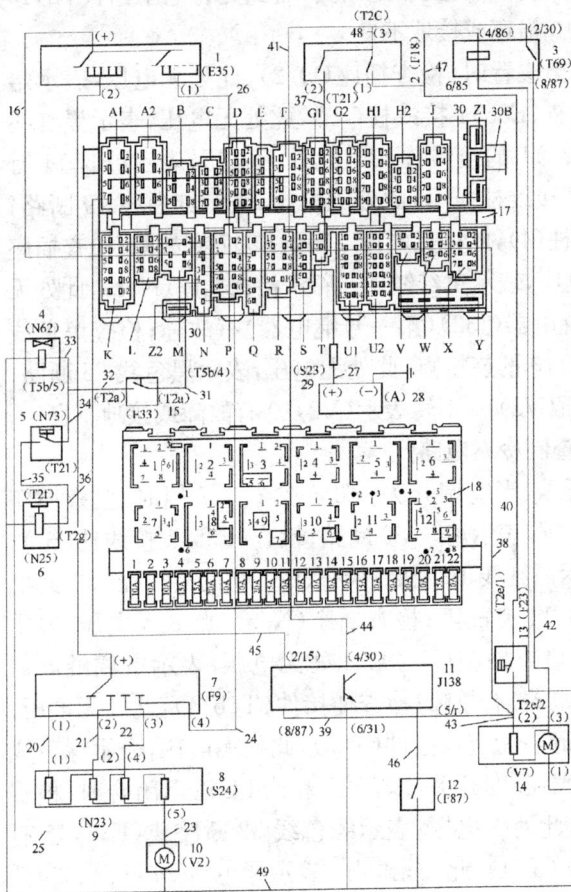

图 9-75 空调电路图

1. 空调开关(E35) 2. 散热器风扇热敏开关(F18) 3. 起动继电器(J69) 4. 超速爬升阀(N62) 5. 低压开关(F73) 6. 电磁离合器 7. 鼓风机开关(E9) 8. 过热熔丝(S24) 9. 鼓风机串联电阻(N23) 10. 鼓风机(V2) 11. 散热器风扇控制单元(J138) 12. 风扇起动温度开关(F87) 13. 高压开关(F23) 14. 散热器风扇(V7) 15. 蒸发器温度开关(E33) 16. 红黑线 17. 中央配电盒 18. 继电器与熔断丝盒 19. 白色线 20. 白色线 21. 黄黑线 22. 黄黑线 23. 黑红线 24. 黄绿线 25. 黑色线 26. 红黑线 27. 红色线 28. 蓄电池(A) 29. 主熔断丝(S23) 30. 绿黄线 31. 绿色线 32. 绿黄线 33. 黑红线 34. 绿色线 35. 绿色线 36. 绿色线 37. 红白线 38. 红白线 39. 红白线 40. 红白线 41. 红白线 42. 红白线 43. 红白线 44. 红白线 45. 黑色线 46. 黑棕线 47. 红黑线 48. 红白线 49. 接地线

柱(4),若此处无电压,表示黄色线22断路。当(E9)7在1、2、3挡时:检查(N23)9的接线柱(5),若此处无电压,表示(N23)9或过热熔断丝(S24)8有故障;检查鼓风机(V2)10与黑色线23的连接点,若此处无电压,表示黑色线23断路;若此处有电压,而(V2)10不转,表示(V2)10损坏或接地不良。

鼓风机在4挡位置时:检查插座(Q/2),此处无电压,表示熔断丝S6断路;检查(E35)1接线柱(+),此处无电压,表示黑红线16断路;检查(E35)1的接线柱(2),此处无电压,表示(E35)1有故障;检查(E9)7接线柱(+),此处无电压,表示红白线19断路;检查(E9)7接线柱(4),此处无电压,表示(E9)7有故障;检查插座(N/6),此处无电压,表示黄红线24断路;检查插座(N/1),此处无电压,表示空调继电器(J32)(第一号继电器)有故障;检查黑色线25与鼓风机(V2)10的连接点,此处无电压,表示黑色线25断路;若此处有电压,而(V2)10不转表示(V2)10有故障或接地不良。

57. 怎样检查制冷系电路?

如图9-75所示,当空调开关(E35)在2、3、7挡时:检查插座(Q/2),此处无电压,表示熔丝S6断路;检查(E35)1接线柱(+),此处无电压,表示黑红线16断路;检查(E35)1的接线柱(1),此处无电压,表示(E35)1有故障;检查插座(N/5),此处无电压,表示红黑线26断路;检查插座(N/4),此处无电压,表示空调继电器(J32)(第一号继电器)有故障;检查插接件(T5b/4),此处无电压,表示绿黄线30断路;检查插接件(T2a),此处无电压,表示绿色线31断路。当蒸发器温度开关(E33)15在+1℃以上闭合时:检查插接件(T5b/5),此处无电压,表示绿色线32断路或(E33)15有故障;检查插接件(T21),此处无电压,表示绿色线34断路。当低压开关(F73)5在300kPa以上闭合时:检查插接件(T2f),此处无电压,表示绿色线35断路或(F73)5有故障;检查插接件(T2g),此处无电压,表示绿色线36断路;若此处有电压,而压缩机不转,表示电磁离合器(N25)6有故障或接地不良。检查插接件(T5b/

5),若此处有电压,而发动机不能在有空调时稳定怠速运转,表示怠速提升阀(N62)4 失效或绿色线 33 断路。当制冷系的压力在(15.8±1.7)10^5Pa 以上,高压开关(F23)13 闭合时:检查插座(N/2),此处无电压,表示熔断丝(S19)断路或空调继电器(J32)损坏;检查插接件(T2e/2),此处无电压,表示红白线 38 断路;检查插接件(T2e/1),此处无电压,表示高压开关(F23)13 有故障。检查起动继电器(J69)3 的插接件(4/86),此处无电压,表示红白线 40 断路;检查插座(A1/5),此处无电压,表示熔断线(S19)断路;检查(J69)3 的接线柱(2/30),此处无电压,表示红色线 41 断路;检查(J69)3 的接线柱(8/87),此处无电压,表示(J69)3 有故障;检查散热器风扇(V7)14 的接线柱(3),此处无电压,表示红黑线 42 断路,若此处有电压,而(V7)14 不能高速运转,表示散热器风扇(V7)14 损坏或接地不良。

当制冷系统压力在(13.35±1.7)10^5Pa 以下,高压开关(F23)13 断开时:检查(V7)14 的接线柱(2),此处无电压,表示红白线 43 断路;若此处有电压,而(V7)14 不能慢速运转,表示(V7)14 损坏或接地不良。

58. 怎样检查无空调时散热器风扇电路?

如图 9-75 所示,检查插座(A1/5),此处无电压,表示熔断丝(S19)断路,检查插座(A1/7),此处无电压,表示熔断丝(S13)断路;检查散热器风扇起动控制单元(J138)11 的接线柱(2/15),此处无电压,表示黑色线 45 断路;检查(J138)11 的接线柱(4/30),此处无电压,表示红色线 44 断路。当发动机水温在 70℃以上,风扇起动温度开关(F87)12 闭合时:检查(J138)11 的接线柱(5/T),此处无电压,表示(J138)11 损坏;检查黑棕线 46 与(F87)12 的连接点,此处无电压,表示黑棕线 46 断路;若此处有电压,而散热器风扇(V7)14 不能起动,表示(F87)12 损坏或接地不良。检查(J138)11 的接线柱(8/87),此处无电压,表示(J138)11 损坏。检查插接件(T2e/2),此处无电压,表示红白线 39 断路。

检查插座(A1/5),此处无电压,表示熔断丝(S19)断路;检查插接件(T2C),此处无电压,表示红色线 41 断路;检查散热器风扇热敏开关(F18)2 的接线柱(3),此处无电压,表示红色线 48 断路。当冷却液水温达 96℃时:检查(F18)2 接线柱(2),此处无电压,表示(F18)2 有故障;检查插接件(T2e/2),此处无电压,表示红白线37 与红白线 38 断路;检查(V7)14 的接线柱(2),此处无电压,说明红白线 43 断路;若此处有电压,而(V7)14 不能慢速运转,表示(V7)14 损坏或接地不良。

当水温达 105℃时:检查(F18)2 的接线柱(1),此处无电压,表示(F18)2 损坏;检查(J69)3 的接线柱(4/86),此处无电压,表示红黑线 47 断路;检查(J69)3 的接线柱(2/30),此处无电压,表示红色线 41 断路;检查(J69)3 的接线柱(8/87),此处无电压,表示(J69)3 损坏;检查(V7)14 的接线柱(3),此处无电压,表示红黑线 42 断路;若此处有电压,而(V7)14 不能高速运转,表示(V7)14 损坏或接地不良。

59. 怎样定期维护空调系统?

空调系统定期维护的项目和内容见表 9-5。

表 9-5　空调系统定期维护表

维护项目	检查内容	维护周期					更换时间
		日	周	月	季	年	
制冷剂量是否充足	从储液干燥器视液玻璃处进行观察	√					
制冷系统各管接头处	是否有油迹、是否有制冷剂泄漏			√			
管路系统固定夹	是否有松动现象			√			
制冷系统软管	表面是否有损伤、起泡、老化,以及与其他零件相碰现象			√			3 年
冷凝器表面	有否杂物、污泥,清洁其表面,并修整变形的翘片		√				

续表 9-5

维护项目	检查内容	维护周期					更换时间
		日	周	月	季	年	
冷凝器风扇电动机	更换电刷					√	
冷凝器风扇电机轴承	加油检查					√	
蒸发器表面	清除污物,校正翅片					√	
蒸发器吸气过滤网	清洗					√	
鼓风机电动机	测量 $I、V$ 是否正常				√		4 年
膨胀阀	感温包贴紧情况				√		3 年
	拆洗过滤网					√	
储液干燥器	储液干燥器是否有脏堵。若其干燥剂吸湿能力已经饱和,而且有脏物,就必须更换。检查易熔塞是否熔化					√	
热敏电阻	将热敏电阻放在 $-1\sim5℃$ 冷水中,当水温变化时测其电阻是否符合要求,若不符合,则应更换热敏电阻					√	
怠速提升装置	①真空促动器有否机械损坏				√		
	②真空电磁阀通电和不通电的流量变化;线圈的绝缘阻抗(要求 $1M\Omega$ 以上)					√	
	③气管接头处有否滑脱	√					
	④怠速提升装置的工作转速是否符合要求					√	

续表 9-5

维护项目	检查内容	维护周期					更换时间
		日	周	月	季	年	
压缩机电磁离合器	①轴的油封处有否泄漏			√			
	②皮带的张力是否符合要求			√			
	③压缩机螺栓是否有松动的,电磁离合器间隙是否正常			√			
	④压缩机机械部分是否有损坏,电磁离合器工作是否正常					√	
空调控制拉线	①控制拉线是否完好					√	
	②控制拉线安装情况是否错位,拉头是否有严重磨损			√			
空调控制板曲线槽	控制板曲线槽是否严重磨损,必要时予以更换					√	
电气线路	电气线路接头的插接是否牢靠	√					
控制元件	开关、继电器、放大器、电阻器的功能是否正常					√	
空调器壳体	①其接缝处是否漏气、减振垫是否脱落			√			
	②空调器壳体是否有裂纹、损坏					√	
送风管道	送风管道有否变形、裂坏、损伤、缺块等					√	

60. 怎样正确使用空调系统?

(1)新车在使用空调之前,应参照日常保养项目,先检查一下制冷系统外观有无异常现象。

(2)起动发动机,并运转几分钟后,将鼓风机风扇开至最高挡,即可起动空调压缩机,检查制冷系统是否制冷。

(3)调整送风手柄的位置,观察不同位置时的冷气风向、风量是否合乎要求。

(4)在只需要换气而不需要冷气时,可只将风扇打开而不要开动空调压缩机。

(5)在发动机处于怠速工况时,空调的怠速自动提升装置应将发动机的转速提升到 1000±50r/min,如果未达此转速,应予适当调整,以免发动机在怠速工况时发生熄火现象。

(6)轿车在长距离爬坡时,应关闭空调,以增大轿车的后备功率,防止发动机超负荷运转和产生发动机过热现象。

(7)起动空调压缩机后,应将轿车门窗紧闭,充分发挥空调对车内的空气调节作用。

(8)要注意适当地调节车内的温度。在没有温度控制器的车厢里,如感到车内温度太低,切不可用风扇处于低速来调节,以免冷气排不出来而使蒸发器结霜,此时应适时关闭压缩机,开动风扇进行车内外换气循环,以使车内温度适宜。

(9)对于空调系统出现的任何故障,必须由经过培训的专业人员进行维修,不能自行调整或拆换元件,以免影响空调的正常工作,或发生安全事故。

(10)空调系统长时间不使用时,比如在冬季、初春、秋季,或者长期存放时,应每周开动一次空调压缩机,每次运转 5~10min,以使制冷系统循环流通,防止压缩机轴承、油封因干燥、结胶而引起制冷剂的漏泄和零部件的锈蚀,并防止橡胶软管硬化。

(11)在夏天,尽量避免把车停在日光下曝晒,以免增加制冷系统的内压而发生事故。

(12)轿车车厢内的空气污浊或有异味时,应适当地通风换气。

(13)在清洁冷凝器时,应用冷水冲洗,切不可用蒸汽喷洗,以免引起冷凝器内压升高,发生故障。

(14)一般情况下,空调系统每年需在专业的维修站全面检修一次,以确保空调系统的工作性能。

61. 怎样检测空调?

(1)定性检测。起动发动机,将风量开关置于高挡,温度调节

至最低温(MAX COOL),按下 A/C 开关,运转 2～3min 后按以下方法进行定性检测:

①用手感检测:压缩机吸入管有冰手的感觉,而排出管有烫手的感觉,两管之间有明显的温差。

②在储液干燥器检视窗观察:见图 9-28,而且用手感可觉得进出管道的温度均匀一致。

③用手感比较冷凝器流入管和流出管的温度:流入管的温度应比流出管高,冷气出口有冰凉的感觉。膨胀阀前后应有明显的温度差,即前冷后热。

④用手感测出:冷凝器出管至膨胀阀输入端之间的高压管道及部件温度应均匀一致,由膨胀阀流出口至压缩机吸入口的管道应有冰手而不结霜的感觉,即使结霜也会即刻融化,能看到化霜后的小水珠。

(2)定量检测。在环境气温为 20℃～35℃,起动发动机,按下 A/C 开关,风量开关置于最高挡,温度开关置于最低温(MAX COOL)位置,打开车门,使发动机在 2000r/min 左右运转 15～20min 后,用高、低压力表组检测高、低侧的压力。低压侧的压力应为 147～192kPa,高压侧的压力应为 1373～1668kPa。气温改变,压力值亦相应改变。气温比 35℃每降低 3℃,其高压压力降低幅度为 68～78kPa。

62. 怎样检修汽车空调?

(1)填充制冷剂时注意事项。

①空调新装好进行第二次充填制冷剂时,先从高压侧进行 5min 以上的抽真空,然后再从高、低两个方向抽真空。

②填充制冷剂时,应从高压端充填液态制冷剂,严禁从低压端充填和起动发动机;可以开动发动机从低压端充填气态制冷剂,但严禁打开压力表组的高压阀。

③在制冷剂填充过程中,切勿摇晃制冷剂瓶。

④严禁将制冷剂瓶放在 40℃以上的热水中加热。

⑤在填充制冷剂时,应避免高温或火源,应在干燥、通风的环境中进行。

⑥严禁将水、杂质及空气混入制冷剂管道,严禁用嘴或压缩空气去吹制冷管道。

⑦连接压力歧管表软管时,应注意压力歧管表软管和压力表组歧管阀的正确对应连接,以及高、低压力表所对应的压缩机进出阀接头的正确连接。

⑧连接压力歧管表软管或制冷剂瓶阀时,一般用手拧紧连接螺母即可,切勿使用钢丝钳等工具。

⑨从压缩机进出软管上拆卸仪表软管时,必须快速、敏捷;拆卸高压软管时,要等压缩机停止工作(约几分钟),待高压压力降低后再进行。

⑩在拆卸制冷剂管路或填充制冷剂时,切勿接近面部。

(2)在排放制冷剂时,要缓慢进行,以防带走冷冻机油。

(3)给压缩机补充冷冻机油时,请务必使用指定牌号或相应牌号的冷冻机油,切勿使用混合牌号或普通的发动机机油。

(4)更换空调系统部件时,必须补充冷冻机油。

(5)连接制冷剂管道时,应在 O 型密封圈上涂一点冷冻机油。

(6)在连接压缩机吸排管时,拆下盲塞一定要慢慢放出充入的制冷剂气体,以防冷冻机油被带走。

储液干燥器一定要最后安装,并注意进出口方向。

(7)拧紧或拧松制冷管路接头时,必须用两个开口扳手,并按表 9-3 规定的力矩进行拧紧。

注:①空调系统高压侧压力一般为 1373～1668kPa。

②空调系统低压侧压力一般为 147～192kPa。

③空调系统压力的规定值可从空调说明书查出。

63. 汽车空调常见故障怎样排除?

鼓风机故障与排除见表 9-6。

表9-6 鼓风机故障与排除

现　　象	原　　因	排　　除
鼓风机不转	(1)熔丝烧断 (2)接地不良 (3)鼓风机开关有故障 (4)鼓风机串联电阻有故障	(1)更换 (2)修复 (3)更换 (4)更换
鼓风机转但无风	(1)进风口堵塞 (2)鼓风机扇叶与轴脱开 (3)出风口打不开	(1)清理 (2)固定 (3)修复
热交换器不热	(1)发动机冷却液温度低 (2)热交换器内部堵塞 (3)热交换器内有空气 (4)温度门开的位置不对	(1)检查节温器 (2)冲洗 (3)排出空气 (4)调整
除霜不好	(1)除霜与下出风口风门开启不对 (2)除霜与下出风口拉索或真空阀有故障 (3)除霜风道漏风	(1)调整 (2)更换 (3)修复

制冷系统故障与排除见表9-7。

表9-7 制冷系统故障与排除

现　　象	故障原因	修理方法
压缩机噪声	(1)阀片损坏 (2)制冷剂充灌过量 (3)油位不当 (4)活塞敲缸 (5)活塞环损坏 (6)驱动带轮螺栓松动	(1)更换阀板 (2)排放、抽空并正确充灌 (3)拆下压缩机,检查油位,按需要调整 (4)更换压缩机 (5)更换压缩机 (6)按技术规范的正确扭矩拧紧

续表 9-7

现　象	故障原因	修理方法
振动过大	(1)皮带张力不合适 (2)电磁离合器松 (3)制冷剂充灌过量 (4)带轮安装不正	(1)调整皮带松紧度 (2)紧固电磁离合器 (3)排放、抽空并正确充灌 (4)正确安装带轮
车内有凝结水滴	(1)凝水管堵或安装位置不当 (2)隔板脱落或安装不当	(1)清理凝水管并检查安装位置 (2)更换膨胀阀和软管上的隔板
蒸发器结霜	(1)温控开关或感温头故障 (2)毛细管或感温头安装不当 (3)调整不当	(1)更换温控开关或感温头 (2)正确安装毛细管或感温头 (3)调整
低压侧压力低,高压侧压力低	(1)系统制冷剂不足 (2)膨胀阀堵塞	(1)抽空、检漏和充灌系统 (2)更换膨胀阀
低压侧压力高,高压侧压力低	(1)压缩机内部泄漏或磨损 (2)缸盖密封垫泄漏 (3)压缩机皮带打滑	(1)拆下压缩机缸盖,检查压缩机,必要时更换阀板总成。如果压缩机活塞、活塞环或缸体磨损或损伤,更换压缩机 (2)更换缸盖密封垫 (3)调整皮带张力
低压侧压力高,高压侧压力高	(1)冷凝器翼片堵了 (2)系统中有空气 (3)膨胀阀损坏 (4)风扇皮带松或磨损 (5)制冷剂充灌过量	(1)清扫冷凝器翅片 (2)抽空、检漏并充灌系统 (3)更换膨胀阀 (4)根据需要调整或更换皮带 (5)释放一些制冷剂
低压侧压力低,高压侧压力高	(1)膨胀阀损坏 (2)制冷剂软管堵了 (3)储液/干燥器堵塞 (4)冷凝器堵了	(1)更换膨胀阀 (2)检查软管有无死弯,必要时更换 (3)更换储液/干燥器 (4)更换冷凝器

续表 9-7

现　象	故障原因	修理方法
高低侧压力正常(冷量不足)	(1)系统中有空气 (2)系统中油过量	(1)抽空、检漏并充灌系统 (2)排放并抽油,恢复正常油位 抽空、检漏并充灌系统
出风口喷水	排水阀堵塞	疏通

制冷系统故障的检查步骤见表 9-8。

表 9-8　制冷系统故障的检查步骤

现　象			故障诊断检查步骤	修　理
缺少冷却剂	压缩机工作平稳	非常高的进气压力	拆下换气阀,检查测试阀门	更换或维修损坏的阀头或壳体、密封垫,阀门不平整及其上污垢
		非常低的进排气压力	(1)检查冷却剂量 (2)压缩机漏气检查 (3)漏气检查并对系统进行故障诊断	
	压缩机运转粗暴、间歇运转或不转动	间歇转动或不转动	(1)检查传动带的张力 (2)检查电磁离合器间隙 (3)检查电磁离合器电压、电流 (4)进行轴转动平稳测试	调整间隙 检查修理或更换破损的接线、失效的离合器线圈以及压缩机的内部故障
	异常噪声	离合器接合	(1)检查压气机连接零件 (2)检查发动机零件 (3)检查电磁离合器 (4)检查制冷剂量是否合适 (5)检查电磁离合器轴承 (6)检查润滑油量 (7)进行轴转动平稳性试验 (8)拆下阀门并进行检查	调整间隙,排除线圈的故障 注满并检查 更换轴承 加至适当量 压缩机内部失效 更换或修理:排气阀门损坏或凸凹不平、限位器损坏、进气阀门不平、垫圈损坏

续表 9-8

现　　象		故障诊断检查步骤	修　　理
振抖	振颤 离合器 脱　离 接合	间隙检查	更换或维修 调整间隙 离合器前盘故障

第十章　电系综合类故障诊断与检修实例

1. 为什么洗涤器不工作?

(1)故障现象。装有第二代防盗系统的桑塔纳 2000 早上起动后熄火。

(2)故障诊断与排除。该车维修任务为外出抢修,接车后打开点火开关,起动后立即熄火,发动机油路不供油。考虑该车此前刚刚换的油泵,以及没有足够的检测设备,所以把车拖回修理厂作进一步检查。

经过仔细分析故障现象,认为很有可能是防盗系统被锁。该车防盗指示灯闪烁,这表明防盗系统已进入保护状态。使用V. A. S5052 进行调码,故障码为:01176,即钥匙信号过小而不被认可和 17978 发动机控制模块禁用。

插在点火开关上的不是原车的钥匙,而是车主自己配来用于开门的钥匙。由于该车装配的是第二代防盗系统,它的钥匙带有芯片,普通钥匙无法正常起动车子。把故障码消掉后用原车钥匙车子还是无法起动,继续用 V. A. S5052 调故障码,又出现先前的故障码,疑是非法钥匙已把系统保存的数据消除了,所以把故障码消掉后,用 V. A. S5052 进行了钥匙匹配(需要原始的 4 位密码)。

重新匹配钥匙后,打开点火开关,故障消失。

(3)维修小结:此车出现的故障完全是由车主自己人为造成,在维修过程中经常会遇到类似的事情。在此提醒有车一族,把你自己的爱车使用说明多看几遍,对汽车的相应常识多了解一些。

2. 为什么桑塔纳起动机起动时嗒嗒响不转动?

(1)故障现象。该车是 1994 年生产的桑塔纳 LX 型轿车,冷车时起动机工作正常,车辆运行 200~300km 后,将点火开关转至起动位置,起动机只能"嗒、嗒"地响但不转动,若将车辆熄火 20~

30min 后,起动机又可以转动。

(2)故障诊断。在故障发生时,拔下蓄电池正极接线柱附近的红/黑色插头,用电阻表测量通向起动机端的红/黑色导线,其对地电阻小于 1.5Ω,说明该段导线和起动机电磁开关正常。从蓄电池正极直接引线至起动机电磁开关端,起动机迅速转动,说明起动机本身也正常。故障应在点火开关至蓄电池附近的红/黑色导线之间。

将点火开关转至起动位置,测量红/黑色线有 12V 电压。有电,起动机为什么不转呢? 取一试灯,一端接在红/黑色导线插头上,一端搭铁,将点火开关转至起动位置,灯光暗淡;将试灯直接接至蓄电池正、负极,灯光明亮,说明点火开关与蓄电池附近的红/黑色导线之间有虚接处。

对点火开关进行检查,将试灯一端接在点火开关"起动"接柱上,将点火开关转至起动位置,灯光明亮,说明点火开关正常,故障在中央线路板上。

起动机的线路为:点火开关"起动"接线柱→起动机电磁开关。用试车在"B8"接点测试,灯光明亮;在"C18"接点测试,灯光暗淡,说明故障在"B8"接点之间。检查两个接点,发现"C18"接点焊锡脱落。

(3)故障排除。将"C18"接点重新焊接牢固,故障排除。

(4)故障分析。由于中央线路板上的接点熔化,引起接触不良,冷车起动时的电流尚可通过,起动机可以转动,而当热车起动时,由于中央线路板温度升高,接点接触更加不良,只有少量电流通过,因此起动机不能转动。发动机熄火后,中央线路板冷却一段时间,接点接触情况稍变好,起动机又可以工作。

3. 为什么桑塔纳 2000 轿车加速无力、回火?

(1)故障现象。该 2000 型 GLI 轿车加速无力、回火,冒黑烟。该车配备 D 型喷射系统的 AFE 发动机。据车主介绍,在进厂以前在别处已经更换过火花塞、分电器、汽油泵,清洗了喷油器、节气门，但故障还是没有排除。

（2）故障诊断与排除。接手此车，试车感觉不像车主所说的那样加速无力、回火，而是一切正常，只是尾气略有些呛人。连接故障码，显示系统正常。读取数据流，发现氧传感器信号电压停留在0.455V不动，表明氧传感器或其线路有问题。经检查线路正常，于是更换氧传感器，至此维修结束，将车交给车主。没想到第二天，车又回来了，车主说没修好，和没修以前一样。接过车试了一下，感觉很不错呀，这时车主说了，这辆车故障不经常出现，只是在晚上发生频繁。对车主的话细细想来，既然晚上容易出现故障，晚上也就是开前照灯，难道有漏电的地方使控制单元供电不足，造成控制单元程序混乱？查询控制单元的电源电压为13.80V正常；打开前照灯，电压下降为11.2V，在正常的范围内，没有发现可疑之处，正在百思不解时，就听到"嗡"的一声，原来电子扇转了，这时发现电压值急剧下降到了10.00V左右，车发动机开始抖动，原因终于找到了，原来，白天行驶，电子扇、转向灯、喇叭这几个用电量较大的电器很难同时工作，但到了晚上，打开了前照灯，这时，电子扇参加工作，造成了控制单元供电不足。能造成控制单元供电不足不外乎以下三点原因：一是蓄电池亏电严重。二是发电机性能不良。三是控制单元电源线或搭铁线接触不良。

经测试，发电机端电压为14V。询问车主，车主说每天早晨起动着车正常，不像是蓄电池亏电。那么只有是控制单元的连线了，经查在熔丝座的左边一个搭铁座已经生锈，处理后故障排除。

4. 为什么桑塔纳2000轿车多次起动才发动着车？

（1）故障现象。一辆装有AFE型电喷发动机的桑塔纳2000GLI型轿车，行驶里程约20万km。该车出现经常无故熄火现象，且熄火后起动困难，经多次起动才能成功。

（2）故障诊断。用故障诊断仪V.A.G1551读取故障码，仪器显示4只喷油器全部对他搭铁、短路。检查4只喷油器的控制线路，未发现异常。根据以往经验，4只喷油器同时发生故障的可能性很小,遂怀疑是 ECU 工作不良。更换同型号的 ECU 试车,故障依旧。再次用 V. A. G1551 检查,仍显示同上次一样的故障码,说明原 ECU 并无工作不良问题。

　　用起动机带动发动机运转,同时听诊各缸喷油器,发现 4 只喷油器均没有"咔哒、咔哒"工作声,判断故障还是在喷油器控制线路上。经仔细查找,仍没有发现喷油器线路有任何搭铁、短路的蛛丝马迹。后来在一次起动发动机时,偶然发现电动燃油泵没有工作声,检查燃油系统也没有压力。难道这一现象与故障码之间会有什么必然的联系? 经分析电路如图 10-1 所示原理,认定故障的最大可能在电控燃油泵继电器上。

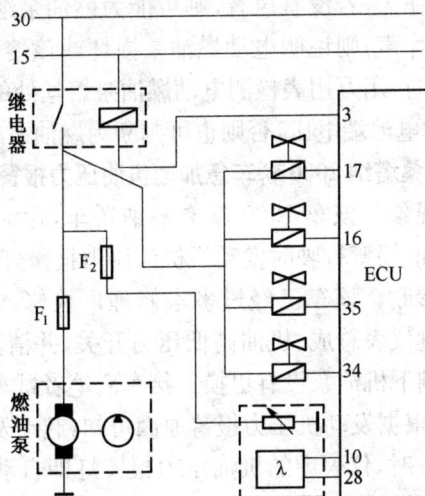

图 10-1　桑塔纳轿车发动机燃油泵继电器控制电路

　　(3)故障排除。更换电动燃油泵继电器,清除故障码后试车,发动机顺利起动,运行正常,故障彻底排除。

　　(4)故障分析。桑塔纳 2000GLi 型轿车,在将点火开关置于起动挡,ECU 收到发动机转速信号后,ECU 控制图中的 3 号线搭铁,燃油泵继电器开始工作。燃油泵继电器工作时,不仅给电动燃油泵供电,同时还给 4 只喷油器及氧传感器加热器供电,如图 10-1 所示。若燃油泵继电器工作不良,如触点不能闭合或接触不良,电动燃油泵和喷油器更无法工作,这样,运行中的发动机立即熄火,且熄火后不易起动。

检查桑塔纳 2000GLi 型轿车的控制制电路,当燃油泵继电器损坏时,其故障现象与上述大致相同。在开始检修此故障时,之所以走了一些弯路,其原因有两点:一是对该车型的控制电路不够熟悉,二是过于依赖故障码。

针对上述故障,经多次实践,总结出以下两点快捷有效的手工检测技巧:一是在起动起动机时,注意察听喷油器和电动燃油泵是否有正常的工作声,若没有声音,则可能为燃油泵继电器损坏;若是喷油器有工作声,则说明电动燃油泵损坏或该熔丝熔断。二是在起动发动机时,用万用表检测电动燃油泵熔丝处的电压,正常应有约 12V 的蓄电池端电压,否则也可判断为燃油泵继电器损坏。

5. 为什么桑塔纳 2000 轿车急加速机油压力报警灯时亮时灭?

(1)故障现象。该车 1999 款桑塔纳轿车,化油器型发动机。车辆在急加速或拐弯行驶时发动机机油压力报警灯忽亮忽灭。

(2)故障诊断。该车已经过多家修理厂检修,未能解决该故障,期间更换过仪表总成、机油高低压力开关,并清洗过发动机润滑系油道,只剩下机油泵没有更换。接车后笔者试车发现,故障正如车主所言。根据发动机压力报警原因可知,起动发动机,机油压力大于 180kPa 时,仪表中的机油压力报警灯即自动熄灭,当发动机在低速运转,机油压力低于 30kPa 时,机油压力报警灯闪亮;当发动机转速超过 2150r/min 时,如果机油压力达不到 180kPa 则高压开关触点断开,机油压力报警灯闪亮且警报蜂鸣器也开始报警。发动机正常的工作机油压力(80℃时)在发动机转速为 800r/min 时应大于 30kPa,在发动机转速超过 2000r/min 时应大于 2000kPa。经笔者用机油压力测试,正在运转的发动机机油压力达到工作要求。另外,由于该发动机自从故障现象出现一直运转良好,如果压力达不到或机油黏度不够,液力挺杆就会有噪声发出,而该发动机在各工况下运转平稳有力并无异常,所以可以排除由机油压力达不到或油道脏堵造成故障的可能性。既然仪表已经多次更换,故其发生故障的可能也先不作考虑。

从已检查的内容及根据故障现象分析判断,故障多发生在机油压力开关到仪表总成电路上。起动发动机把转速稳定在3000r/min 左右,查找线路是否有不明显破损的地方。在检查从低压开关到防火墙的一段时发现故障频繁出现,尤其是往上拉动靠近低压开关处的导线时报警灯忽闪忽灭的频率加快。但是仔细检查该导线并无破损的地方,在拉动靠近分电器总成处的导线时,有机油压力报警忽闪忽灭的现象。根据电磁基本原理,当有导体通过磁场时,导体中便有电流产生,这就可以解释为什么该车有如此奇怪的故障。那为什么其他车没有出现类似故障呢?拆下点火高压线及中央高压线测其电阻值,发现全部为 0Ω,而高压线上印制的电阻标准值全为 5kΩ。

(3)故障排除。更换一组该车专用的标准点火高压线圈,试车,故障排除。

(4)维修总结:对故障进行分析,在点火系统的高压电路中,由于承受的工作电压最高可达 10kV 以上(而电喷发动机的点火系统高压电路电压可达 35kV),电流很小。为了减小高压辐射能量,多采用高阻尼点火高压线,点火高压线芯多用玻璃纤维浸渍石墨或浸炭精粉,外包橡胶体制成的。有的阻尼线采用玻璃纤维线芯,外机螺旋缠绕 0.1mm 直径的木、铬、铝等合金线,外罩用橡胶绝缘体制成,成为具有电感电容阻的复合体,相当于一个电抗整流元件的"滤波器",其抑制效果比集中型的电阻阻尼效果好。用来削弱和抑制电磁产生的高频振荡,阻尼值越大阻尼效果越好,但过大会影响火花塞电极间的火花能量,故其阻值多在 3~10k,而化油器发动机点火高压线电阻值多在 0.6~7.4k 之间。在本例中,由于高压线电阻为 0,故在点火系统工作时会产生高频电磁振荡。

另外,机油压力低压开关导线距离分电器很近,当加速或转向时,由于点火系统高压部分的电磁振荡使机油压力低压开关导线产生电流,从而导致机油压力报警灯忽亮忽灭。

6. 为什么桑塔纳机油灯快速闪烁?

(1)故障现象。该车为普通桑塔纳轿车,车主过来报修,机油灯快速不停地闪烁。

(2)故障诊断与排除。首先来确认一下故障,打开点火开关ON,机油灯大约以亮1s、灭0.5s频率闪烁;起动着车以后机油灯快速闪烁,大约是0.3s亮、0.3s灭的频率快速闪烁;加速时机油灯依然如此闪烁,但机油蜂鸣器并不报警。

这是一个比较奇怪的故障,据多看经验,此型车机油灯正常时应是这样的:点火开关ON,机油灯以亮1s、灭0.5s的频率闪烁,起动着车以后灯熄灭。当发动机高转速时(大约超过2000r/min),如果其机油压力能达到规定压力则机油灯不亮,一切正常,如果达不到,则机油灯以亮1s、灭0.5s的频率闪烁;同时仪表内的机油蜂鸣器报警,提醒赶紧停车检查送修。

现在机油灯快速闪烁,明显有问题,但同一般的不正常有明显区别。要解决这个问题,必须首先了解一下机油灯控制原理。桑塔纳轿车机油控制系统与一般车不同,它有两个开关,位于机油滤清器上面为常开触点,先来测量一下两个开关的好坏。

将试灯一端接电源线,另一端接低压开关的线头,试灯发光。起动发动机,试灯熄灭,证明低压开关完好。再把试灯一端接电源线,另一端接高压开关的线头,试灯不亮。起动发动机,当转速超过2200r/min时试灯亮,证明高、低压开关都是好的且机油压力也是正常的。再拆下仪表,拔出左侧那个插头,用万用表测量黄线与高压开关上的线导通良好,蓝/黑线与低压开关上的线也是通的,证明高、低压开关与仪表线路良好。那是什么地方出了毛病呢?难道是仪表吗?

拆下仪表,找到位于稳压器上面的机油灯控制插头,它共有6

根线束。分析了一下这 6 根线束,分别是:1、低压开关上的接线,2、高压开关的接线,3、IG 线(为控制器供电线),4、机同灯的控制线,5、负极,6、去点火线圈的线(检测发动机转速信号的)。找到哪一根线是起什么作用的,再插上插头,起动发动机,用万用表一根根线去量。意外发现第 3 脚本着为供电电压,即 14V 左右,可现在根本看不出来其电压大小,电压在不停跳动,于是用万用表调到 200V 量程测量,发现电压还是不停地跳来跳去,最高能达到 100V 多,应该就是这个原因造成的故障。

机油控制器电压不正常,那么蓄电池电压呢? 用万用表再测一下蓄电池两端电压,情况也是这样。

蓄电池电压不正常,首先应该考虑发电机。拆掉发电机 D＋线,再起动着车,情况依旧(电压不正常跳动,机油灯也快速闪烁)。于是怀疑发电机转子转动造成这个问题,索性把发电机拆下来,故障依旧。

故障没有排除,现在只有静下来想一想了,为什么电压会不停地在变,且又那么高,车上不可能有这么高的电压,只有点火系统有很高电压。说不定是点火系统造成的这个问题。因为点火系统电压通常超过 10000V,产生的感应电压影响整个系统也不是没有可能。

再询问该车司机,司机说最近换过火花塞,可这故障昨天刚出现。于是抱着试试心态,更换 4 个正厂火花塞,再试车,故障依旧,再换掉一组正厂高压线,起动着车,故障彻底排除。

(3)维修总结:桑塔纳轿车并不复杂,可这个故障不简单,它首先要求掌握机油灯控制原理,才能一步步查到仪表供电不正常,后来又通过推断、试换、最终找出高压线问题。结果固然重要,但过程更重要,因为过程就是经验,有了经验以后就能举一反三,就不怕各种奇怪的毛病了。

7. 为什么桑塔纳机油灯常亮不熄?

(1)故障现象。该桑塔纳 GLi(99 新秀)轿车,行驶里程 10 万

km。该车机油灯长亮,但并没有伴随蜂鸣器的报警。在接手故障时,此车已经由于上述现象而进行了大修,并且第 2 次触体发动机,测量调整曲轴轴承和连杆轴承间隙的工作也都完成,但故障现象依旧存在。

(2)故障诊断与排除。在正常情况下,打开点火开关时,仪表板上的机油压力报警灯就会点亮,待车辆起动后熄灭。若机油压力在怠速时低于 30kPa 或在转速为 2000r/min 时低于 180kPa,机油压力报警灯会被再次点亮,并伴随蜂鸣器的报警。而在其他情况下机油灯点亮,大多属于电路故障。但由于该车之前已进行了维修,谨慎起见,先检查了发动机的润滑系统。首先通过油尺检查发动机的机油量,油量充足。接着检查发动机气缸盖后面油道上装的低压开关和机油滤清器盖上装的高压开关的连接线,均无短路或断路现象。再往下的步骤就需要借助直观的压力表和万用表了。将安装在气缸后面油道上的低压开关卸下(低压开关是常闭开关),用万用表测量其阻值为 0,说明该开关正常。然后将压力表和该开关一并装到油道上,这样可同时检测机油压力和开关故障,该车怠速时机油压力不低于 30kPa,说明发动机润滑系统无故障,在机油压力高于 30kPa 时用万用表测量低压开关阻值为∞,再次证明低压开关完好。用同样的方法测量了机油滤清哭盖上的高压开关和机油压力(高压开关为常开开关),万用表显示其阻值为∞。在发动机转速升至 2000r/min 时,机油压力不低于180kPa,这进一步说明了润滑系统无故障。在机油压力高于180kPa 时,用万用表测量高压开关阻值为 0Ω,说明高压开关也没有损坏。

通过以上的检查没有找到机油压力报警灯亮的原因,将重点转向油压控制器及其相关的电路。拆开仪表板,通过背面 14 孔黑色和 14 孔白色插座,检查在里程表框架上的油压检查控制器的 6个接线柱(控制器 1 柱接线到点火线圈负极传递转速信号,2 柱是搭铁线,3 柱是到油压警告灯,4 柱是通过点火开关的电源线,5 柱是到机油的高压开关,6柱是到机油压力的低压开关)。看其是否有短路或断路现象。

上述的检查仍然没有找到使机油灯点亮的原因,就在准备继续检查并更换机油压力控制器时,该车的驾驶员又告知,该车大修前有时会出现不好起动和熄火相关的唯一地方,因为如果转速信号不准就可能导致熄火和不易起动的故障。而由转速不准导致这些故障的共同部件只有点火线圈,于是判断是点火控制模块损坏。更换了点火控制模块之后故障果然排除。

8. 为什么桑塔纳 CNG 双燃料轿车气压指示异常?

(1)故障现象。该桑塔纳 CNG 出租车,行驶 1100km,该车用户反映每天早发车时,CNG 转换开关和减压阀上的气压表显示为0,而实际上储气罐已经加满了 CNG 气体。起动车辆后,使发动机使用天然气工作燃料转换开关指示灯和气压表然后又能显示正常气量,发动机工作正常。通过和用户沟通,了解到该车已经因为该故障在维修站维修多次,曾经更换过减压器入口的压力表总成;同时用户反映该车最近比较费气,以前 1 罐气可以行驶 160～170km,现在只能行驶 130km 左右。

(2)故障分析。当车辆工作在 CNG 状态,CNG 气压通过供给高压铝管路进入三级减压器减压后,被吸入进气支管与空气混合,然后被吸入气缸燃烧。当发动机熄火停止工作,CNG 存储气罐出口的电磁阀和减压器上的电阀将存在于高压管路中的 CNG 气体隔断,此时的高压管路压力等于存储压力。如果高压管路存在泄漏,管路中的 CNG 气体会在一段时间后泄出,压力为 0,此时压力表会显示压力为 0,指示灯显示没有了 CNG 气体的错误指示。再次使用 CNG 系统,压力会再次恢复正常。

(3)故障检查与排除:使用专用的 CNG 卤素气体检漏仪对高压管路进行泄漏检测,发现减压器泄漏严重。紧固减压器上的密封螺栓,仍然泄漏,更换减压器,上述故障排除。

9. 为什么桑塔纳 2000 轿车防盗器故障指示灯闪烁?

(1)故障现象。该桑塔纳 2000 时代骄子轿车,偶尔出现发动机熄火现象,再打开点火开关或起动车辆时,该车自带的电子防盗器故障指示灯闪烁,车辆无法起动。

(2)故障诊断与排除。对车辆按常规的检测方法用故间检测仪查询故障,有"钥匙信号太低"故障记录。清除故障码后与用户一同多次进行起动—停车—熄火过程,一切正常,故认为是使用了非法钥匙后存储的临时故障所致。

第二天,同样的故障又出现了。到达维修现场后,用故障检测仪查询防盗系统故障存储,又是"钥匙信号电压太低"。这次先没有马上清除故障码,仔细观察钥匙,发现有拆卸过的痕迹,于是解体点火钥匙,没发现任何异常,又认为是钥匙里面的芯片接触不良所至,将防盗器芯片拆卸,重装一遍,发现防盗器故障灯熄灭了。再查故障,原来的永久故障已变为临时故障了。发动机起动—熄火反复几次后,故障又出现了。故障没能排除,只得将故障码清除后开到我厂进行线路检修。

根据该车型防盗控制原理可知:系统由防盗器控制单元(位于转向柱管左边支架上)、读识线圈、信号发生器(即上面所说的芯片,位于点火钥匙里面)、发动机控制单元和防盗器警告灯等组成。根据"钥匙信号电压太低"的故障分析,问题或者出现在钥匙芯片上,或者出现在读识线圈上,因匹配全新的钥匙比较麻烦,按照先易后难思路,将问题重点放在钥匙转发器上,测量其电阻为 30Ω 正常,相关插接件插接良好。再仔细检查钥匙转发器的位置,钥匙转发器安装在点火开关的外圈,由于安装不到位,使得它反映给控制单元的信号不稳定,重表进行正确装配后,经反复试车,未发现异常。现在该车出厂 3 个月,进行跟踪回访调查,该现象没有出现。

10. 为什么桑塔纳 3000 轿车空调系统不制冷?

(1)故障现象。该桑塔纳 3000 轿车,当接通空调制冷开关高速行驶一段时间后,空调系统就不制冷。

(2)故障诊断。首先试车验证故障现象。发现当气温高于30℃,发动机温度较高时容易出现上述故障。接着用空调歧管压力表测量空调系统压力,高压为1.8MPa,低压为0.21MPa,当发动机加速至2000r/min时,高压下降为1.8MPa。用手触摸储液罐进口和出口,发现温差不大,储液罐外部温热,出风口风量足够,说明储液罐和膨胀阀并未堵塞。由于空调系统的压力过高,怀疑制冷剂加注得过多,用制冷剂加注回收机回收,结果回收的制冷剂为960g,该车标准加注量为800g±25g,制冷剂加注得确实有点多。重新加注适量的制冷剂后测量空调系统压力,低压为0.2MPa,高压为1.4MPa。于是对该车进行路试,可路试结果表明,上述故障还依旧存在。因为当发动机温度超过118℃,空调冷却液开关会切断空调压缩机电磁离合器,发现也没有堵塞。对该起故障进行分析认为,有可能该车在高速行驶中开空调时,空调系统的高压压力超过了3.2MPa,此时空调高压开关会起作用,断开调压缩机电磁离合器的工作。于是用报纸挡在冷凝器前,然后起动发动机并接通空调开关,发现空调系统的高压侧压力升高很快,同时发现两只散热风扇转速比正常轿车要慢,直接拔下散热风扇导线侧连接器,然后直接用蓄电池向散热风扇控制继电器供电,此时测量散热风扇电动机的供电电压仅为9.6V,说明风扇控制继电器确实有问题。

11. 为什么桑塔纳2000轿车空调不制冷?

(1)故障现象。一辆桑塔纳2000时代骄子轿车,该车空调制冷时吹出的风不凉。

(2)故障诊断。经初步检查发现高压缩机不工作,用空调歧管压力表检测,制冷剂压力正常。这种情况下引起空调压缩机不工作的原因应有两种可能:一是空调制冷系统本身有故障;二是发动机系统有故障。

首先检查该车空调制冷系统。检查了室内温度开关、空调高低压组合开关和空调冷却液温度开关等,都没故障。然后检查了散热风扇控制器 J293,发现其连接器上的端子 T10/8 至空调压缩机切断继电器(J26)的端子 87a 的绿色线上无电。于是进一步检查 J26,发现来自于发动机电控单元(J220)至 J26 端子 86 间的信号线也无电压,此时直接给 J26 端子 86 供电,空调压缩机开始工作。

至此推测 J220 没有给 J26 控制线(端子 86)电压信号的可能有两种:一是 J220 输出至 J26 的控制线断路;二是空调制冷开关接通时给予 J220 信号线断路。检查 J220 连接器的端子 T80/10 上有电压信号(空调请求信号),而 J220 却没有输出电压信号至 J26。有可能 J220 本身出故障,或发动机系统有关执行元件出现故障。于是更换了 J220 试车,但故障仍未能排除。

用 V. A. G1552 大众故障阅读仪进入 01-08-020 读取数据流,发现发动机怠速转速为 1010r/min,偏高,不正常,此时意外发现每次将发动机转速增至 2000r/min,空调压缩机便工作了。看来是发动机怠速时空调压缩机不工作。

再次用 V. A. G1552 大众故障阅读仪进入 01-02 读取数据流,发现节气门位置传感器有故障,消除故障码后对节气门做基本设定,却发现无法做成功。据用户反映,该车曾在某小修理厂更换过节气门总成,但可能是旧件。于是重点检查节气门总成,最终断定节气门位置传感器出了故障,给 J220 提供了发动机负荷过大的错误信号,强行切断了空调压缩机的工作。

(3)故障排除。更换节气门位置传感器后,上述故障排除。

12. 为什么桑塔纳 2000 轿车空调不受开关控制?

(1)故障现象。该桑塔纳 2000 俊杰轿车,自动变速器,行驶 35000km,接通空调开关后,散热风扇运转正常,空调压缩机工作。但 15min 后断开空调开关,空调压缩机电磁离合器仍旧吸合,只有断开点火开关后,再次起动发动机,空调压缩机才停止工作。

(2)故障诊断与排除。根据该车空调系统的工作原理分析:故障原因可能是空调散热风扇控制器或发动机 ECU 有问题,但更换空调散热风扇控制器后试车,故障依旧。拔下空调温控开关(E33)导线侧连接器,却意外发现,在 E33 导线侧连接器的线路上被人为串接了 1 根后加装的防盗器的搭铁线,怀疑是由于这条后加装的导线给发动机 ECU 提供了空调请示信号,于是将该线拆除,恢复原车线路后接通空调开关试车,却发现空调冷却液温度控制开关(F40)内部断路,将 F40 跨接后试车,空调压缩机还是不工作,于是检查 F40 至散热风扇控制器间的线路,没有发现有断路的地方。重新起动发动机试车,发动机运转平稳,约 2min 后,空调压缩机电磁离合器却自动吸合。断开空调开关,却发现空调压缩机仍然不受空调开关控制。将发动机熄火后再次起动发动机,空调压缩机停止工作。接通空调开关后,又过了约 2min,空调压缩机电磁离合器开始吸合。试了多次均是如此,看来接通空调开关后,空调压缩机电磁离合器总是要延时工作。此车只有室内顶灯门窗玻璃电动机有延时功能,那么该现象是什么原因造成的呢?于是将检查重点放在切断继电器上。发现继电器在中央线路板的 4 号位,拔下该断电器,发现中央线路板的 3 号位继电器的连接器与 4 号位一样,而 3 号位是空位,怀疑该继电器的位置插错了,于是将空调断电器插在 3 号位后试车,发现上述故障现象消失了。将 F40 更换后,空调系统工作一切正常,上述故障彻底排除。

(3)故障分析。这是一起典型的人为故障。该车在不久前曾添加过制冷剂,由于在添加过程中接通空调开关时,空调压缩机电磁离合器不吸合,维修人员在没彻底查清故障原因(F40 已经损坏)的情况下,就给 E33 线路上串联了 1 根搭铁线,可能是在忙碌的情况下又将空调继电器的位置插错了,才导致上述故障的发生。

13. 为什么桑塔纳 3000 轿车车速不准?

(1)故障现象。该大众桑塔纳 3000(超越者),装配自动变速器。该车行驶了 5 万 km,车速表中指针最大在 90km/h 位置,无论转速怎样提高,车速都不再上升。

(2)故障诊断与排除。针对以上故障现象,维修人员用 V. A. G1552 进行检测,读取仪表和发动机故障码,发现该车无故障码存在。发动机起动后,挂入挡位,读取仪表的数据流,发现该车各组数据流正常,说明其传感器是好的。由此,维修人员怀疑为仪表损坏,决定更换仪表。更换新仪表后,用 V. A. G1552 与发动机控制单元、防盗单元等进行匹配。再试车,故障还是没有排除。该车发动机转速在 3500r/min 时,车速约为 140km/h;3000r/min 时,车速应该为 120km/h;而现在发动机转速在 3500r/min,车速还是 90km/h,这说明仪表是好的。后来维修人员经过反复认真检查,考虑到可能是编码错误。最后安装原车的仪表,重新正确地编码和匹配,再试车,故障排除。

(3)维修总结:回顾整个检修过程不难发现,该车故障发生在一辆行驶里程只有 5 万 km 的桑塔纳 3000 车上,对于新车出现的故障,检查方法和分析思路不同于旧车。因此,该车出现的故障很可能是"先天性"的,排除故障时要考虑备件在出厂时编程错误,用手动变速器车型的代码来编码导致错误。控制单元编码在汽车出厂之前已进行编码,如果更换新的控制单元需要对新的控制单元进行编码。

14. 为什么桑塔纳轿车 ABS 指示灯亮且鼓风机不转?

(1)故障现象。该桑塔纳 2000GSi 轿车,行驶里程 9.8 万 km,ABS 指示灯点亮且鼓风机不转。

(2)故障诊断。据车主反映,该车此前行驶一直正常,一会儿后便出现了故障,鉴于此种情况,我们决定先对 ABS 系统进行诊断。

在进行了简单的外观检查后,用诊断仪进行辅助诊断。将金德 K81 多功能诊断仪与诊断插头连接,在打开点火开关,进入防抱死制动系统,结果屏幕显示"通信中断,可能遇到不可识别的通信协议"。通过分析,判断 ABS 控制单元可能未工作,但检查其熔丝及其相关电路均完好。此时,车主又告诉我们电动车窗也不工作,经试车果然如此。

该车的电动车窗由位于杂物箱上方的集控锁/电动摇窗机控制器对其进行控制,通过中央断电器盒第 12 号熔丝向其供电。在打开点火开关的情况下,用万用表电压挡测量 12 号熔丝,结果发现该熔丝上无电压,说明线路中有断路现象。结合鼓风机不工作这一现象,对接触继电器(即 X 继电器,在中央继电器盒 8 号位置)进行检查。因为根据以往检修经验及电路图,这几个系统均由点火开关控制的 X 继电器对其供电,如今同时不工作,难道是缆电器损坏? 将继电器从中央继电器盒上取下,用万用表电阻挡对线圈进行测量,未发现问题,于是装复。在打开点火开关的同时用手触摸继电器,以确定是否有继电器工作的振动感,结果继电器毫无反应。通过分析,判断点火开关已经损坏。因为此车以前一直行驶正常,偶然间出现断路的概率比较小,况且在几次试车中,发现该车的点火开关可以二次起动,而在该车型中,若要再次起动,必须将点火开关关闭(回位)后才可以重新起动,以防止在发动机运转时因误起动造成起动损坏。

将点火开关线束插头拔下,安装一个新的点火开关,将原车钥匙插入点火锁中,然后用一字旋具拧转点火开关,打开后进行试车,鼓风机及电动摇窗机能正常工作,ABS 指示灯点亮 3s 后熄灭,说明问题就在点火开关上。

(3)故障排除。更换新的点火开关,装复后试车,一切正常。

15. 为什么桑塔纳 3000 轿车玻璃升降器工作有异常?

(1)故障现象。该桑塔纳 3000 轿车,左前门玻璃升降器正常工作,而其他车门玻璃升降器无法工作。

(2)故障诊断与排除。接车后,检查 J330 供电线路、熔丝和负极线路均正常,分析电路可知,左前门玻璃升降器开关将升降指令信号传递给舒适系统控制单元 J330,J330 控制左前门玻璃升降器电动机工作,而其右前门玻璃升降器开关直接控制电动机工作,电动机工作的负极回路由 T25/14 引入,如图 10-2 所示。

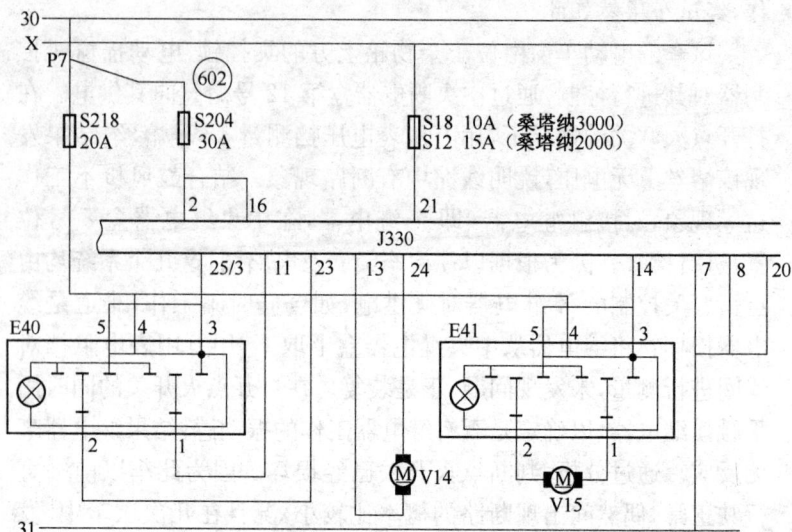

图 10-2　电动玻璃升降器相关电路

J330. 舒适系统控制单元

E40. 左前门玻璃升降器开关　E41. 右前门玻璃升降器开关

　　将右前门 E41 开关 5/5 或 5/3 插头接地,开关指示灯亮,玻璃升降器正常工作,用万用表检查 E41 的 5/5 插头与 J330 的 T25/14 之间电阻为 0Ω,说明电动机控制回路这段线路之间正常,由此判断 J330 损坏。更换 J330 之后,故障排除。

16. 为什么桑塔纳轿车中控门锁和电动玻璃升降器不工作?

　　(1)故障现象。该桑塔纳 2000GSi 轿车,出现中控门锁和电动玻璃升降器不工作的故障。接修该车后,对中控门锁和电动玻璃升降器故障进行初步验证和检查。打开点火开关,检查所有车门玻璃升降器开关上的指示灯均不亮,操作所有车门的玻璃升降器开关,均不能动作;操作前门上的门锁提钮,也没有任何反应。

　　(2)故障诊断与排除。翻阅中控门锁和电动玻璃升降器的相关电路,根据电路图可知,电动玻璃升降器和中控门锁的工作是以舒适系统控制单元为核心的。中控门锁在开锁和闭锁操作后,左前和右前门锁的闭锁开关信号传递给什么系统控制单元 J330,J330 控制四门的中控门锁电机动作。同时,J330 也接收左前门电动玻璃升降器开关开关信号,当 J330 收到左前门玻璃升降开关开关信号时,J330 直接控制左前电动玻璃升降器电动机工作。另外,当右前门玻璃升降器和后门玻璃升降器工作时,玻璃升降器电动机的负极回路也受 J330 控制才完成。

由上述电路图分析可知,中控门锁和电动玻璃升降器都没有任何反映,可能由 2 种原因造成:一是 J330 损坏,二是 J330 的电源电路有短路或断路现象。首先拆下仪表板左下护板,检查 J330 的供电熔丝 $204,发现已经熔断。更换新的 30A 熔丝,分别操作中控锁和玻璃升降器开关使其工作。当操作左前门玻璃升降器开关时,左前门和其他玻璃升降器开关指示灯突然熄灭,中控门锁和玻璃升降器再次停止工作,拆下熔丝 $204,熔丝又断了。由此说明,该车上述故障是由于左前门玻璃升降器电路某处有故障,致使 J330 供电熔丝熔断而停止工作,从而使中控门锁和玻璃升降器无法正常工作。

随后,拆下左前站内衬板检查左前玻璃升降器电路,拆下衬板后,拔下玻璃升降器电动机插头时,发现左前门车门限位器的塑料外罩脱掉,玻璃升降器电动机 V14 的一条线路被夹入左前门限位器内,致使线路搭铁短路,导致 J330 供电熔丝熔断。将损伤的线路包扎处理后,换上新的熔丝,故障排除。

17. 为什么帕萨特 B5 型轿车车门玻璃不能升降?

(1)故障现象。该帕萨特轿车 4 个车门玻璃不升降。

(2)故障分析。连接故障阅读 V. A. G 1551,键入"46(舒适系统)",发现不能进入舒适系统。分析可能是舒适系统控制单元的电源或搭铁情况有问题。拆开舒适系统控制单元上的地板,拔出舒适系统控制单元。拔出后发现端子腐蚀,地板下有水,舒适系统控制单元长期浸在水中。仔细检查,发现该车装有警报器(因为该车为警车),有一根线从车外引进来,进口处没有密封,水在下雨或洗车时就进来了,结果使舒适系统控制单元长期浸在水中,造成端子腐蚀,引发故障。

(3)故障排除。将进口处密封并更换舒适系统控制单元,故障排除。

18. 为什么帕萨特轿车打开空调时水温报警灯报警?

(1)故障现象。该帕萨特 B5 型轿车,不打开空调时,水温正常,只要打开空调,水温就升至 130℃,水温报警灯就报警。

(2)故障原因分析。出现此种故障的原因一般是节温器有故障。更换节温器后,故障仍存在。检查冷却系统的部件,当用手摸散热器时发现,其左右两侧温度相差很大,右侧凉而左侧热,看来散热器内有堵塞处。原因是散热器堵塞,使冷却系统冷却液循环不畅,使发动机温度升高,引起水温报警灯报警。

(3)故障排除。由于是新车,所以直接更换了散热器,结果故障排除。

19. 为什么帕萨特轿车空调无冷风?

(1)故障现象。该帕萨特 1.8GLi 型轿车,使用空调时无冷风吹出。

(2)故障分析。检查发现,当鼓风机开关置于 1、2、3 挡时,压缩机能吸合,而鼓风机不工作。鼓风机置于 4 挡时,鼓风机高速旋转,但压缩机却不吸合。

首先从鼓风机的故障入手,拆下杂物箱,拆下鼓风机壳体上的鼓风机电阻,检查发现鼓风机电阻上的热敏保护电阻已烧坏。

(3)故障排除。更换鼓风机电阻后故障排除。

20. 为什么帕萨特轿车空调制冷不足?

(1)故障现象。该上海帕萨特轿车,行驶 15 万 km,司机说空调不凉。开鼓风机 1 挡时,出风口的温度为 20℃,随着鼓风机由 1 挡增至 4 挡,出风量越来越大,出风口温度也略有升高。

(2)故障原因分析。该车空调系统装备了型号为7S16的变排量压缩机,在检修中与常见的定排量压缩机空调系统有本质的区别。该车的暖风至调装置是组合一体的,从结构上保证了制冷效果的提高,这一点比桑塔纳轿车好得多。那么对这一故障,应从何处开始查找原因并加以排除呢?

先从该车空调系统制冷量输出时气流通道入手。外界新鲜空气通过灰尘和花粉过滤器进入进风口,由鼓风机电机送到蒸发器处,在蒸发器处暖空气通过热交换器变成冷空气进入车厢内。制冷量工况下暖风小水箱的风门是关闭的,小水箱的风门是由冷暖调节开关通过拉索调整的,如果风门拉索松弛或脱落,该处风门关闭不严,则会发生出风口温度升高的现象。拆下冷暖调节开关面板检查,发现风门拉索位置正确,风门关闭良好,排除了暖风水箱造成故障的可能性。

检查灰尘和花粉过滤器是否堵塞。打开空调开关,进入内循环,这样一来就切断了外界新鲜空气的通道,如果这时候制冷效果好,有明显的制冷现象,而在外循环时制冷量不够,则说明灰尘和花粉过滤器堵塞,使鼓风机的空气量不够。如果使用内循环正常的话,则可以排除制冷系统的故障。该车使用内循环和外循环效果相差无几,从而排除了灰尘和花粉过滤器处进气通道的故障可能性。鼓风机由1挡增至4挡使出风量有明显的变化,表明该处应该没问题。因此造成出风口温度高的原因可以确定在空调制冷系统中。

该车空调系统的节流阀代替了定排量压缩机空调系统中的膨胀阀,它与压缩机将制冷机回路分为高压和低压两部分。在节流阀之前的高压制冷剂温度高,在节流阀之后的低压制冷剂温度低。用手摸该车装有节流阀的空调管处,两端有明显的温度差别,节流阀进口端烫手,出口端冰凉,正常。

如果制冷效果差的原因出在压缩机部分,则可能的原因有:

①压缩机产生液击,内部击穿不制冷,比较明显的特征是系统

中高、低压比较接近。

②压缩机内压力调节阀损坏,使压缩机不能够产生变排量。

③系统内太脏,导致压缩机堵塞,使之不能够产生变排量。

④系统内的制冷剂缺少或者过多。

测量该车的压缩机压力:使轿车处于怠速状态,鼓风机在1挡时,低压端0.157MPa,高压端1.35MPa 发动机转速为2000r/min,鼓风机在4挡时,低压端1.8×10^5Pa,高压端1.75~1.80MPa。以上数据表明,系统高、低压正常,不存在液击现象。因对压力调节阀的工作可靠性没有检查的手段,于是采用替换法(即更换 JK 缩机总成)进行试验。变排量压缩机的结构特点决定了系统的高、低压力受排量、室外环境温度、负荷等诸多因素的影响,不能用测压力的方法来确定制冷剂的多少,因此加注制冷剂时要严格按照要求用电子秤和专用设备加注 R134a(数量为750g)。为检查系统管路是否堵塞,更换压缩机前将系统用压缩空气进行吹冲,然后用汽油进行清洗,同时将节流阀拆下进行检查,将节流阀滤网上粘附的少许金属粉末清理干净。然而,更换压缩机总成后故障并没有排除。

在排除了压缩机、节流阀及管路故障的可能性后,可能的故障部位还有蒸发器。通常蒸发器结霜也是导致制冷能力不足的一个重要原因。空气通过蒸发器时被冷却而在翅片表面凝水、结霜,空气通道被堵塞,蒸发器换热阻力增加。导致制冷能力下降。拆下暖风和空调调节装置面板及右杂物箱,把手伸进去触摸蒸发器的表面,只有左侧大约1/4的部分冰凉,从右到左逐渐由凉变温,而从节流阀到蒸发器之间的管路上出现结霜现象。由于蒸发器是利用低温液态制冷剂蒸发潜热来吸收空气中所含热量的热交换装置,因此对于蒸发器来说,让制冷剂和空气之间的热交换尽可能充分。为了进一步判断是否是蒸发器内部出现堵塞,我们进行了如下试验:取一个家用热水袋灌满开水,将其敷在节流阀到蒸发器之间的管路上,用温度计检测出风口的温度。如果出风口的温度能

够下降,则根据能量守恒原理,说明蒸发器是畅通的,其热交换能
力是正常的;如果出风口的温度没有变化,则说明蒸发器内部堵
塞。对该车进行测量时,室外温度是29℃,怠速工况鼓风机在1挡
时,出风门温度是12℃;鼓风机在4挡时,出风口温度为16℃。且
采用热水袋前后出风口温度没有变化,因而判断故障出在蒸发器。

(3)故障排除。更换蒸发器后,鼓风机在1挡时出风口温度达
到3℃。空调系统恢复正常。

(4)启示:对定排量压缩机空调系统,如果蒸发器管路堵塞,则
会使系统高压侧压力过高,低压侧压力过低,这是此类故障比较明
显的一个特征,而变排量压缩机空调系统中,压缩机中的压力控制
阀使压缩机根据负荷来改变排量。随着排量的改变就不会出现系
统高压侧压力过高、低压侧压力过低的现象,从而使因蒸发器堵塞
造成的故障不能很明显地判断出来,这是由变排量压缩机空调系
统的结构所决定的。

21. 为什么帕萨特轿车高速时开空调水温报警?

(1)故障现象。该帕萨特轿车,当开着空调高速行驶时,水温
过高。有时水温报警灯闪烁。

(2)故障分析。经询问驾驶员故障情况和粗略观察,知道此车
冬天发生过事故,前部线路全部拆装过,所以初步诊断为由线路引
起的冷却风扇无高速引发的水温高。拔下水箱处的温控开关的三
线插头,找出火线,用跨接线接其余两线,这时发现风机能低速旋
转而高速却毫无反应。可以肯定这就是故障的原因,因打开空调
跑高速时。发动机转速高,空调的制冷循环加快,高压侧的制冷剂
压力增大,温度升高,需要强力散热,而风扇低速和迎风气流显然
满足不了这一要求,所以引起发动机过热而报警,又因为冬天气温
低,又无空调负荷,仅风扇低速就能满足发动机的散热需求,因此,
此故障现象直至热天才反映出来。

(3)故障排除。由于此故障涉及风扇和空调控制单元,且上海
桑塔纳时代超人、捷达王、高尔夫及帕萨特都采用相同的风扇和空

调控制单元,可以看到该装置在大众车系中的重要性；所以将风扇及空调控制单元的正面图及侧面相关接线端子图绘制为如图 10-3 所示(此电气装置位置及相关接线端名称因车而异,时代超人是位于发动机舱左侧蓄电池后方)。

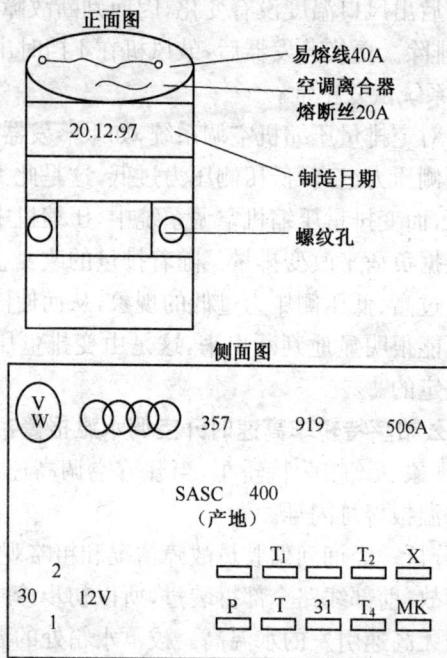

图 10-3　风扇及空调控制单元接线端子图

1、2. 风扇低、高挡接线端　30. 常风,任何时刻均有电　31. 搭铁线；

X. 减负继电器的输出线　P、T、T_1、T_2、T_4 风扇和空调的控制输入端

MK. 空调压缩机离合器输出端

这里需要说明的是,冷却风扇的低速挡是电源经温控开关直接加到冷却风扇电机上的,而高速挡是依靠温控开关第二触点的导通控制"风扇和空调控制单元"的工作来完成的。

经试车检测,除 X 端子不带电,其余各端子均正常,且减负继

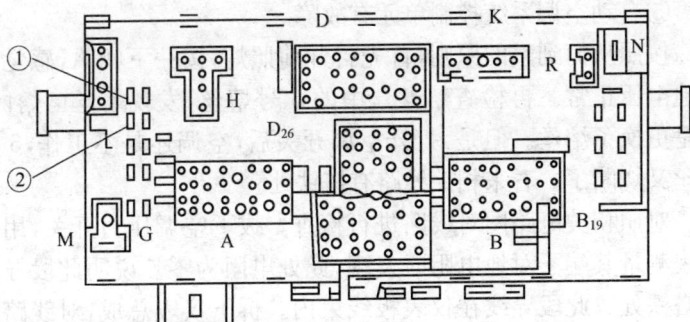

图 10-4 中央电器板背面部分插头代号图

①风扇和空调控制单元 X 端子导线插头 ②ABS 电脑 X 端子导线插头

电器能投入工作,所以必须重点检查 X 端导线的连接情况,此线经发动机室左线束一直通到乘员室的中央电路板上。拆下中央电路板并翻转找到发动机舱左线束耐心查找,发现有一与 X 端导线同颜色的单导线脱落,经分析它应接受减负继电器的控制,经测试它应位于图 10-4 所示中央电器板前面的如下位置:将上述的单个插座插于①位置,发动着车开空调,片刻发动机冷却风扇便进入高速状态。故障被排除。

22. 为什么帕萨特轿车空调不工作?

(1)故障现象。该帕萨特 B5GLi 型轿车,购买后没有使用空调,进入夏季使用空调时,发现空调不工作。

(2)故障分析。连接故障阅读仪 V. A. G1551,准备进入自动空调系统控制单元,读取故障码和阅读数据块。不料,故障阅读仪 V. A. G1551 不能进入自动空调系统控制单元。

故障阅读仪 V. A. G1551 不能进入自动空调系统控制单元的原因有:

①蓄电池电压过低,低于 9V。

②自动空调系统控制单元熔丝熔断。

③蓄电池负极接触不良。

④线路有故障。

⑤自动空调系统控制单元有故障。

按照从简到繁的原则,首先打开前照灯,按一下喇叭,感觉蓄电池电压正常。再检查熔丝盒中的5号熔丝,发现熔丝已熔断。于是更换了熔丝。但是,打开空调开关后,空调还是不工作,5号熔丝又烧断了。看来相关线路有搭铁处。

对照相关电路图对线路进行检查。拔下空调压力开关,用万用表测量其端子对地电阻时发现,此处电阻为零。说明此段导线有搭铁处。此段导线在仪表板线束内。拆下仪表总成,对线路进行检查,此段导线为黑/红线,单从电路图上看不出此导线还与其他部件相连,也看不出5号熔丝还保护什么电器元件,看来,只从空调系统找原因还不够。

再查找其他电器元件,发现机油状态传感器在仪表板线束内的供电线也为黑/红线。这两段导线为同一电源线吗?

从简单的地方入手,对机油状态传感器的线路进行检查。将车辆用举升机举起,发现机油状态传感器上的导线已磨损,并碰在一起,说明故障原因在这里。

(3)故障排除。将机油状态传感器导线重新包扎好,更换保险盒内的5号熔丝,起动发动机,打开空调开关,空调工作恢复正常。

起示机油状态传感器的电源线与地线短接,造成与其相连的空调系统供电线熔丝熔断,使空调系统不能工作。由于是空调系统主供电线断电,所以故障阅读仪V. A. G1551不能进入自动空调系统控制单元。

23. 为什么帕萨特轿车仪表工作不正常?

(1)故障现象。当打开小灯时转速表降为零,其他仪表上下波动;不开小灯时一切正常。

(2)故障分析。根据以往经验判断,此故障一般为仪表接地不良及电源插头不良所致,所以首先从仪表搭线着手维修。

大众车系的搭铁线都采用集中搭铁,仪表接地点位于中央配电盒左上方。拆下护板检查,发现其接地良好。于是拆下仪表插头,当打开小灯时,用一个小功率灯泡连在插头上,调节器灯光电位器,发现灯泡明暗变化正常。接着拆开仪表并打开小灯时,测其电压降,结果正常。但当测其接地电路时,发现了此障点,原来是仪表插头后的板纸上有一个接地点虚焊。

(3)故障排除。用电烙铁焊牢此接地点后,故障现象消失。

24. 为什么帕萨特轿车里程表不工作?

(1)故障现象。该帕萨特 B5GSi 型轿车在行车过程中,里程表不工作。

(2)故障分析。可能的原因有组合仪表故障、里程表传感器损坏及相关线路故障。首先用 V. A. G1552 执行 17-03 功能,结果能够完成里程表的全屏显示。由此可以排除仪表本身出故障的可能性。然后对里程表传感器进行检测。拔下该传感器插头,通过频繁对地短路来模拟转速信号,发现里程表信号有显示,这就可以判断为里程表传感器损坏。

(3)故障排除。更换新件后,故障排除。

25. 为什么帕萨特轿车音响扬声器不响?

(1)故障现象。该帕萨特 B5GSi 型轿车,打开收放机时,左前扬声器不响。

(2)故障分析。该车采用的是 Gamma 收放机系统。用故障诊断 V. A. C1552 执行 56 组,选择"08(阅读数据块)",进入 002 显示组,显示左前扬声器连接中断。经检查插头未插到位。原因是进行左前门钣金作业时,维修人员一时疏忽,没有插牢。

(3)故障排除。重新接好插头后,一切正常。

26. 为什么帕萨特轿车水温表指在最低位?

(1)故障现象。该帕萨特 B5GSi 型轿车,仪表板上的水温表始终指在最低位置。

(2)故障分析。根据故障现象,分析故障原因可能有以下三点:

①水温感应塞有故障。

②线路有故障。

③仪表有故障。

连接好 V. A. C1551,选择"01——发动机",再选择"08——阅读数据块",读取发动机冷却液温度传感器的数值,发现该值随发动机温度的升高而升高,说明发动机的实际温度在升高,而水温表不指示。

打开点火开关,选择"17——组合仪表",再选择"02——查询故障存储器的内容",系统内无故障存在。再选择"03——执行元件测试",对水温表、燃油表、里程表等进行测试,水温表指针先转到底,然后指示在 90℃,说明仪表板上的水温表正常。需对线路和水温感应塞进行检查。

发动机冷却液温度传感器和水温感应塞是合为一体的,传感器上有 4 个端子,其中端子 1、2 为发动机冷却液温度传感器端子,端子 3、4 为水温感应塞端子。将传感器拆下,加温,用万用表测量端子 1 与 2 和端子 3 与 4 之间的电阻,发现端子 1 与 2 之间的电阻随温度变化而变化,而端子 3 与 4 之间的电阻却始终不变,这说明水温感应塞损坏。

(3)故障排除。由于发动机冷却液温度传感器和水温感应塞合在一起,所以只能一起更换。更换传感器后,故障排除。

27. 为什么帕萨特轿车因仪表故障导致发动机不能起动?

(1)故障现象。该帕萨特 B5GSi 型轿车停放一段时间后,起动发动机时只运转 2s 便熄火。

(2)故障分析。故障现象明显说明该车进入了防盗状态,但防盗报警灯却没有闪亮。该车型的防盗控制单元与组合仪表合为一体,首先连接故障阅读仪 V. A. G1551,输入地址码"17",然后选择"02——查询故障存储器的内容"。故障阅读仪没有故障显示。考虑到点火钥匙有可能被外界磁场消磁,便重新对点火钥匙进行匹配,执行"17-11-□□□□□(密码数)-10-21"工作过程,却进行不下去,判定防盗控制单元损坏。

(3)故障排除。因为组合仪表不允许解体修理,所以只能更换

组合仪表。帕萨特 B5 轿车组合仪表更换程序较复杂,更换时,需要注意以下几点:

①拆卸组合仪表前需先拆下转向盘,因为,转向盘上有安全气囊,所以作业前必须先断开蓄电池的搭铁线。

②对新组合表进行编码后才能使用。用 V. A. G1551 执行"17-11-＊＊＊＊(密码数)-10-09"工作过程。如果新组合仪表是 VDO 公司生产的,则"＊＊＊＊＊＊"处不输入密码数,而输入固定数 13861。

③对新换的组合仪表进行功能检查。用 V. A. G1551 执行"17-03"工作过程,组合仪表必须符合下列需求:

a. 转速表、里程表、水温表和燃油表指针先到满刻度位置再回到中间位置。

b. 水温灯、机油灯、燃油灯、充电灯、制动液面液位灯及其他灯全亮。

c. 蜂鸣器鸣叫。

d. 显示屏全屏显示。

④对燃油表进行标定:将燃油箱内的油全部排净,再用量筒加入 10L 油,观察燃油表指针的指示位置,若指到红线,则说明燃油表指针正确;若有偏差,则用 V. A. G1551 执行"17-10-30"工作过程,按"↑"或"↓"键进行修正。

⑤对收放机重新输入密码激活,对电动摇窗机执行一次过程。

更换组合仪表后,故障排除。

28. 为什么帕萨特轿车刮水器片停在风挡玻璃中间?

(1)故障现象。帕萨特 B5GLi 型轿车,打开刮水器开关,刮水器刮水运转正常。关闭刮水器开关,刮水器刮片停在风挡玻璃中间。拔下刮水器熔丝,刮水器刮片才能停在风挡玻璃下边。

(2)故障分析。对照电路图检查,没有发现异常。怀疑刮水器断电器有故障。调换刮水器继电器后故障依旧。检查刮水器电机驱动的连杆机构,发现螺栓松动。

(3)故障排除。紧固螺栓后,故障排除。

附　　录

附录一　桑塔纳轿车电路图

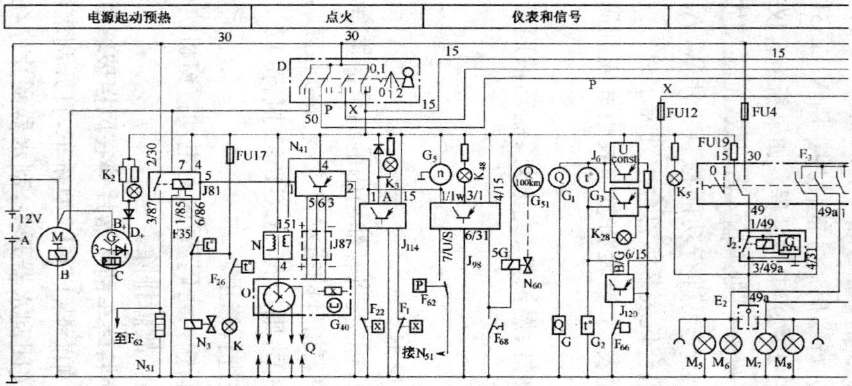

附图 1-1　桑塔纳牌 LX、GX、GX5 型轿车电路原理图(一)

A. 蓄电池　B. 起动机　C. 整体式交流发电机　K_2. 充电指示灯　N_{51}. 进气管加热器的加热电阻　J_{81}. 进气管预热继电器　F_{35}. 进气管预热器温控开关　N_3. 循环空气的截止阀　F_{26}. 自动阻风门温控开关(现改手动)　K. 阻风门指示灯(原为化油器加热电阻,现改为指示灯)　D. 点火开关　N_{41}. TSZ 开关　N. 点火线圈　J_{87}. 怠速稳定开关(DLS 开关,现取消)　O. 分电器　G_{40}. 霍尔(Hall)传感器　Q. 火花塞　K_3. 油压指示灯　J_{114}. 油压检查控制器　F_{22}. 油压开关(30kPa)　F_1. 油压开关　G_{51}. 转速表(发动机率在 63kW 以上)　K_{48}. 换挡指示灯　J_{98}. 换挡指示器控制装置　J_6. 稳定器　K_{28}. 冷却液温度指示灯(温度过高亮红灯)　J_{120}. 冷却液不足指示器控制器　F_{66}. 冷却液不足指示器开关(用于 63kW 以上发动机车辆)　K_5. 转向指示灯　E_3. 危险警告灯开关　J_2. 闪光器　E_2. 转向灯开关　M_5. 左前转向信号灯　M_6. 左后转向信号灯　M_7. 右前转向信号灯　M_8. 右后转向信号灯

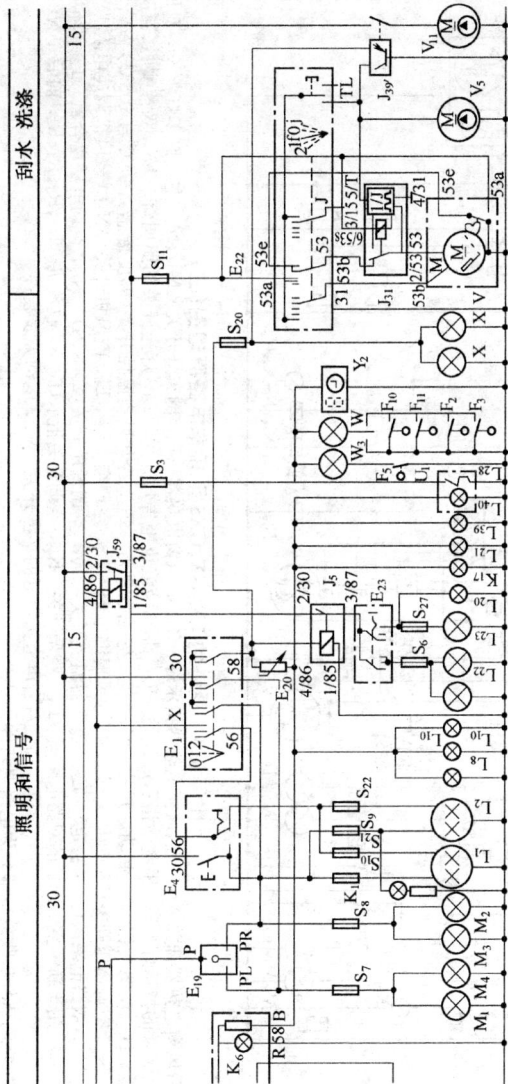

附图 1-2　桑塔纳 LX、GX、GX5 型轿车电路原理图（二）

E₁₉. 停车灯开关　M₁. 左前停车灯　M₄. 左后停车灯　M₃. 右前停车灯　M₂. 右后停车灯　E₄. 变光和超车灯开关　K₁. 远光指示灯　L₁. 左前照灯　L₈. 时钟照明灯　L₁₀. 仪表灯　E₁. 仪表灯开关　E₂₀. 仪表灯调光电阻　J₅. 雾灯继电器　E₂₃. 前后雾灯开关　L₂₂. 后风窗除雾器开关照明灯　L₂₃. 右前雾灯　K₁₇. 后雾灯　J₅₉. 减荷继电器（中间继电器）　L₂₁. 暖气开关的照明灯　L₃₉. 前后雾灯开关的照明灯　L₄₀. 前后雾灯开关的照明灯　L₂₈. 点烟器照明灯　W₃. 行李箱灯　F₅. 行李箱照明灯开关　W. 前顶灯　F₂、F₃、F₁₀、F₁₁. 前顶灯门控开关　Y₂. 数字式电钟　X. 牌照灯　E₂₂. 同歇刮水器开关　J₃₁. 洗涤器和同歇刮水器的继电器　V. 前风窗刮水器　V₅. 前风窗洗涤泵　U₁. 点烟器　J₃₉. 前照灯洗涤器电器　V₁₁. 前照灯洗涤泵

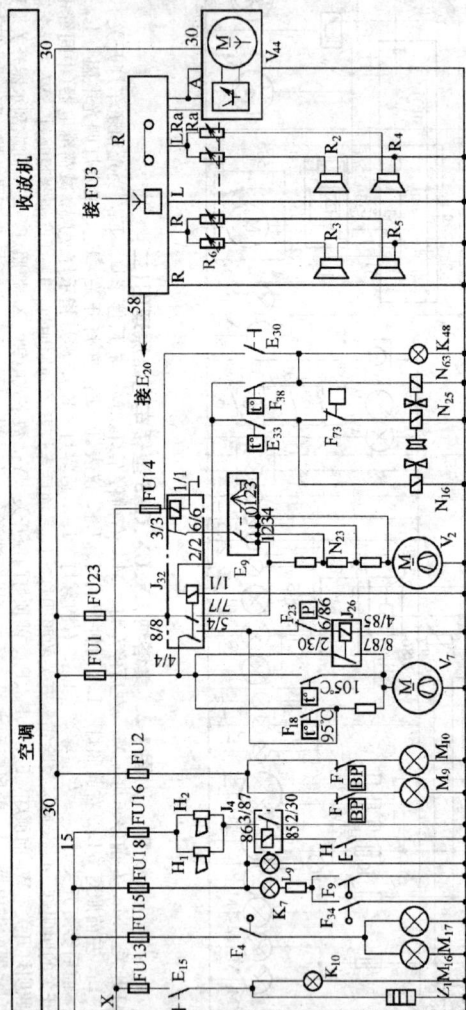

附图 1-3 桑塔纳 LX、GX、GX5 型轿车电路原理图(三)

E₁₅. 后风窗电热器开关 K₁₀. 后风窗电热器指示灯 Z₁. 后风窗电热器 F₄. 后风窗温控器 M₁₆、M₁₇.左右倒车灯 K₇. 双回路和手制动装置的指示灯 F₉. 手制动指示灯开关 F₃₄. 制动液位警告灯开关 L₉. 灯光开关的照明灯 H₁. 双音喇叭 J₄. 喇叭继电器 H₂. 喇叭按钮 F₂₃. 空调高压开关(1500kPa) J₂₆. 左-右制动灯 M₉~M₁₀. 冷却风扇继电器 F₁₈. 冷却风扇温控开关(温度传感器 95℃与105℃) V₇. 冷却风扇 N₁₆. 双路电磁阀(急速稳定) E₃₃. 蒸发器温控开关 J₃₂. 冷却风扇继电器 F₇₃. 空调低压开关(200kPa) N₂₃. 鼓风机调速电阻 V₂. 鼓风机 N₆₃. 用于新鲜空气器通扬声器板的双路电磁阀 E₃₀. 空调开关指示灯 K₄₈. 空调开关 R. 收放机 R₂、R₃、R₄、R₅. 前后左右的扬声开关 R₆. 左右声道扬声器的平衡开关 V₄₄. 电动天线装置

注:空调、暖风、收放机部分为电路选装件。

附录二 桑塔纳 2000 系列轿车电路图

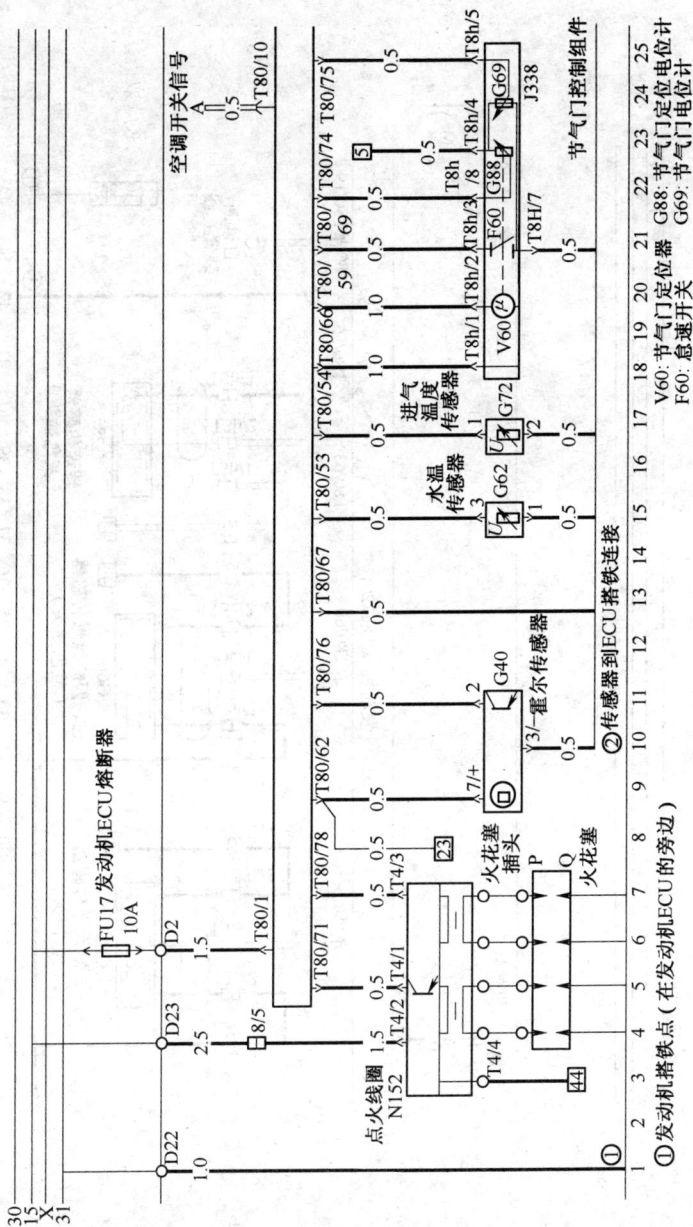

空调压缩机信号 B

发动机ECU(J220)

自诊断装置K线 C

转速传感器（灰色插头）G28

三、四缸爆燃传感器（蓝色插头）G66

一、二缸爆燃传感器（白色插头）G61

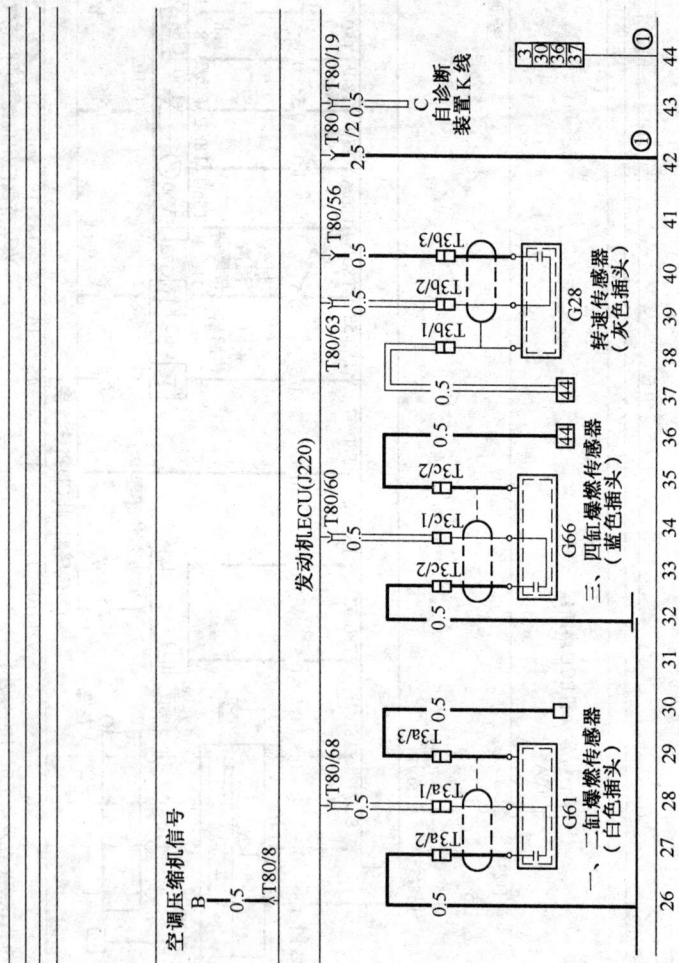

① 发动机搭铁点（在发动机ECU的旁边）

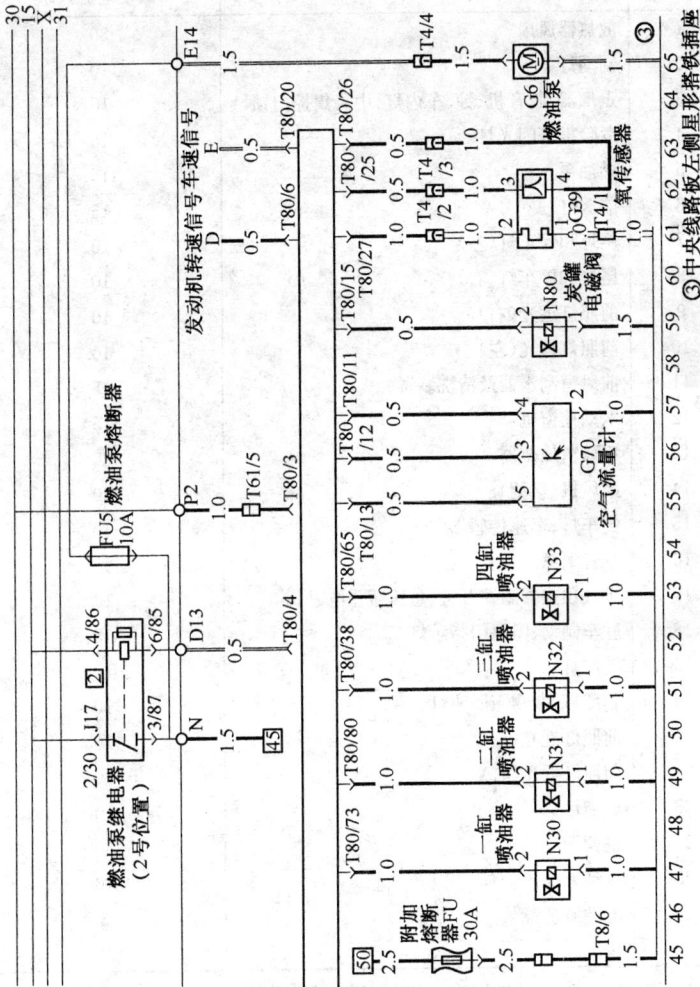

附图 2-1　AJR 型发动机电子控制燃油喷射系统电路图

附录三　中央线路板上的熔丝

附表 3-1　中央线路板上的熔丝

编　号	名　　　　称	额定电流(A)
1	散热器风扇	30
2	制动灯	10
3	点烟器、收音机、钟、车内灯、中央集控门锁	15
4	危险报警闪光灯	15
5	燃油泵	15
6	前雾灯	15
7	尾灯和停车灯(左)	10
8	尾灯和停车灯(右)	10
9	前照灯远光(右)	10
10	前照灯远光(左)	10
11	前风窗刮水器及清洗装置	15
12	电动摇窗机	15
13	后风窗加热器	20
14	鼓风机(空调)	20
15	倒车灯、车速传感器	10
16	双音喇叭	15
17	进气预热器温控开关、怠速截止电磁阀	10
18	驻车制动、阻风门指示灯	15
19	转向灯	10
20	牌照灯、杂物箱照明灯	10
21	前照灯近光(左)	10
22	前照灯近光(右)	10
23	后雾灯	10
24	空调	30
25	自动天线	10
26	电动后视镜	3
27	ECU	10

注:熔丝 23～27 为桑塔纳 2000GSi 型轿车的编号,插在中央线路板的旁边。

附录四　桑塔纳 2000 系列轿车中央线路板正面布置

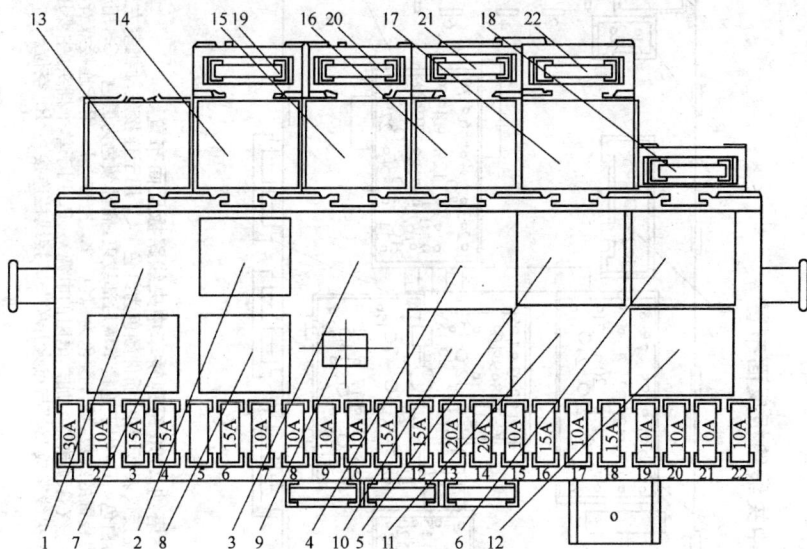

附图 4-1　桑塔纳 2000 系列轿车中央线路板正面布置

1. 空位　2. 进气支管预热继电器　3. 空位　4. 空位　5. 调组合继电器

6. 双音喇叭继电器　7. 雾灯继电器　8. X、接触继电器；

9. 拆卸熔丝专用工具　10. 前风窗刮水及清洗继电器　11. 空位

12. 转向继电器　13. 冷却风扇继电器　14. 摇窗机继电器

15. 摇窗机继电器　16. 内部照明继电器　17. 冷却液位指示继电器

18. 后雾灯熔丝(10A)　19. 热保护器　20. 空调熔丝(30A)

21. 自动天线熔丝(10A)　22. 电动后视镜熔丝(3A)

附录五　桑塔纳 2000 系列轿车中央线路板反面布置

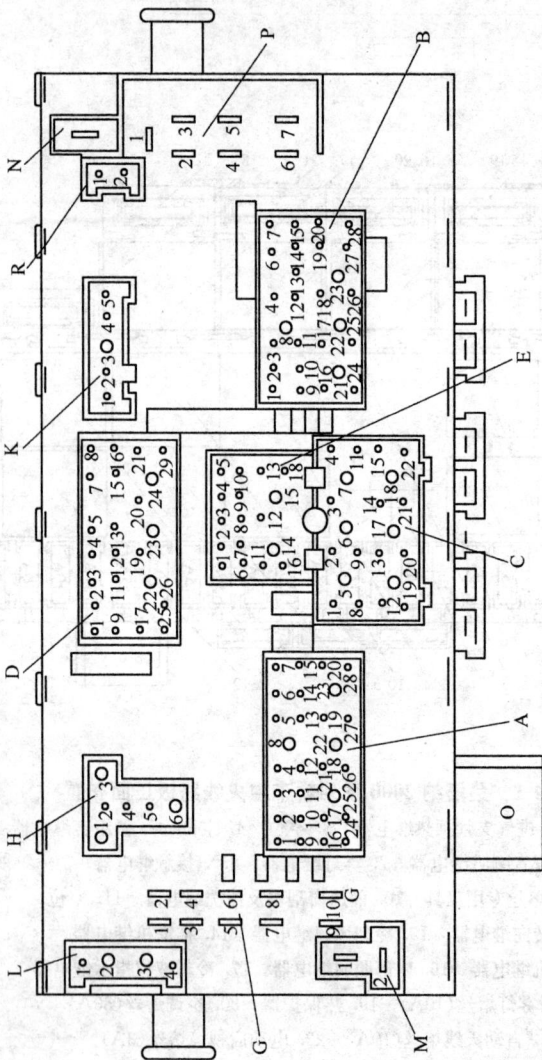

附图 5-1　桑塔纳 2000 系列轿车中央线路板反面布置

A. 用于仪表板线束，插件颜色为蓝色　B. 用于连接仪表板线束，插件颜色为红色　C. 用于连接发动机室左边线束，插件接单个插头（主要色）　D. 用于连接发动机室右边线束，插件颜色为白色　E. 用于连接车辆后部线束，插件颜色为黑色　G. 用于连接双音喇叭等线束，插件颜色为黄色　H. 用于连接空调装置的线束，插件颜色为棕色　K. 空位　L. 用于连接双音喇叭等线束，插件颜色为中央位置　M. 空位　N. 用于单个插头（主要用于进气管预热器的加热电阻的电阻）　P. 用于单个插头（主要用于蓄电池火线与中央线路板"30"的连接，中央线路板"30"与点火开关"30"接线柱连接）　R. 空位

附录六 帕萨特系列轿车电器电路图

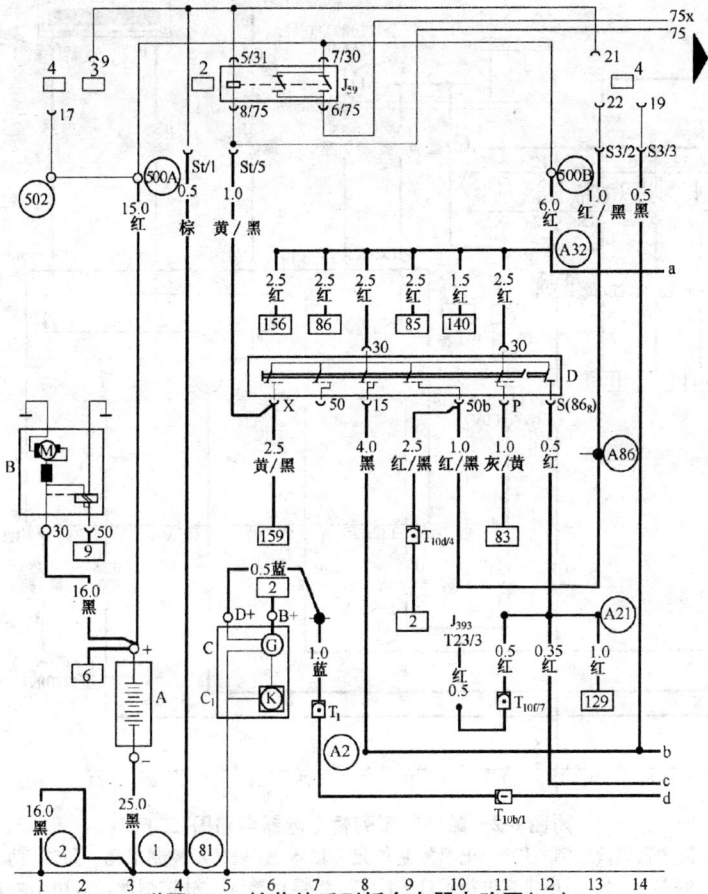

附图 6-1 帕萨特系列轿车电器电路图(一)

A. 蓄电池 B. 起动机 C. 发电机 C1. 调压器 J59、X. 触点继电器 J393. 舒适电子的控制单元 T1. 音针插头,蓝色,在发动机缸线体的右侧 T10d/4 针插头,棕色,在发动机室中的控制单元防护罩左侧 T10f/7 针插头,蓝色,在左 A 柱处(6 号位) T23/3 针插头,舒适电子控制单元的连接插头 A2. 正极连接点(15)在仪表线束内 A21. 连接线(86S),在仪表线束内 A32. 正极连接线(30),在仪表线束内 A86. 连接线(50b),在仪表线束内 500A. 螺栓连接点 1(30c 火线),在继电器板上 500B. 螺栓连接点 1(30c 火线),在继电器板上 1. 搭铁点,蓄电池与本身 2. 搭铁点,变速器与车身 81. 搭铁点,在仪表线束内 502. 螺栓连接点 3(30a 火线),在继电器板上

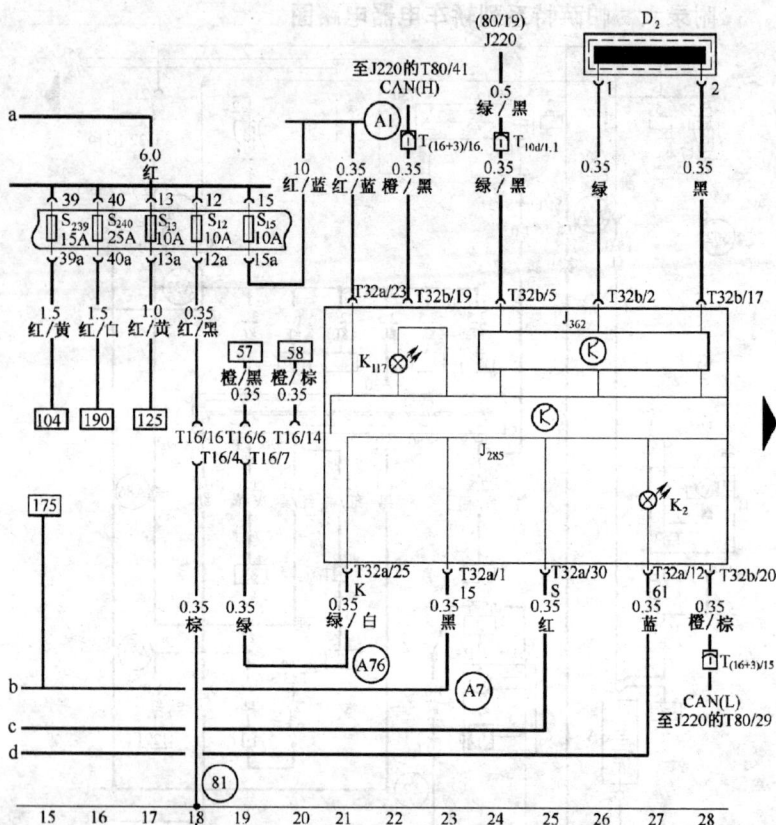

附图6-2 帕萨特系列轿车电器电路图(二)

D2. 防盗器识读线圈 J220. 电喷控制单元 J285. 仪表显示控制单元 J362. 防盗器控制单元 K. 发电机充电指示灯 K117. 盗器报警灯 S12. 熔丝,12,10A,在熔断线架上 S13. 熔丝 S15. 熔丝 15,10A,在熔丝架上 S239. 熔丝 39,15A,在熔断丝架上 S240. 熔丝 40,25A,熔断丝架上 T10d/1. 针插头,棕色,在发动机室中的控制单元防护罩中的右侧(2 号位) T10(16+3)/16. 针插头,橙色,在发动机室中的控制单元防护罩中的左侧(4 号位) T16/6. 针插头,在换档操纵杆处,自诊断接口 T(16+3)/15. 插头,橙/红色,在发动机室中控制单元防护罩中的右侧(3 号位) T32a/32. 针插头,蓝色,在仪表板内 T32b/2 针插头,绿色,在仪表板内 A1. 极连接线(30),在仪表线束内 A7. 极连接线(15),在仪表线束内 A76. 诊断连接线,在仪表线束内

81. 搭铁点 1,在仪表板内

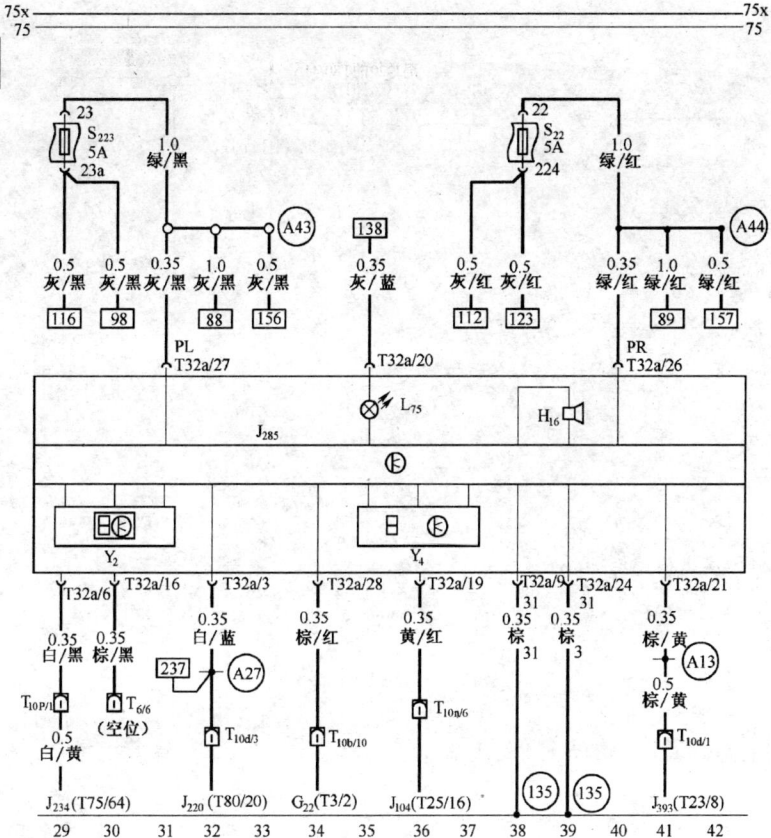

附图6-3　帕萨特系列轿车电器电路图(三)

G22.里程表传感器,在变换器内　H16.光打开时的报警蜂鸣器　J220.电喷控制单元　J104.ABS制动防抱死系统的控制单元　J234.安全气囊控制单元　J393.舒适系统控制单元　L75.字钟显示照明灯　S22.熔丝22,5A,在熔断丝架上　S223.熔丝23,5A,在熔断丝架上　T3/2.针插头(里程表传感器插头)　T6/6.针插头,黑色,左右A柱处(不接在支架上)　T10b/10.针插头,黑色,在发动机室中的控制单元防护罩左侧(1号位)　T10d/3.针插头,棕色,在发动机室中的控制单元防护罩中的右侧(2号位)　T10P/1.针插头,蓝色,在左A柱处(6号位)　T10d/1.针插头,黄色,在右A柱处(6号位)　T10n/6.针插头,橙色,在左A柱处(15号位)　T23/8.针插头,在舒适系统控制单元上　T25/16.针插头,在ABS控制单元上　T32a.插头,蓝色,在仪表板内　T75/64.针插头,在安全气囊控制单元上　T80/20.针插头,在发动机控制单元上,Y2.字钟　A13 连接线(车门接触开关),在仪表板线束内　A27.接线(车速信号),在仪表板线束内　A43.接线(58L),在仪表线束内　A44.连接线(58R),在仪表板线束内　135.铁连接点2,在仪表板线束内